本書受到以下資助

2018年重慶市教育委員會人文社會科學研究一般項目"《宋書》《南史》異文語言比較研究"（18SKGH123）

重慶文理學院重大科研培育項目"魏晉南北朝史書詞彙研究"（P2017WC23）

重慶文理學院引進人才項目"魏晉南北朝史書詞彙專題研究"（2017RWC042）

重慶市社會科學規劃項目"魏晉南北朝史書詞彙專題研究"（2017BS25）

宋書·南史

異文語言比較研究

肖麗容 著

巴蜀書社

圖書在版編目(CIP)數據

《宋書》《南史》異文語言比較研究/肖麗容著.
—成都:巴蜀書社,2021.8
ISBN 978-7-5531-1492-7

Ⅰ.①宋⋯ Ⅱ.①肖⋯ Ⅲ.①《宋書》-古漢語-研究②《南史》-古漢語-研究 Ⅳ.①H109.2

中國版本圖書館 CIP 數據核字(2021)第 113693 號

《宋書》《南史》異文語言比較研究
肖麗容 著

策劃編輯	張照華
責任編輯	張照華　張紅義
封面設計	崔建軍
出版發行	巴蜀書社
	(成都市槐樹街2號　郵遞編碼610031)
發 行 科	02886259422　86259423
網　　址	http://www.bsbook.com
經　　銷	新華書店
照　　排	成都木之雨文化傳播有限公司
印　　刷	成都蜀通印務有限責任公司
成品尺寸	160mm×235mm
印　　張	21.25
字　　數	425千
版　　次	2021年8月第1版
印　　次	2021年8月第1次印刷
書　　號	ISBN 978-7-5531-1492-7
定　　價	98.00元

本書若出現印裝品質問題,請與本社發行科聯繫　電話:(028)86259422

目錄

緒　論 / 1

　　第一節　選題緣起 / 1

　　　　一、南朝史書概況 / 1

　　　　二、史書語料的複雜性 / 3

　　　　三、史書語料的年代判定 / 5

　　　　四、本書的史書語料年代觀及所用語料 / 11

　　　　五、南朝史書異文的研究現狀 / 13

　　第二節　研究內容、意義和方法 / 19

　　　　一、研究內容 / 19

　　　　二、研究意義 / 20

　　　　三、研究方法 / 20

第一章　異文與文字研究 / 23

　　第一節　異體字異文 / 23

　　第二節　古今字異文 / 26

　　第三節　通假字異文 / 30

　　第四節　避諱字異文 / 38

　　　　一、改字 / 39

二、省闕 / 58
　第五節　音譯差異字異文 / 66

第二章　異文與詞彙研究 / 69
　寫在前面：詞語的歷史層次分析 / 69
　　　一、西周時期的語料 / 74
　　　二、戰國時期的語料 / 75
　　　三、西漢時期的語料 / 76
　　　四、東漢時期的語料 / 76
　　　五、魏晉時期的語料 / 77
　　　六、南北朝時期的語料 / 77
　第一節　均用單音節詞語 / 78
　第二節　均用雙音節詞語 / 96
　　　一、部分語素相同 / 97
　　　二、同素異序 / 114
　　　三、語素完全不同 / 128
　第三節　單雙音節詞語的互相替換 / 130
　　　一、單音節詞語替換雙音節詞語 / 131
　　　二、雙音節詞語替換單音節詞語 / 155

第三章　異文與語法研究 / 165
　第一節　句式不同 / 165
　　　一、一般陳述句換用爲被動句 / 165
　　　二、均用被動句，但被動形式不同 / 172
　　　三、被動句換用爲一般陳述句 / 180
　第二節　短語結構不同 / 181
　　　一、有無介詞的中補結構 / 182
　　　二、有無介詞的狀中結構 / 183

三、有無標志的定中結構 / 183
四、狀中結構換用中補結構 / 184
五、中補結構換用動賓結構 / 185
六、動賓結構換用主謂結構 / 185

結　語 / 191

參考文獻 / 197
　　一、著述類 / 197
　　二、論文類 / 206
　　三、其他類 / 211

附　錄 / 213
　　附錄1　《宋書》《南史》異文目錄 / 213
　　附錄2　《南齊書》《南史》異文目錄 / 227
　　附錄3　《梁書》《南史》異文目錄 / 237
　　附錄4　《陳書》《南史》異文目錄 / 249
　　附錄5　《南齊書》《南史》異文細目 / 257
　　附錄6　《梁書》《南史》異文細目 / 275
　　附錄7　《陳書》《南史》異文細目 / 313

後　記 / 331

緒　論

第一節　選題緣起

　　史書的寫作目的是記錄歷史，因此對歷史研究者而言，它是寶貴的歷史資料；而對漢語史研究者來説，它又是研究古代語言的有價值的材料。① "我國古代戰爭連綿不斷，社會動蕩不安，大批古籍特别是唐以前古籍散佚嚴重，而《三國志》等史書以其正史的特殊地位得以基本完整地保存下來，無論是從材料的真實性上看，還是從篇幅數量上看，在同時期的中土文獻中都含有其儔，值得充分重視。"②

一、南朝史書概况

　　南朝（公元420年—公元589年），它是幾個朝代的統稱，是中國歷史上政權更迭最頻繁的時期之一。"南朝"指晉朝正式滅亡後，在南

---

①　方一新：《東漢魏晉南北朝史書詞語箋釋》，合肥：黄山書社1997年版，前言，第1頁。
②　方一新：《東漢魏晉南北朝史書詞語箋釋》，合肥：黄山書社1997年版，前言，第1-2頁。

方形成的幾個朝代，包括宋、齊、梁、陳四朝①。公元581年，北周大臣楊堅受禪稱帝，國號"大隋"，公元583年建都大興（今陝西西安），公元589年滅掉南方的陳朝，結束了南北朝的分裂局面，全國再度統一。

南朝時期政權更迭頻繁，因此記錄這些朝代的史書就很多，現簡要列表介紹如下。②

表0-1 有關南朝四史的著作

書名	卷數	著者	存亡	附考
《宋書》	六十五卷	宋 徐爰	佚	起義熙，訖大明
《宋書》	六十一卷	佚名	佚	宋大明中撰
《宋書》	六十五卷	齊 孫嚴	佚	
《宋書》	一百卷	梁 沈約	存	以上紀傳體宋史
《宋紀》	三十卷	齊 王智深	佚	
《宋略》	二十卷	梁 裴子野	佚	
《宋春秋》	二十卷	梁 王琰	佚	以上編年體宋史
《齊書》	六十卷	梁 蕭子顯	存	今本僅五十九卷，缺敘傳一卷
《齊紀》	十卷	梁 劉陟	佚	
《齊紀》	二十卷	梁 沈約	佚	
《齊史》	十三卷	梁 江淹	佚	以上紀傳體齊史
《齊春秋》	三十卷	梁 吳均	佚	
《齊典》	五卷	梁 王逸	佚	
《齊典》	十卷	齊 熊襄	佚	上起十代，下訖齊朝 以上編年體齊史

---

① 公元420年劉裕奪取東晉政權，改國號曰宋，因皇室姓劉，故亦稱"劉宋"；公元479年蕭道成奪取劉宋政權，改國號曰齊，爲了與北朝的北齊加以區別，史稱"南齊"，也因皇室姓蕭而稱"蕭齊"；公元502年蕭衍奪取南齊政權，改國號曰梁，因皇室姓蕭，故亦稱"蕭梁"；公元557年陳霸先代梁稱帝，改國號曰陳，公元589年陳爲隋所滅。

② 王仲犖：《魏晉南北朝史》，上海：上海人民出版社2003年版，第834-835頁。

續表

書名	卷數	著者	存亡	附考
《梁書》	一百卷	梁 謝昊	佚	《隋志》著録殘存四十九卷，《舊唐志》著録殘存三十四卷，題謝昊、姚察等撰
《梁史》	五十三卷	陳 許亨	佚	
《梁史》	一百卷	北周 蕭欣	佚	
《梁書帝紀》	七卷	隋 姚察	佚	
《梁書》	五十卷	唐 姚思廉	存	以上紀傳體梁史
《梁典》	三十卷	北周 劉璠 陳 何之元	佚	《史通》謂二人合撰
《梁后略》	十卷	隋 姚最	佚	
《梁太清紀》	十卷	梁 蕭韶	佚	以上編年體梁史
《陳書》	四十二卷	陳 陸瓊	佚	
《陳書》	三卷	陳 顧野王	佚	
《陳書》	三卷	陳 傅綜	佚	
《陳書》	三十六卷	唐 姚思廉	存	以上紀傳體陳史
《南史》	八十卷	唐 李延壽	存	

儘管記録南朝時期的史書很多，但從上文的表格中我們可以看出現存的有關南朝的史書并不多，僅有《宋書》（南朝梁沈約撰）、《南齊書》（南朝梁蕭子顯撰）、《梁書》（唐姚思廉撰）、《陳書》（唐姚思廉撰）、《南史》（唐李延壽撰）五史。

二、史書語料的複雜性

"在語言的歷史研究中，最主要的是資料的選擇。資料選擇得怎樣，對研究的結果起着決定性的作用。"① 這句話强調了語料在語言研究中

---

① ［日］太田辰夫著：《中國語歷史文法·跋》（修訂譯本），蔣紹愚、徐昌華譯，北京：北京大學出版社2003年版，第373頁。

的地位和作用。語料的鑒別可以爲漢語史研究提供可靠的保障，如果不作鑒別而誤用語料，就會造成描寫不精或者結論不確的後果。所以，語料的選擇和鑒別一直是漢語史學界比較關注的一個問題。"在辨別語料存僞情況的同時，應特別注意語料之中的史料。研究歷史利用史料要辨別真僞，研究漢語史利用史料也要辨別真僞，不過兩者研究的對象不同，因而確定真僞的情況也不同。歷史學看重史料所記載的歷史事件是否真實，而漢語史則看重史料所運用的語言是否真實。"①

日本漢學家太田辰夫將文獻分爲"同時資料"和"後時資料"兩種，"所謂'同時資料'，指的是某種資料的內容和它的外形（即文字）是同一時期產生的。甲骨、金石、木簡等，還有作者的手稿是這一類……所謂'後時資料'，基本上是指外形比內容產生得晚的那些資料，即經過轉寫轉刊的資料……中國的資料幾乎大部分是後時資料，它們尤其成爲語言研究的障礙"②，而在"後時資料"中，史書材料的構成最爲複雜，是在"同時資料"不足徵的情況下迫不得已而使用的資料，本身就需要認真鑒別。③ "史書材料的複雜性又有過於此。就'後時資料'裏多數典籍而言，作者年代與作品年代是一致的（僞書除外），如果作（譯）者明確，其語料的年代也就明確了……但也有少數典籍，作者年代與作品年代并不一致，史書就是這類典籍的代表。就十三部正史而言，《三國志》西晉陳壽撰，《後漢書》劉宋范曄撰（'八志'西晉司馬彪撰），《宋書》南朝梁沈約撰，《南齊書》南朝梁蕭子顯撰，《魏書》北齊魏收撰，《晉書》等八種則都是唐人編修。顯然，撰著者都要晚於史書所記載的年代。那麼，這些史書材料作爲語料的年代，是應該根據史書作者的年代定，還是應該根據史書所記載的年代

---

① 胡敕瑞：《中古漢語語料鑒別述要》，《漢語史學報》（第五輯），上海：上海教育出版社2005年版，第271頁。同樣的觀點還可參見洪誠：《關於漢語史材料運用的問題》，《洪誠文集・雑誦廬論文集》，南京：江蘇古籍出版社2000年版，第98頁。
② ［日］太田辰夫著：《中國語歷史文法・跋》（修訂譯本），蔣紹愚、徐昌華譯，北京：北京大學出版社2003年版，第374－375頁。
③ 方一新：《東漢魏晉南北朝史書詞語箋釋》，合肥：黃山書社1997年版，前言，第8頁。

定,這是研究者首先必須面對的實際問題。"①

總而言之,由於史書記錄內容的廣泛性,是漢語史研究者的一個極爲重要的材料來源,故對其作爲語料的年代判定是否合理、確當,往往直接關係到研究結論的可信程度,應當認真對待。當我們在利用史書進行語言研究和考察時,注意這一點尤爲重要,因爲史書材料在斷代問題上相當複雜,不可等閒視之。②

三、史書語料的年代判定

就史書語料的年代判定而言,目前學術界尚存幾種不同的看法。

第一種觀點是以史書所記載的年代爲準。譬如把《後漢書》就看成是代表東漢的語言,《晋書》代表晋代的語言。③郭在貽就明確提出了這種觀點,他認爲《晋書》《南史》"作者雖爲唐人,但所反映的史實和所採用的原始材料,都是六朝時期的,故筆者認爲可以當作六朝文獻看待"④。"這樣做當然存在着很大的缺陷,因爲史書所據的史料雖然大多承自前代,但畢竟是經過編纂者改寫過的,遣詞造句不可能沒有更動(當然改動的程度也因人而異)。"⑤ 周一良《魏晋南北朝史札記》"《晋書》改易史料文字"條⑥、柳士鎮《〈世說新語〉〈晋書〉異文語言比較研究》⑦都是有力的證明。據柳士鎮統計,"《晋書》采錄《世說》入書共四百餘事,超過《世說》全書的三分之一。從語言角度觀

---

① 方一新:《東漢魏晋南北朝史書詞語箋釋》,合肥:黄山書社1997年版,前言,第8頁。
② 方一新:《東漢魏晋南北朝史書詞語箋釋》,合肥:黄山書社1997年版,前言,第7頁。
③ 汪維輝:《東漢—隋常用詞演變研究》(修訂本),北京:商務印書館2017年版,第19頁。
④ 郭在貽:《讀江藍生〈魏晋南北朝小説詞語匯釋〉》,《中國語文》1989年第3期,第228頁;也可參見郭在貽:《郭在貽語言文學論稿》,杭州:浙江古籍出版社1992年版,第330頁;張涌泉、王雲路、方一新主編:《郭在貽文集》第三卷《旻盦文存中編》,北京:中華書局2002年版,第492頁。
⑤ 汪維輝:《東漢—隋常用詞演變研究》(修訂本),北京:商務印書館2017年版,第19頁。
⑥ 周一良:《魏晋南北朝史札記》(補訂本),北京:中華書局2015年版,第51-52頁。
⑦ 柳士鎮:《〈世說新語〉〈晋書〉異文語言比較研究》,《中州學刊》1988年第6期,第99-102,49頁。

察，其中固然有一部分是全文實録，但大部分又經過了編纂者的改造。這種改造是在不變更《世説》原意的基礎上進行的，主要表現爲更換了部分詞彙，改易了一些造句方式，目的顯然是使改造後的文句能與《晋書》通書的語體風格協調一致"①。

第二種觀點是以史書作者的寫作時間爲依據。代表學者是王力②、柳士鎮③、朱慶之④等。比如把《世説新語》就看作是南北朝時期的語言，把《晋書》就當作是唐代的語言。針對此觀點，洪誠認爲"著書時代不能作爲辨别一切史料的時代標準"⑤，"王力先生規定的原則，祇適用於《史記》、《漢書》、《三國演義》等書，不適用於范曄的《後漢書》、唐代修撰的《晋書》；祇適用於著者用自己的語言記述的史料，不適用於著者編纂的史料"⑥，"規定這一個原則，首先要具備三個先決條件：（1）這種史料全部是著者自己的語言；（2）這種史料，在客觀上必須是同類的各種著述中最早的一部，最低的限度在現存的著作中是某種語言現象最早的記録；（3）它裏面没有直接引述的前代語言。具備這三個條件的祇是《三國演義》之類的小説或《史記》等，《後漢書》《晋書》抄録舊史文很多，把《後漢書》《晋書》和《三國演義》《東漢演義》等量齊觀是不合於實際情況的。晋以後的人寫史書和寫歷史小説不同，寫歷史小説，作者可以完全用自己的語言表達故事的内容；修史書，一般是利用原有的史料，作者用文言文把它串聯組織起來，其中有舊史文，有作者的仿古文言文。司馬遷寫《史記》常用今語代古語，這是他的卓越處；魏晋南北朝人修史書恰相反，不但修前代

---

① 柳士鎮：《〈世説新語〉〈晋書〉異文語言比較研究》，《中州學刊》1988年第6期，第99頁。
② 王力：《漢語史稿·緒論》（第三版），北京：中華書局2019年版，第19頁。
③ 柳士鎮：《〈世説新語〉〈晋書〉異文語言比較研究》，《中州學刊》1988年第6期，第49頁。
④ 朱慶之：《佛典與中古漢語詞彙研究》，台北：文津出版社1992年版，第59頁。
⑤ 洪誠：《關於漢語史材料運用的問題》，《洪誠文集·雒誦廬論文集》，南京：江蘇古籍出版社2000年版，第106頁。
⑥ 洪誠：《關於漢語史材料運用的問題》，《洪誠文集·雒誦廬論文集》，南京：江蘇古籍出版社2000年版，第109頁。

的史書不輕易改動舊史中的語彙,就是寫當時的事實,也好用古語代今語"①。"這樣看來,《史記》勉強符合條件,因爲司馬遷基本上是用自己的語言來記述史料的;而《晉書》等就不一定,因爲房玄齡等編撰時多采用前代的材料(如采用《世説新語》《郭子》《啓顔録》等),其中采録《世説新語》就達 400 餘事。在洪誠看來,《晉書》這類史料的語言不能視爲著書時代的語言,王力的原則衹適合於著者用自己語言記述的史料,而不適合於著者編纂的史料。"②

雖然第一種觀點和第二種觀點在時代劃分上簡單明了,但第一種觀點弊端顯然,有許多後代的成分羼入;第二種觀點的態度恰好相反,寧願丟掉一些可能是這個時期的語言材料,也要保證語料的純潔性。但這樣做,有可能會遺失一些有價值的材料。③

第三種觀點認爲史書語料是一種複雜的混合體,需要作具體分析,不宜一概而論。④ 如認爲應將史料分爲記言與記事兩個部分,記事部分可以斷爲成書年代,記言部分則應斷爲説話人所處的時代,例如《晉書》中的記事部分應該斷爲唐代,記言部分則應斷爲晉代。⑤ "這等於承認,史料中記言部分的語料要比記事部分的語料早。首肯這一結論的前提是必須保證史家在編著史料時,是原樣照録歷史人物的言語聲吻。但是,這一前提很難有實現的可能,因爲古代没有録音設備,無以保證史家用的都是'直接引語';即便依賴前時檔案保留了'直接引語',後代編者也難免會有改動。"⑥ 柳士鎮通過對《世説新語》和《晉書》

---

① 洪誠:《關於漢語史材料運用的問題》,《洪誠文集·雛涌廬論文集》,南京:江蘇古籍出版社 2000 年版,第 107 頁。
② 胡敕瑞:《中古漢語語料鑒別述要》,《漢語史學報》(第五輯),上海:上海教育出版社 2005 年版,第 272 頁。
③ 周俊勳:《中古漢語詞彙研究綱要》,成都:巴蜀書社 2009 年版,第 27 頁。
④ 汪維輝:《東漢—隋常用詞演變研究》(修訂本),北京:商務印書館 2017 年版,第 19 頁。
⑤ 柳士鎮:《魏晉南北朝歷史語法》(修訂本),北京:商務印書館 2019 年版,第 100 頁。
⑥ 胡敕瑞:《中古漢語語料鑒別述要》,《漢語史學報》(第五輯),上海:上海教育出版社 2005 年版,第 272 頁。

異文語言的詳細比較研究①後認爲這種觀點"并不可靠","原因是前代人的説話被采編入後代人的書文中往往會有不小的更動。這種更動無論是仿古的,或者是摻入編纂者所處時代的語言,均與説話人的實際語言存在某種距離,難以客觀反映前代人説話的原本面貌"②。王雲路也認爲把"記言部分斷爲説話人所處的時代"的語料也是不夠嚴密和可靠的。"因爲記言部分也并非實録,而是經過了史書作者的抄録、潤色,而這種修改往往是不經意的,自然而然的。"③并舉例論證了記言之詞未必完全實録。所以,王力認爲"書中所叙述某一個古人的談話,也不能輕信爲那古人當時的語言"④是很有道理的。

潘維桂、楊天戈明確主張"把史書中的材料大致分作兩類:一類是史學家引録的詔令、奏疏、文章等大量文獻資料,以及書中所記載的屬於歷史人物的對話與言論。另一類是史學家對歷史事件的叙述和評論。前一類材料中的各種文獻有確鑿的年代可考,即便是歷史人物的對話與言論,也不可能出於作者的杜撰和創造。因爲歷史不是小説,必須有相當的依據,史家認爲可信,纔加以采録的。史家往往重視記録人物的言論,不僅注意内容的真實,還努力使語言風格也能準確地再現歷史人物的精神風貌。所以史書中的對話往往能提供許多生動的、具有時代特點甚至方言特點的口語材料。至於第二類材料,則有可能純係史學家的語言(當然也可能有所遵循,如《史記》叙先秦時事,往往依據《左傳》和《國策》;《漢書》在叙西漢時事又依據《史記》),和第一類材料應當有所區别。"⑤王魁偉認爲:"其中原文引録當朝文獻典籍,包括詔令、奏疏、文章等所謂'原始資料',當然可以視爲史書所記載的時代

---

① 柳士鎮:《〈世説新語〉〈晉書〉異文語言比較研究》,《中州學刊》1988年第6期,第99-102、49頁。
② 柳士鎮:《魏晉南北朝歷史語法》(修訂本),北京:商務印書館2019年版,第100頁。
③ 王雲路:《中古漢語詞彙研究綜述》,《古漢語研究》2003年第2期,第75頁。
④ 王力:《漢語史稿·緒論》(第三版),北京:中華書局2019年版,第19頁。
⑤ 潘維桂、楊天戈:《魏晉南北朝時期"了"字的用法——"了"字綜合研究之一》,原載中國人民大學中文系編:《語言論集》(第一輯),北京:中國人民大學出版社1980年版;參見王雲路、方一新編:《中古漢語研究》,北京:商務印書館2000年版,第309頁。

的語料，而屬於史學家對歷史事件的叙述和評論的所謂'記事部分'，原則上則應看作修史者所處時代的語料。上述意見目前學術界一般沒有疑義。"① 實際上，把"引録當朝文獻典籍，包括詔令、奏疏、文章"這部分資料"視爲史書所記載的時代的語料"，學術界還是有分歧的。既然如此，就不能不加分析地把這部分資料一律看成史書所記載時代的語料。

方一新、王雲路則認爲史書中的材料應該分爲"原始資料"和"其他資料"兩大類，它們作爲語料的年代是有區别的。② 就東漢魏晋南北朝史書來説，"原始資料"是"指正文中原文引録的當朝文獻和《三國志》、《後漢書》兩書舊注中徵引的漢魏六朝典籍。他們雖然也還有史書作者加工潤色、以意剪裁的可能性，但原則上應可認定爲當朝人的作品。把這部分資料一概當作史書成書時代的資料來對待，當有不妥"③。"原始資料以外的部分都屬於其他資料，包括記事和記言兩大類。史書中的叙事評讚語屬於記事成分。作者在記叙史實時肯定參考、採用了許多前代史料，但是這種參考、採用絶非照抄照搬，而是經過一定的整理沙汰、修改加工後纔寫入史書的，理應看作是史書作者年代的語料。史書中的人物對話和言論屬於記言成分。這部分内容的語言相對淺顯，靠近生活，很難排除作者增删改易乃至再創作的可能性。《晋書》對取自《世説新語》的内容進行的加工改寫就證明了這一點。因此，記言部分内容從原則上講應該視同爲史書作者年代的語料。在未作具體分析的情況下就把記言或記事材料當作史書所記載年代的語料來使

---

① 王魁偉：《關於〈晋書〉的語料年代》，《漢語史學報》（第四輯），上海：上海教育出版社 2004 年版，第 194 頁。
② 方一新、王雲路：《六朝史書與漢語詞彙研究》，原載中國語文編輯部編：《慶祝中國社會科學院語言研究所建所 45 周年學術論文集》，北京：商務印書館 1997 年版；參見王雲路、方一新編：《中古漢語研究》，北京：商務印書館 2000 年版，第 147 頁。
③ 方一新、王雲路：《六朝史書與漢語詞彙研究》，原載中國語文編輯部編：《慶祝中國社會科學院語言研究所建所 45 周年學術論文集》，北京：商務印書館 1997 年版；參見王雲路、方一新編：《中古漢語研究》，北京：商務印書館 2000 年版，第 147 頁。

用,是值得商討的。"① 因此,對於記事和記言兩部分也應作具體的分析考察。

劉傳鴻《兩唐書列傳部分詞彙比較研究》通過對兩唐書列傳部分詞彙的比較研究後也認爲"處理史書的語料應當慎重,簡單地將它作爲某個時代的語料來使用是比較危險的"。② 并給出了兩點理由:"首先,將記言部分作爲説話人所處時代的語料,記事部分作爲成書時代的語料無論從事理上還是從現有史書的實際考察上都站不住脚"③,并用兩《唐書》、《史記》與《左傳》、《漢書》與《史記》説明史書中的記言部分大多經過了改造,認爲史書中的記言部分就是所記人物的語言難以令人信服。④ "其次,將史書語料區分爲原始資料和其他資料無疑要科學得多,但是我們必須認識到,即使原始資料亦可能有較大的改動……因此針對史書中的原始資料,最好還是做一些調查研究,儘量找到其他文獻中的記録,加以比較核對。我們或許無法在其他文獻中找到全部的原始資料,但一般可以找到一些,用它與史書原始資料作對比,能得出一個結論,再類推其他原始資料。"⑤ 最後他認爲"總體來説,我們認爲將史書的語料作爲某個時代語料來運用應當特別慎重。在條件允許的情況下,儘量不要直接將它作爲史書所記時代的語料來運用,除非經過了細緻考證。這樣説并不是要放棄史書語料,其實將史書語料作爲旁證材料還是可以的,我們可以儘量運用其他能夠確定年代的語料,再參以史書語料,這樣既可以做到慎重,又可以發揮史書這一巨大的語料資源的作用。"⑥

---

① 方一新、王雲路:《六朝史書與漢語詞彙研究》,原載中國語文編輯部編:《慶祝中國社會科學院語言研究所建所45周年學術論文集》,北京:商務印書館1997年版;參見王雲路、方一新編:《中古漢語研究》,北京:商務印書館2000年版,第147-148頁。相同的觀點還可參見方一新:《東漢魏晉南北朝史書詞語箋釋》,合肥:黃山書社1997年版,前言,第9-10頁;王雲路:《中古漢語詞彙研究綜述》,《古漢語研究》2003年第2期,第75頁。
② 劉傳鴻:《兩唐書列傳部分詞彙比較研究》,成都:巴蜀書社2009年版,第268頁。
③ 劉傳鴻:《兩唐書列傳部分詞彙比較研究》,成都:巴蜀書社2009年版,第269頁。
④ 劉傳鴻:《兩唐書列傳部分詞彙比較研究》,成都:巴蜀書社2009年版,第269頁。
⑤ 劉傳鴻:《兩唐書列傳部分詞彙比較研究》,成都:巴蜀書社2009年版,第269頁。
⑥ 劉傳鴻:《兩唐書列傳部分詞彙比較研究》,成都:巴蜀書社2009年版,第270頁。

值得一提的是，柳士鎮在談到後人編撰的史書的語料價值時曾說："我們也不應當絕對排斥這類後人編纂的反映前人言行的語料對於研究前代漢語發展的價值，例如唐人編纂的《晉書》《梁書》《陳書》《北齊書》《周書》《南史》《北史》，對於研究兩晉南北朝時期漢語發展的價值，而應當審慎地加以利用。我們的觀點是，如果需要從這類載籍中采例時，應當捨棄後代萌生而前代尚未出現的用例，但却可以選用前代已經萌生或發展的用例，以作爲時代性確切無疑用例的輔助證據。我們覺得這種做法是較爲積極而又穩妥的。"① "所以，我們覺得，對像《晉書》這樣的史書，還是應堅持一個原則，即能找出原始資料的可認定爲原始資料時代的語料，找不出原始資料、即使是魏晉南北朝產生或常用的詞語，也不能輕易地認定爲所叙述時代的語料。因爲這些詞語仍有可能是修史者按前代的意思襲用的……有原始資料可覆核的有這種情況，無原始資料可覆核的怎敢保證不是修史者襲用所叙述時代的語料呢？另一方面，找不出原始資料，也不能全歸爲修史者所處時代的語料。"② "通過以上考察可以看出，像《晉書》這種後代編撰、但采用了前代原始資料的史書，其語料的時代是很複雜的，既不能全部視爲所記載時代的語料，也不能整體看作修史者所處時代的語料，還不能簡單地區分爲三部分：引錄當朝文獻爲晉代語料，記言爲晉代或唐代語料，記事爲唐代語料，而應當都作具體的考察、鑒別。還應當糾正一種觀點：整段、整篇文字一字未改纔算是保持了原始資料的原貌，否則就算作修史者所處時代的語料。那樣的話，恐怕整部《晉書》連一條原始資料都没有（修史者對原始資料一字不改幾乎是不可能的事）。"③

四、本書的史書語料年代觀及所用語料

鑒於目前學術界對史書語料年代的判定問題還没有完全一致的看

---

① 柳士鎮：《魏晉南北朝歷史語法》（修訂本），北京：商務印書館 2019 年版，第 100 頁。
② 劉百順：《也談〈晉書〉的語料時代》，《漢語史學報》（第九輯），上海：上海教育出版社 2010 年版，第 257 頁。
③ 劉百順：《也談〈晉書〉的語料時代》，《漢語史學報》（第九輯），上海：上海教育出版社 2010 年版，第 257 頁。

法，本書按照太田辰夫"同時資料"和"後時資料"的觀點也將史書分爲"同時"和"後時"兩類：所謂"同時"史書，指的是修史者與該史書屬於同一朝代，如《漢書》《三國志》《宋書》《南齊書》及《魏書》等，這些應該是研究同期漢語史的重要語料……所謂"後時"史書，是指修史者晚於所修史書的朝代，除上面所舉幾部"同時"者外，史書中大多屬於這一類（《史記》比較特殊，二者兼而有之）。[1] 但關於史書的年代判定在研究過程中還需要做具體的分析，既不能簡單地判定爲史書的成書年代，也不能簡單地判定爲史書所記載的年代，對於記事和記言兩部分也應作具體的分析考察。

史書中的材料大致可以分爲三類：第一類是史書作者引錄的詔令、奏疏、文章、制誥等大量文獻資料，因其有確鑿的年代可考，當然可以視爲它們所記載的時代的語料；第二類是書中所記載的屬於歷史人物的行爲與言論部分，既可能是當時情況的實錄，也可能是史書作者自己的語言，還可能是介於歷史人物所處時代與史書作者所處時代之間的語料；第三類是史書作者對歷史事件的叙述和評論，可以看作是史書作者所處時代的語料。[2]

綜上所述，我國史學歷史悠久，史部書籍浩如煙海，内容包羅萬象，有很多可供研究利用的材料。南北朝是社會動蕩變革最爲突出的時代之一，各種社會因素都折射到語言寶鏡中，是中古漢語發展的顯著階段。綜合南朝史書存佚情況、史書語料的複雜性、史書語料的年代判定、漢語史中依據一書的著者或者改編者確定一書的時代的原則以及顏洽茂"研治語言，一是要選擇重要的時段，二是要選擇能全面、真實反映當時語言實際的史料……對史料的價值取鄉在版本可靠、時代確鑿、有一定的數量和時間跨度"[3] 等觀點，本書初步將《宋書》作爲研究語

---

[1] 王魁偉：《讀太田辰夫〈中國語歷史文法·跋〉》，《中國語文》1995 年第 2 期，第 159 頁。

[2] 對史書語料的時代處理參考了俞理明老師、顧滿林老師的觀點和意見，參見俞理明、顧滿林：《東漢佛道文獻詞彙新質研究》，北京：商務印書館 2013 年版，第 12－15 頁。

[3] 顏洽茂：《佛教語言闡釋——中古佛經詞彙研究》，杭州：杭州大學出版社 1997 年版，第 7－8 頁。

料，在此基礎上再做進一步的劃分。最早關注《宋書》語料價值的學者當推清代學者郝懿行（《晋宋書故》），隨着中古漢語研究的深入，《宋書》的語料價值已經逐漸得到學界的重視，徐復、郭在貽、周一良、劉百順、吴金華、蔡鏡浩、方一新、王雲路、汪維輝、萬久富、高明、宋聞兵、真大成等在中古漢語研究中揭示了《宋書》的語料價值，指明了《宋書》語言學研究的前景，對中古漢語乃至整個漢語史研究有重要意義。鑒於第一類材料的内容采用的是典型的書面語形式，因此在本書中主要選用《宋書》①、《南史》② 中的後兩類材料和第一類材料中引録的史書記録時代的當朝文獻來進行考察和研究，工作底本均爲中華書局標點本③。

五、南朝史書異文的研究現狀

異文是漢語古代文獻中存在的一種十分普遍的語言現象，本書有必要首先將"異文"陳説清楚，以免引起不必要的誤解、争論和歧義。關於"異文"的概念，學術界有很多界定，如《辭海》"異文"條：義項❶文字學術語。通假字和異體字的統稱。如"烏乎"、"於戲"是"嗚呼"的通假字，"跡"、"蹟"是"迹"的異體字。義項❷指同一本古書的字句在不同的版本中表現出來的不同的文字形式，或同一個詞在不同的書中表現出來的不同的文字形式。④《漢語大詞典》"異文"條：義項❷"凡同一書的不同版本，或不同的書記載同一事物而字句互異，

---

① 《宋書》，紀傳體斷代史，記述了南朝劉宋王朝自劉裕建基（公元420年）至劉準（公元480年）首尾六十年的歷史。全書共一百卷，包括本紀十卷，志三十卷，列傳六十卷。作者沈約（公元441年—公元513年），《梁書》卷十三有傳。

② 《南史》，紀傳體，上起宋武帝劉裕永初元年（公元420年），下訖陳後主陳叔寶禎明三年（公元589年），記載了南朝宋、齊、梁、陳四朝一百七十年的史事。全書共八十卷，包括本紀十卷，列傳七十卷。作者是唐代的李延壽，《舊唐書》卷七十七、《新唐書》卷一百一十五有傳。

③ （梁）沈約：《宋書》，北京：中華書局1974年版；（唐）李延壽：《南史》，北京：中華書局1975年版。

④ 夏征農、陳至立主編：《辭海》（第六版），上海：上海辭書出版社2009年版，第2717頁。

包括通假字和異體字，都稱異文。"① 葛本儀主編《實用中國語言學詞典》："指相同典籍在不同版本（包括其它著述中的引文）中的不同文字。一般指用字的不同，其中包括古今字、異體字、通假字等；也指同義詞代替或其它文字訛誤等情況。"② 陸宗達、王寧《訓詁方法論》："異文指同一文獻的不同版本中用字的差異，或原文與引文用字的差異。"③ 由此可見，"異文"有廣義和狹義之分。廣義的"異文"指相同典籍的不同版本、原文與其他著述中引文的不同、不同典籍記載相同事物時的不同表述，這些不同包括字、詞、句等多方面的差異。狹義的"異文"僅指相同典籍的不同版本、原文與其他著述中引文在用字上的不同。廣義的"異文"作爲校勘學名詞，狹義的"異文"乃是文字學名詞，它相對正字而言，是通假字和異體字等的統稱。在本書中，我們傾嚮於同意廣義的"異文"概念，但究其所指則僅指不同典籍記載相同事物時在字、詞、句等多方面的差異，這種異文又叫"載體異文"，以區別於"版本異文"和"引文異文"。

史書異文種類繁多，數量龐大。因爲《史記》與《漢書》，《後漢書》與《三國志》，《宋書》《南齊書》《梁書》《陳書》《魏書》《北齊書》《周書》《隋書》與《南史》《北史》，《舊唐書》與《新唐書》等都能用來校讀④，僅這樣對讀，也會形成爲數不少的異文。本書討論的"異文"是立足於《宋書》中的傳紀，對照《南史》⑤記載相同歷史事實產生差異的部分，這些異文既有文獻上的不同，也有語言上（文字、

---

① 羅竹風主編：《漢語大詞典》（縮印本），上海：上海辭書出版社2009年版，第4636頁。
② 葛本儀主編：《實用中國語言學詞典》，青島：青島出版社1992年版，第235頁。
③ 陸宗達、王寧：《訓詁方法論》，北京：中國社會科學出版社1983年版，第109頁。
④ 張舜徽：《張舜徽集》第一輯《中國古代史籍校讀法》，武漢：華中師範大學出版社2004年版，第388頁。
⑤ 在本書中，我們將《南史》的成書時代初步判定爲初唐，這又涉及史書語料的時代難題。明知史書構成複雜，時代不一，但在史料闕失的情況下，無法判定承襲之文和史書編纂者的自作之文，也就無法對史書語料做徹底的斷代，將這些後人編纂的前代史書時代判定爲史書的成書時代也祇是一種便於操作的做法，《南史》中的一些變化確實可能是在唐代之前。參見真大成：《說"趁"——基於晉唐間（5—10世紀）演變史的考察》，《中國語文》2015年第2期，第163頁。

詞語、語法）的不同，本書衹討論語言上的不同。①

目前已見的國內外同類研究成果與本書關係比較密切的是朱湘雲的《〈宋書〉與〈南史〉異文之字詞研究》（福建師範大學 2002 年碩士學位論文），以及朱湘雲陸續發表的一些論文，如《〈宋書〉與〈南史〉的同義詞對比研究》（《廈門教育學院學報》2003 年第 1 期）、《〈宋書〉與〈南史〉異文避諱考》（《廈門教育學院學報》2004 年第 1 期）、《標點本〈宋書〉與〈南史〉異文詞義辨析》（《福州大學學報》2007 年第 4 期）等，這些成果從字和詞的角度對《宋書》《南史》兩書中存在的 2000 多條異文進行了考察，對理清古今字詞體系流變和豐富漢語史研究都有一定的參考價值，但研究内容没有涵蓋《宋書》與《南史》異文之間的全部語言差異，而且從深度上來説還可以繼續探究。周典富的《〈宋書〉異文研究》（復旦大學 2013 年博士學位論文）着重從漢語言文字學的視角考察了《宋書》的異文系統，對漢語史研究、古籍整理、辭書編纂都有重要的參考價值，但該文所指的異文概念更加寬泛且與本書的研究内容關聯較少。

與本書相似的同類研究者主要是燕山大學的李麗，已有系列研究成果，如專著《〈魏書〉〈北史〉異文語言比較研究》（巴蜀書社，2011 年)②，已結題項目《南北朝時期南北史書詞彙比較研究》（河北省社會科學發展研究項目）、《〈魏書〉〈北史〉比較研究》（河北省社會科學基金項目）、《〈宋書〉〈魏書〉語詞南北差異研究》（教育部人文社科研究青年基金項目）、《〈宋書〉〈魏書〉詞彙南北差異研究》（河北省社會科學基金項目）以及相關論文，如李麗《從〈魏書〉〈宋書〉假設連詞語義場的比較看南北朝時期漢語的南北差異》（Cross-cultural Communication, Volume 3, Number 1, 2007），李麗《從〈魏書〉〈宋書〉授官語義場的比較看南北朝時期漢語的南北差異》（《燕山大學學報》2007 年第 2 期），李麗《〈魏書〉〈北史〉相同史實部分用語比較研究》

---

① 爲了便於快速地找出同一傳紀在記載相同歷史史事時的差異，我們以《宋書》中的傳紀爲基礎，對照《南史》編製了"《宋書》《南史》異文目録"，可以參看，參見本書附録1。
② 該書的内容主要包括緒論、詞彙差異、語法差異、用字差異和研究價值。

(《古漢語研究》2008 年第 3 期），李麗、鄧奇《〈魏書〉〈北史〉卷一銜接系統對比研究》（《燕山大學學報》2008 年第 4 期），李麗、鄧奇《〈魏書〉〈北史〉本紀部分銜接系統對比研究》（《石家莊鐵道學院學報》2010 年第 1 期），李麗《〈魏書〉〈北史〉對讀札記》（《唐山師範學院學報》2010 年第 6 期），李麗《南北朝時期漢語詞彙的南北差異研究——以〈魏書〉、〈宋書〉任職語義場的比較爲例》（《西南交通大學學報》2012 年第 4 期），LI-Li, Research into the Lexical Differences of Chinese between the North and South of the Northern and Southern Dynasties from the Commonly-used Words in Weishu and Songshu（*Canadian Social Science*, Volume 9, number 2, 2013）等。另外還有劉傳鴻的《兩唐書列傳部分詞彙比較研究》（巴蜀書社，2009 年）。

此外，還有一些與本書類似的其他研究成果，如黄雲鶴《〈魏書·本紀〉〈北史·魏本紀〉校記》（《古籍整理研究學刊》1992 年第 4 期），俞艷庭《〈魏書〉及〈北史〉之〈江式傳〉點校舉疑》（《北京大學學報》1999 年第 2 期），高華平《〈魏書〉〈北史〉之〈韓麒麟傳〉附〈顯宗傳〉所引〈莊子〉文字考辨》（《古籍整理研究學刊》2002 年第 6 期），孫蓉蓉《〈梁書〉與〈南史〉劉勰傳異同考辯》（《中國文化研究》2005 年第 2 期），鄧奇、曾志宏《銜接的語篇功能：〈魏書〉與〈北史〉中卷一的對比試析》（《吉林省教育學院學報》2008 年第 8 期），邵春駒《〈南史〉抄改〈梁書〉舉誤》（《北京教育學院學報》2009 年第 4 期），真大成《〈梁書〉、〈南史〉互勘正訛》（《中國典籍與文化》2010 年第 2 期），張金平《〈梁書·沈約傳〉與〈南史·沈約傳〉考異一則》（《語文知識》2013 年第 4 期），高賢棟《〈魏書·本紀〉與〈北史·魏本紀〉點校商正 20 則》（《古籍整理研究學刊》2014 年第 4 期），徐超《〈史記·陳涉世家〉與〈漢書·陳勝傳〉對讀札記》（《淮南師範學院學報》2014 年第 4 期）等論文以及系列對比研究異文的學位論文，如王海平《〈史記〉〈漢書〉異文研究》（暨南大學 2003 年碩士學位論文）、張雲濤《〈左傳〉〈史記〉異文研究》（内蒙古師範大學 2007 年碩士學位論文）、馮青《〈世說新語〉與〈晋書〉異文詞彙研究》（廣西師範大學2007年碩士學位論文）、鄒維一《〈史記〉〈漢書〉異文考述》（上海師範大學2010年碩士學位論文）、田俊傑《〈史記〉〈漢書〉虛詞異文比較研究》（內蒙古師範大學2011年碩士學位論文）、張宏玲《〈史記〉與〈戰國策〉的異文研究》（內蒙古師範大學2016年碩士學位論文）、湯勤《〈史記〉與〈戰國策〉語言比較研究》（華中科技大學2006年博士學位論文）等。

綜上所述，在繼續深入探究《宋書》與《南史》異文語言的比較研究上還有很大的空間和餘地。本書將結合李麗《〈魏書〉〈北史〉異文語言比較研究》、劉傳鴻《兩唐書列傳部分詞彙比較研究》和蘇傑《〈三國志〉異文研究》（齊魯書社，2006年）[①]，同時參考王彥坤《古籍異文研究》（廣東高等教育出版社，1993年），丁福林《〈宋書〉校議》（上海古籍出版社，2002年），萬久富《〈宋書〉複音詞研究》（鳳凰出版社，2006年）[②]，高明《中古史書詞彙論稿》（天津古籍出版社，2008年）[③]，宋聞兵《〈宋書〉詞語研究》（中華書局，2009年）[④]，張徽《〈宋書〉校釋》（蘇州大學2009年博士學位論文），真大成《中古

---

① 該書源於其同名博士學位論文（復旦大學，2001年），內容包括緒論、異文與文字研究、異文與詞彙研究、異文與語法研究、異文與語音研究、異文與修辭研究、異文與文化史研究、異文與《三國志》文本校釋。

② 該書源於其同名博士學位論文（復旦大學，2002年）。分爲緒論、《宋書》複音詞的結構、《宋書》複音詞的語義特點、《宋書》複音詞中的新詞新義、《宋書》聯合式同素異序複合詞、《宋書》中的複音虛詞等六章，另有附錄。

③ 該書源於其博士學位論文《中古史書詞彙研究》（復旦大學，2000年）。該書所稱的"中古漢語"是指從東漢到初唐這一段歷史時期內漢語的發展，所涉及的"中古史書"是指《後漢書》（包括李賢注和《續後漢志》）、《三國志》（包括裴注）、《晉》、《宋書》、《南齊書》、《梁書》、《陳書》、《北齊書》、《周書》、《魏書》和《隋書》這十一部正史，文中的論述主要是圍繞這些史書展開的。至於《南史》、《北史》、《建康實錄》、《後漢紀》及《資治通鑑》有關部分，從語料性質上看也屬中古史書範疇，但因這些書同前十一部書的史料基本一致，所以祇是在必要時作為參考。參見該書"緒論"第7頁。全書共六章，依次是：中古史書詞彙研究述評、中古史書詞彙的構成和特點、中古史書單音詞的詞義研究、中古史書複音詞研究、中古史書詞彙與詞典編纂、中古史書詞彙與中古史書的校點整理，另有附錄與詞目索引。

④ 該書源於其同名博士學位論文（浙江大學，2003年）。全書共五章，依次爲：緒論、詞義研究：新詞和新義、詞形研究：雙音詞的大發展、系統研究：《宋書》中的評贊類詞語、《宋書》詞語考釋，另有附錄和附表等。

史書校證》①（中華書局，2013 年），江藍生《魏晉南北朝小説詞語匯釋》（語文出版社，1988 年），蔡鏡浩《魏晉南北朝詞語例釋》（江蘇古籍出版社，1990 年），董志翹、蔡鏡浩《中古虚詞語法例釋》（吉林教育出版社，1994 年），王雲路、方一新《中古漢語語詞例釋》（吉林教育出版社，1992 年），劉百順《魏晉南北朝史書語詞札記》（陝西師範大學出版社，1993 年），徐復《後讀書雜志》（上海古籍出版社，1996 年），方一新《東漢魏晉南北朝史書詞語箋釋》（黃山書社，1997 年），真大成《魏晉南北朝史書詞語論考》（南京大學 2008 年博士學位論文）②，周一良《魏晉南北朝史札記》（中華書局，2015 年），郭在貽《魏晉南北朝史書語詞瑣記》（《中國語文》1990 年第 5 期），郭在貽《魏晉南北朝史書語詞瑣記》（《古漢語研究》1990 年第 3 期），方一新《東漢魏晉南北朝史書語詞札記》（杭州大學古籍研究所、杭州大學中文系古漢語教研室編《古典文獻與文化論叢》，中華書局，1997 年），方一新《六朝史書詞語札記》（《廣播電視大學學報》1998 年第 2 期），劉百順《漢魏六朝史書詞語考釋》（《西北大學學報》2002 年第 3 期），徐時儀《兩漢魏晉南北朝史書詞語考釋》（《南陽師範學院學報》2006 年第 7 期）等系列成果對《宋書》與《南史》異文之間的語言進行了比較研究，既全面窮盡展現它們在文字、詞彙、語法上存在的差異，又探究這些差異的形成原因，爲漢語史研究、古籍整理、辭書編纂提供一些語言事實。

---

① "中古史書"是指記述兩晉南北朝史事的十部正史，即《晉書》《宋書》《南齊書》《梁書》《陳書》《魏書》《北齊書》《周書》及《南史》《北史》，參見該書"導論"第 1 頁。

② 該文針對魏晉南北朝史書詞語研究史、異文以及新詞源流等問題展開研究，并輯錄注釋了其中一些口語性較強的材料。參見王雲路、黃沚青：《本世紀以來（2000—2011）中古漢語詞彙研究綜論》，《浙江社會科學》2012 年第 10 期，第 116 頁。此文我們無法拜讀，幸賴真大成老師惠賜目錄，在此向真大成老師表示最誠摯的感謝。

第二節 研究内容、意義和方法

一、研究内容

《宋書》與《南史》記載了很多相同的歷史史事，爲了讓學術界不再籠統地認爲《南史》記載的劉宋王朝部分是在簡單删削與增補《宋書》的基礎上形成的，記載相同歷史的語言是毫無變化的，作者完全是在照抄照搬①，本書既全面窮盡展現《宋書》與《南史》記載相同歷史史事時在文字、詞彙、語法上存在的具體差異，并在此基礎上分析這些差異形成的原因。具體來説：

文字差異：異體字異文、古今字異文、通假字異文、避諱字異文、音譯差異字異文。至於它們的形成原因，或由於漢字形體的不同，或由於漢字時代的先後，或由於漢字讀音的相同相近，或由於古代文化上的原因，或由於翻譯時的語音差異等。

詞彙差異：均用單音節詞語、均用雙音節詞語、單雙音節詞語的互相替换。至於它們的形成原因，或由於以古語解釋古語，或由於以今語解釋古語，或由於以古語解釋今語，或由於以今語解釋今語，或由於叙事角度不同，或由於是否是異形詞，或由於意義更加圓足明顯，或由於音節更加和諧，或由於作者改編時有意增删等。

語法差異：句式不同、短語結構不同。至於它們的形成原因，或由於叙事角度不同，或由於改編時有意增删，或由於意義更加明顯，或由於音節更加和諧，或由於作者個人用語習慣等。

---

① 關於這一點，高敏認爲李延壽在撰寫《南史》《北史》之前就已經有機會見到南北朝諸史了，《南史》《北史》是他在删削與增補南北朝諸史的基礎上形成的，并對《南史》《北史》的删削與增補情况有詳細論述和評價。參見高敏：《南北史掇瑣》，鄭州：中州古籍出版社2003年版。

二、研究意義

通過基礎研究全面窮盡展現《宋書》《南史》記載相同歷史史事時在文字、詞彙、語法上的具體差異，并分析這些差異形成的原因，讓學術界不再籠統地認爲《南史》記載的劉宋王朝部分是在簡單刪削與增補《宋書》的基礎上形成的，爲漢語史研究特別是爲學術界理清龐雜的史書語料時代判定提供一些思路和借鑒，爲古籍整理和辭書編纂提供一些語言基礎和事實。

三、研究方法

在學術研究方法日新月異的今天，除了必須堅持嚴謹踏實的學風以外，還應該注意研究方法的改進和完善。本書的研究就是在借鑒現有成功的研究方法的基礎上進行的，主要采用了以下幾種方法。

（一）語料層次剝離法

史書語料在時代劃分上具有複雜性和歷史層次性，本書按照語料所處的年代將它們分成了三類，第一類材料有確切的時代且内容大多采用的是典型的書面語形式，就祇選取引錄的史書記錄時代的當朝文獻作爲研究的主要材料，因此本書主要還是選用後兩類材料來進行異文的考察和研究。

（二）文獻對讀法

想要找出《宋書》與《南史》在記載相同歷史史事上的具體差異必須通過文獻對讀，如今在學界頗爲流行的資料庫語料檢索法在這裏沒有絲毫用武之地，祇能采取傳統辦法埋頭苦幹。

（三）窮盡調查法

詳細占有材料并作窮盡式的分析，是展開進一步研究的基礎，這項工作做得細緻與否將會直接影響最終得出的結論的可靠程度。没有窮盡的調查，就無法發現或總結出漢語發展的規律，因此爲了更好地展現《宋書》與《南史》記載相同歷史史事時在文字、詞彙、語法上的差異全貌，本書將做窮盡調查，全面展現。

（四）圖表統計法

爲了直觀地展現《宋書》與《南史》記載相同歷史史事時在文字、詞彙、語法上的具體差異，本書將列表加以展示并進行數理統計。

（五）比較研究法

比較研究是進行研究的好方法，前修時彥的研究成果早已充分證明了這種方法的有效性。面對《宋書》與《南史》記載的相同歷史史事，祇有通過相互比較，纔能發現它們在文字、詞彙、語法上的具體差異。同時也進行歷時比較，探究這些差異的形成原因。

第一章　異文與文字研究

《宋書》《南史》異文中的文字差異共有 93（230）[①]條，主要涉及異體字異文、古今字異文、通假字異文、避諱字異文和音譯差異字異文五種類型。

第一節　異體字異文

異體字有廣義和狹義之分，本書所稱的異體字指的是狹義的異體字，即記録同一個詞的不同形體的字，這些字在任何情況下讀音、意義都完全相同，可以互相替换。[②]《宋書》《南史》異文中的異體字異文共有 17（20）條，例如：

【臝—裸】

A. 上嘗宫内大集，而臝婦人觀之，以爲歡笑。（《宋書·后妃·明恭王皇后列傳》，卷41）

B. 上嘗宫内大集，而裸婦人觀之，以爲歡笑。（《南史·后妃上·明恭王皇后列傳》，卷11）

按：《廣韻·果韻》：“裸，赤體。”《説文·衣部》：“，袒也。

[①] 説明：在本書中，括號前的數字表示未重複的異文條數，括號中的數字表示重複的異文條數。

[②] 王力主編：《古代漢語》（校訂重排本），北京：中華書局2016年版，第173頁。

從衣羸聲；裸，羸或從果。"《經籍纂詁》："裸，亦作羸。通作倮。"慧琳《一切經音義》卷一百："裸形，魯國反。赤體無衣曰裸，或從人作倮，亦從身作躶。"《玉篇·身部》："躶，赤體也。亦作裸。"《正字通·衣部》："裸，本字。《説文》：'袒也。'通作倮，俗作躶。"張涌泉認爲："凡是區別於正字的異體字，都可以認爲是俗字。"① 慧琳《一切經音義》卷五十四"倮形"條："華卦反。顧野王云：'脱衣露袒也。'古今正字或爲裸或作躶。從人果聲。"《玉篇·衣部》則增列"倮、躶"爲異體，云："羸，力果切，袒也，亦作倮、躶；裸，同上。"可見"羸—裸"是一組異體字。

【疋—匹】

A. 甲戌，制天下民户歲輸布四疋。(《宋書·孝武帝本紀》，卷6)

B. 甲戌，制天下人户歲輸布四匹。(《南史·孝武帝本紀》，卷2)

按：《廣韻·質韻》："匹，偶也，配也，合也，二也……俗作疋。"《字彙·疋部》："疋，又俗借爲布匹字。"《字彙補·疋部》："匹，匹、疋二字自漢已通用矣。"戴震《方言疏證》："疋，即俗匹字。"可見"疋—匹"是一組異體字。

【游—遊】

A. 勔經始鍾嶺之南，以爲棲息，聚石蓄水，彷彿丘中，朝士愛素者，多往游之。(《宋書·劉勔列傳》，卷86)

B. 聚石蓄水，髣髴丘中，朝士雅素者多往遊之。(《南史·劉勔列傳》，卷39)

按：《説文·㫃部》："敖，游也。"段注："游，本旗游字，假借爲出游字。"《説文·㫃部》："游，旌旗之流也。"段注："……又引申爲出游、嬉游。俗作遊。"《玉篇·辵部》："遊，遨遊也，與游同。"《廣韻·尤韻》："游遊同。"《經籍纂詁》："游，同遊。"《集韻·尤韻》："遊，通作游。"可見"游—遊"是一組異體字。

---

① 張涌泉：《漢語俗字研究》(增訂本)，北京：商務印書館2010年版，第6頁。

【泄—洩】

A. 會二凶巫蠱事泄，上獨先召僧綽具言之。（《宋書·王僧綽列傳》，卷71）

B. 會巫蠱事洩，上先召僧綽具言之。（《南史·王僧綽列傳》，卷22）

按：《廣韻·薛韻》："泄……亦作洩。"《經籍纂詁》："泄，亦作洩。"《正字通·水部》："泄，俗作洩。"《玉篇·水部》："洩，同泄。"《康熙字典·水部》"洩"注引《玉篇》云："同泄。"可見"泄—洩"是一組異體字。

【鞍—鞌】

A. 又好騎馬，遨游里巷，遇知舊輒據鞍索酒，得酒必頹然自得。（《宋書·顏延之列傳》，卷73）

B. 又好騎馬遨遊里巷，遇知舊輒據鞌索酒，得必傾盡，欣然自得。（《南史·顏延之列傳》，卷34）

按：《說文·革部》："鞌，馬鞁具也。"《正字通·革部》："鞌，鞍本字。《說文》作鞌。"《五經文字·革部》："鞌，俗作鞍。"《玉篇·革部》："鞌，馬鞌，亦作鞍。"《集韻·寒韻》："鞌，或書作鞍。"《字彙·革部》："鞌，同鞍。"《類篇·革部》："鞌，或書作鞍。"可見"鞍—鞌"是一組異體字。

【崐崘—崑崙】

A. 又寵一崐崘奴子，名白主。（《宋書·王玄謨列傳》，卷76）

B. 又寵一崑崙奴子名白主，常在左右，令以杖擊群臣。（《南史·王玄謨列傳》，卷16）

按：《玉篇·山部》："崐，崐崘山名。"《廣韻·魂韻》："崐，崐崘山名。"《字彙·山部》："崐，崐崘山名。"《龍龕手鑑·山部》："崐，崐崘山也。"《類篇·山部》："崐，崐崘山名，或書作崑。"《集韻·魂韻》："崐，崐崘山名，或書作崑。"《說文新附·山部》："崑，崑崘山。"《正字通·山部》："崑，同崐。"《字彙·山部》："崑，同崐。"《龍龕手鑑·山部》："崑崐同。"《玉篇·山部》："崘，崐崘。"《廣韻·魂韻》："崘，崐崘。"《正字通·山部》："崘，崐崘山。"《字彙·山部》："崘，崑崘山名。"《集韻·魂韻》："崘，崑崘山名，或書作崙。"《說文新附·山部》："崙，崑崙也。"《類篇·山部》："崙，崑崙山。"《集韻·魂韻》："崙，崑崙山名。"《類篇·山部》："崘，或書作崙。"《龍龕手鑑·山部》："崙崘同。"《集韻·魂韻》："崙，同崘。"《字彙·山部》："崙，同崘。"《正字通·山部》："崙，同崘。"可見"崑崘—崑崙"是一組異體字。

【彷彿—髣髴】

A. 勔經始鍾嶺之南，以爲棲息，聚石蓄水，<u>彷彿</u>丘中，朝士愛素者，多往游之。(《宋書·劉勔列傳》，卷86)

B. 聚石蓄水，<u>髣髴</u>丘中，朝士雅素者多往遊之。(《南史·劉勔列傳》，卷39)

按：《經籍籑詁》："仿，亦作髣。俗作彷。"《廣韻·養韻》："彷，彷彿俗。"玄應《一切經音義》卷二："仿佛，古文作'肪肺'，《聲類》作'髣髴'，同。謂相似，見不諦也。"《廣韻·物韻》："彿，彷彿俗。"《經籍籑詁》："佛，音弗。彷彿與髣髴同。"《正字通·彳部》："彷彿，猶依稀。與仿通。亦作仿佛，義同。"《正字通·髟部》："髣，亦作仿、彷。"《說文·髟部》："髴，髴若似也。"段注："許無髣字，後人因髴製髣。"《玉篇·髟部》："髣，髣髴也。"《廣韻·未韻》："髣，髣髴，亦作彷彿。"《經籍籑詁》："髴，髣髴，亦作彷彿。"《玉篇·髟部》："髴，髣髴。"《廣韻·未韻》："髴，髣髴。"《說文·髟部》："髣髴……亦作彷彷俩別。"《廣韻·養韻》："髣，髣髴，亦作彷彿。"《廣韻·物韻》："髴，髣髴，亦作彷彿。"《別雅》卷五："彷彿，髣髴也。"可見"彷彿—髣髴"是一組異體字。

第二節　古今字異文

"古今字"始見於東漢時期，《禮記·曲禮下》"予一人"鄭玄注："予、余，古今字。"《說文·人部》："今，是時也。"段注："今者對古之俌……古今人用字不同,謂之古今字。"《説文解字注》"誼"注:"凡讀經傳,不可不知古今字。"① 讀史亦然,也須知古今字來掃除閱讀中的文字障礙。《説文解字注》"誼"注:"古今無定時,周爲古則漢爲今;漢爲古則晉宋爲今,隨時而異用者謂之古今字。非如今人所言古文、籀文爲古字,小篆、隸書爲今字也。"② 很明顯,古今在時間概念上是一組相對的範疇,兩者之間没有絶對的分界綫。裘錫圭認爲:"一個詞的不同書寫形式,通行時間往往有前後。在前者就是在後者的古字,在後者就是在前者的今字。"③《宋書》《南史》異文中的古今字異文共有 10(11)條,例如:

【尸—屍】

A. 頃之,太宗定大事。是夜,廢帝横尸在太醫閤口,興宗謂尚書右僕射王景文曰:"此雖凶悖,要是天下之主,宜使喪禮粗足。若直如此,四海必將乘人。"(《宋書·蔡興宗列傳》,卷 57)

B. 當明帝起事之夜,廢帝横屍太醫閤口。(《南史·蔡興宗列傳》,卷 29)

按:《説文·尸部》:"屍,終主。"段注:"今經傳字多作尸,同音假借字也,亦尚有作屍者。"朱駿聲通訓定聲:"尸,叚借爲屍。"王筠句讀:"屍乃尸之分别文。"《禮記·曲禮下》:"在牀曰尸,在棺曰柩。"《字彙·尸部》:"在牀曰屍,在棺曰柩。"《龍龕手鑑·尸部》:"在床曰屍,在棺曰柩也。"《玉篇·尸部》:"屍,在牀口屍。"《爾雅·釋詁上》:"尸,主也。"郝懿行義疏:"尸者,屍之叚音也。"《集韻·脂韻》:"屍,通作尸。"可見"尸—屍"是一組古今字。

【債—責】

A. 初,惠開府録事參軍劉希微負蜀人債將百萬,爲責主所制,未

---

① (漢)許慎撰,(清)段玉裁注:《説文解字注》,上海:上海古籍出版社 1981 年版,第 94 頁。
② (漢)許慎撰,(清)段玉裁注:《説文解字注》,上海:上海古籍出版社 1981 年版,第 94 頁。
③ 裘錫圭:《文字學概要》(修訂本),北京:商務印書館 2013 年版,第 256 頁。

得俱還。(《宋書·蕭惠開列傳》,卷87)

B. 初,惠開府錄事參軍劉希微負蜀人責將百萬,爲責主所制,未得俱還。(《南史·蕭惠開列傳》,卷18)

按:《説文新附·人部》:"債,負也。"《廣韻·麥韻》:"債,負財也。"《集韻·麥韻》:"債,負財也。"《正字通·人部》:"債,今俗負財曰債。"《字彙·人部》:"債,與責同。"《康熙字典·人部》:"債,又通作責。"《經籍纂詁》:"債,古作責。"《説文·貝部》:"責,求也。"桂馥義證:"責,或作債。"《正字通·貝部》:"責,逋財也。俗作債。"《經籍纂詁》:"責,讀爲債。"《潛夫論·忠貴》"負債不償"汪繼培箋:"責,債古今字。"可見"債—責"是一組古今字。

【擒—禽】

A. 而敬宣還京口迎家,牢之尋求不得,謂已爲玄所擒,乃自縊死。(《宋書·劉敬宣列傳》,卷47)

B. 牢之謂已爲玄禽,乃縊而死。(《南史·劉敬宣列傳》,卷17)

按:《説文·内部》:"禽,走獸總名。"《爾雅·釋鳥》"二足而羽謂之禽"郝懿行義疏:"禽,言擒也。"《字彙·手部》:"擒,捉也。"《正字通·手部》:"擒,捉也。"《禮記·曲禮》"不離禽獸"孔穎達疏:"禽者,擒也。言鳥力小,可擒捉而取之。通作禽。"《經籍纂詁》:"擒,通作禽。"馬叙倫《六書疏證》:"禽,實'擒'之初文,禽獸皆取獲動物之義。"《正字通·内部》:"禽,戰勝執獲曰禽。俗作擒。"可見"擒—禽"是一組古今字。

【婚—昏】

A. 高祖雅相重,申以婚姻,廬陵王義真妃,景仁女也。(《宋書·謝景仁列傳》,卷52)

B. 武帝雅相知重,申以昏姻,廬陵王義真妃,景仁女也。(《南史·謝裕列傳》,卷19)

按:《説文·女部》:"婚,婦家也。禮,娶婦以昏時,婦人陰也,故曰婚。"朱駿聲通訓定聲:"婚,經傳多以昏爲之。"《廣韻·魂韻》:"婚,婚姻,嫁也。禮,娶以昏時,婦人陰也,故曰婚。"《白虎通義·

嫁娶》："婚者，昏時行禮，故曰婚。"《爾雅·釋親》："婦之父爲婚。"《荀子·富國》："婚姻聘内，送逆無禮。"楊倞注："妻之父爲婚。"《釋名·釋親屬》："婦之父曰婚，言壻親迎用昏，又恒以昏夜成禮也。"《經籍纂詁》："婚，通作昏。"慧琳《一切經音義》卷二十六"婚姻"注："婚，今作昏。"《説文·日部》："昏，日冥也。"段注："士娶妻之禮，以昏爲期，因以名焉。必以昏者，陽往而陰來，日入三商爲昏。"《字彙·日部》："昏姻，娶妻之禮，以昏爲期，取陽往陰來之義，俗作婚。"可見"婚—昏"是一組古今字。

【反—返】

A. 秀常乘驛往反，是時病還遲，爲燾所詰讓，秀復恐懼。（《宋書·魯秀列傳》，卷74）

B. 秀常乘驛往返，是時病還遲，爲太武所詰。（《南史·魯秀列傳》，卷40）

按：《左傳·襄公二十八年》"反其邑馬"杜預注："反，還也。"《助字辨略》卷三："漢書董仲舒傳：春秋深探其本，而反自貴者始。"劉淇按："此反字，猶云還也。"《説文·辵部》："返，還也。"徐鍇繫傳："返，人行還也。"《玉篇·辵部》："返，還也。"《廣韻·阮韻》："返，還也。"《集韻·元韻》："返，回行也。"《爾雅·釋言》："還，返也。"郝懿行義疏："返，通作反。"《經籍纂詁》："返，古作反。"可見"反—返"是一組古今字。

【它—他】

A. 弘微口不言人短長，而曜好臧否人物，曜每言論，弘微常以它語亂之。（《宋書·謝弘微列傳》，卷58）

B. 口不言人短，見兄曜好臧否人物，每聞之，常亂以他語。（《南史·謝弘微列傳》，卷20）

按：《詩經·小雅·鶴鳴》："它山之石，可以爲錯。"陸德明《經典釋文》："它，古他字。"《漢書·高帝本紀上》"項它"顔師古注："它字與他同。"《禮記·少儀》"君將適它"陸德明《經典釋文》："它，本亦作他。"《正字通·宀部》："它與佗、他同。"《集韻·戈韻》："他，彼之稱。或從也。通作它。"《正字通·人部》："佗，與他、它同。"《廣韻·戈韻》："他，俗，今通用。"《玉篇·人部》："他，本亦作佗。"《正字通·人部》："他，彼之稱也。通作佗，或省作它。"《字彙·人部》："他，與佗同。"《經籍纂詁》："佗，今作他，又作它。"《尚書·秦誓》"無他伎"陸德明《經典釋文》："他，本亦作它。"阮元《校勘記》按："它、他，古今字。"可見"它—他"是一組古今字。

第三節　通假字異文

　　通假字是能夠找出其本字來的，爲何有本字却又要使用通假字呢？鄭康成（即東漢鄭玄）云"其始書之也，倉促無其字，或以音類比方假借爲之，趣於近之而也。"① 由此可見，通假字與本字在讀音上存在相同或相近的情況。王力認爲："所謂古音通假，就是古代漢語書面語言裏同音或音近的字的通用和假借。"② 周祖謨認爲："這種通假字，有些是由於古人字少，以一字代表兩個詞來用，有些是由於口授筆錄，倉卒無其字而寫爲另一音同或音近的字，當然也不免有筆畫寫錯的字。所謂一字代表兩個詞的，在古代就是一種通行的寫法，無所謂假借；所謂倉卒不得其字的，纔算爲假借，即本有其字，而以此代彼。現在我們給一個統稱，名之曰通假字。"③《宋書》《南史》異文中的通假字異文共有19（33）條，例如：

【瘥—差】

　　A. 世祖遇偃既深，備加治療，名醫上藥，隨所宜須，乃得瘥。

---

① （唐）陸德明：《經典釋文·序録》，北京：中華書局1983年版，第2頁。
② 王力主編：《古代漢語》（校訂重排本），北京：中華書局2016年版，第546頁。
③ 周祖謨：《漢代竹書和帛書中的通假字與古音的考訂》，《周祖謨語言學論文集》，北京：商務印書館2001年版，第122頁。也可參見周祖謨：《漢代竹書和帛書中的通假字與古音的考訂》，《周祖謨語言文史論集》，北京：學苑出版社2004年版，第55頁。

(《宋書·何偃列傳》，卷59)

B. 孝武遇偃既深，備加醫療乃得差。(《南史·何偃列傳》，卷30)

按：《説文·疒部》："瘥，瘉也。"段注："瘥，通作差。"徐鍇繫傳："今人病差字。"朱駿聲通訓定聲："瘥，叚借爲差。"《玉篇·疒部》："瘥，疾愈也。"《類篇·疒部》："瘥，愈也。"《廣韻·卦韻》："差，病除也。"《方言》卷三："差，愈也。南楚病愈者謂之差。"① 戴震疏證："差、瘥古通用。"錢繹箋疏："瘥與差通。"可見"瘥—差"是一組通假字。

【蚤—早】

A. 始興王濬嘗問其年，僧綽自嫌蚤達，逡巡良久乃答，其謙虚自退若此。(《宋書·王僧綽列傳》，卷71)

B. 始興王濬嘗問其年，僧綽自嫌早達，逡巡良久乃答，其謙退若此。(《南史·王僧綽列傳》，卷22)

按：《説文·蚰部》："蚤，齧人跳蟲。"段注："經傳多假爲早字。"《廣韻·晧韻》："蚤，古借爲早暮字。"《詩經·豳風·七月》："二之日鑿冰衝衝，三之日納于凌陰，四之日其蚤，獻羔祭韭。"高亨注："蚤，借爲早。古代稱月初爲月朝，月早即月朝。"《説文·日部》："早，晨也。"朱駿聲通訓定聲："早，經傳亦多以蚤爲之。"《集韻·晧韻》："早，通作蚤。"《經籍纂詁》："早，通作蚤。"可見"蚤—早"是一組通假字。

【旅—膂】

A. 帝有旅力，善騎射，解音律。(《宋書·少帝本紀》，卷4)

B. 帝膂力絶人，善騎射，解音律。(《南史·少帝本紀》，卷1)

按：《説文通訓定聲·豫部》："旅，叚借爲膂。"《正字通·肉部》："膂，通作旅。"《廣雅·釋器》"膂，肉也"王念孫疏證："膂，通作旅。"《廣雅·釋詁三》："旅，擔也。"王念孫疏證："膂字，古通作

---

① 【愈 瘉 瘥 痊】的區别可參見王鳳陽：《古辭辨》（增訂本），北京：中華書局2011年版，第809-810頁。

旅。"《尚書·秦誓》："番番良士，旅力既愆，我尚有之。"孫星衍今古文注疏："旅，即'膂'省文。"《資治通鑑·梁紀十六》"旅力過人"胡三省注："旅，與膂同，脊骨也。"《廣雅·釋詁二》："膂，力也。"王念孫疏證："《大雅·桑柔》篇云：'靡有旅力'。《秦誓》：'旅力既愆'。《周語》云：'旅力方剛'。義並與膂同。"可見"旅—膂"是一組通假字。

【罹—離】

A. 是時亡命司馬黑石、廬江叛吏夏侯方進在西陽五水，誑動羣蠻，自淮、汝至于江沔，咸<u>罹</u>其患。（《宋書·沈慶之列傳》，卷77）

B. 是時亡命司馬黑石、廬江叛吏夏侯方進在西陽五水謹動羣蠻，自淮汝間至江沔，咸<u>離</u>其患，乃遣慶之督諸將討之，制江、豫、荊、雍並遣軍受慶之節度。（《南史·沈慶之列傳》，卷37）

按：《説文新附·网部》："罹，心憂也。古多通用離。"《尚書·酒誥》"無罹"孫星衍今古文注疏："罹，即離俗字。"《爾雅·釋詁上》："罹，憂也。"郝懿行義疏："罹，通作離。"《詩經·王風·兔爰》"逢此百罹"陸德明《經典釋文》："罹，本又作離。"《楚辭·九歌·山鬼》"思公子兮徒離憂"朱熹集注："離，罹也。"可見"罹—離"是一組通假字。

【賑—振】

A. 禁斷淫祀，崇修學校，歲荒民饑，則以私禄<u>賑</u>給。（《宋書·良吏·杜慧度列傳》，卷92）

B. 禁斷淫祀，崇修學校，歲荒人飢，則以私禄<u>振</u>給。（《南史·循吏·杜慧度列傳》，卷70）

按：《龍龕手鑑·貝部》："賑，濟救。"《説文·貝部》："賑，富也。"段注："《匡謬正俗》曰：振給、振貸字皆作振。振，舉救也。俗作賑，非。"徐鍇繫傳："賑，振也，振起之也。"朱駿聲通訓定聲："賑，叚借爲振，今用爲賑濟、賑貸字。"錢大昕《十駕齋養新録·說文本字俗借爲它用》（卷四）："賑，富也。今借爲振給字。"《説文·手部》："振，舉救也。"段注："諸史籍所云振給、振貸是其義也。凡振濟當作此字。俗作賑、非也。《匡謬正俗》言之詳矣。"邵瑛《群經正字》："案：此即俗賑濟之本字。諸史籍所云'振給''振貸'，其義皆同，盡當爲振字。今人之作文書者，以其事涉貨財，輒改振爲賑。"可見"賑—振"是一組通假字。

【措—厝】

A. 混聞而驚歎，謂國郎中令漆凱之曰："建昌國禄，本應與北舍共之，國侯既不<u>措</u>意，今可依常分送。"（《宋書·謝弘微列傳》，卷58）

B. 混聞而驚歎，謂國郎中令漆凱之曰："建昌國禄本應與北舍共之，國侯既不<u>厝</u>意，今可依常分送。"（《南史·謝弘微列傳》，卷20）

按：《説文·手部》："措，置也。"段注："置者、赦也。立之爲置。捨之亦爲置。措之義亦如是。經傳多叚錯爲之。《賈誼傳》叚厝爲之。"《周禮·考工記·梓人》"則必如將廢措"鄭玄注："故書措作厝。杜子春云：當爲措。"《説文·厂部》："厝，厲石也。"段注："許書厝與措、錯義皆別，而古多通用。"徐鍇繫傳："《孝經》借此爲措字。"《字彙·厂部》："厝，與措同。"《正字通·厂部》："厝，同措。"可見"措—厝"是一組通假字。

【渡—度】

A. 初南<u>渡</u>見桓玄，玄知之，謂曰："君平世吏部郎才。"（《宋書·武三王·廬陵孝獻王義真列傳》，卷61）

B. 初南<u>度</u>見桓玄，玄謂曰："君平世吏部郎才也。"（《南史·武帝諸子·廬陵孝獻王義真列傳》，卷13）

按：《説文·水部》："渡，濟也。"段注："凡過其處皆曰渡。假借多作度。"朱駿聲通訓定聲："渡，子、史皆以度爲之。"王筠句讀："渡，亦省作度。"《正字通·水部》："渡，音度。濟也。古借度。"《方言》卷七"過度謂之涉濟"錢繹箋疏："渡與度通。"《説文·又部》："度，法制也。"朱駿聲通訓定聲："度，叚借又爲渡。"《廣雅·釋詁二》："渡，去也。"王念孫疏證："度與渡通。"可見"渡—度"是一組通假字。

【班—斑】

A. 盧循逼京師，敬宣分領鮮卑虎<u>班</u>突騎，置陣甚整，循等望而畏之。(《宋書·劉敬宣列傳》，卷47)

B. 盧循逼建鄴，敬宣分領鮮卑獸<u>斑</u>突騎，置陣甚整。(《南史·劉敬宣列傳》，卷17)

按：《説文·文部》"辬"段注："斑者，辬之俗，今乃斑行而辬廢矣，又或假班爲之。"《廣雅·釋詁一》："斑，分也。"王念孫疏證："班與斑通。"《廣雅·釋詁三》："班，次也。"王念孫疏證："斑與班同。"可見"班—斑"是一組通假字。

【灞—霸】

A. 脩字叔治，京兆<u>灞</u>城人也。(《宋書·廬陵孝獻王義真列傳》，卷61)

B. 脩字叔，京兆<u>霸</u>城人。(《南史·廬陵孝獻王義真列傳》，卷13)

按：《廣韻·禡韻》："灞，水名。"《水經注》："水出藍田縣藍田谷，所謂舵玉者也。"李賡芸《炳燭編》卷二："灞，《説文》無，古作霸。"王維《送熊九赴任安陽》"送車盈灞上"趙殿成箋注引《元和郡縣志》："灞上，亦謂之霸上。"《中華大字典·水部》："灞，通霸。"《康熙字典·水部》："灞，通作霸。"《經籍纂詁》："灞，通作霸。"可見"灞—霸"是一組通假字。

【伎—妓】

A. 王羅漢副楊恃德命使復航，羅漢昏酣作<u>伎</u>，聞官軍已渡，驚懼放仗歸降。(《宋書·二凶·元兇劭列傳》，卷99)

B. 王羅漢昏酣作<u>妓</u>，聞官軍已度，驚放仗歸降。(《南史·宋宗室及諸王下·元兇劭列傳》，卷14)

按：《廣韻·紙韻》："妓，女樂。"《字彙·女部》："妓，女樂也。"《正字通·女部》："妓，女樂也。"慧琳《一切經音義》卷五"妓樂"注："妓，或作伎，伎藝也。"慧琳《一切經音義》卷二十二引《華嚴經音義》"妓樂"注："因以美女爲樂謂之妓樂也。"《説文·女部》："妓，婦人小物也。"段注："今俗用爲女伎字。"可見"伎—妓"

34

是一組通假字。

【飢—饑】

A. 既還飢饉，緣路爲劫盜。(《宋書·謝靈運列傳》，卷67)

B. 遂合部黨要謝不得，及還饑饉，緣路爲劫。(《南史·謝靈運列傳》，卷19)

按：《爾雅·釋天》："穀不熟爲饑。"《說文·食部》："穀不孰爲饑。"《龍龕手鑑·食部》："饑，穀不熟也。"《玉篇·食部》："饑，穀不熟也。"《正字通·食部》："饑，穀不熟，與飢同。"《廣雅·釋天》："二穀不升曰饑。"王念孫疏證："饑與飢同意。"《字彙·食部》："飢，古饑字。"可見"飢—饑"在表示"收成不好"義時是一組通假字。

【饑—飢】

A. 是歲，諸州郡水旱傷稼，民大饑。遣使開倉賑卹，給賜糧種。(《宋書·文帝本紀》，卷5)

B. 自去歲至是，諸州郡水旱傷稼。人大飢，遣使開倉賑卹。(《南史·文帝本紀》，卷2)

按：《說文·食部》："飢，餓也。"朱駿聲通訓定聲："飢，叚借爲饑。"《龍龕手鑑·食部》："飢，餓也。"《玉篇·食部》："飢，餓也。"《經籍纂詁》："飢，餓也。"《廣韻·脂韻》："飢，飢餓也。"《字彙·食部》："饑，餓也。"可見"饑—飢"在表示"吃不飽"義時是一組通假字。①

---

① "饥 餓 饑 饉"的區別可參見王政白：《古漢語同義詞辨析》，合肥：黃山書社1992年版，第229-231頁。

表 1-1　異體字、古今字、通假字統計表

類別	序列號及用字	具體語境及出處（本紀/列傳）
異體字（17）	（1）疋/匹	輸布四疋—輸布四匹（劉駿）
	（2）臝/裸	臝婦人觀之—裸婦人觀之（王貞風）
	（3）泛/汎	與高祖俱泛海—與宋武帝汎海（劉穆之）
	（4）隄/堤	修立隄堰—修立堤堰（張邵）
	（5）構/搆	日夜構之於太祖—日夜搆之於文帝（王華）
	（6）恤/卹	勤恤百姓—勤卹百姓（裴松之）
	（7）克/剋	何患不克—何患不剋（袁淑）
		既克之後—既剋之後（袁淑）
	（8）泄/洩	巫蠱事泄—巫蠱事洩（王僧綽）
	（9）鞍/鞌	據鞍索酒—據鞌索酒（顏延之）
	（10）并/並	并燒石虎殘宮殿—並燒石季龍殘餘宮殿（魯秀）
	（11）効/效	模効之—模效之（顏竣）
	（12）游/遊	多往游之—多往遊之（劉勔）
		頗從之游—頗從之遊（周續之）
		好出游走—好出遊走（阮佃夫）
	（13）阬/坑	交橫布阬內—交橫布坑內（卜天生）
	（14）咨/諮	每事咨之—每事諮之（王曇首）
	（15）妒/妬	虞通之撰《妒婦記》—撰《妬婦記》（王藻）
	（16）崐崘/崑崙	崐崘奴子—崑崙奴子（王玄謨）
	（17）彷彿/髣髴	彷彿丘中—髣髴丘中（劉勔）
古今字（10）	（1）擒/禽	為玄所擒—為玄禽（劉敬宣）
	（2）婚/昏	申以婚姻—申以昏姻（謝景仁/謝裕）
	（3）尸/屍	廢帝橫尸—廢帝橫屍（蔡興宗）
	（4）它/他	以它語亂之—亂以他語（謝弘微）
	（5）暴/曝	小人常自暴背—小人常日曝背（何尚之）
	（6）反/返	乘驛往反—乘驛往返（魯秀）
	（7）伸/申	眉頭未曾伸—眉頭未曾申（王玄謨）
	（8）債/責	負蜀人債將百萬—負蜀人責將百萬（蕭惠開）
	（9）詔/召	詔道濟—召檀道濟（謝晦）
	（10）御/禦	為御史中丞傅隆所奏—為禦史中丞傅隆奏（謝靈運）
		遷御史中丞—後為禦史中丞（王鎮之）

續表

類別	序列號及用字	具體語境及出處（本紀/列傳）
通假字（19）	（1）班/斑	鮮卑虎班突騎—鮮卑獸斑突騎（劉敬宣）
		小字班虎—小字斑獸（劉湛）
		故云班也—故云斑也（劉湛）
	（2）旅/膂	有旅力—膂力絕人（劉義符）
	（3）政/正	政自不解—正自不解（王敬弘/王裕之）
	（4）措/厝	國侯既不措意—國侯既不厝意（謝弘微）
	（5）瘥/差	乃得瘥—乃得差（何偃）
	（6）沾/霑	不沾王化—不霑王化（劉義真）
		威惠沾洽—威惠霑洽（杜慧度）
	（7）凋/雕	百姓凋弊—百姓雕弊（申恬）
	（8）剋/刻	性儉剋少恩情—儉刻無潤（朱脩之）
	（9）煩/繁	政事煩擾—政事繁擾（江秉之）
	（10）渡/度	南渡見桓玄—南度見桓玄（劉義真）
		聞官軍已渡—聞官軍已度（劉勔）
	（11）蚤/早	蚤亡—早亡（殷景仁）
		自嫌蚤達—自嫌早達（王僧綽）
		聞僧達蚤慧—聞僧達早慧（王僧達）
		蚤以操立志行見知—早以操行見知（袁粲）
		何不蚤啟—何不早啟（劉勔）
	（12）豫/預	豫關失得者—預關得失者（劉湛）
	（13）罹/離	咸罹其患—咸離其患（沈慶之）
	（14）賑/振	以私祿賑給—以私祿振給（杜慧度）
	（15）饑/飢	民大饑—人大飢（劉義隆）
		歲旱民饑—歲旱人飢（顏竣）
		歲荒民饑—歲荒人飢（杜慧度）
		民饑—人飢（劉駿）
	（16）飢/饉	既還飢饉—及還饑饉（謝靈運）
	（17）伎/妓	羅漢昏酣作伎—羅漢昏酣作妓（劉勔）
	（18）正/政	正見鍾—政見鍾（劉鍾）
		此正是我—政是我（劉韞）
		正慮決湖—政慮決湖（謝靈運）
		我正欲討之—我政欲討之（劉昶）
	（19）灞/霸	京兆灞城人—京兆霸城人（劉義真）

第四節　避諱字異文①

在古代中國，爲了維護封建統治秩序和森嚴的社會等級制度，産生了一種獨特的習俗，進而發展成爲一種特有的文化現象，這就是避諱。

廣義的避諱包括敬諱、忌諱、憎諱三種情況。由於封建禮制、禮俗的規定和約束，或出於敬重的原因而不敢直稱尊長名字，以至諱用與尊長名同或僅音同之字的，這是敬諱。出於迷信畏忌心理而諱用、諱言凶惡不吉利字眼或音節的，這是忌諱。出於厭惡憎恨心理而不願名姓、物稱與仇家或鄙夷之人姓若名同的，這是憎諱。狹義的避諱專指敬諱一種情況。② 本書所稱的避諱指狹義的避諱，即敬諱。這是中國古代歷史上特有的現象，此俗起於周，成於秦漢，盛於唐宋，延及清末，歷時兩千多年，是閱讀古書不可忽視的一個重要問題。

關於避諱所用的方式，學術界早有很多相關論述，如陳垣總結爲"改字""空字""缺筆""改音"四種③，王新華概括爲"改詞""更讀""變體""缺筆""析言""空字""加字""換序""曲説""填諱""覆黄""歇後"十二種④，王彦坤梳理爲"作'某'""作'某甲'""標'諱'""省闕""代字""改稱""更讀""缺筆""變體""草書""拆字""連字""曲説""析言""倒言""填諱""覆黄""覆絳"十八種⑤，向熹歸納爲"代稱""別稱""稱字""省字""標諱""標'某'""標'君'""缺筆""改音""拆字""析言""空格""填諱""覆黄"十四種⑥等。縱觀《宋書》《南史》異文中的避諱用字情況，

---

① 本節的大部分内容已經公開發表，參見肖麗容：《〈宋書〉〈南史〉異文與避諱文字研究》，《鄭州航空工業管理學院學報》2020年第5期，第44－53頁。
② 王彦坤編著：《歷代避諱字彙典》，北京：中華書局2009年版，前言，第1頁。
③ 陳垣：《史諱舉例》，北京：中華書局2012年版，第3－13頁。
④ 王新華：《避諱研究》，濟南：齊魯社2007年版，第170－202頁。
⑤ 王彦坤編著：《歷代避諱字彙典》，北京：中華書局2009年版，前言，第2－6頁。
⑥ 向熹：《漢語避諱研究》，北京：商務印書館2016年版，第17－24頁。

共有46（164）條，主要有改字、省闕兩種方式。

一、改字

改字指的是遇到需要避諱的字時，就改用其他的字來代替，避諱字與代替字或讀音相同相近或意義相同相近相關。改字在秦漢時期就已經開始使用，後代繼續沿用。如《史記·秦始皇本紀》："端月，正月也。秦諱政，故曰端。"秦始皇名"政"，"政"與"正"音同，爲避"政"字而改稱"正月"爲"端月"。又如《漢書·高帝本紀上》"高祖"注引荀悦曰："諱邦，字季。邦之字曰國。"顏師古曰："邦之字曰國者，臣下所避以相代也。"《宋書》《南史》異文中的避諱改字主要涉及"靖""裕""彧""虎""昞（秉/炳）""淵""世""民""治（稚）"九個字。

（一）改"靖"

《宋書·武帝本紀上》："混生東安太守靖，靖生郡功曹翹，是爲皇考。"孔靖，字季恭。《南史》目錄稱其名。《宋書》避宋武帝劉裕祖父劉靖諱，稱其字①，《南史·孔靖列傳》："孔靖字季恭，會稽山陰人也，名與宋武帝祖諱同，故以字稱。"

（二）改"裕"

《宋書·武帝本紀上》："高祖武皇帝諱裕，字德輿，小名寄奴，彭城縣綏輿里人，漢高帝弟楚元王交之後也。"謝裕，字景仁。褚裕之，字叔度。張裕，字茂度。王裕之，字敬弘。《宋書》避宋武帝劉裕諱，均稱其字②，《南史》目錄都改稱其名。

---

① "孔靖字季恭……名與高祖祖諱同，故稱字。"見《宋書》卷五十四《孔季恭列傳》。
② "謝景仁……名與高祖同諱，故稱字。"見《宋書》卷五十二《謝景仁列傳》。"謝裕字景仁……名與宋武帝諱同，故以字行。"見《南史》卷十九《謝裕列傳》。"褚叔度……叔度名與高祖同，故以字行。"見《宋書》卷五十二《褚叔度列傳》。"張茂度……名與高祖諱同，故稱字。"見《宋書》卷五十三《張茂度列傳》。《宋書》校勘記："張茂度名裕，與劉裕同名，故改稱字。""張裕字茂度……名與宋武帝諱同，故以字稱。"見《南史》卷三十一《張裕列傳》。"王敬弘……與高祖同諱，故稱字。"見《宋書》卷六十六《王敬弘列傳》。"王裕之字敬弘……名與宋武帝諱同，故以字行。"見《南史》卷二十四《王裕之列傳》。

（三）改"彧"

《宋書·明帝本紀》："太宗明皇帝諱彧，字休炳，小字榮期，文帝第十一子也。"王彧，字景文。《宋書》避宋明帝劉彧諱，稱其字①，《南史》則改稱其名。

（四）改"虎"

唐高祖李淵祖父名虎，《舊唐書·高祖本紀》（卷一）："皇祖諱虎，後魏左僕射，封隴西郡公，與周文帝及太保李弼、大司馬獨孤信等以功參佐命，當時稱爲'八柱國家'，仍賜姓大野氏……武德初，追尊景皇帝，廟號太祖，陵曰永康。"《齊東野語》卷四"避諱"條："唐祖諱虎，凡言虎，率改爲猛獸，或爲武，如武賁、武林之類。李延壽作《南北史》，易石虎爲石季龍，韓擒虎爲韓擒。"②《廿二史考異·梁書·武帝紀上》"獸眄其間"錢大昕按："思廉避唐諱，凡'虎'字皆改爲'獸'，或爲'武'。"③《南史》避其諱改字主要有改"虎"爲"武"、改"虎"爲"獸""猛獸"、避名稱字三種情況。

1. 改"虎"爲"武"

《宋書》《南史》異文中這種類型的改字涉及人名和地名。

涉及人名的，例如：

A. 祖虎生，伯父璩，並益州刺史。（《宋書·毛脩之列傳》，卷48）

B. 祖武生、伯父璩並益州刺史。（《南史·毛脩之列傳》，卷16）

《南史》校勘記："武"《宋書》作"虎"，此避唐諱改。

涉及地名的，例如：

---

① "王景文……名與明帝諱同。"見《宋書》卷八十五《王景文列傳》。《宋書》本傳但以"景文"相稱，不及其名。"王彧字景文……彧名與明帝諱同，故以字行。"見《南史》卷二十三《王彧列傳》。

② （宋）周密撰：《齊東野語》，張茂鵬點校，北京：中華書局1983年版，第56頁。

③ （清）錢大昕著：《廿二史考異》，方詩銘、周殿傑校點，上海：上海古籍出版社2014年版，第436頁。

A. 建安王休仁自虎檻進據赭圻。(《宋書·鄧琬列傳》,卷84)

B. 建安王休仁自武檻進據赭圻,時胡等兵衆强盛,遠近疑惑。(《南史·鄧琬列傳》,卷40)

《南史》校勘記:"武"本字"虎",避唐諱改,下同。

A. 性尤簡易,常著連齒木屐,好出神虎門逍遥,左右從者不過十餘人。(《宋書·武帝本紀下》,卷3)

B. 性尤簡易,嘗著連齒木屐,好出神武門内左右逍遥,從者不過十餘人。(《南史·宋武帝本紀》,卷1)

《南史·梁高祖武皇帝本紀上》:"五月乙亥夜,盜入南北掖,燒神武門、總章觀。"校勘記:"武"本字"虎",避唐諱改。

A. 敬宣率先士卒,轉戰而前,達遂寧郡之黃虎,去成都五百里。(《宋書·劉敬宣列傳》,卷47)

B. 敬宣至黃武,去成都五百里,食盡,遇疾疫而還。(《南史·劉敬宣列傳》,卷17)

《廿二史考異·晉書五·劉敬宣傳》"軍次黃獸"錢大昕按:"《宋書》:'次遂寧郡之黃虎,去成都五百里。'此作'黃獸',避唐諱也。《南史》作'黃武'。"①

2. 改"虎"爲"獸""猛獸"

《涌幢小品》卷二"大明會典"條:"或曰:'自來稱虎爲獸。'考《晉書》成於唐魏徵等,唐太宗稱制臨之,以太祖名虎,改稱曰猛獸。"② 可見凡此"獸"或"猛獸",實皆"虎"之避諱代用詞。

《宋書》《南史》異文中這種類型的改字涉及人物名字、地名及物類。

涉及人物名字的,例如:

A. 湛小字班虎,故云班也。(《宋書·劉湛列傳》,卷69)

---

① (清)錢大昕著:《廿二史考異》,方詩銘、周殿傑校點,上海:上海古籍出版社2014年版,第380頁。

② (明)朱國禎:《涌幢小品》,《筆記小説大觀》,第13册,揚州:江蘇廣陵古籍刻印社1983年版,第144頁。

B. 湛小字斑獸，故云斑也。(《南史·劉湛列傳》，卷 35)

《南史》校勘記："斑獸"《宋書》作"斑虎"，此避唐諱改。"斑獸"而云"斑"者，則又以避唐諱省。

涉及地名的，例如：

A. 出據虎檻，進據赭圻。(《宋書·文九王·始安王休仁列傳》，卷 72)

B. 尋諸方逆命，休仁都督征討諸軍事，增班劍爲三十人，出據獸檻，進赭圻。(《南史·宋宗室及諸王下·始安王休仁列傳》，卷 14)

《南史》校勘記："獸"本字"虎"，避唐諱改。

A. 神虎門外，每旦車常數百兩。(《宋書·傅亮列傳》，卷 43)

B. 神獸門外，每旦車常數百兩。(《南史·傅亮列傳》，卷 15)

《南史·陳高宗孝宣皇帝本紀下》"改作雲龍神獸門"校勘記："獸"本字"虎"，避唐諱改。

涉及物類的，例如：

A. 應須白虎幡，銀字棨。(《宋書·王曇首列傳》，卷 63)

B. 南臺云，"應須白獸幡、銀字棨"。(《南史·王曇首列傳》，卷 22)

《南史》校勘記："獸"本字"虎"，避唐諱改。

A. 盧循逼京師，敬宣分領鮮卑虎班突騎，置陣甚整，循等望而畏之。(《宋書·劉敬宣列傳》，卷 47)

B. 盧循逼建鄴，敬宣分領鮮卑獸斑突騎，置陣甚整。(《南史·劉敬宣列傳》，卷 17)

《南史》校勘記："獸"本字"虎"，避唐諱改。

A. 逵夜行遇虎，虎輒下道避之。(《宋書·孝義·吳逵列傳》，卷 91)

B. 逵夜行遇猛獸，猛獸輒下道避之。(《南史·孝義上·吳逵列傳》，卷 73)

《南史·王誕列傳》"時有猛獸入郭"校勘記："獸"本字"虎"，此避唐諱改。

按：《説文·虎部》："虎，山獸之君。"《廣韻·姥韻》："虎，獸名。"《說文·嘼部》:"獸,守備者。"段注:"守備者也,以疊韵爲訓。能守能備、如虎豹在山是也。"《管子·形勢解》:"虎、豹,獸之猛者也。"《字彙·虍部》:"虎,猛獸。"《正字通·虍部》:"虎,猛獸。"可見兩者意義相關。

3. 避名稱字

石虎,字季龍,《南史》避"虎"諱稱其字。例如:

A. 或告熹,鄴民欲據城反,復遣檢察,并燒<u>石虎</u>殘宮殿。(《宋書·魯秀列傳》,卷74)

B. 或告太武鄴人欲反,復遣秀檢察,並燒<u>石季龍</u>殘餘宮殿。(《南史·魯秀列傳》,卷40)

《舊唐書·高祖本紀》(卷一):"皇祖諱虎,後魏左僕射,封隴西郡公,與周文帝及太保李弼、大司馬獨孤信等以功參佐命,當時稱爲'八柱國家',仍賜姓大野氏。周受禪,追封唐國公,諡曰襄。至隋文帝作相,還復本姓。武德初,追尊景皇帝,廟號太祖,陵曰永康。"《晋書·石季龍載記》(卷一百六):"石季龍,勒之從子也,名犯太祖廟諱,故稱字焉。"

王彥坤認爲:爲人勇猛剛健則稱"武",虎爲威猛之獸,其性類"武",故唐人避諱每用"武"字代"虎"……龍乃傳說中之神異動物,古人每每龍虎並稱;而虎固獸類,故"獸(猛獸)"……"龍"等,並得用爲"虎"之避諱代用字。①

(五)改"昞(秉/炳)"

《舊唐書·高祖本紀》(卷一):"皇考諱昞,周安州總管、柱國大將軍,襲唐國公,諡曰仁。武德初,追尊元皇帝,廟號世祖,陵曰興

---

① 王彥坤編著:《歷代避諱字彙典》,北京:中華書局2009年版,第115-116頁。

寧。"①《南史》避唐高祖李淵父親李昞諱，兼避嫌名②"昺"和"炳"③，改稱人物之字（避名稱字）。

避嫌名"昺"的，例如：

A. 時粲與齊王、褚淵、劉昺入直，平決萬機，時謂之"四貴"。（《宋書·袁粲列傳》，卷89）

B. 時粲與齊高帝、褚彥回、劉彥節遞日入直，平決萬機。（《南史·袁粲列傳》，卷26）

劉昺，字彥節④。《南史》以字相稱，不言其名。《南史·宋太宗明皇帝本紀下》"新除郢州刺史劉彥節爲尚書左僕射"校勘記："劉彥節"《宋書》作"劉昺"，此避唐諱而以字行。

避嫌名"炳"的，例如：

A. 初，劉湛伏誅，殷景仁卒，太祖委任沈演之、庾炳之、范曄等，後又有江湛、何瑀之，曄誅，炳之免，演之、瑀之並卒，至是江湛爲吏部尚書，與湛之並居權要，世謂之江、徐焉。（《宋書·徐湛之列傳》，卷71）

B. 初，劉湛伏誅，殷景仁卒，文帝任沈演之、庾仲文、范曄等，後又有江湛、何瑀之。（《南史·徐湛之列傳》，卷15）

庾炳之，字仲文⑤。《南史》以字相稱，不言其名。校勘記："庾仲文"《宋書》作"庾炳之"，此避唐嫌諱而稱其字。《南史·庾悦列傳》"仲文位廣平太守"校勘記："仲文"本名"炳之"，《宋書》有傳。此避唐諱以字行。

---

① 《廿二史考異·唐書十·宗室世系表上》"代祖元皇帝諱昺"錢大昕按："代祖即世祖，避太宗諱也……《高祖紀》'昺'作'昞'。"參見：（清）錢大昕著：《廿二史考異》，方詩銘、周殿傑校點，上海：上海古籍出版社2014年版，第743頁。
② 《禮記·曲禮上》："禮不諱嫌名。"鄭玄注："嫌名，謂音聲相近，若禹與雨，丘與區也。"
③ "昞""昺""炳"三字，中古同屬於幫母、梗韻、上聲、開口、三等字，讀音相同。
④ 見《宋書》卷五十一《宗室·長沙景王道憐列傳》。
⑤ 見《宋書》卷五十三《庾登之列傳》。

第一章　異文與文字研究

（六）改"淵"

《舊唐書·高祖本紀》（卷一）："高祖神堯大聖大光孝皇帝姓李氏，諱淵。"《齊東野語》卷四"避諱"條："高祖諱淵，趙文淵爲趙文深，淵字盡改爲泉。"① 《南史》避唐高祖李淵諱，有改"淵"爲"泉"、改"淵"爲"深"、避名稱字三種情況。

1. 改"淵"爲"泉"

這種改字涉及地名。例如：

A. 夕游天淵池，即龍舟而寢。（《宋書·少帝本紀》，卷4）

B. 夕游天泉池，即龍舟而寢。（《南史·宋少帝本紀》，卷1）

《宋書》校勘記："天淵池，各本作天泉池，蓋據李延壽《南史》，乃避唐諱。"《南史》校勘記："天泉池"即"天淵池"，避唐諱改。

按：《説文·水部》："淵，回水也。"《字彙·水部》："淵，止水也，水盤旋處爲淵。"《玉篇·水部》："淵，水停。"《説文·泉部》："泉，水原也。"《廣韻·仙韻》："泉，水源也。"《玉篇·泉部》："泉，山水之原也。"《字彙·水部》："泉，源水。"《周易·乾卦》"或躍在淵"焦循章句："淵即泉也。"《周易·蒙卦·象傳》"山下出泉"焦循章句："泉即淵也。"

2. 改"淵"爲"深"

這種改字涉及人物的名字。例如：

A. 江智淵臥草側，亦謂言之爲善。（《宋書·沈懷文列傳》，卷82）

B. 江智深臥草側，亦謂之善。（《南史·沈懷文列傳》，卷34）

《南史》校勘記："智深"，《宋書》作"智淵"，此避唐諱改。《南史·江智深列傳》"江智深夷之弟子也"校勘記："深"本字"淵"，此避唐諱改。《宋書》有《江智淵傳》。另外，在《南史》目錄中，"江智淵"改爲"江智深"。

---

① （宋）周密撰：《齊東野語》，張茂鵬點校，北京：中華書局1983年版，第56頁。

A. 本期開南門，時已暗夜，薛淵等據門射之，蘊謂粲已敗，即便散走。（《宋書·袁粲列傳》，卷89）

B. 乃狼狽率部曲向石頭，薛深等據門射之。（《南史·袁粲列傳》，卷26）

《南史·戴僧靜列傳》"高帝遣薛深餉僧靜酒食"校勘記："薛深"即"薛淵"，此避唐諱改。《南史·齊太祖高皇帝本紀上》"委王敬則、陳顯達、王廣之、王玄邈、沈文季、張瑰、薛深等"校勘記："深"《南齊書》作"淵"，此避唐諱改。按：《南齊書》有《薛淵傳》。《南史·薛安都列傳》："深，安都從子也。本名道深，避齊高帝偏諱改焉。"校勘記："深""道深"，《南齊書》作"淵""道淵"。始以避齊諱省"道"字；又以避唐諱改"淵"字，於是薛道淵竟成薛深。《南齊書》有《薛淵傳》。

A. 江湛字徽淵，濟陽考城人，湘州刺史夷子也。（《宋書·江湛列傳》，卷71）

B. 湛字徽深，居喪以孝聞。（《南史·江湛列傳》，卷36）

《南史》校勘記："深"，《宋書》作"淵"，此避唐諱改。

A. 顏師伯字長淵，琅邪臨沂人，東揚州刺史竣族兄也。（《宋書·顏師伯列傳》，卷77）

B. 顏師伯字長深，竣族兄也。（《南史·顏師伯列傳》，卷34）

《南史》校勘記："長深"，《宋書》作"長淵"，此避唐諱改。

按：《說文·水部》："淵，回水也。"《玉篇·水部》："淵，深也。"《廣韻·先韻》："淵，深也。"《集韻·先韻》："淵，深也。"《集韻·諄韻》："淵，深皃。"《廣韻·沁韻》："深，不淺也。"《字彙·水部》："深，淺之對也。""淵"相對於周邊水域而言一般較深，與"深"意義相關。

3. 避名稱字

褚淵，字彥回，《南史》均稱其字。例如：

A. 時粲與齊王、褚淵、劉秉入直，平決萬機，時謂之"四貴"。（《宋書·袁粲列傳》，卷89）

B. 時粲與齊高帝、褚彥回、劉彥節遞日入直，平決萬機。(《南史·袁粲列傳》，卷26)

A. 湛之因攜二息淵、澄輕船南奔。(《宋書·褚湛之列傳》，卷52)

B. 孝武入伐，劭自攻新亭壘，使湛之率水師俱進，湛之因攜二息彥回、澄，登輕舟南奔。(《南史·褚湛之列傳》，卷28)

《南史·褚裕之列傳》"彥回幼有清譽"校勘記：彥回本名淵，《南齊書》有傳，此避唐諱以字行。《南史·宋太宗明皇帝本紀下》"褚彥回爲右僕射"校勘記："褚彥回"，《宋書》作"褚淵"，此避唐諱而以字行。

另外，在《南史》目錄中，"賈淵"改爲"賈希鏡"，也屬於避名稱字。

(七) 改"世"

《舊唐書·太宗本紀上》(卷二)："太宗文武大聖大廣孝皇帝諱世民，高祖第二子也。"《舊唐書·太宗本紀上》(卷二)："己巳，令曰：依禮，二名不偏諱。近代已來，兩字兼避，廢闕已多，率意而行，有違經典。其官號、人名、公私文籍，有'世民'兩字不連續者，並不須諱。"①《南史》避唐太宗李世民之"世"諱，有改"世"爲"代"、改"世"爲"物"兩種情況。

1. 改"世"爲"代"

《齊東野語》卷四"避諱"條："太宗諱世民，《唐史》，凡言世，皆曰'代'。"② 例如：

A. 善論治道，并諳前世故事，叙致銓理，聽者忘疲。(《宋書·劉湛列傳》，卷69)

B. 湛初入朝，委任甚重，善論政道，並諳前代故事，聽者忘疲。

---

① 《禮記·曲禮上》："二名不偏諱。"孔穎達疏："不偏諱者，謂兩字作名，不一一諱也。孔子言徵不言在，言在不言徵者。"《禮記·檀弓下》："二名不偏諱。夫子之母名徵在，言在不稱徵，言徵不稱在。"

② (宋) 周密撰：《齊東野語》，張茂鵬點校，北京：中華書局1983年版，第56頁。

(《南史·劉湛列傳》，卷35)

A. 博涉史傳，諳前世舊典，弱年便有宰世情，常自比管夷吾、諸葛亮，不爲文章，不喜談議。(《宋書·劉湛列傳》，卷69)

B. 少有局力，不尚浮華，博涉史傳，諳前代舊典。(《南史·劉湛列傳》，卷35)

按：《説文·卅部》："世，三十年爲一世。"《説文·人部》："代，更也。"段注："……凡以異語相易謂之代語。假'代'字爲'世'字，起於唐人避諱，'世'與'代'義不同也，唐諱言世。"《廣韻·祭韻》："世，代也。"《字彙·人部》："代，世也。"但《南史》中也有不避"世"諱的，例如：

A. 衆咸云："孔公一月二十九日醉，勝他人二十九日醒也。"(《宋書·孔覬列傳》，卷84)

B. 衆咸曰："孔公一月二十九日醉，勝世人二十九日醒也。"(《南史·孔覬列傳》，卷27)

按：《類篇·人部》："他，彼之稱。"《正字通·人部》："他，彼之稱也，通作佗，或省作它。"《玉篇·人部》："他，本亦作佗。"《廣韻·歌韻》："佗，他，俗，今通用。"

2. 改"世"爲"物"

《南史》避唐太宗李世民之"世"諱，也有改"世"爲"物"的。例如：

A. 博涉史傳，諳前世舊典，弱年便有宰世情，常自比管夷吾、諸葛亮，不爲文章，不喜談議。(《宋書·劉湛列傳》，卷69)

B. 弱年便有宰物情，常自比管、葛。(《南史·劉湛列傳》，卷35)

按：《説文·牛部》："物，萬物也。"《玉篇·牛部》："物，凡生天地之間皆謂物也。"《廣韻·物韻》："物，萬物也。"《字彙·牛部》："物，事物。"

(八) 改"民"

《南史》避唐太宗李世民之"民"諱，有改"民"爲"人"及其他幾種情況。

1. 改"民"爲"人"

《齊東野語》卷四"避諱"條："太宗諱世民,《唐史》,凡言……民,皆曰'人',如烝人,治人,生人,富人侯之類。"①《南史》避唐太宗李世民之"民"諱,改"民"爲"人"。

"民"指老百姓的,例如：

A. 己巳,華容縣民斬送之。(《宋書·順帝本紀》,卷10)

B. 二年春正月丁卯,沈攸之敗,己巳,華容縣人斬攸之首送之。(《南史·順帝本紀》,卷3)

按:《說文·民部》:"民,衆萌也。"王筠句讀:"民,亦人之通稱。"《說文·人部》:"人,天地之性最貴者也。"《字彙·人部》:"人,人爲萬物之靈。"

"民"涉及人名的,例如：

A. 諸葛長民失期不得發,刁逵執送之,未至而玄敗。(《宋書·武帝本紀上》,卷1)

B. 時諸葛長人失期,爲刁逵執送,未至而玄敗。(《南史·武帝本紀》,卷1)

《南史·宋高祖武皇帝本紀上》"琅邪諸葛長人"校勘記:"諸葛長人",《宋書》作"諸葛長民",此避唐諱改。

A. 且義宣腹心將佐蔡超、竺超民之徒,咸有富貴之情,願義宣得,欲倚質成名,以成其業,又勸獎義宣。(《宋書·臧質列傳》,卷74)

B. 且義宣腹心將佐蔡超、竺超人等咸有富貴情願,又勸義宣。(《南史·臧質列傳》,卷18)

《南史·張暢列傳》"賴丞相司馬竺超人得免"校勘記:"竺超人",《宋書》作"竺超民",此避唐諱改。下同。

A. 并誅其弟黎民。(《宋書·武帝本紀中》,卷2)

B. 輿屍付廷尉,並誅其弟黎人。(《南史·武帝本紀》,卷1)

---

① (宋)周密撰:《齊東野語》,張茂鵬點校,北京:中華書局1983年版,第56頁。

《南史·宋高祖武皇帝本紀》"並誅其弟黎人"校勘記:"黎人",《宋書》作"黎民",此避唐諱改。

"民"涉及人物之字的,例如:

A. 徐廣字野民,東莞姑幕人也。(《宋書·徐廣列傳》,卷55)

B. 徐廣字野人,東莞姑幕人也。(《南史·徐廣列傳》,卷33)

《南史》校勘記:"野人"本字"野民",《宋書》有傳,此避唐諱改。

A. 世祖孝武皇帝諱駿,字休龍,小字道民,文帝第三子也。(《宋書·孝武帝本紀》,卷6)

B. 世祖孝武皇帝,諱駿,字休龍,小字道人,文帝第三子也。(《南史·孝武帝本紀》,卷2)

《南史》校勘記:"道人",《宋書》作"道民",此避唐諱改。

另外,在《南史》目錄中,"余齊民"改爲"余齊人"。

2. 其他

改"民"爲"百姓"的,例如:

A. 逼郡吏燒臂照佛,民有罪使禮佛,動至數千拜。(《宋書·張淹列傳》,卷59)

B. 百姓有罪,使禮佛贖愆,動至數千拜。(《南史·張淹列傳》,卷32)

改"民"爲"士"的,例如:

A. 丁卯,詔上林苑內民庶丘墓欲還合葬者,勿禁。(《宋書·孝武帝本紀》,卷6)

B. 冬十月丁卯,詔上林苑內士庶丘墓欲還合葬者,勿禁。(《南史·孝武帝本紀》,卷2)

改"民"爲"庶"的,例如:

A. 及琰開門請降,勉約令三軍,不得妄動,城內士民,秋毫無所失,百姓感悅,咸曰來蘇。(《宋書·劉勔列傳》,卷86)

B. 及琰請降,勉約令三軍不得妄動,城內士庶感悅,咸曰來蘇。(《南史·劉勔列傳》,卷39)

改"民"爲"生"的，例如：

A. 殘民不沾王化，於今百年矣。（《宋書·武三王·廬陵孝獻王義真列傳》，卷61）

B. 殘生不霑王化，於今百年。（《南史·武帝諸子·廬陵孝獻王義真列傳》，卷13）

改"民"爲"職"的，例如：

A. 善於臨民，在雍部政績尤著，蠻夷前後叛戾不受化者，並皆順服，悉出緣沔爲居。（《宋書·劉道産列傳》，卷65）

B. 善於臨職，在雍部政績尤著，蠻夷前後不受化者皆順服，百姓樂業，由此有《襄陽樂歌》，自道産始也。（《南史·劉道産列傳》，卷17）

改"民"爲"臣"的，例如：

A. 人或問之曰："誰非王民，何獨如此？"（《宋書·孝義·郭原平列傳》，卷91）

B. 人曰："誰非王臣，何獨如此？"（《南史·孝義上·郭原平列傳》，卷73）

按：《説文·臣部》："臣，事人也，又服之也。"《廣韻·真韻》："臣，男子賤稱。"

（九）改"治（穉）"

《舊唐書·高宗本紀上》（卷四）："高宗天皇大聖大弘孝皇帝，諱治，太宗第九子也。"《南史》避唐高宗李治諱的情況最爲複雜。

1. 改"治"爲"理"

《齊東野語》卷四"避諱"條："高宗諱治，凡言治皆曰'理'，如'至理之主，不代出者'，章懷避當時諱也。陸贄曰：'與理同道罔不興'，'脅從罔理'。韓文《策問》：'堯、舜垂衣裳而天下理'，又'無爲而理者，其舜也歟'。"[①]例如：

[①]（宋）周密撰：《齊東野語》，張茂鵬點校，北京：中華書局1983年版，第56頁。

A. 素有心氣，疢病歷年，上使臥疾治事。（《宋書·沈演之列傳》，卷63）

B. 上使臥疾理事。（《南史·沈演之列傳》，卷36）

A. 所居屋敗，不蔽雨日，兄子伯與採伐茅竹，欲爲葺治，子平不肯。（《宋書·孝義·何子平列傳》，卷91）

B. 所居屋敗，不蔽風日，兄子伯興欲爲葺理，子平不肯。（《南史·孝義上·何子平列傳》，卷73）

按：《説文·水部》："治，水，出東萊曲城陽丘山，南入海。"段注："治水……按今字訓理。蓋由借治爲理。"朱駿聲通訓定聲："治，叚借爲理。"《説文·玉部》："理，治玉也。"《玉篇·玉部》："理，治玉也。"《廣韻·之韻》："治，理也。"《類篇·水部》："治，理也。"《吕氏春秋·勸學》"則天下理矣"高誘注："理，治也。"《説文·頁部》："順，理也。"段注："玉得其治之方，謂之理；凡物得其治之方，皆謂之理。"

2. 改"治"爲"修""修理"

例如：

A. 是時義康治東府城，城塹中得古冢，爲之改葬，使惠連爲祭文，留信待成，其文甚美。（《宋書·謝惠連列傳》，卷53）

B. 義康修東府城，城塹中得古冢，爲之改葬，使惠連爲祭文，留信待成，其文甚美。（《南史·謝惠連列傳》，卷19）

A. 攸之繕治船舸，材板不周，計無所出。（《宋書·鄧琬列傳》，卷84）

B. 攸之繕修船舸，板材不周，計無所出。（《南史·鄧琬列傳》，卷40）

A. 時謝晦爲領軍，以府舍内屋敗應治，悉移家人出宅，聚將士於府内。（《宋書·徐羨之列傳》，卷43）

B. 時謝晦爲領軍，以府舍内屋敗應修理，悉移家人出宅，聚將士於府内。（《南史·徐羨之列傳》，卷15）

按：《説文·彡部》："修，飾也。"段注："……此云修飾也者、合本義引伸義而兼舉之……修者、治也。引伸爲凡治之偁。"《玉篇・彡部》："修，治也。"《廣雅・釋詁三》："修，治也。"《廣韻・尤韻》："修，理也。"慧琳《一切經音義》卷三十"鍊治"注引顧野王云："治，謂修理也。"

3. 改"治"爲"醫""療"

例如：

A. 世祖遇偃既深，備加<u>治療</u>，名醫上藥，隨所宜須，乃得瘥。（《宋書・何偃列傳》，卷59）

B. 孝武遇偃既深，備加<u>醫療</u>乃得差。（《南史・何偃列傳》，卷30）

A. 黑鹽<u>治</u>腹脹氣懣，細刮取六銖，以酒服之。胡鹽<u>治</u>目痛。柔鹽不食，<u>治</u>馬脊創。（《宋書・張暢列傳》，卷59）

B. 黑者<u>療</u>腹脹氣懣，細刮取六銖，以酒服之；胡鹽<u>療</u>目痛；柔鹽不用食，<u>療</u>馬脊創；（《南史・張暢列傳》，卷32）

按：《說文・酉部》："醫，治病工也。"《廣韻・之韻》："醫，醫療。"《說文・疒部》："療，治也。"朱駿聲通訓定聲："療，謂治病。"《廣雅・釋詁三》："療，治也。"《方言》卷十："療，治也。江湘郊會謂醫治之或曰療。"《廣韻・鐸韻》："療，治病也。"《集韻・藥韻》："療，病消曰療。"《周禮・天官・瘍醫》："凡療瘍以五毒攻之。"鄭玄注："止病曰療。"

4. 其他

改"治"爲"立"的，例如：

A. 脩之<u>治身</u>清約，凡所贈貺，一無所受，有餉，或受之，而旋與佐吏賭之，終不入己，唯以撫納羣蠻爲務。（《宋書・朱脩之列傳》，卷76）

B. 脩之<u>立身</u>清約，百城貺贈，一無所受。（《南史・朱脩之列傳》，卷16）

按：《禮記・燕義》"與其教治"孔穎達疏："治，謂治身。"《莊子・天地》："德成之謂立。"《廣韻・緝韻》："立，行立。"《文選・佚名〈古詩十九首〉》"立身苦不草"張銑注:"立身,謂立功立事。"

改"治"爲"改"的,例如:

A. 宋世子鑄丈六銅像於瓦官寺,既成,面恨瘦,工人不能治,乃迎顒看之。(《宋書·戴顒列傳》,卷93)

B. 宋世子鑄丈六銅像於瓦官寺,既成,面恨瘦,工人不能改,乃迎顒看之。(《南史·戴顒列傳》,卷75)

按:《資治通鑑·陳紀八》:"文意百端,不加治點。"胡三省注:"治,修改也。"《説文·攴部》:"改,更也。"

改"治"爲"政"的,例如:

A. 前後所莅官,皆有風政,爲後人所思,宋世言善治者,咸稱之。(《宋書·良吏·阮長之列傳》,卷92)

B. 前後所莅官,皆有風政,爲後人所思。宋世言善政者咸稱之。(《南史·循吏·阮長之列傳》,卷70)

按:《淮南子·氾論訓》"聽天下之政"高誘注:"政,治也。"《周禮·夏官·司士》"掌國中之士治"孫詒讓正義:"治,爲政治。"《詩經·大雅·皇矣》"其政不獲"陸德明《經典釋文》:"政,政教也。"

改"治"爲"正"的,例如:

A. 世祖入討,密送檄書與莊,令加改治宣布。(《宋書·謝莊列傳》,卷85)

B. 孝武入討,密送檄書與莊,令加改正宣布之。(《南史·謝莊列傳》,卷20)

按:《淮南子·説山訓》"良醫者常治無病之病"高誘注:"治,正也。"《禮記·大傳》"上治祖禰"鄭玄注:"治,猶正也。"

改"治"爲"朝"的,例如:

A. 晋自中興以來,治綱大弛,權門并兼,強弱相凌,百姓流離,不得保其産業。(《宋書·武帝本紀中》,卷2)

B. 自晋中興以來,朝綱弛紊,權門兼并,百姓流離,不得保其産業。(《南史·武帝本紀》,卷1)

第一章　異文與文字研究

改"治"爲"事"的，例如：

A. 不治産業，家尤貧素。(《宋書·孔琳之列傳》，卷56)

B. 遷祠部尚書，不事産業，家尤貧素。(《南史·孔琳之列傳》，卷27)

改"治"爲"問"的，例如：

A. 弘微舅子領軍將軍劉湛性不堪其非，謂弘微曰："天下事宜有裁衷。卿此不治，何以治官。"(《宋書·謝弘微列傳》，卷58)

B. 弘微舅子領軍將軍劉湛謂弘微曰："天下事宜有裁衷，卿此不問，何以居官？"(《南史·謝弘微列傳》，卷20)

按：《説文·口部》："問，訊也。"《玉篇·口部》："問，訊也。"《廣韻·問韻》："問，訊也。"

改"治"爲"居"的，例如：

A. 弘微舅子領軍將軍劉湛性不堪其非，謂弘微曰："天下事宜有裁衷。卿此不治，何以治官。"(《宋書·謝弘微列傳》，卷58)

B. 弘微舅子領軍將軍劉湛謂弘微曰："天下事宜有裁衷，卿此不問，何以居官？"(《南史·謝弘微列傳》，卷20)

A. 爲政纖密，有如治家，由是威惠沾洽，姦盜不起，乃至城門不夜閉，道不拾遺。(《宋書·良吏·杜慧度列傳》，卷92)

B. 爲政纖密，有如居家，由是威惠霑洽，姦盜不起。(《南史·循吏·杜慧度列傳》，卷70)

《南史》校勘記："居家"《宋書》作"治家"，此避唐諱改。《逸周書·作雒》"農居鄙"孔晁注："居，治也。"

改"治"爲"安"的，例如：

A. 宰相頓有數人，天下何由得治！(《宋書·王華列傳》，卷63)

B. 宰相頓有數人，天下何由得安？(《南史·王華列傳》，卷23)

按：《爾雅·釋詁》："安，定也。"《玉篇·宀部》："安，定也。"《説文·宀部》："定，安也。"《廣韻·寒韻》："安，寧也。"

改"治"爲"寧"的，例如：

A. 在職八年，神州大治，民無謗黷，璞有力焉。(《宋書·沈璞列

55

傳》，卷100）

B. 在職八年，神州大寧，人無謗讟，璞有力焉。（《南史·沈璞列傳》，卷57）

按：《說文·丂部》："寧，願詞也。"段注："其意爲願，則其言爲寧。是曰意内言外，宀部曰：寍、安也。今字多假寧爲寍，寧行而寍廢矣。古文《尚書》蓋有寍字。陸氏於《大禹謨》曰：寍、安也。《説文》安寍字如此。"《爾雅·釋詁下》："寧，安也。"

改"治"爲"臨"的，例如：

A. 義康謂賓客曰："王公久疾不起，神州詎合臥治。"（《宋書·王曇首列傳》，卷63）

B. 義康謂賓客曰："王公久疾不起，神州詎合臥臨？"（《南史·王曇首列傳》，卷22）

按：《說文·臥部》："臨，監臨也。"段注："監也，各本作監臨也，乃復字未刪而又倒之，今正。"有"（居高位）統治（下民）"義，如《尚書·大禹謨》："臨下以簡，御衆以寬。"

改"治"爲"案"的，例如：

A. 時元凶巫蠱事已發，故上不加推治。（《宋書·顏竣列傳》，卷75）

B. 時元兇巫蠱事已發，故上不加推案。（《南史·顏竣列傳》，卷34）

按：《說文·木部》："案，几屬。"本指木製的盛食物的矮腳托盤，引申指查訊、審問。

改"治"爲"爲"的，例如：

A. 治國譬如治家，耕當問奴，織當訪婢。（《宋書·沈慶之列傳》，卷77）

B. 爲國譬如家，耕當問奴，織當訪婢。（《南史·沈慶之列傳》，卷37）

《南史》校勘記："爲國譬如家"《宋書》作"治國譬如治家"，此以避唐諱而省改。《小爾雅·廣詁》："爲，治也。"

改"治"爲"科"的，例如：

A. 晞張先行不在，本村遇水，妻息五口避水移寄恭家，討録晞張不獲，收恭及兄協付獄<u>治罪</u>。（《宋書・蔣恭列傳》，卷91）

B. 時録晞張不獲，禽收恭及兄協付獄<u>科罪</u>。（《南史・蔣恭列傳》，卷73）

按：《説文・禾部》："科，程也。"段注："《廣韵》曰程也，條也，本也，品也。又科、斷也。按實一義之引伸耳。"《廣韻・戈韻》："科，斷也。"《釋名・釋典藝》："科，課也，課其不如法者罪責之也。"本指"品類、等級"，引申指"審理獄訟"。

避字稱名的，例如：

A. 追及玄於蕪湖，玄見藩，喜謂張須無曰："卿州故爲多士，今乃復見<u>王叔治</u>。"（《宋書・胡藩列傳》，卷50）

B. 玄見藩喜謂張須無曰："卿州故爲多士，今復見<u>王脩</u>。"（《南史・胡藩列傳》，卷17）

按：王脩，字叔治，《宋書・武三王・廬陵孝獻王義真列傳》（卷六十一）有載：沈田子既殺王鎮惡，王脩又殺田子。義真年少，賜與左右不節，脩常裁減之，左右並怨。因是白義真曰："鎮惡欲反，故田子殺之。脩今殺田子，是又欲反也。"義真乃使左右劉乞等殺脩。脩字叔治，京兆灞城人也。初南渡見桓玄，玄知之，謂曰："君平世吏部郎才。"脩既死，人情離駭，無相統一。

《南史・宋宗室及諸王上・武帝諸子・廬陵孝獻王義真列傳》（卷十三）："脩字叔，京兆霸城人。"校勘記："叔"《宋書》作"叔治"，此避唐諱省。

5. 改"稚"爲"幼""弱"

《新唐書・太宗諸子・濮王泰列傳》（卷八十）："然帝猶謂無忌曰：'公勸我立雉奴，雉奴仁懦，得無爲宗社憂，奈何？'雉奴，高宗小字。"《南史》避唐高宗小名"雉"諱，兼避嫌名"稚"[①]，改"稚"爲

[①] "稚"，中古屬於澄母、至韻、去聲、開口、三等字，"雉"，中古屬於澄母、旨韻、上聲、開口、三等字，兩者讀音相近。

"幼""弱"。例如：

　　A. 后父瑀，字稚玉，晋尚書左僕射澄曾孫也。（《宋書·何瑀列傳》，卷41）

　　B. 后父瑀字幼玉，晋尚書左僕射澄曾孫也。（《南史·何瑀列傳》，卷11）

《南史》校勘記："幼"《宋書》作"稚"，此避唐高宗小名而改。

　　A. 母老女稚，流離夏口。（《宋書·蔡興宗列傳》，卷57）

　　B. 母老女幼，流離夏口。（《南史·蔡興宗列傳》，卷29）

《南史·王曇首列傳》："子承、幼、訓，並通顯。"校勘記："幼"，《梁書》作"稚"，此避唐諱改。《南史·孔靖列傳》"臻子幼孫"校勘記："幼"，《陳書》作"稚"，此避唐諱改。《南史·劉勉列傳》"子孺字季幼"校勘記："季幼"，《梁書》作"孝稚"。避唐諱，改"稚"作"幼"。"季""孝"形似，未知孰是。

　　A. 公汦流遠伐，而以老母稚子委節下，若一毫不盡，豈容如此邪？（《宋書·劉穆之列傳》，卷42）

　　B. 公汦流遠伐，以老母弱子委節下，若一豪不盡，豈容若此。（《南史·劉穆之列傳》，卷15）

按：《南史》或改"稚"爲"幼"，或改"稚"爲"弱"，意義相同，均有"年少"義。《説文·禾部》："稚，幼禾也。"段注："引伸爲凡幼之偁。"《廣韻·至韻》："稚，幼稚。"《廣韻·至韻》："稚，亦小也。"《廣雅·釋詁三》："稚，少也。"《説文·幺部》："幼，少也。"《廣韻·幼韻》："幼，少也。"《釋名·釋長幼》："幼，少也，言生日少也。"《説文通訓定聲·孚部》："幼，小也。"《爾雅·釋言》："幼，稚也。"《玉篇·幺部》："幼，稚也。"《左傳·文公十二年》"有寵而弱"杜預注："弱，年少也。"

二、省闕

省闕是指凡遇到需要避諱的字，則缺其本字而不寫，或作空圍，或曰"某"，或徑書"諱"字。如《尚書·金縢》"惟爾元孫某"孔安國傳:"元孫武王,某名,臣諱君故曰某。"《宋書》《南史》異文中的避諱省闕主要涉及"淵""民""治(稚)"三字。

(一) 缺"淵"

爲避唐高祖李淵諱,《南史》缺了"淵"字。這種省闕涉及人名。例如:

A. 又同里<u>施淵夫</u>疾病,父母死不殯,又同里范苗父子並亡,又同里危敬宗家口六人俱得病,二人喪没,親鄰畏遠,莫敢營視。(《宋書·范叔孫列傳》,卷91)

B. 同里<u>施夫</u>疾病,父死不殯。(《南史·范叔孫列傳》,卷73)

爲避唐高祖李淵諱,人名"施淵夫"在《南史》中變爲"施夫",省闕了"淵"字。

另外,《南史·梁高祖武皇帝本紀中》"以中護軍蕭藻爲都督侵魏"校勘記:"蕭藻"本名"蕭淵藻",以避唐諱,《梁書》作"蕭深藻",此則省作"蕭藻"。《南史·梁高祖武皇帝本紀中》"以南豫州刺史蕭明爲大都督"校勘記:"蕭明"本名"蕭淵明",以避唐諱省。《南史·何遠列傳》"時泉陵侯朗爲桂州"校勘記:"朗"《梁書》作"淵朗",此避唐諱省。

(二) 缺"民"

爲避唐太宗李世民諱,《南史》缺了"民"字。這種省闕涉及人名和指稱老百姓。

涉及指稱老百姓的,例如:

A. <u>三吴民</u>饑,癸酉,詔所在賑貸。(《宋書·孝武帝本紀》,卷6)
B. <u>三吴</u>饑,詔所在振貸。(《南史·宋孝武帝本紀》,卷2)

涉及人名的,例如:

A. 丞相南郡王義宣、車騎將軍臧質反,義宣司馬<u>竺超民</u>、臧質長史陸展兄弟並應從誅。(《宋書·何尚之列傳》,卷66)

B. 丞相南郡王義宣、車騎將軍臧質反,義宣司馬<u>竺超</u>、質長史陸

展兄弟並應從誅。(《南史·何尚之列傳》，卷30)

《南史·何尚之列傳》"義宣司馬竺超、質長史陸展兄弟並應從誅"校勘記："竺超"，《宋書》作"竺超民"，此避唐諱而省。《南史·朱脩之列傳》"竺超已執義宣"校勘記："竺超"，《宋書》作"竺超民"，此避唐諱省。

A. 初，毅常所乘馬在城外不得入，倉卒無馬，毅便就子肅民取馬，肅民不與。(《宋書·王鎮惡列傳》，卷45)

B. 初，毅常所乘馬在城外不得入，倉卒無馬，使就子肅取馬，肅不與。(《南史·王鎮惡列傳》，卷16)

《南史》校勘記："肅"《宋書》作"肅民"，此避唐諱而省。

(三) 缺"治（稺）"

爲避唐高宗李治之"治"諱，兼避嫌名"稺"①。例如：

A. 丹陽尹徐湛之、吏部尚書江湛並在坐，上使湛之等難慶之，慶之曰："治國譬如治家，耕當問奴，織當訪婢。陛下今欲伐國，而與白面書生輩謀之，事何由濟。"(《宋書·沈慶之列傳》，卷77)

B. 慶之曰："爲國譬如家，耕當問奴，織當訪婢。陛下今欲伐國，而與白面書生輩謀之，事何由濟？"(《南史·沈慶之列傳》，卷37)

《南史》校勘記："爲國譬如家"《宋書》作"治國譬如治家"，此以避唐諱而省改。

A. 脩字叔治，京兆灞城人也。(《宋書·廬陵孝獻王義真列傳》，卷61)

B. 脩字叔，京兆霸城人。(《南史·宋廬陵孝獻王義真列傳》，卷13)

《南史》校勘記："叔"《宋書》作"叔治"，此避唐諱省。

A. 秉之少孤，弟妹七人，並皆幼稚，撫育姻娶，罄其心力。(《宋

---

① "治"，中古屬於澄母、至韻、去聲、開口、三等字，"稺"，中古屬於澄母、至韻、去聲、開口、三等字，兩者讀音相同。

書·良吏·江秉之列傳》，卷92）

B. 秉之少孤，弟妹七人並<u>幼</u>，撫育姻娶，盡其心力。（《南史·江秉之列傳》，卷36）

另外，在《南史》目錄中，"孔稚珪"改爲"孔珪"，缺少了"稚"字。

表1-2　避諱用字統計表

避諱字	避諱方法	具體語境及出處（本紀/列傳）
靖（劉靖）(1)	(1) 避名稱字	孔靖，字季恭。（孔季恭/孔靖）
裕（劉裕）(1)	(1) 避名稱字	謝裕，字景仁。（謝景仁/謝裕）
		褚裕之，字叔度。（褚叔度/褚裕之）
		張裕，字茂度。（張茂度/張裕）
		王裕之，字敬弘。（王敬弘/王裕之）
彧（劉彧）(1)	(1) 避名稱字	王彧，字景文。（王景文/王彧）
虎（李虎）(4)	(1) 虎/武	祖虎生—祖武生（毛脩之）
		出神虎門—出神武門（劉裕）
		達遂寧郡之黃虎—敬宣至黃武（劉敬宣）
		自虎檻進據赭圻—自武檻進據赭圻（鄧琬）
	(2) 虎/獸	神虎門外—神獸門外（傅亮）
		神虎門—神獸門（劉義恭）
		神虎門—神獸門（鄭鮮之）
		鮮卑虎班突騎—鮮卑獸班突騎（劉敬宣）
		白虎幡—白獸幡（王曇首）
		出據虎檻—出據獸檻（劉休仁）
		小字班虎—小字斑獸（劉湛）
	(3) 虎/猛獸	值虎突圍—遇猛獸突圍（臧熹）
		聞有虎—聞有猛獸（沈攸之）
		虎三食人—猛獸三食人（周朗）
		夜行遇虎—夜行遇猛獸（吳逵）
		虎輒下道避之—猛獸輒下道避之（吳逵）
	(4) 避名稱字	爲石虎司徒—爲石季龍司徒（申恬）
		燒石虎殘宮殿—燒石季龍殘餘宮殿（魯秀）

續表

避諱字	避諱方法	具體語境及出處（本紀/列傳）
昞（李昞）(1)	(1) 避名稱字	劉秉，字彥節。（劉秉/劉彥節）
		劉秉入直—劉彥節遞日入直（袁粲）
		宗炳，字少文。（宗炳/宗少文）
		庾炳之，字仲文。（庾炳之/庾仲文）
		庾炳之、范曄等—庾仲文、范曄等（徐湛之）
		吏部郎庾炳之—吏部郎庾仲文（王僧達）
淵（李淵）(4)	(1) 淵/泉	游天淵池—游天泉池（劉義符）
	(2) 淵/深	安南侯敬淵—安南侯敬深（劉子業）
		二子湛之、淵之—二子湛之、深之（孔靈符）
		江湛字徽淵—湛字徽深（江湛）
		顏師伯字長淵—顏師伯字長深（顏師伯）
		子敬淵婚—子敬深婚（劉禕）
		敬淵等孤苦—敬深等孤苦（劉禕）
		渾字休淵—渾字休深（劉渾）
		父淵之—父深之（顧顗）
		江智淵臥草側—江智深臥草側（沈懷文）
		蔡那子道淵—蔡那子道深（鄧琬）
		薛淵等據門射之—薛深等據門射之（袁粲）
	(3) 避名稱字	攜二息淵、澄—攜二息彥回、澄（褚湛之）
		褚淵、劉秉入直—褚彥回、劉彥節遞日入直（袁粲）
	(4) 缺"淵"	同里施淵夫疾病—同里施夫疾病（范叔孫）
世(李世民)(2)	(1) 世/代	前世舊典—前代舊典（劉湛）
		前世故事—前代故事（劉湛）
	(2) 世/物	有宰世情—有宰物情（劉湛）
民(李世民)(8)	(1) 民/人	諸葛長民—諸葛長人（劉裕）
		竺超民之徒—竺超人等（臧質）
		誅其弟黎民—誅其弟黎人（劉裕）
		小字道民—小字道人（劉駿）
		小字道民—小字道人（劉穆之）
		徐廣字野民—徐廣字野人（徐廣）
		民大饑—人大飢（劉義隆）
		徙彭城流民—徙彭城流人（劉義隆）
		淮西流民—淮西流人（劉義隆）
		民饑—人飢（劉駿）

續表

避諱字	避諱方法	具體語境及出處（本紀/列傳）
		制天下民—制天下人（劉駿）
		華容縣民—華容縣人（劉準）
		吳興餘杭民—吳興餘杭人（何承天）
		吳興武康縣民—吳興武康縣人（何尚之）
		鄞民欲據城反—鄞人欲反（魯秀）
		伐罪弔民—伐罪弔人（檀道濟）
		妨民害治—妨人害政（蔡興宗）
		非存利民—非存利人（謝靈運）
		以短錢一百賦民—以短錢一百賦人（劉休祐）
		不堪茌民—不堪茌人（王僧達）
		民或相逢不識—人或逢（王僧達）
		復禁民鑄—復禁人鑄（顏竣）
		歲旱民饑—歲旱人飢（顏竣）
		安民寧國—安人定國（沈懷文）
		歲荒民饑—歲荒人飢（杜慧度）
		屢爲民患—屢爲人患（荊雍州蠻）
		民無謗讟—人無謗讟（沈璞）
		民間擾懼—人間擾懼（劉昱）
		財物布在民間—財物布在人間（王弘）
		民間頗盜鑄—人間頗盜鑄（何尚之）
		民間喧然—人間常言昶當有異志（劉昶）
		民間糴此米—人間糴此米（劉休祐）
		民間即模効之—人間即模効之（顏竣）
		既以民望所宗—既人望所宗（王弘）
		以收民望—以收人望（張暢）
		吏民便之—吏人便之（裴松之）
		爲吏民所稱詠—爲吏人所稱詠（杜驥）
		吏民便之—吏人便之（申恬）
		吏民便之—吏人便之（臧質）
		民吏官長—人吏官長（顏竣）
		民心所安—人心所安（沈懷文）
		既乖民情—既乖人情（沈懷文）
		民户三萬—人户三萬（江秉之）
	（2）民/百姓	時有民黄初—有百姓黄初（劉義慶）

續表

避諱字	避諱方法	具體語境及出處（本紀/列傳）
		民有罪—百姓有罪（張淹）
		不修民禮—不爲百姓禮（劉凝之）
	(3) 民/士	詔上林苑内民庶—詔上林苑内士庶（劉駿）
	(4) 民/庶	士民莫不畏而愛之—士庶畏而愛之（劉道規）
		城内士民—城内士庶（劉勔）
	(5) 民/生	殘民不沾王化—殘生不霑王化（劉義真）
	(6) 民/職	善於臨民—善於臨職（劉道產）
	(7) 民/臣	誰非王民—誰非王臣（郭原平）
	(8) 缺"民"	三吴民饑—三吴饑（劉駿）
		就子肅民取馬—就子肅取馬（王鎮惡）
		義宣司馬竺超民—義宣司馬竺超（何尚之）
		竺超民執義宣—竺超已執義宣（朱脩之）
		民人患苦之—人患苦之（顔竣）
治（李治）(24)	(1) 治/修	治攻具—修攻具（劉裕）
		治攻具—修攻具（劉裕）
		治東府城—修東府城（謝惠連）
		治身甚清—修身甚清（楊運長）
		繕治船舸—繕修船舸（沈攸之）
		繕治器械—繕修器械（劉休範）
		繕治船舸—繕修船舸（鄧琬）
		欲加治撰—欲加修撰（張永）
	(2) 治/修理	屋敗應治—屋敗應修理（徐羨之）
	(3) 治/立	治身儉約—立身儉約（向靖）
		脩之身清約—脩之立身清約（朱脩之）
		修治城壘—修立城壘（毛脩之）
	(4) 治/改	工人不能治—工人不能改（戴顒）
	(5) 治/療	以虎魄治金創—以虎魄療金創（劉裕）
		發疾不自治—發疾不自療（檀祇）
		治腹脹氣懣—療腹脹氣懣（張暢）
		治目痛—療目痛（張暢）
		治馬脊創—療馬脊創（張暢）
		乞治—乞療（孔熙先）
		熙先善於治病—熙先善療病（孔熙先）
		躬自處治—躬自處療（王微）

續表

避諱字	避諱方法	具體語境及出處（本紀/列傳）
	（6）治/醫	備加治療—備加醫療（何偃）
	（7）治/政	博練治體—博練政體（王弘）
		深達治體—深達政體（謝方明）
		善論治道—善論政道（劉湛）
		詢求治道—詢求政道（劉劭）
		妨民害治—妨人害政（蔡興宗）
		拙於爲治—短於爲政（范泰）
		言善治者—言善政者（阮長之）
		爲治整肅—爲政整肅（劉秀之）
		爲治嚴察—爲政嚴察（江秉之）
	（8）治/正	改治宣布—改正宣布（謝莊）
	（9）治/朝	治綱大弛—朝綱弛紊（劉裕）
	（10）治/事	不治產業—不事產業（孔琳之）
	（11）治/問	卿此不治—卿此不問（謝弘微）
	（12）治/居	何以治官—何以居官（謝弘微）
		有如治家—有如居家（杜慧度）
		揚州移治會稽—揚州移居會稽（沈懷文）
		揚州徙治—揚州徙居（沈懷文）
	（13）治/安	天下何由得治—天下何由得安（王華）
	（14）治/寧	神州大治—神州大寧（沈璞）
	（15）治/臨	神州詎合臥治—神州詎合臥臨（王曇首）
	（16）治/理	臥疾治事—臥疾理事（沈演之）
		欲爲葺治—欲爲葺理（何子平）
	（17）治/案	上不加推治—上不加推案（顏竣）
	（18）治/爲	治國譬如治家—爲國譬如家（沈慶之）
	（19）治/科	付獄治罪—付獄科罪（蔣恭）
	（20）避字稱名	復見王叔治—復見王脩（胡藩）
	（21）缺"治"	脩字叔治—脩字叔（劉義真）
		治國譬如治家—爲國譬如家（沈慶之）
		修治館宇—修館宇（劉義恭）
		修治城隍—修城隍（劉誕）
		繕治舟甲—繕舟甲（劉道規）
		繕治器甲—繕甲器（鄧琬）
		依法收治—收之（謝靈運）

續表

避諱字	避諱方法	具體語境及出處（本紀/列傳）
	（22）稚/幼	字稚玉—字幼玉（何瑀）
		母老女稚—母老女幼（蔡興宗）
	（23）稚/弱	老母稚子—老母弱子（劉穆之）
	（24）缺"稚"	並皆幼稚—弟妹七人並幼（江秉之）

避諱的結果，往往導致人名、地名、官職名、書名以及其他各種專名的變易，甚至造成史實的改竄、古書的淆亂，給讀者帶來困惑與麻煩，[①] 所以我們在閱讀古書時必須留意避諱這種文化現象。

第五節　音譯差異字異文

音譯差異字，又稱"同詞異字"，在《宋書》《南史》異文中這種音譯差異用字祇涉及同一國家名稱，僅有1（2）條。例如：

A. 戊申，芮芮國、高麗國遣使獻方物。（《宋書·孝武帝本紀》，卷6）

B. 六月戊申，蠕蠕、高麗等國並遣使朝貢。（《南史·孝武帝本紀》，卷2）

A. 芮芮一號大檀，又號檀檀，亦匈奴別種。（《宋書·芮芮列傳》，卷95）

B. 北狄種類實繁，蠕蠕爲族，蓋匈奴之別種也。（《南史·蠕蠕列傳》，卷79）

---

① 王彦坤編著：《歷代避諱字彙典》，北京：中華書局2009年版，前言，第6頁。

按：芮芮，古族名，即柔然①、蠕蠕、茹茹、柔蠕。《資治通鑑・宋文帝元嘉二十七年》："芮芮亦遣間使遠輸誠款，誓爲掎角。"胡三省注："芮芮，即蠕蠕，南人語轉耳。"

本章小結

本章對《宋書》《南史》異文中的文字差異進行了探究，主要涉及異體字異文、古今字異文、通假字異文、避諱字異文和音譯差異字異文五種類型。至於它們的形成原因，或由於漢字形體的不同，如異體字異文；或由於漢字時代的先後不同，如古今字異文；或由於漢字讀音的相同相近，如通假字異文；或由於古代文化上的原因，如避諱字異文；或由於翻譯時的語音差異，如音譯差異字異文。

---

① 柔然族從北魏天興五年（公元402年）郁久閭社侖稱可汗起，至公元555年其政權被突厥覆滅爲止，共存在一百五十餘年，是繼匈奴、鮮卑之後在蒙古高原上建立的又一個統一的、強大的游牧民族的國家政權。關於柔然的族屬問題：一曰"匈奴別種"（《魏書》卷九十一《蠕蠕列傳》）；一曰"東胡苗裔"（《宋書》卷五十五《索虜列傳》）；一曰"匈奴之裔"（《梁書》卷五十四《芮芮國列傳》）；一曰"塞外雜胡"（《南齊書》卷五十九《芮芮虜列傳》），這些不夠一致的記載應當是柔然族源多元化的反映。也有觀點認爲柔然與拓跋鮮卑同源，也屬於西部鮮卑，如《晉書》卷一三〇《赫連勃勃載記》："河西鮮卑社侖獻馬八千匹於姚興"，拓跋鮮卑通用的鮮卑語乃是突厥語，因此柔然與拓跋鮮卑是同講突厥語的。

第二章　異文與詞彙研究

寫在前面：詞語的歷史層次分析

　　所謂詞語的歷史層次，指的是一個時代的共時用語，除了少量新產生的之外，絕大多數是從歷史上的各個時期繼承下來的。這種繼承，層次分明，代代相傳。因爲在語言的三要素中，詞彙變化得最快，它幾乎處在不停的變化之中。而詞彙的發展變化快，也祇是一個相對的概念，是和語音、語法的發展比較而言的。一個時代的詞彙，大多是從前代的詞彙繼承而來的，前代的詞彙又是從它之前的時代繼承而來的，這樣代代相傳，保留常見常用的，淘汰生僻少見的，產生一批新興的，這就構成了一個時代共時詞彙的基本狀況。那麼，《宋書》《南史》異文中差異詞彙的歷史層次如何，因襲前代使用的詞彙又大致是從哪個時代繼承下來的，這是本章進行詞彙的歷史層次分析所要解答的問題。

　　詞彙歷史層次分析的基本思路是：對照大型辭書，藉助電子檢索，查出每個義項的始見例，歸類整理，按時代先後排序。操作步驟說明如下：

　　第一步，選詞。本書不進行窮盡的《宋書》《南史》異文差異詞彙歷史層次分析，祇抽樣調查部分詞語，能證明本書的結論即可。

　　第二步，參考《漢語大詞典》初步判斷首見書證的時代。《宋書》《南史》異文中的差異詞語，有的《漢語大詞典》已經收錄，有的則沒有收録。《漢語大詞典》已經收録的詞語，又有幾種情況：《漢語大詞典》釋義正確的，初步判斷首見書證的時代；《漢語大詞典》釋義錯誤或者義項不足的，留待下一步電子檢索。《漢語大詞典》没有收録的詞語，也一并進入電子檢索。

第三步，電子檢索。在上一步驟的基礎上，進行電子檢索，進一步提前或確認《宋書》《南史》異文中差異詞語首見書證的時代。本書是按照西周、戰國、西漢、東漢、魏晉、南北朝六個層次來劃分這些詞語的時代的，如果某一詞語在時代靠前的文獻中没有查到，則進入下一時代的電子檢索範疇；如果該詞在同一時代的不同文獻中多次出現，這幾種文獻的時代先後不進行嚴格區分，祇選取其中一種進行時代説明，因爲詞語的歷史層次分析不同於新詞新義的研究，祇需要明確到相應的時代即可。在進行電子檢索時，我們使用的操作軟件是陝西師範大學歷史文化學院袁林、張宇等製作的《漢籍全文檢索系統》（第四版）。因爲《漢籍全文檢索系統》（第四版）的書目排列方式除"四部序"和"拼音序"外，還有"時代序"，這便於進行詞語歷史層次分析。在"時代序"中，《漢籍全文檢索系統》（第四版）是按照先秦、秦漢、魏晉、南北朝、隋唐五代、宋遼金、元、明、清、民國、其他的時代順序排列的。因爲選題的時段是南北朝時期，所以我們在進行詞彙歷史層次分析的電子檢索時，主要選用前四個時段，即先秦、秦漢、魏晉、南北朝。在《漢籍全文檢索系統》（第四版）中，這四個時段的語料情況如下：

1. 先秦

《楚辭》、《楚辭章句》［東漢·王逸章句］、《春秋公羊傳》、《春秋穀梁傳》、《春秋左氏傳》、《鄧析子》［周·鄧析］、《爾雅》、《公孫龍子》［周·公孫龍］、《關尹子》［周·尹喜］、《管子》、《管子輕重篇新詮》［馬非百釋］、《鬼谷子》、《郭店楚簡》、《國語》［吴·韋昭注］、《韓非子》［周·韓非］、《鶡冠子》、《黄帝内經》、《孔叢子》［周·孔鮒］、《孔子家語》、《老子》［周·李耳］、《老子校釋》［周·李耳撰，朱謙之校釋］、《禮記》、《列子》［周·列禦寇］、《列子集釋》［周·列禦寇撰，楊伯峻集釋］、《六韜》［周·吕望］、《吕氏春秋》［秦·吕不韋]、《論語》、《毛詩》、《孟子》、《墨子》[周·墨翟]、《墨子城守各篇簡注》[周·墨翟撰，岑仲勉注]、《墨子閒詁》[周·墨翟撰，孫詒讓詁]、《穆天子傳》、《全上古三代秦漢魏晉南北朝文·全上古三代文》[清·嚴可均輯]、《山海經校注》[晉·郭璞傳注，袁珂點校]、《商君書》[周·商鞅]、《尚書》、《申子》[周·申不害]、《慎子》[周·慎到]、《世本八種》、《蜀王本紀》[漢·揚雄]、《司馬法》[周·司馬穰苴]、《孫臏兵法》[周·孫臏]、《孫子》[周·孫武]、《孫子算經》、《通玄真經》（《文子》）[周·辛鈃]、《尉繚子》[周·尉繚]、《吳越春秋》[漢·趙曄]、《吳子》[周·吳起]、《孝經》、《徐偃王》[清·徐時棟]、《荀子》[周·荀況]、《晏子春秋》[周·晏嬰]、《晏子春秋集釋》[周·晏嬰撰，吳則虞集釋]、《燕丹子》、《養魚經》[周·范蠡]、《儀禮》、《逸周書集訓校釋》[朱右曾校釋]、《尹文子》[周·尹文]、《越絶書》[漢·袁康]、《戰國策》[漢·劉向集錄]、《戰國縱橫家書》[馬王堆漢墓帛書]、《周禮》、《周易》、《竹書紀年輯證》（古本、今本）[民國·王國維]、《莊子》[周·莊周]、《莊子集解》[周·莊周撰，王先謙集解]、《莊子集釋》[周·莊周撰，郭慶藩釋]。

2. 秦漢

《八家後漢書輯注》[吳·謝承等撰，周天游輯注]、《白虎通義》[漢·班固]、《昌言》[漢·仲長統]、《春秋繁露》[漢·董仲舒]、《大戴禮記》[漢·戴德]、《東觀漢記校注》[漢·劉珍等撰，吳樹平校注]、《法言義疏》[漢·揚雄]、《氾勝之書》[漢·氾勝之]、《方言校箋》[漢·揚雄撰，周祖謨校箋]、《風後握奇經》[漢·公孫弘]、《風俗通義校注》[漢·應劭撰，王利器校注]、《海內十洲三島記》[漢·東方朔]、《韓詩外傳》[漢·韓嬰]、《漢官六種》[清·孫星衍等輯]、《漢末英雄記》[魏·王粲]、《漢書》（百納本）[漢·班固撰，顏師古注]、《漢雜事秘辛》[漢·佚名]、《後漢紀校注》[晉·袁宏撰，周天游校注]、《後漢書》（百納本）[劉宋·范曄、司馬彪撰，李賢、劉昭注]、《華佗神醫秘方真傳》[漢·華佗]、《淮南子》[漢·劉安]、《黃石公三略》[漢·黃石公]、《金匱要略》[漢·張機]、《老子想爾注》

［漢·張道陵］、《列女傳》［漢·劉向］、《論衡校釋》［漢·王充撰，黃暉校釋］、《馬王堆漢墓帛書》、《前漢紀》［漢·荀悅］、《潛夫論箋校正》［漢·王符，汪繼培箋、彭鐸校正］、《琴操》［漢·蔡邕］、《全上古三代秦漢魏晋南北朝文·全漢文》［清·嚴可均輯］、《全上古三代秦漢魏晋南北朝文·全後漢文》［清·嚴可均輯］、《全上古三代秦漢魏晋南北朝文·全秦文》［清·嚴可均輯］、《三輔黃圖校證》［漢·佚名撰，陳直校證］、《傷寒論》［漢·張機］、《申鑒》［漢·荀悅］、《史記》（百納本）［漢·司馬遷注，三家注］、《釋名》［漢·劉熙］、《睡虎地秦墓竹簡》、《説苑》［漢·劉向］、《四民月令》［漢·崔寔］、《素書》［漢·黃石公］、《太平經合校》［王明編］、《太玄經》［漢·揚雄］、《天禄閣外史》［漢·黃憲］、《武威漢簡》、《西京雜記》［漢·劉歆］、《獻帝春秋》［漢·佚名］、《新論》［漢·桓譚］、《新書》［漢·賈誼］、《新序》［漢·劉向］、《新語》［漢·陸賈］、《新語校注》［漢·陸賈注，王利器校注］、《鹽鐵論》［漢·桓寬］、《銀雀山漢墓竹簡》、《張家山漢簡二年律令》、《趙飛燕外傳》［漢·伶玄］、《政論》［漢·崔寔］、《中論》［漢·徐幹］、《忠經》［漢·馬融］、《周髀算經》。

3. 魏晋

《八陣總述》［晋·馬隆述］、《抱朴子内篇校釋》［晋·葛洪］、《抱朴子外篇》［晋·葛洪］、《筆勢論略》［晋·王羲之］、《博物志》［西晋·張華］、《曹操詩集》［魏·曹操］、《典論》［魏·曹丕］、《洞天福地記》［前蜀·杜光庭］、《古今注》［晋·崔豹］、《漢晋春秋》［晋·習鑿齒］、《皇帝針灸甲乙經》［晋·皇甫謐］、《晋後略》［晋·荀綽］、《晋書》（百納本）［唐·房玄齡等］、《九家舊晋書輯本》［南齊·臧榮緒等撰，湯球輯］、《九章算術》［晋·劉徽］、《九州春秋》［西晋·司馬彪］、《歷代崇道記》［前蜀·杜光庭］、《六度集經》［三國·康僧會］、《脈經》［晋·王叔和］、《蒙求》［晋·李翰］、《全上古三代秦漢魏晋南北朝文·全晋文》［清·嚴可均輯］、《全上古三代秦漢魏晋南北朝文·全三國文》［清·嚴可均輯］、《人物誌》［魏·劉邵］、《三國典略》［晋·魚豢］、《三國雜事》［宋·唐庚］、《三國志》（百納本）［晋·陳壽撰，裴松之注］、《神農本草經》［魏・吳普等述］、《十六國春秋別本》［北魏・崔鴻］、《搜神後記》［晉・陶潛］、《搜神記》［晉・干寶］、《孫子略解》［魏・曹操注］、《體論》［魏・杜恕］、《魏晉世語》［晉・郭頒］、《月波洞中記》［吳・張仲元傳］、《眾家編年體晉史》［晉・習鑿齒等撰，清・湯球、黃奭輯］、《肘後備急方》［晉・葛洪］。

4. 南北朝

《北齊書》（百納本）［唐・李百藥］、《北史》（百納本）［唐・李延壽］、《陳書》（百納本）［唐・姚思廉］、《出三藏記集》［南朝梁・釋僧祐］、《褚氏遺書》［南朝齊・褚澄］、《古畫品錄》［南齊・謝赫］、《漢魏南北朝墓誌彙編》［趙超編］、《弘明集》［梁・釋僧祐］、《金樓子》［梁・蕭繹］、《錦帶書》［梁・蕭統］、《荊楚歲時記》［梁・宗懍］、《梁書》（百納本）［唐・姚思廉］、《洛陽伽藍記校注》［北魏・楊衒之撰，范祥雍校注］、《名醫別錄》［梁・陶弘景］、《南北朝雜記》［宋・劉敞］、《南齊書》（百納本）［梁・蕭子顯］、《南史》（百納本）［唐・李延壽］、《齊民要術校釋》［北魏・賈思勰］、《千字文》［梁・周興嗣］、《全上古三代秦漢魏晉南北朝文・全北齊文》［清・嚴可均輯］、《全上古三代秦漢魏晉南北朝文・全陳文》［清・嚴可均輯］、《全上古三代秦漢魏晉南北朝文・全後魏文》［清・嚴可均輯］、《全上古三代秦漢魏晉南北朝文・全後周文》［清・嚴可均輯］、《全上古三代秦漢魏晉南北朝文・全梁文》［清・嚴可均輯］、《全上古三代秦漢魏晉南北朝文・全齊文》［清・嚴可均輯］、《全上古三代秦漢魏晉南北朝文・全宋文》［清・嚴可均輯］、《詩品》［梁・鍾嶸］、《世說新語》［劉宋・劉義慶］、《世說新語箋疏》［劉宋・劉義慶撰，余嘉錫箋疏］、《水經注疏》［北魏・酈道元注，楊守敬、熊會貞疏］、《水經注校釋》［北魏・酈道元注，陳橋驛校釋］、《宋書》（百納本）［梁・沈約］、《魏書》（百納本）［北齊・魏收］、《文心雕龍考異》［梁・劉勰撰，張立齋考異］、《文心雕龍義證》［梁・劉勰撰，詹鍈義證］、《文心雕龍注》［梁・劉勰撰，范文瀾注］、《顏氏家訓》［北齊・顏之推］、《顏氏家訓集解》［北齊・顏之推撰，王利器集解］、《養性延命錄》［南朝梁・陶弘景］、《殷芸小說》［梁・殷芸］、《玉臺新詠》［南朝陳・徐陵］、《雜寶藏經》［北魏·吉迦夜曇曜譯］、《昭明文選》［梁·蕭統編］、《周書》（百納本）［唐·令狐德棻等］。

很明顯，以上四個時段中的語料時代存在錯亂的情況。我們在進行詞語的歷史層次分析時，是按照西周、戰國、西漢、東漢、魏晉、南北朝六個層次來劃分的，所以在實際的文獻時代排序中，會結合其他文獻將以上四個時段中的語料進行篩選和整理。具體來説：

一、西周時期的語料

西周時期的語料主要有甲骨文、金文、《周易》、《尚書》和《詩經》。其中，甲骨文、金文屬於出土文獻，材料有限，對以傳世文獻作爲研究主體的漢語史研究來説，一般不把它們當作主要的語料來使用。在傳世典籍中時代最早的，就要算《周易》《尚書》和《詩經》了，但它們的内容在時代劃分上是很複雜的，這些書中的每一篇内容并不都是當時情況的實録。書中不同部分的内容，有時代先後的區别，如《周易》中的卦辭和爻辭是西周的作品，解釋六十四卦的"十翼"却是戰國時期的産物。還有一些内容是僞造的，如《尚書》中的僞古文《尚書》① 不是西周而是戰國時期的産物。這一階段流傳下來的文獻雖然不多，但對後代詞彙的影響却很大，因爲有些詞語可以從這裏找到源頭。

《周易》的内容可以分爲經（六十四卦）和傳（"十翼"）兩類。經是《周易》的主體，一般視爲西周的作品；"十翼"是解釋《周易》原文的，通常視作戰國至西漢時代的産物。

《尚書》是上古時代的文獻匯編，有今、古文之争，今文《尚書》②

---

① 僞古文《尚書》有25篇，分别是：《大禹謨》、《五子之歌》、《胤正》、《仲虺之誥》、《湯誥》、《伊訓》、《太甲》（包括上、中、下三篇）、《咸有一德》、《説命》（包括上、中、下三篇）、《泰誓》（包括上、中、下三篇）、《武成》、《旅獒》、《微子之命》、《蔡仲之命》、《周官》、《君陳》、《畢命》、《君牙》和《冏命》。

② 今文《尚書》分爲虞、夏、商、周四書，共28篇（實際33篇）。其中虞夏書有：《堯典》（包括《舜典》，但無《舜典》篇首的二十八字）、《皋陶謨》（包括《益稷篇》）、《禹貢》、《甘誓》4篇。商書有：《湯誓》、《盤庚》（包括上、中、下三篇）、《高宗肜日》、《西伯戡黎》、《微子》5篇。周書有：《牧誓》、《洪範》、《金縢》、《大誥》、《康誥》、《酒誥》、《梓材》、《召誥》、《洛誥》、《多士》、《無逸》、《君奭》、《多方》、《立政》、《顧命》（包括《康王之誥篇》）、《吕刑》、《文侯之命》、《費誓》、《秦誓》19篇。

各篇的時代雖不一致，但也記録了商周時代的一些真實用語。爲了操作的方便，我們把凡是見於今文《尚書》中的詞語，基本都視作春秋以前的詞語。

《詩經》是我國最早的詩歌總集，這些詩歌的產生時代不一。"風"詩更接近當時的實際用語，因爲多爲民歌，文人加工潤色的成分少。"雅"詩、"頌"詩大多經過了統治者的處理，可以視爲周秦時代的書面用語；其中《周頌》《大雅》的時代最早，爲了操作的方便，我們都視作西周的作品。另外，《詩經》"序"不能一同視作西周的作品，而是戰國時期的產物。

二、戰國時期的語料

戰國時期社會大變動，百家爭鳴，出現了很多新事物，折射到語言中就是產生了一大批適應社會需要的詞語。該時期的語料除了上文已經提及的《周易》"十翼"①、古文《尚書》②和《詩經》"序"外，主要還有《論語》《孟子》《左傳》《穀梁傳》《戰國策》《國語》《管子》《荀子》《韓非子》《老子》《莊子》《墨子》《逸周書》《呂氏春秋》

---

① 即《彖》（上、下）、《象》（上、下）、《繫辭》（上、下）、《文言》、《説卦》、《序卦》、《雜卦》。

② 古文《尚書》共59篇，除今文《尚書》和僞古文《尚書》外，另有《大序》1篇。其他58篇爲：1.《堯典》；2.《舜典》（今文合於《堯典》）；3.《大禹謨》（今文無）；4.《皋陶謨》；5.《益稷》（今文合於《皋陶謨》）；6.《禹貢》；7.《甘誓》；8.《五子之歌》（今文無）；9.《胤征》（今文無）；10.《湯誓》；11.《仲虺之誥》（今文無）；12.《湯誥》（今文無）；13.《伊訓》（今文無）；14.《太甲》（上）（今文無）；15.《太甲》（中）（今文無）；16.《太甲》（下）（今文無）；17.《咸有一德》（今文無）；18.《盤庚》（今文三篇合爲一篇）（上）；19.《盤庚》（中）；20.《盤庚》（下）；21.《説命》（上）（今文無）；22.《説命》（中）（今文無）；23.《説命》（下）（今文無）；24.《高宗肜日》；25.《西伯戡黎》；26.《微子》；27.《泰誓》（上）（今文無）；28.《泰誓》（中）（今文無）；29.《泰誓》（下）（今文無）；30.《牧誓》；31.《武成》（今文無）；32.《洪範》；33.《旅獒》（今文無）；34.《金縢》；35.《大誥》；36.《微子之命》（今文無）；37.《康誥》；38.《酒誥》；39.《梓材》；40.《召誥》；41.《洛誥》；42.《多士》；43.《無逸》；44.《君奭》；45.《蔡仲之命》（今文無）；46.《多方》；47.《立政》；48.《周官》（今文無）；49.《君陳》（今文無）；50.《顧命》；51.《康王之誥》（今文合於《顧命》）；52.《畢命》（今文無）；53.《君牙》（今文無）；54.《冏命》（今文無）；55.《吕刑》；56.《文侯之命》；57.《費誓》；58.《秦誓》。

《六韜》《孔子家語》《孔叢子》《通玄真經》《關尹子》《晏子春秋》《黄帝内經》《鶡冠子》《周禮》《吴子》《商君書》《鬼谷子》《司馬法》《尹文子》《子華子》《燕丹子》《孫子》《鄧析子》《尉繚子》《山海經》《孝經》等以及《楚辭》中屈原、宋玉等作家的作品。

三、西漢時期的語料

西漢時期的代表語料是《史記》，因爲它"能够代表當時文學語言的面貌"①，對後世語言有着十分深遠的影響。此外還有《淮南子》《説苑》《列女傳》《新序》《西京雜記》《新書》《鹽鐵論》《春秋繁露》《新語》《禮記》②《太玄》《韓詩外傳》《列仙傳》等典籍，《尚書》孔安國傳以及除這些典籍之外的如司馬遷、劉向、賈誼、董仲舒、鄒陽、司馬相如、段孝直、伶玄、楊惲、枚乘、張敞、孔臧、王褒、京房、杜鄴、嚴尤、鮑宣等作家的作品。

四、東漢時期的語料

東漢時期是漢語史研究的重要階段，這一時期的代表語料主要有《漢書》《東觀漢記》《論衡》《風俗通義》《漢官儀》《漢紀》《申鑒》《潛夫論》《漢末英雄記》《昌言》《新論》《吴越春秋》《中論》《楚辭章句》《越絶書》《釋名》《隸釋》③《金匱要略》《説文解字》《天禄閣外史》等典籍，以及除這些典籍之外的如班固、王粲、桓譚、蔡邕、陳琳、孔融、馬融、李固、趙諮、張衡、路粹、梁㛗、潘勖、崔琰、班昭、阮瑀、朱穆、杜泰姬、劉秀、劉炟、劉蒼、劉辯、劉肇、劉宏、劉協、楊賜、應瑒、胡廣、張均、陳忠、袁徽、劉瑜、史敞、崔瑗、禰衡、皇甫規、傅毅、繁欽、陳龜、馮衍、陳蕃、何敞、李尤、李燮、李

---

① 趙振鐸：《論先秦兩漢漢語》，《古漢語研究》1994年第3期，第2頁。
② 《禮記》是經漢代人整理過的一部古代禮制匯編，一般視作西漢時代的作品。
③ 《隸釋》，宋洪适輯，是現存年代最早的一部集録和考釋漢魏晋石刻文字的專著，收録漢魏隸書石刻文字一百八十三種，並附輯《水經注》中的漢魏碑目和歐陽修《集古録》、歐陽棐《集古録目》、趙明誠《金石録》和不著撰人《天下碑録》中的漢魏部分。

咸、宗意、丁廙、楊終、楊修、張紘、黃忠、楊震、周瑜、劉陶、虞恭、張奐、張超、袁紹等作家的作品。

五、魏晉時期的語料

魏晉時期的語料主要有劉劭《人物志》、康僧會譯《六度集經》、陳壽《三國志》、葛洪《抱朴子》、袁宏《後漢紀》、孫盛《晉陽秋》、王隱《晉書》、張華《博物志》、葛洪《肘後備急方》、習鑿齒《漢晉春秋》、孫盛《魏氏春秋》、干寶《搜神記》、干寶《晉紀》等典籍以及除這些典籍之外如楊戲、孫登、曹植、嵇康、諸葛亮、魚豢、曹操、曹丕、華核、杜恕、周昭、王昶、康僧會、夏侯淳、夏侯惠、毌丘儉、曹叡、曹奐、曹髦、應璩、劉曄、韋昭、孫權、孫策、董昭、桓範、陸抗、陸遜、何晏、阮籍、胡綜、滿寵、羊衜、蔣濟、程曉、虞松、王象、趙儼、陸雲、陸機、袁宏、孫綽、潘岳、王敦、司馬紹、司馬炎、王導、嵇紹、山濤、庾亮、范弘之、司馬丕、司馬衍、司馬越、王彪之、習鑿齒、曹述初、王羲之、王獻之、釋道恒、釋僧肇、孫盛、王曠、王渾、徐衆、陶潛、陶侃、羊祜、應詹、謝尚、桓溫、荀崧、范寧、支遁、劉琨、傅玄、傅咸、郭璞、李重、左思、耿滕、紀瞻、虞預、何劭、桓玄、華嶠、何充等作家的作品。

六、南北朝時期的語料

南北朝時期的語料主要有范曄《後漢書》、沈約《宋書》、蕭子顯《南齊書》、魏收《魏書》、劉義慶《世說新語》、何法盛《晉中興書》、劉勰《文心雕龍》、檀道鸞《續晉陽秋》、傅亮《續文章志》、酈道元《水經注》等典籍以及除這些典籍之外如顏延之、沈約、任昉、謝惠連、拓跋宏、慧琳、王筠等作家的作品。

最後，需要特別明確的是：由於祇藉助於《漢語大詞典》和《漢籍全文檢索系統》（第四版）來進行詞語的歷史層次分析，它們并不能涵蓋唐以前的所有文獻，所以這些詞語的歷史層次有時并不能説明它們的最早出現時代，而祇能證明它們最晚在某個時代已經存在了。因爲時代越往前，詞語的歷史層次越準確，時代越往後，想要準確確定詞語的歷史層次也就越難。隨着掌握的語料的增多，有些詞語的歷史肯定是會提前的；自己的某些觀點雖然被否定，但從漢語史研究的角度來説這并不是一件壞事，相反它表明了研究的更加科學和進步。①

《宋書》《南史》異文在詞彙方面的差異有393（447）條，主要表現在均用單音節詞語、均用雙音節詞語、單雙音節詞語的互相替换三個方面，這些詞語大都意義相同、相近或相關，所以能够在記録相同的歷史史事時换用，從而形成異文。

第一節　均用單音節詞語

《宋書》《南史》在記録相同的歷史史事時，使用了不同的單音節詞語。這些單音節詞語共有92（130）條，其中動詞66（102）條，名詞13（14）條，副詞7（8）條，介詞3（3）條，形容詞2（2）條，助詞1（1）條。其中一些單音節詞組在前賢時彦的同義詞辨析專著②、同義詞典③、常用詞演變研究著作④、語言研究著作⑤、漢語史特别是漢

---

① 張永言先生也認爲："指出某個詞或詞義最先見於某一文獻並不意味着它在語言裏就產生在這個文獻的撰著時代；找出最早用例的目的祇在於確定一個詞或詞義產生的時代下限，即是説它在語言裏出現不晚於某個時代。"張先生的見解非常切合詞彙史研究的實際，雖然"下限"經常會被别人甚或自己提前，但這并不要緊，"因爲通過切磋而辨明真理乃是治學的正常途徑"。參見張永言：《語文學論集》（增訂本），上海：復旦大學出版社2015年版，第17-18頁。

② 如王鳳陽：《古辭辨》（增訂本），北京：中華書局2011年版；王政白：《古漢語同義詞辨析》，合肥：黃山書社1992年版；黃金貴：《古代文化詞義集類辨考》（新一版），北京：商務印書館2016年版；洪成玉、張桂珍：《古漢語同義詞辨析》，杭州：浙江教育出版社1987年版。

③ 如段德森：《簡明古漢語同義詞詞典》，太原：山西教育出版社1992年版。

④ 如汪維輝：《東漢—隋常用詞演變研究》（修訂本），北京：商務印書館2017年版；李宗江：《漢語常用詞演變研究》（第二版），上海：上海教育出版社2018年版。

⑤ 如陳秀蘭：《魏晋南北朝文與漢文佛典語言比較研究》，北京：中華書局2008年版。

語詞彙史專著①等中多有研究和涉及，在專書同義詞研究、專書詞彙研究以及相關論文中更是不勝枚舉。本書主要選擇一些比較生僻或已有研究較少論及的詞組加以解釋。例如：

【事—奉】

A. 家貧，有大志，不治廉隅。事繼母以孝謹稱。(《宋書·武帝本紀上》，卷1)

B. 及長，雄傑有大度，身長七尺六寸，風骨奇偉，不事廉隅小節，奉繼母以孝聞。(《南史·武帝本紀》，卷1)

按：《玉篇·史部》："事，奉也。"《孟子·離婁上》"事親爲大"趙岐注："事親，養親也。"可見"事"有"養"義。《左傳·昭公六年》"奉之以仁"杜預注："奉，養也。"《古今韻會舉要·漾韻》："下奉上曰養。"《說文·食部》："養，供養也。"可見"事""奉"同義，均有"供養"義，故可換用。

"事""奉"均戰國時已見，如《孟子·梁惠王上》："是故明君制民之產，必使仰足以事父母，俯足以畜妻子。"《晏子春秋·內篇諫下》："今齊國丈夫耕，女子織，夜以接日，不足以奉上，而君側皆雕文刻鏤之觀。"可見《南史》用舊詞"奉"替換了《宋書》中的舊詞"事"。

【稱—聞】

A. 事繼母以孝謹稱。(《宋書·武帝本紀上》，卷1)

B. 及長，雄傑有大度，身長七尺六寸，風骨奇偉，不事廉隅小節，奉繼母以孝聞。(《南史·武帝本紀》，卷1)

按：《說文·禾部》："稱，銓也。"段注："銓者，衡也。《聲類》曰：'銓，所以稱物也。'稱俗作秤。"引申有"聞名、著稱"義，例如《漢書·王商列傳》："商少爲太子中庶子，以肅敬敦厚稱。"《說文·耳部》："聞，知聞也。"段注："往曰聽，來曰聞……引申之爲令聞廣譽。"也可引申爲"聞名、著稱"義，例如《史記·廉頗列傳》："廉頗

---

① 如王力：《漢語史稿》(第三版)，北京：中華書局2019年版；向熹：《簡明漢語史》(修訂本)，北京：商務印書館2010年版；方一新：《中古近代漢語詞彙學》，北京：商務印書館2010年版；王雲路：《中古漢語詞彙史》，北京：商務印書館2010年版。

爲趙將伐齊，大破之，取晉陽，拜爲上卿，以勇氣聞於諸侯。"可見"稱""聞"同義，均有"聞名、著稱"義，故可換用。

"稱""聞"均戰國時已見，如《左傳·昭公元年》："子木之信，稱於諸侯。"《戰國策·趙策四·秦攻魏取寧邑》："大王以孝治聞於天下，衣服使之便於體，膳啖使之嗛於口，未嘗不分于葉陽、涇陽君。"可見《南史》用舊詞"聞"替換了《宋書》中的舊詞"稱"。

【稱】《漢語大詞典》義項❼釋爲"著稱；聞名"。書證首引《漢書·王商傳》："商少爲太子中庶子，以肅敬敦厚稱。"① 時代過晚，可補。

【善—工】

A. 初，高祖與何無忌等共建大謀，有善相者相高祖及無忌等並當大貴，其應甚近，惟云憑之無相。（《宋書·武帝本紀上》，卷1）

B. 初，帝建大謀，有工相者相帝與無忌等近當大貴，惟云憑之無相。（《南史·武帝本紀》，卷1）

按：《説文·工部》："工，巧飾也。"段注："引申之，凡善其事曰工。"《字彙·工部》："善其事之謂工。"《廣韻·東韻》："工，工巧也。"《玉篇·工部》："工，善其事。"《文選·司馬相如〈長門賦序〉》"聞蜀郡成都司馬相如天下工爲文"呂向注："工，善也。"《韓非子·詭使》"所以善剸下也"王先慎集解："拾補善剸作擅製。"可知"善""工"同義，均有"擅長、善於"義，故可換用。

"善"，西周時已見，如《尚書·秦誓》："惟截截善諞言，俾君子易辭。""工"，戰國時已見，如《楚辭·九辯》："何時俗之工巧兮，背繩墨而改錯！"可見《南史》用舊詞"工"替換了《宋書》中的舊詞"善"。

【工】《漢語大詞典》義項❸釋爲"擅長；善於"。書證首引《韓詩外傳》卷二："昔者舜工於使人，造父工於使馬。"② 時代過晚，可補。

【改—變】

---

① 羅竹風主編：《漢語大詞典》（縮印本），上海：上海辭書出版社2009年版，第4772頁。

② 羅竹風主編：《漢語大詞典》（縮印本），上海：上海辭書出版社2009年版，第1141頁。

第二章　異文與詞彙研究

A. 所孝建以來所改制度，還依元嘉。（《宋書·前廢帝本紀》，卷7）

B. 乙卯，罷南北二馳道，改孝建以來所變制度，還依元嘉。（《南史·前廢帝本紀》，卷2）

按：《説文·攴部》："改，更也。"《玉篇·攴部》："改，更也。"《廣韻·海韻》："改，更也。"《説文·言部》："變，更也。"《説文·攴部》："更，改也。"《説文·攴部》："變，改也。"《玉篇·攴部》："變，變化也。"《字彙·言部》："變，改也。"可見"改""變"同義，均有"更改、改變、變化"義，故可換用。

"改""變"均西周時已見，如《周易·井卦》："改邑不改井，無喪無得。"《周易·中卦》："初九虞吉，志未變也。"可見《南史》用舊詞"變"替換了《宋書》中的舊詞"改"。

【改】《漢語大詞典》義項❶釋爲"變更；更改"。書證首引《逸周書·常訓》："天有常性，人有常順。順在可變，性在不改。"① 時代過晚，可補。

【變】《漢語大詞典》義項❶釋爲"和原來不同；變化；改變"。書證首引《尚書·畢命》："既歷三紀，世變風移。"孔傳："言殷民遷周已經三紀，世代民易，頑者漸化。"② 時代過晚，可補。

【齎—持】

A. 二十八年正月，遣中書舍人嚴龍齎藥賜死。（《宋書·彭城王義康列傳》，卷68）

B. 二十八年正月，遣中書舍人嚴麝持藥賜死。（《南史·宋彭城王義康列傳》，卷13）

按：《説文·貝部》："齎，持遺也。"段注："《周禮·掌皮》'歲終則會其財齎'注：'予人以物曰齎。'……（許）釋齎爲持而予之……近人則訓齎爲持矣。"《戰國策·西周策·謂齊王》"王何不以地

---

① 羅竹風主編：《漢語大詞典》（縮印本），上海：上海辭書出版社2009年版，第2902頁。
② 羅竹風主編：《漢語大詞典》（縮印本），上海：上海辭書出版社2009年版，第2957頁。

齎周最以爲太子也"鮑彪注:"齎,持遺也。"《周禮·春官·小祝》:"及葬,設道齎之奠,分禱五祀。"鄭玄注:"齎,猶送也。送道之奠,謂遣奠也。"《廣雅·釋詁三》:"齎,持也。"《説文·手部》:"持,握也。"《玉篇·手部》:"持,握也。"《字彙·手部》:"持,執也。"《廣韻·之韻》:"持,執持。"可見"齎""持"同義,均有"遣送、拿"義,故可換用。

"齎""持"均戰國時已見,如《周禮·春官·小祝》:"及葬,設道齎之奠,分禱五祀。"《莊子·田子方》:"非持其釣有釣者也,常釣也。"可見《南史》用舊詞"持"替換了《宋書》中的舊詞"齎"。

【持】《漢語大詞典》義項❶釋爲"拿著,握住"。書證首引《禮記·射義》:"持弓矢審固,然後可以言中。"① 時代過晚,可補。

【竄—迸】

A. 文帝即位,累遷徐、兖二州刺史,爲政苛暴,吏人畏之若豺虎,然而寇盜遠竄,無敢犯境。(《宋書·趙伯符列傳》,卷46)

B. 文帝即位,累遷徐、兖二州刺史。爲政苛暴,吏人畏懼如與虎狼居,而劫盜遠迸,無敢入境。(《南史·趙伯符列傳》,卷18)

按:《廣韻·換韻》:"竄,逃也。"《玉篇·穴部》:"竄,逃也。"《正字通·穴部》:"竄,逃也。"《説文新附·辵部》:"迸,散走也。"《廣韻·諍韻》:"迸,散也。"可知"竄""迸"同義,均有"逃竄、逃散"義,故可換用。

"竄",西周時已見,如《周易·訟卦》:"不克訟,歸逋竄也。""迸",東漢時已見,如公孫瓚《表袁紹罪狀》:"紹不能開設權謀,以濟君父,而棄置節傳,迸竄逃亡。"可見《南史》用舊詞"迸"替換了《宋書》中的舊詞"竄"。

【迸】《漢語大詞典》義項❶釋爲"散走;四散而逃"。書證首引《三國志·蜀志·譙周傳》:"而蜀本謂敵不便至,不作城守調度,及聞

---

① 羅竹風主編:《漢語大詞典》(縮印本),上海:上海辭書出版社2009年版,第3613頁。

艾已入陰平，百姓擾擾，皆迸山野，不可禁制。"① 時代過晚，可補。

【卜—算】

A. 興宗曰："逆之與順，臣無以辨。今商旅斷絕，而米甚豐賤，四方雲合，而人情更安，以此<u>卜</u>之，清蕩可必。但臣之所憂，更在事後，猶羊公言既平之後，方當勞聖慮耳。"（《宋書·蔡興宗列傳》，卷57）

B. 興宗曰："今米甚豐賤，而人情更安，以此<u>算</u>之，清蕩可必。但臣之所憂，更在事後，猶羊公言既平之後，方當勞聖慮耳。"（《南史·蔡興宗列傳》，卷29）

按：《廣韻·屋韻》："卜，卜筮。龜曰卜，蓍曰筮。"《玉篇·卜部》："龜曰卜，蓍曰筮。"《正字通·卜部》："卜，占卜也。"《字彙·卜部》："卜，卜筮。"《禮記·曲禮上》："龜爲卜，蓍爲筮。"《説文·竹部》："算，數也。"《淮南子·説林訓》"以問於數"高誘注："數，可卜筮者也。"可知"卜""算"同義，均有"預測、推測"義，故可換用。

"卜"，西周時已見，如《詩經·衛風·氓》："爾卜爾筮，體無咎言。"《尚書·洛誥》："予惟乙卯，朝至於洛師。我卜河朔黎水。""算"，戰國時已見，如《孫子·始計》："夫未戰而廟算勝者，得算多也；未戰而廟算不勝者，得算少也；多算勝，少算不勝，而況於無算乎？吾以此觀之，勝負見矣。"可見《南史》用舊詞"算"替換了《宋書》中的舊詞"卜"。

【算】《漢語大詞典》義項❹釋爲"推測；料想"。書證首引宋姜夔《揚州慢》詞："杜郎俊賞，算而今、重到須驚。"② 時代過晚，可補。

【罄—盡】

A. 秉之少孤，弟妹七人，並皆幼稚，撫育姻娶，<u>罄</u>其心力。（《宋書·江秉之列傳》，卷92）

B. 秉之少孤，弟妹七人並幼，撫育姻娶，<u>盡</u>其心力。（《南史·江

---

① 羅竹風主編：《漢語大詞典》（縮印本），上海：上海辭書出版社2009年版，第6256頁。

② 羅竹風主編：《漢語大詞典》（縮印本），上海：上海辭書出版社2009年版，第5230頁。

秉之列傳》，卷36）

按：《爾雅·釋詁下》："罄，盡也。"《廣韻·徑韻》："罄，盡也。"《説文·缶部》"罄"段注："《釋詁》《毛傳》皆曰'罄，盡也。'引伸爲凡盡之偁。"《廣韻·軫韻》："盡，竭也。"《禮記·哀公問》："今之君子，好實無厭，淫德不倦，荒怠敖慢，固民是盡。"孔穎達正義："盡謂竭盡。"可見"罄""盡"同義，均有"竭盡、耗盡"義，故可換用。

"罄"，西漢時已見，如揚雄《逐貧賦》："言辭既罄，色厲目張。""盡"，戰國時已見，如《莊子·盜跖》："此六者，天下之至害也，皆遺忘而不知察，及其患至，求盡性竭財，單以反一日之無故而不可得也。"可見《南史》用舊詞"盡"替換了《宋書》中的舊詞"罄"。

【若—如】

A. 文帝即位，累遷徐、兗二州刺史，爲政苛暴，吏人畏之<u>若</u>豺虎，然而寇盜遠竄，無敢犯境。（《宋書·趙伯符列傳》，卷46）

B. 爲政苛暴，吏人畏懼<u>如</u>與虎狼居，而劫盜遠迸，無敢入境。（《南史·趙伯符列傳》，卷18）

按：《玉篇·艸部》："若，如也。"《字彙·艸部》："若，如也。"《周易·乾卦》"夕惕若厲"孔穎達正義："若，如也。"《韓非子·内儲説上》"若如臣者"王先慎集解："若、如同義。"《廣雅·釋言》："如，若也。"《説文·女部》："如，從隨也。"段注："從隨即隨從也……引申之，凡相似曰如……皆從隨之引申也。"可見"若""如"同義，均有"像、如同"義，故可換用。

"若""如"均西周時已見，如《尚書·盤庚上》："若網在綱，有條而不紊；若農服田力穡，乃亦有秋。"《詩經·王風·采葛》："一日不見，如三秋兮。"可見《南史》用舊詞"如"替換了《宋書》中的舊詞"若"。

【命—令】

A. 天子復重申前<u>命</u>，授太傅、揚州牧，劍履上殿，入朝不趨，贊拜不名，加前部羽葆、鼓吹，置左右長史、司馬、從事中郎四人。

(《宋書·武帝本紀中》，卷2)

B. 晉帝復申前<u>令</u>，授太傅、揚州牧，劍履上殿，入朝不趨，讚拜不名，加前部羽葆、鼓吹，置左右長史、司馬、從事中郎四人，封第三子義隆爲北彭城縣公。（《南史·武帝本紀》，卷1）

按：《説文·口部》："命，使也。"朱駿聲通訓定聲："命，當訓發號也。"《漢書·董仲舒列傳》："天令之謂命。"《玉篇·口部》："命，教令也。"《吕氏春秋·孟春》"命田舍東郊"高誘注："命，令也。"《説文·卩部》："令，發號也。"朱駿聲通訓定聲："按，在事爲令，在言爲命，散文相通，對文則别。"可見在"命令"的意義上，"命""令"是同義詞，故可换用。

"命"，西周時已見，如《周易·姤卦》："後以施命誥四方。"孔穎達疏："風行草偃，天之威令，故人君法此以施教命誥於四方也。""令"，戰國時已見，如《韓非子·内儲説上》："於是乃下令曰：'棺椁過度者戮其屍，罪夫當喪者。'"可見《南史》用舊詞"令"替换了《宋書》中的舊詞"命"。

【囚—獄】

A. 高祖嘗訊<u>囚</u>，其旦刑獄參軍有疾，札晦代之，於車中一覽訊牒，催促便下。（《宋書·謝晦列傳》，卷44）

B. 武帝當訊<u>獄</u>，其旦，刑獄參軍有疾，以晦代之。（《南史·謝晦列傳》，卷19）

按：《説文·口部》："囚，繫也。"本指拘禁，如《尚書·蔡仲之命》："囚蔡叔於郭鄰。"《左傳·成公七年》："晉人以鍾儀歸，囚諸軍府。"引申指囚犯，如《禮記·月令》："（仲夏之月）挺重囚，益其食。"又可引申指案件，如《尉繚子·將理》："故善審囚之情，不籠楚而囚之情畢矣。"《説文·犾部》："獄，確也。"段注："《召南》傳曰：'獄、埆也。埆同確。堅剛相持之意。'"可指爭訟，如《周禮·秋官·大司寇》"以兩劑禁民獄"鄭玄注："獄，謂相告以罪名者。"《國語·周語中》："夫君臣無獄……君臣皆獄，父子將獄，是無上下也。"韋昭注："獄，訟也。無是非曲直，獄訟之義也。"又指訟案，如《周易·

賁卦》:"君子以明庶政,無敢折獄。"孔穎達正義:"勿得直用果敢折斷訟獄。"《漢書·景帝本紀》:"獄疑者讞有司。有司所不能決,移廷尉。"可知"囚""獄"在表示"案件、罪案"時同義,故可換用。

"囚",戰國時已見,如《尉繚子·將理》:"故善審囚之情,不筐楚而囚之情畢矣。""獄",西周時已見,如《周易·賁卦》:"君子以明庶政,無敢折獄。"可見《南史》用舊詞"獄"替換了《宋書》中的舊詞"囚"。

【言—語】

A. 玄謨遣法榮報曰:"此亦未易可行,期當不泄君<u>言</u>。"(《宋書·蔡興宗列傳》,卷57)

B. 玄謨又使法榮報曰:"此亦未易可行,其當不泄君<u>語</u>。"(《南史·蔡興宗列傳》,卷29)

按:《玉篇·言部》:"言,言辭也。"《廣韻·元韻》:"言,言語也。"《論衡·書解》:"出口爲言。"《論衡·定賢》:"口出以爲言,筆書以爲文。"《玉篇·言部》:"語,言語也。"《經籍纂詁》:"語,言也。"《廣雅·釋詁四》:"語,言也。"《爾雅·釋詁下》:"話,言也。"郝懿行義疏:"言、語二字,對文則別,散則通也。"可見當名詞用時,"言""語"同義,均有"言辭、話"義,故可換用。

"言",西周時已見,如《尚書·盤庚上》:"遲任有言曰:'人惟求舊,器非求舊,惟新。'""語",戰國時已見,如《鶡冠子·著希》:"文禮之野,與禽獸同則,言語之暴,與蠻夷同謂。"可見《南史》用舊詞"語"替換了《宋書》中的舊詞"言"。

【勢—權】

A. 竣時<u>勢</u>傾朝野,偃不自安,遂發心悸病,意慮乖僻,上表解職,告醫不仕。(《宋書·何偃列傳》,卷59)

B. 竣時<u>權</u>傾朝野,偃不自安,遂發悸病,意慮乖僻。(《南史·何偃列傳》,卷30)

按:《經籍纂詁》:"勢,亦作埶。"《正字通·力部》:"勢,同埶。《說文》:'盛力,權也。'"《字彙·力部》:"勢,勢力、威勢、權勢、形勢。"《戰國策·齊策一·田忌亡齊而之楚》"齊恐田忌欲以楚權復於齊"高誘注:"權,勢也。"《逸周書·大戒》"權先申之"孔晁注:"權,謂勢重。"《逸周書·大開武》"淫權破故"朱右曾集訓校釋:"權,權勢。"可知"勢""權"同義,均有"權勢"義,故可換用。

"勢""權"均戰國時已見,如《尚書·君陳》:"爾惟弘周公丕訓,無依勢作威,無倚法以削。"《鶡冠子·度萬》:"故其刑設而不用,不爭而權重,車甲不陳而天下無敵矣。"可見《南史》用舊詞"權"替換了《宋書》中的舊詞"勢"。

【雨—風】

A. 所居屋敗,不蔽雨日,兄子伯與採伐茅竹,欲爲葺治,子平不肯。(《宋書·孝義·何子平列傳》,卷91)

B. 所居屋敗,不蔽風日,兄子伯興欲爲葺理,子平不肯。(《南史·孝義上·何子平列傳》,卷73)

按:《説文·雨部》:"雨,水從雲下也。"《玉篇·雨部》:"雨,雲雨也。"《説文·風部》:"風,八風也。東方曰明庶風,東南曰清明風,南方曰景風,西南曰涼風,西方曰閶闔風,西北曰不周風,北方曰廣莫風,東北曰融風。"可知"雨""風"都屬於自然現象,詞義相關,故可換用。

"雨""風"均西周時已見,如《周易·説卦》:"雷以動之,風以散之,雨以潤之,日以烜之。"《詩經·鄭風·蘀兮》:"蘀兮蘀兮,風其吹女。"可見《南史》用舊詞"風"替換了《宋書》中的舊詞"雨"。

【且—將】

A. 高祖且戰且退,賊盛,所領死傷且盡。(《宋書·武帝本紀上》,卷1)

B. 帝且退且戰,麾下死傷將盡,乃至向處止,令左右解取死人衣以示暇。(《南史·武帝本紀》,卷1)

按:《吕氏春秋·音律》"陽氣且泄"高誘注:"且,將也。"《淮南子·時則訓》"雷且發聲"高誘注:"且,猶將也。"吳昌瑩《經詞衍釋》卷八:"將,且也。"《古書疑義舉例·二字誤爲一字》:"將,猶且也。"《論衡·知實》:"將者,且也。"《詩經·小雅·谷風》"將恐將懼"鄭玄箋:"將,且也。"《助字辨略》卷三:"《史記·秦本紀》:'吾且尊官,與之分土。'《漢書·杜欽傳》：'欽子及昆弟支屬，至二千石者，且十人。'諸且字猶云將也。"《助字辨略》卷二："方欲如此而猶未如此曰將。"可知"且""將"同義，均有"將要"義，故可換用。

"且""將"均西周時已見，如《詩經·齊風·雞鳴》："會且歸矣，無庶予子憎！"《尚書·大誥》："周公相成王，將黜殷，作大誥。"可見《南史》用舊詞"將"替換了《宋書》中的舊詞"且"。

【將】《漢語大詞典》義項❷❸釋爲"副詞。（1）就要；將要。"書證首引《左傳·文公十八年》："春，齊侯戒師期，而有疾。醫曰：'不及秋將死。'"[1] 時代過晚，可補。

【悉—皆】

A. 至是參軍曹仲宗檢得之，道規悉焚不視，衆於是大安。（《宋書·宗室·臨川烈武王道規列傳》，卷51）

B. 初，謙至枝江，江陵士庶皆與謙書，言城內虛實。道規一皆焚燒，衆乃大安。（《南史·宋宗室及諸王上·臨川烈武王道規列傳》，卷13）

按：《玉篇·采部》："悉，盡也。"《集韻·準韻》："盡，一曰悉也。"《龍龕手鑑·心部》："悉，皆也。"《助字辨略》卷五："悉，皆也，盡也。"《助字辨略》卷三："盡，皆也，悉也。"《正字通·白部》："皆，咸也，俱也。"《廣韻·咸韻》："咸，悉也。"《玉篇·人部》："俱，皆也。"可知"悉""皆"同義，均有"全、都"義，故可換用。

"悉""皆"均西周時已見，如《尚書·盤庚上》："無或敢伏小人之攸箴，王命衆悉至於庭。"《尚書·湯誓》："時日曷喪，予及汝皆亡。"《周易·解卦》："天地解而雷雨作，雷雨作而百果草木皆甲坼。"可見《南史》用舊詞"皆"替換了《宋書》中的舊詞"悉"。

【破—碎】

A. 以短錢一百賦民，田登，就求白米一斛，米粒皆令徹白，若有破折者，悉刪簡不受。（《宋書·文九王·晉平剌王休祐列傳》，卷72）

B. 以短錢一百賦人，田登就求白米一斛，米粒皆令徹白；若碎折

---

[1] 羅竹風主編：《漢語大詞典》（縮印本），上海：上海辭書出版社2009年版，第4408頁。

者悉不受。(《南史·宋宗室及諸王下·晋平剌王休祐列傳》，卷14)

按：《説文·石部》："破，石碎也。"段注："瓦部曰：瓵者、破也。然則碎、瓵、糳三篆同義。引伸爲碎之偁。"《玉篇·石部》："破，碎也。"《説文·石部》："碎，䃺也。"段注："糳也。糳各本作䃺，其義迥殊矣。䃺所以碎物而非碎也，今正。米部曰：糳，碎也。二篆爲轉注……碎者，破也。糳者，破之甚也。義少别而可互訓。瓦部曰：瓵者，破也。音義同。"《廣韻·代韻》："碎，細破也。"《龍龕手鑑·石部》："碎，細破也。"《字彙·石部》："碎，細碎，破碎。"《玉篇·石部》："碎，破也。"可知"破""碎"渾言同義，均有"破裂、碎裂、破碎"義，故可換用。

"破"，西周時已見，如《詩經·小雅·車攻》："四黄既駕，兩驂不猗。不失其馳，舍矢如破。""碎"，戰國時已見，如《鶡冠子·天權》："夫蚊蝱墜乎千仞之溪，乃始翶翔而成其容，牛馬墜焉，碎而無形。"可見《南史》用舊詞"碎"替换了《宋書》中的舊詞"破"。

【被—所】

A. 諸流寓郡縣，多<u>被</u>併省。(《宋書·武帝本紀中》，卷2)

B. 諸流寓郡縣，多<u>所</u>併省。(《南史·武帝本紀》，卷1)

按：助詞"被""所"均可以後接被動動詞表示被動，故可換用，參見本書第三章第一節中"被V"式被動句、"爲N$_{施事}$所V"式被動句的相關論述，此不贅述。

"被""所"均戰國時已見，如《韓非子·五蠹》："今兄弟被侵必攻者廉也，知友被辱隨仇者貞也，廉貞之行成，而君上之法犯矣。"《管子·七主七臣》："亂世煩政，非無法令也，其所誅賞者非其人也，暴主迷君，非無心腹也，其所取捨非其術也。"可見《南史》用舊詞"所"替换了《宋書》中的舊詞"被"。

【被】《漢語大詞典》義項❿釋爲"表示被動。猶讓，爲"。書證首引《北史·麥鐵杖傳》："吾荷國恩，今是死日。我得被殺，爾當富貴。"[1] 時代過晚，可補。

---

[1] 羅竹風主編：《漢語大詞典》(縮印本)，上海：上海辭書出版社2009年版，第5326頁。

表 2-1　均用單音節詞語統計表

詞類	序列號及詞語	具體語境及出處（本紀/列傳）
動詞 (66)	（1）次/在	歲次癸亥—歲在癸亥（劉裕）
	（2）事/奉	事繼母—奉繼母（劉裕）
	（3）稱/聞	以孝謹稱—以孝聞（劉裕）
	（4）善/工	有善相者—有工相者（劉裕）
	（5）使/遣	別使領軍將軍—別遣領軍（劉裕）
	（6）遣/使①	遣法榮報曰—使法榮報曰（蔡興宗）
		遣前中書舍人劉休至晉平—使使至晉平（劉休祐）
	（7）走/逸	將子姪浮江南走—輕船南逸（劉裕）
	（8）返/還	無功而返—無功而還（劉裕）
	（9）還/反②	從長安還—自長安反（劉裕）
	（10）請/求	乃請稱藩—乃求稱藩（劉裕）
	（11）請/乞③	特請其生命—特乞其命（劉義康）
	（12）薨/殂	零陵王薨—零陵王殂（劉裕）
		零陵王太妃薨—零陵王太妃殂（劉義隆）
	（13）薨/崩	魏主拓跋嗣薨—魏明元皇帝崩（劉義符）
		李太后薨—李太后崩（徐廣）
	（14）死/崩	時燾已死—時太武已崩（魯秀）
	（15）薨/卒	泰豫元年，薨—泰豫元年卒（蔡興宗）
	（16）亡/卒	父祖早亡—父祖並早卒（傅隆）
	（17）沒/亡	生而母沒—生而母亡（張敷）
	（18）亡/沒④	父存亡不測—父存沒不測（王華）

---

① 【遣 發 使 派】的區別可參見王鳳陽：《古辭辨》（增訂本），北京：中華書局 2011 年版，第 623-624 頁。

② 【歸 還 回 溯 復 返 來】的區別可參見王鳳陽：《古辭辨》（增訂本），北京：中華書局 2011 年版，第 739-740 頁；"還、返（反）、歸/回（迴、廻）"的區別可參見汪維輝：《東漢—隋常用詞演變研究》（修訂本），北京：商務印書館 2017 年版，第 271-279 頁。

③ 【乞 丐 求 要 索 討】的區別可參見王鳳陽：《古辭辨》（增訂本），北京：中華書局 2011 年版，第 600-601 頁。

④ "崩 薨 卒 死"的區別可參見王政白：《古漢語同義詞辨析》，合肥：黃山書社 1992 年版，第 294-301 頁；【死 亡 滅 殄】【死 終 卒 薨 崩 沒 歿 逝 殂】的區別可分別參見王鳳陽：《古辭辨》（增訂本），北京：中華書局 2011 年版，第 814-815 頁、第 815-816 頁；"崩 薨 卒 死"的區別可參見管錫華：《〈史記〉單音詞研究》，成都：巴蜀書社 2000 年版，第 293-298 頁。

續表

詞類	序列號及詞語	具體語境及出處（本紀/列傳）
	（19）付/賜①	分付諸將—分賜諸將（劉裕）
	（20）陷/尅	金墉城爲索虜所陷—魏尅金墉城（劉義隆）
		虎牢城復爲索虜所陷—尅虎牢（劉義隆）
		滑臺爲索虜所陷—魏尅滑臺（劉義隆）
	（21）斷/禁	斷酒—禁酒（劉義隆）
	（22）種/栽②	種松柏六百株—栽松柏六百株（劉義隆）
	（23）改/變③	所改制度—所變制度（劉子業）
	（24）討/伐	率衆北討—率衆北伐（劉彧）
		發諸州兵北討—發諸州兵北伐（劉彧）
	（25）征/伐	賜北征將士—賜北伐將士（劉彧）
		高祖征劉毅—武帝伐劉毅（王誕）
	（26）討/侵	大舉北討—大舉北侵（柳元景）
		大舉北討—大舉北侵（蕭思話）
	（27）伐/侵	到彥之伐索虜—到彥之侵魏（檀道濟）
		到彥之北伐—到彥之北侵（王懿）
		大舉北伐—大舉北侵（劉康祖）
		大舉北伐—大舉北侵（袁淑）
		大舉北伐—大舉北侵（江湛）
		太祖又北伐—文帝又北侵（臧質）
		隨到彥之北伐—隨右軍到彥之北侵（朱脩之）
		到彥之北伐—到彥之北侵（沈慶之）
		大舉北伐—大舉北侵（劉秀之）

---

① "賜 錫 與 予""餽 贈 送"的區別可分別參見王政白：《古漢語同義詞辨析》，合肥：黃山書社1992年版，第338-344頁、第344-348頁；【與予授賚畀付送】【遺饋貽贍賙賑賚送賵禭賻】【賞賜賚貺贈】的區別可分別參見王鳳陽：《古辭辨》（增訂本），北京：中華書局2011年版，第602-603頁、第604-605頁、第605頁。"賜 與 予"的區別可參見洪成玉、張桂珍：《古漢語同義詞辨析》，杭州：浙江教育出版社1987年版，第203-207頁；"餽（餩遺）贈 送"的區別可參見洪成玉、張桂珍：《古漢語同義詞辨析》，杭州：浙江教育出版社1987年版，第207-212頁。

② 【樹 藝 種 植 栽 蒔】的區別可參見王鳳陽：《古辭辨》（增訂本），北京：中華書局2011年版，第547頁。"植·殖·種·栽·樹·藝（蓺、埶）"的區別可參見黃金貴：《古代文化詞義集類辨考》（新一版），北京：商務印書館2016年版，第223-225頁。

③ "更 改 革""變 易 化"的區別可分別參見王政白：《古漢語同義詞辨析》，合肥：黃山書社1992年版，第427-433頁、第433-438頁；【改 更 易 換】的區別可參見王鳳陽：《古辭辨》（增訂本），北京：中華書局2011年版，第506頁。

續表

詞類	序列號及詞語	具體語境及出處（本紀/列傳）
		重遣王玄謨等北伐—重遣王玄謨等北侵（徐爰）
		上將北伐—上將北侵（劉劭）
	(28) 侵/伐	索虜南侵—魏軍南伐（袁淑）
	(29) 征/侵	大舉北征—大舉北侵（王玄謨）
	(30) 攻/襲	率所領攻州—率所領襲州（羊希）
	(31) 寇/攻	虜寇克州—魏攻克州（申坦）
		索虜南寇—魏軍南攻（沈攸之）
	(32) 寇/侵①	因索虜寇邊—因魏侵邊（劉誕）
	(33) 值/逢	值無免者—逢無免者（劉昱）
	(34) 值/遇	值四廢日—遇四廢日（劉裕）
		值大風—遇大風（劉穆之）
		值暴風—遇暴風（謝述）
		與季恭相值—與季恭遇（孔季恭/孔靖）
		雖值赦恩—雖遇赦恩（孔靈符）
		值巴蜀亂擾—遇巴、蜀擾亂（劉義季）
		值澣衣—遇澣衣（江湛）
		值虎突圍—遇猛獸突圍（臧熹）
	(35) 值/會②	值有賓客—會有客（劉簡之）
	(36) 秉/執③	齊王秉權—齊高帝執權（王貞風）
		猶秉重權—猶執重權（范泰）
		自羨之等秉權—自羨之等執權（王華）
		秉衡當朝—執衡當朝（何尚之）
		專秉朝權—專執朝權（劉湛）
		使湛之自秉燭—使湛之自執燭（徐湛之）
		不得秉權—不得執權（劉休仁）
		秉命有定分—執命有定分（顧覬之）

① "征 伐 侵 襲 討 攻"的區別可參見王政白：《古漢語同義詞辨析》，合肥：黃山書社1992年版，第356–359頁；【伐 侵 襲】【攻 擊】的區別可分別參見王鳳陽：《古辭辨》（增訂本），北京：中華書局2011年版，第666頁、第666–667頁。

② 【遇 逢 值 遭 遘 邂逅】的區別可參見王鳳陽：《古辭辨》（增訂本），北京：中華書局2011年版，第592–594頁；"逢、遇、碰"的區別可參見任連明、孫祥愉：《常用詞"逢、遇、碰"的歷時演變考察》，《渭南師範學院學報》2013年第11期，第101–105頁。

③ "執 秉 把 操 持 援 握"的區別可參見王政白：《古漢語同義詞辨析》，合肥：黃山書社1992年版，第391–395頁；【秉 把 握 捉 操 仗 執 持】的區別可參見王鳳陽：《古辭辨》（增訂本），北京：中華書局2011年版，第685–686頁。

續表

詞類	序列號及詞語	具體語境及出處（本紀/列傳）
		秉正不撓—執正不撓（王鎮之）
		秉權日久—執權日久（徐爰）
	(37) 秉/知	於中秉權—於中知權（謝晦）
	(38) 齎/持	齎藥賜死—持藥賜死（劉義康）
	(39) 進/納	不進不止—不納不止（劉穆之）
	(40) 授/委	授之以眾—委之以眾（謝晦）
	(41) 竄/迸	然而寇盜遠竄—而劫盜遠迸（趙伯符）
	(42) 乘/恃	乘我遠征—恃我遠征（王懿）
	(43) 開/創	開田數千頃—創田數千頃（張邵）
	(44) 煩/勞	不須煩魏—不復以此勞魏主（張暢）
	(45) 察/觀①	察我爲人—觀我爲人（張暢）
	(46) 曉/明	素曉天文—素明天文（劉敬宣）
	(47) 曉/悟②	不曉其意—不悟其意（殷景仁）
	(48) 没/俘	朱脩之没虜—朱脩之俘于魏（毛脩之）
	(49) 没/虜	爲虜所没—見虜（申恬）
	(50) 隨/從	季高義樂隨—季高樂從（孫處）
	(51) 撲/探	卿可率部下稍往撲之—卿可往探之（劉鍾）
	(52) 閉/關③	閉門絶客—關門絶客（蔡興宗）
	(53) 卜/算④	以此卜之—以此算之（蔡興宗）

---

① "觀 察""看 視 見 望"的區别可分别參見王政白:《古漢語同義詞辨析》,合肥:黄山書社1992年版,第200-203頁、第203-206頁;【覽 觀 察 審 諦】的區别可參見王鳳陽:《古辭辨》(增訂本),北京:中華書局2011年版,第754-755頁;"見、視、觀、看"的區别可參見劉麗紅:《常用詞"見""視""觀""看"演變研究》,《華中師範大學研究生學報》2015年第3期,第83-89頁;"觀 察"的區别可參見洪成玉、張桂珍:《古漢語同義詞析》,杭州:浙江教育出版社1987年版,第148-152頁。

② 【知 識 解 曉 了 認】的區别可參見王鳳陽:《古辭辨》(增訂本),北京:中華書局2011年版,第834-835頁。

③ "閉/關"區别可參見汪維輝:《東漢—隋常用詞演變研究》(修訂本),北京:商務印書館2017年版,第225-228頁;【關 閉 扃 閈】【閉 閤 闔 扃 掩】的區别可分别參見王鳳陽:《古辭辨》(增訂本),北京:中華書局2011年版,第220-221頁、第695頁。"扃·關·鍵(楗)·牡·閉·管(筦、關)·鏑·籥(鑰)"的區别可參見黄金貴:《古代文化詞義集類辨考》(新一版),北京:商務印書館2016年版,第682-686頁。

④ 【卜 筮 占】的區别可參見王鳳陽:《古辭辨》(增訂本),北京:中華書局2011年版,第677-678頁。

續表

詞類	序列號及詞語	具體語境及出處（本紀/列傳）
	（54）替/代	替義真鎮關中—代義真鎮關中（劉義真）
	（55）遇/知	被遇於高祖—被知於武帝（羊欣）
	（56）云/言	云受遣殺弘微—言被遣殺弘微（謝弘微）
		常云昶當有異志—常言昶當有異志（劉昶）
	（57）云/曰①	永呵罵云—曇冰罵曰（王華）
	（58）遷/徙②	遷景仁於西掖門外—徙景仁於西掖門外（殷景仁）
	（59）病/疾③	病卒—疾卒（申坦）
	（60）疾/病	深疾潘氏及湛—深病潘氏及湛（劉湛）
	（61）留/停	留一年—停一年（朱脩之）
	（62）降/低	未嘗降意—未嘗低意（顧覬之）
	（63）寧/定	安民寧國—安人定國（沈懷文）
	（64）罄/盡	罄其心力—盡其心力（江秉之）
	（65）若/如	若豺虎—如與虎狼居（趙伯符）
	（66）修/爲	不修民禮—不爲百姓禮（劉凝之）
名詞（13）	（1）命/令	復重申前命—復申前令（劉裕）
	（2）囚/獄	高祖嘗訊囚—武帝嘗訊獄（謝晦）
	（3）道/路	此中間道甚多—此方間路甚多（張暢）

---

① "語·言·曰·云·説·謂·白"的區別可參見黃金貴：《古代文化詞義集類辨考》（新一版），北京：商務印書館2016年版，第347－349頁；"言語""曰謂云説道"的區別可分別參見王鳳陽：《古辭辨》（增訂本），北京：中華書局2011年版，第765－766頁、第766－767頁；【言 語】【曰 謂 云 説 道】的區別可分別參見王政白：《古漢語同義詞辨析》，合肥：黃山書社1992年版，第210－211頁、第211－212頁；"語言云曰説道"的區別可參見汪維輝：《漢語"説類詞"的歷時演變與共時分布》，《中國語文》2003年第4期，第329－342頁。"言、云、曰説、道"的區別可參見汪維輝：《東漢—隋常用詞演變研究》（修訂本），北京：商務印書館2017年版，第161－177頁。

② "遷 徙 移"的區別可參見洪成玉、張桂珍：《古漢語同義詞辨析》，杭州：浙江教育出版社1987年版，第183－187頁。

③ "疾 病"的區別可參見王政白：《古漢語同義詞辨析》，合肥：黃山書社1992年版，第290－294頁；洪成玉、張桂珍：《古漢語同義詞辨析》，杭州：浙江教育出版社1987年版，第316－320頁；魏德勝：《〈韓非子〉語言研究》，北京：北京語言學院出版社1995年版，第50－52頁；王彤偉：《常用詞"疾"、"病"的歷時替代》，《北方論叢》2005年第2期，第48－51頁；徐時儀：《也談"疾"與"病"》，《辭書研究》1999年第5期，第149－152頁；胡繼明：《"疾"有"重病"義》，《古漢語研究》2002年第1期，第90頁；胡繼明：《"疾"有"重病"義》，《漢字文化》2002年第1期，第34頁。

續表

詞類	序列號及詞語	具體語境及出處（本紀/列傳）
	（4）徑/路①	津徑斷絕—津路斷絕（張暢）
	（5）船/舟②	輕船南奔—輕舟南奔（褚湛之）
	（6）病/疾	母爲病畏驚—母爲疾畏驚（謝曮）
		嘗有病—嘗有疾（孔熙先）
	（7）疾/病③	因患勞疾—因患勞病（何尚之）
	（8）價/直④	今日宅價不宜受—今日宅直不宜受（蔡興宗）
	（9）言/語	不泄君言—不泄君語（蔡興宗）
	（10）勢/權	勢傾朝野—權傾朝野（何偃）
	（11）屋/室⑤	立屋於廬山頂—立室廬山頂（翟法賜）

---

① "路 道 涂 塗 途 行 徑 蹊 阡 陌"的區别可參見王政白：《古漢語同義詞辨析》，合肥：黄山書社1992年版，第118－121頁；【行 道 路 途】的區别可參見王鳳陽：《古辭辨》（增訂本），北京：中華書局2011年版，第227－228頁。"道·路·涂（塗、途）·巷（衖）·曲·術·街·衢"的區别可參見黄金貴：《古代文化詞義集類辨考》（新一版），北京：商務印書館2016年版，第789－793頁。

② "舟 船"的區别可參見王政白：《古漢語同義詞辨析》，合肥：黄山書社1992年版，第132－134頁；"舟/船（舩、舡）"的區别可參見汪維輝：《東漢—隋常用詞演變研究》（修訂本），北京：商務印書館2017年版，第80－83頁；【舟 船 航 艘】的區别可參見王鳳陽：《古辭辨》（增訂本），北京：中華書局2011年版，第243－244頁；"舳（俞）·舟·船（舩、舡）"的區别可參見黄金貴：《古代文化詞義集類辨考》（新一版），北京：商務印書館2016年版，第863－866頁；"舟 船"的區别可分别參見管錫華：《〈史記〉單音詞研究》，成都：巴蜀書社2000年版，第217－222頁；魏德勝：《〈韓非子〉語言研究》，北京：北京語言學院出版社1995年版，第61－62頁；洪成玉、張桂珍：《古漢語同義詞辨析》，杭州：浙江教育出版社1987年版，第77－79頁。

③ "疾 病"的區别可參見王政白：《古漢語同義詞辨析》，合肥：黄山書社1992年版，第290－294頁；王彤偉：《常用詞"疾"、"病"的歷時替代》，《北方論叢》2005年第2期，第48－51頁；王彤偉：《"疾"輕"病"重質疑》，《陝西理工學院學報》2005年第3期，第64－71頁；丁喜霞：《常用詞"疾病"的歷史來源考辨》，《洛陽師範學院學報》2006年第3期，第104－107頁。【疾·病·症】的區别可參見王鳳陽：《古辭辨》（增訂本），北京：中華書局2011年版，第147－148頁。"疾·病○疾病"的區别可參見黄金貴：《古代文化詞義集類辨考》（新一版），北京：商務印書館2016年版，第393－396頁。

④ 【賈 價 直 值】的區别可參見王鳳陽：《古辭辨》（增訂本），北京：中華書局2011年版，第298－299頁。

⑤ 【堂 廳 室 房 廂 屋】的區别可參見王鳳陽：《古辭辨》（增訂本），北京：中華書局2011年版，第205－206頁。"宫·室·房·屋"的區别可參見黄金貴：《古代文化詞義集類辨考》（新一版），北京：商務印書館2016年版，第660－663頁。

續表

詞類	序列號及詞語	具體語境及出處（本紀/列傳）
	（12）雨/風	不蔽雨日—不蔽風日（何子平）
	（13）釁/隙	必不以私釁害正義—豈以私隙害正義（張邵）
副詞(7)	（1）且/將	死傷且盡—死傷將盡（劉裕）
	（2）將/之	桓玄將篡—桓玄之篡（劉裕）
	（3）並/咸	眾並怪懼—眾咸懼（劉裕）
	（4）躬/親	躬耕藉田—親耕藉田（劉駿）
		躬耕藉田—親耕藉田（劉彧）
	（5）常/恒①	常慮失旨—恒慮失旨（蔡興宗）
	（6）不/勿②	便不如不往—便不如勿往（張敷）
	（7）悉/皆	悉焚不視—皆焚燒（劉道規）
介詞(3)	（1）從/自	從長安還—自長安反（劉裕）
	（2）自/從③	請自此辭—請從此辭（王懿）
	（3）沿/緣④	討沿江蠻—討緣江蠻（劉駿）
形容詞(2)	（1）破/碎	若有破折者—若碎折者（劉休祐）
	（2）拙/短	拙於爲治—短於爲政（范泰）
助詞(1)	（1）被/所	多被併省—多所併省（劉裕）

第二節　均用雙音節詞語

《宋書》《南史》在記錄相同的歷史史事時，使用了不同的雙音節

---

① 【恒　常】的區別可參見王鳳陽：《古辭辨》（增訂本），北京：中華書局2011年版，第902－903頁。

② "非　匪　無　不　弗　未　毋　勿"的區別可參見王政白：《古漢語同義詞辨析》，合肥：黃山書社1992年版，第492－495頁；"不、弗、勿、毋"的區別可參見車淑婭：《〈韓非子〉詞彙研究》，成都：巴蜀書社2008年版，第69－75頁。

③ "自/從"的區別可參見陳秀蘭：《敦煌變文與漢語常用詞演變研究》，《古漢語研究》2001年第3期，第50－52頁；陳秀蘭：《從常用詞看魏晉南北朝文與漢文佛典語言的差異》，《古漢語研究》2004年第1期，第94－95頁；陳秀蘭：《魏晉南北朝文與漢文佛典語言比較研究》，北京：中華書局2008年版，第144－149頁。

④ 【循　遵　沿　緣】的區別可參見王鳳陽：《古辭辨》（增訂本），北京：中華書局2011年版，第742－743頁。

詞語。這些雙音節詞語共有117（119）條，其中動詞36（36）條，名詞46（48）條，副詞2（2）條，形容詞29（29）條，代詞1（1）條，形容詞—名詞2（2）條，動詞—名詞1（1）條。根據雙音節詞語的語素相同情況，可以分爲部分語素相同、同素異序（語素完全相同而順序恰好相反）、語素完全不同三大類型。本書主要選擇一些比較生僻或已有研究較少涉及的詞組加以論述。

一、部分語素相同

部分語素相同是指《宋書》《南史》在記錄相同的歷史史事時形成的異文中，使用的雙音節詞語存在一個語素相同的情況。共有82（82）條，根據相同語素的分佈情況，又可以分爲首語素相同、末語素相同、首語素與末語素相同、末語素與首語素相同四種類型。

（一）首語素相同

首語素相同即在記錄相同的歷史史事時，《宋書》《南史》形成異文的兩個雙音節詞語的前一個語素相同。共有37（37）條，其中形容詞16（16）條，名詞14（14）條，動詞6（6）條，副詞1（1）條。例如：

【空竭—空虛】

A. 時經略淮、泗，軍旅不息，荒弊積久，府藏空竭。（《宋書·明帝本紀》，卷8）

B. 軍旅不息，府藏空虛，內外百官並斷祿奉。（《南史·明帝本紀》，卷3）

按：《爾雅·釋詁上》："空，盡也。"《詩經·小雅·大東》："小東大東，杼柚其空。"毛傳："空，盡也。"《廣韻·没韻》："竭，盡也。"《禮記·大傳》："旁治昆弟，合族以食，序以昭繆，別之以禮義，人道竭矣。"鄭玄注："竭，盡也。"可見"空竭"屬於同義複用，指"空虛、罄盡"。《廣韻·魚韻》："虛，空虛。"可見"空虛"也可指"罄盡"。"空竭""空虛"屬於同義詞，均有"用完、竭盡、没有剩餘"義，故可換用。

"空竭"，西漢時已見，如王閎《上書諫尊寵董賢》："賞賜空竭帑藏，萬物喧嘩，偶言道路，誠不當天心也，昔襃神蚖變爲化爲人，實生襃姒，亂周國。""空虛"，戰國時已見，如《管子·八觀》："内者廷無良臣，兵士不用，囷倉空虛，而外有强敵之憂，則國居而自毁矣。"可見《南史》用舊詞"空虛"替换了《宋書》中的舊詞"空竭"。

【空竭】《漢語大詞典》釋爲"空虛；罄盡"。書證首引《後漢書·西羌傳·東號子麻奴》："軍旅之費，轉運委輸，用二百四十餘億，府帑空竭。"① 時代過晚，可補。

【巧佞—巧妄】

A. 太宗初，以軍功爲驍騎將軍，封邵陽縣男，食邑三百户。尋坐<u>巧佞</u>奪爵。(《宋書·杜幼文列傳》，卷65)

B. 第五子幼文薄於行，明帝初，以軍功封邵陽縣男，尋坐<u>巧妄</u>奪爵。(《南史·杜幼文列傳》，卷70)

按：《説文·工部》："巧，技也。"《廣韻·巧韻》："巧，巧僞。"《集韻·效韻》："巧，僞也。"《説文·女部》："佞，巧諂高材也。"段注："巧者，技也。諂者，諛也。"《廣韻·徑韻》："佞，諂也。"慧琳《一切經音義》卷五十七"佞嬖"注："佞者，諂媚於上，曲順人情，乍僞似仁，故從仁、從女。"吴玉搢《別雅》卷三："佞諂，佞諂也。"《廣韻·漾韻》："妄，虛妄也。"可知"巧佞""巧妄"同義，均有"機巧奸詐，阿諛奉承"義，故可換用。

"巧佞"，戰國時已見，如《管子·立政》："請謁任舉之説勝，則繩墨不正，諂諛飾過之説勝，則巧佞者用。""巧妄"，東漢時已見，如《論衡·自然》："蓋非自然之真，方士巧妄之僞，故一見恍忽，消散滅亡。"可見《南史》用舊詞"巧妄"替换了《宋書》中的舊詞"巧佞"。

《漢語大詞典》未收"巧妄"。

---

① 羅竹風主編：《漢語大詞典》(縮印本)，上海：上海辭書出版社2009年版，第4904頁。

第二章　異文與詞彙研究

【嫌隙—嫌疑】

A. 前廢帝狂悖無道，以太祖、世祖並第數居三以登極位，子勛次第既同，深構<u>嫌隙</u>，因何邁之謀，乃遣使齎藥賜子勛死。（《宋書·鄧琬列傳》，卷84）

B. 子勛次第既同，深致<u>嫌疑</u>，因何邁之謀，乃遣使齎藥賜死。（《南史·鄧琬列傳》，卷40）

按：《説文·女部》："嫌，不平於心也。"王筠句讀："此義與慊通。《玉篇》：'慊，切齒恨也。'"《禮記·坊記》"貴不慊於上"鄭玄注："慊，恨不滿之貌也。慊，或爲嫌。"《正字通·阜部》："隙，釁也。"徐灝《説文解字注箋·阜部》："隙，引申爲凡罅隙之稱，人有釁不合者因謂之有隙矣。"《國語·周語中》："若承命不違，守業不懈，寬於死而遠於憂，則可以上下無隙矣。"韋昭注："隙，瑕釁也。"《廣韻·之韻》："疑，嫌也。"《玉篇·子部》："疑，嫌也。"可知"嫌疑"屬於同義複用，有"懷疑、猜疑"義。"嫌隙""嫌疑"同義，均有"因猜疑、懷疑或不滿而產生的惡感、仇怨、隔閡"義，故可換用。

"嫌隙"，三國時已見，如陸遜《假作答逯式書》："得報懇惻，知與休久結嫌隙，勢不兩存，欲求歸附，輒以密呈來書表聞，撰眾相迎，宜潛速嚴，更示定期。""嫌疑"，戰國時已見，如《荀子·解蔽》："故導之以理，養之以清，物莫之傾，則足以定是非決嫌疑矣。"可見《南史》用舊詞"嫌疑"替換了《宋書》中的舊詞"嫌隙"。

【嫌疑】《漢語大詞典》義項❸釋爲"懷疑；猜疑"。書證首引《三國志·吳志·諸葛恪傳》："山民去惡從化，皆當撫慰，徙出外縣，不得嫌疑，有所執拘。"[①] 時代過晚，可補。

【未嘗—未曾】

A. 然性儉剋少恩情，姊在鄉里，飢寒不立，脩之<u>未嘗</u>供贍。（《宋書·朱脩之列傳》，卷76）

[①] 羅竹風主編：《漢語大詞典》（縮印本），上海：上海辭書出版社2009年版，第2314頁。

B. 而儉刻無潤，薄於恩情，姊在鄉里，飢寒不立，脩之貴爲刺史，<u>未曾</u>供贍。(《南史·朱脩之列傳》，卷16)

按：《廣韻·陽韻》："嘗，曾也。"《助字辨略》卷二："《孟子》：孔子嘗爲委吏矣。"按："此嘗字，曾也。"《説文·旨部》"嘗"段注："嘗，引申凡經過者爲嘗，未經過曰未嘗。"可知"未嘗""未曾"同義，均有"不曾、從來没有"義，故可換用。

"未嘗""未曾"均戰國時已見，如《管子·樞言》："無善事而有善治者，自古及今，未嘗之有也。"《墨子·親士》："緩賢忘士，而能以其國存者，未曾有也。"可見《南史》用舊詞"未曾"替換了《宋書》中的舊詞"未嘗"。

表2-2　首語素相同雙音節詞語統計表

詞類	序列號及詞語	具體語境及出處（本紀/列傳）
動詞（6）	（1）防衛/防禦	防衛邊境—防禦邊境（申恬）
	（2）在任/在職	及在任—及在職（蕭惠開）
	（3）號泣/號慟	相對號泣—相對號慟（王懿）
	（4）歸順/歸款	遣使歸順—遣使歸款（蔡興宗）
	（5）謀逆/謀反	范曄等謀逆—范曄等謀反（徐湛之）
	（6）叫唤/叫呼	數百人叫唤引之—數百人叫呼引之（臧質）
形容詞（16）	（1）奇特/奇偉	風骨奇特—風骨奇偉（劉裕）
	（2）豐全/豐稔	長安豐全—長安豐稔（劉裕）
	（3）聰明/聰敏	聰明愛文義—聰敏，愛文義（劉義真）
	（4）明穎/明嶷	幼而明穎—幼而明嶷（劉義恭）
	（5）嚴正/嚴毅	容貌嚴正—容貌嚴毅（卜天與）
	（6）清恬/清悟	以清恬知名—以清悟知名（王弘）
	（7）清約/清儉	宋世言清約—宋世清儉（孔覬）
	（8）果敢/果勁	果敢有智略—果勁有計略（王懿）
	（9）貴盛/貴寵	雖外戚貴盛—雖外戚貴寵（趙倫之）
	（10）窘乏/窘罄	未至窘乏—猶未窘罄（張暢）
	（11）巧佞/巧妄	坐巧佞奪爵—坐巧妄奪爵（杜幼文）
	（12）端妍/端美	姿質端妍—姿質端美（徐湛之）
	（13）狂悖/狂惑	彌縱狂悖—彌縱狂惑（劉昶）
	（14）仁厚/仁孝	仁厚之風—仁孝之風（郭世道/郭世通）

續表

詞類	序列號及詞語	具體語境及出處（本紀/列傳）
	（15）空竭/空虛	府藏空竭—府藏空虛（劉彧）
	（16）離駭/離異	人情離駭—人情離異（劉義真）
名詞（14）	（1）嫌隙/嫌疑	深構嫌隙—深致嫌疑（鄧琬）
	（2）音儀/音姿	音儀容止—音姿容止（張暢）
	（3）鄉里/鄉邑	不爲鄉里所容—不爲鄉邑所容（王懿）
	（4）前鋒/前驅	仲德爲前鋒—仲德爲前驅（王懿）
	（5）草間/草莽	今自投草間—今日投草莽（王懿）
	（6）情意/情禮	情意彌謹—情禮彌謹（張邵）
	（7）私讎/私隙	以私讎害正義—以私隙害正義（張邵）
	（8）乖舛/乖謬	與奪乖舛—與奪乖謬（謝方明）
	（9）請託/請謁	避悠悠請託—避悠悠之請謁（蔡興宗）
	（10）宰輔/宰相	混仍世宰輔—混仍世宰相（謝弘微）
	（11）親故/親舊	與親故經營—與親舊經營（謝弘微）
	（12）妖賊/祆寇①	妖賊豕突—祆寇豕突（王懿）
	（13）人情/人間	人情世務—人間世事（趙倫之）
	（14）世務/世事	人情世務—人間世事（趙倫之）
副詞（1）	（1）未嘗/未曾	未嘗供贍—未曾供贍（朱脩之）

（二）末語素相同

末語素相同即在記錄相同的歷史史事時，《宋書》《南史》形成異文的兩個雙音節詞語的後一個語素相同。共有36（36）條，其中名詞16（16）條，動詞11（11）條，形容詞8（8）條，代詞1（1）條。例如：

【過失—乖失】

A. 帝居處所爲多過失。（《宋書·少帝本紀》，卷4）

B. 時帝居處所爲多乖失。（《南史·少帝本紀》，卷1）

---

① "妖—祆"是一組異體字，《禮記·禮運》"民無凶饑妖孽之災"陸德明《經典釋文》："妖，又作祆。"《爾雅·釋詁下》："訞，言也。"郭璞注："世以祆言爲訞。"陸德明《經典釋文》："祆，本又作妖，同。"《資治通鑑·漢紀十六》："王怒，謂勝爲祆言。"胡三省注："祆，與妖同。"《集韻·宵韻》："祆，通作妖。"

按：《廣雅·釋詁三》："過，誤也。"《字彙·辵部》："過，失誤也。無心之失，謂之過。"《周禮·地官·調人》："凡過而殺人者，以民成之。"鄭玄注："過，無本意也。"《廣雅·釋詁四》："乖，差也。"《廣韻·質韻》："失，錯也。"可知"過失"指因疏忽大意而犯的錯誤、差錯，"乖失"也有"差錯"義，"過失""乖失"意義相近，故可換用。

"過失"，戰國時已見，如《管子·形勢》："臣下不失其常，則事無過失，而官職政治。""乖失"，南朝時已見，如《宋書·袁淑列傳》："劉湛，淑從母兄也，欲其附己，而淑不以爲意，由是大相乖失，以久疾免官。"可見《南史》用舊詞"乖失"替換了《宋書》中的舊詞"過失"。

【誠欵—忠款】

A. 及武帝討玄，邵白敞表獻誠<u>欵</u>，帝大説。（《宋書·張邵列傳》，卷46）

B. 及宋武帝討桓玄，邵白敞表獻忠<u>款</u>，帝大悦。（《南史·張邵列傳》，卷32）

按：《廣韻·緩韻》："欵，俗。"《字彙·欠部》："欵，俗款字。"《正字通·欠部》："欵，俗款字。"《玉篇·欠部》："款，誠也……俗作欵。"可見"欵—款"是一組異體字。

《字彙·欠部》："款，誠也。"《廣韻·緩韻》："款，誠也。"《荀子·修身》"愚款端愨"楊倞注："款，誠款也。"可知"誠欵"屬於同義複用，有"忠誠；真誠"義，"忠款"有"忠誠"義，"誠欵""忠款"意義相同，故可換用。

"誠款"晉代已見，如《三國志·蜀志·鄧芝列傳》："權大笑曰：'君之誠款，乃當爾邪！'"我們利用《漢籍全文檢索系統》（第四版）暫未找到"誠欵"的用例。"忠款"，西漢時已見，如《列女傳·齊桓衛姬頌》："齊桓衛姬，忠款誠信，公好淫樂，姬爲脩身，望色請罪，桓公加焉，厥使治内，立爲夫人。"可見《南史》使用了舊詞。

第二章　異文與詞彙研究

【賄賂—財賂】

A. 前在會稽，録事參軍陳郡謝沈以諂佞事休若，多受賄賂。(《宋書·文九王·巴陵哀王休若列傳》，卷72)

B. 前在會稽録事參軍陳郡謝沈以諂側事休若，多受財賂。(《南史·宋宗室及諸王下·巴陵哀王休若列傳》，卷14)

按：《説文·貝部》："賄，財也。"《廣韻·賄韻》："賄，財也。"《爾雅·釋言》："賄，財也。"邢昺疏："財帛揔名賄。"《説文·貝部》："賂，遺也。"段注："以此遺彼曰賂。"《玉篇·貝部》："金玉曰貨，布帛曰賂。"《説文·貝部》："財，人所寶也。"《玉篇·貝部》："財，貨也。"《廣韻·咍韻》："財，賄也。"《玉篇·貝部》："財，賂也。"可見"賄賂""財賂"同義，均有"錢財貨物"義，故可換用。

"賄賂"，南朝時已見，如上文所舉《宋書·文九王·巴陵哀王休若列傳》例。"財賂"，西漢時已見，如《史記·平準書》："行者齎，居者送，中外騷擾而相奉，百姓抏獘以巧法，財賂衰秏而不贍。"可見《南史》用舊詞"財賂"替换了《宋書》中的新詞"賄賂"。

【賄賂】《漢語大詞典》義項❷釋爲"指因行請托而私贈的財物"。書證首引唐韓愈《永貞行》："公然白日受賄賂，火齊磊落堆金盤。"① 時代過晚，可補。

【謗毀—訶毀】

A. 凡所奏劾，莫不深相謗毀，或延及祖禰，示其切直，又頗雜嘲戲，故世人以此非之。(《宋書·苟伯子列傳》，卷60)

B. 凡所奏劾，莫不深相訶毀，或延及祖禰，示其切直。(《南史·苟伯子列傳》，卷33)

按：《説文·言部》："謗，毀也。"《玉篇·言部》："謗，毀也。"《廣雅·釋詁三》："謗，惡也。"《玉篇·言部》："謗，誹也。"《廣韻·映韻》："謗，誹謗。"《戰國策·齊策三·孟嘗君奉夏侯章》"夏侯章每言未嘗不毀孟嘗君也"高誘注："毀，謗。"可知"謗毀"屬於同

---

① 羅竹風主編：《漢語大詞典》(縮印本)，上海：上海辭書出版社2009年版，第5999頁。

義複用，指"毀謗、詆毀、誹謗"。《説文·言部》："訶，大言而怒也。"《廣韻·歌韻》："訶，責也。"可知"訶毀"指"責毀"。"謗毀""訶毀"意義相近，故可換用。

"謗毀"，戰國時已見，如《孔叢子·詰墨》："墨子雖欲謗毀聖人，虛造妄言，奈此年世不相值何。""訶毀"，如上文所舉《南史·荀伯子列傳》例。可見《南史》用新詞"訶毀"替換了《宋書》中的舊詞"謗毀"。

【訶毀】《漢語大詞典》釋爲"責罵詆毀"。書證僅引《南史·荀伯子傳》："凡所奏劾，莫不深相訶毀，或延及祖禰，示其切直。"[①] 孤證，可補，但我們利用《漢籍全文檢索系統》（第四版）暫未見到其他用例。

【誑動—讙動】

A. 是時亡命司馬黑石、盧江叛吏夏侯方進在西陽五水，<u>誑動</u>羣蠻，自淮、汝至于江沔，咸罹其患。(《宋書·沈慶之列傳》，卷77)

B. 是時亡命司馬黑石、盧江叛吏夏侯方進在西陽五水<u>讙動</u>羣蠻，自淮汝間至江沔，咸離其患，乃遣慶之督諸將討之，制江、豫、荊、雍並遣軍受慶之節度。(《南史·沈慶之列傳》，卷37)

按：《説文·言部》："誑，欺也。"《玉篇·言部》："誑，欺也。"《廣韻·漾韻》："誑，欺也。"《説文·言部》："讙，譁也。"《廣韻·桓韻》："讙，讙誼。"《廣韻·元韻》："讙，讙囂皃也。"《玉篇·言部》："讙，讙譅之聲。"《説文·力部》："動，作也。"《玉篇·力部》："動，作也。"《廣韻·董韻》："動，作也。"《禮記·中庸》"明則動"鄭玄注："動，動人心也。"《廣韻·董韻》："動，躁也。"可見"誑動"有"欺騙煽動"義，"讙動"有"喧嘩煽動"義，"誑動""讙動"意義相近，故可換用。

"誑動"，南朝時已見，如上文所舉《宋書·沈慶之列傳》例。"讙動"，如上文所舉《南史·沈慶之列傳》例。可見《南史》用新詞"讙

---

① 羅竹風主編：《漢語大詞典》（縮印本），上海：上海辭書出版社2009年版，第6547頁。

動"替换了《宋書》中的新詞"譅動"。

【譅動】《漢語大詞典》釋爲"欺騙煽動"。書證僅引《宋書·沈慶之傳》："是時亡命司馬黑石、廬江叛吏夏侯方進在西陽五水，譅動羣蠻，自淮汝至於江沔，咸罹其患。"① 孤證，可補，但我們利用《漢籍全文檢索系統》（第四版）暫未見到其他用例。

【譁動】《漢語大詞典》釋爲"喧哄煽動"。書證僅引《南史·沈慶之傳》："是時亡命司馬黑石、廬江叛吏夏侯方進在西陽五水譁動羣蠻，自淮汝間至江沔，咸離其患，乃遣慶之督諸將討之。"② 孤證，可補，如《延祐四明志·家鉉翁〈奉化縣忠節四公祠堂記〉》："許制使國得泛舟于楚臺以避，既而譁動，射公中咽。"

【寡弱—微弱】

A. 後廢帝元徽二年，太尉、江州刺史桂陽王休範反誅，皇室寡弱，友年五歲。（《宋書·邵陵殤王友列傳》，卷90）

B. 後廢帝元徽二年，桂陽王休範誅後，王室微弱，友府州文案及臣吏不諱"有無"之"有"。（《南史·宋邵陵殤王友列傳》，卷14）

按：《左傳·成公十三年》："蔑死我君，寡我襄公，迭我殽地。"杜預注："寡，弱也。"孔穎達正義："謂襄公寡弱而陵忽之。"《廣韻·藥韻》："弱，劣弱。"可見"寡弱"屬於同義複用，指"（勢力）弱小"。《孟子·公孫丑上》："子夏、子遊、子張皆有聖人之一體，冉牛、閔子、顏淵則具體而微。"趙岐注："微，小也。"可知"微弱"也可指"弱小"。"寡弱""微弱"意義相同，故可換用。

"寡弱""微弱"均戰國時已見，如《孫子兵法》："圍地之宜，必塞其闕，示無所往，則以軍爲家，萬人同心，三軍齊力，並炊數日，無見火煙，故爲毀亂寡弱之形，敵人見我，備之必輕。"《詩經·齊風·敝笱》"序"："敝笱，刺文姜也。齊人惡魯桓公微弱，不能防閑文姜，使至淫亂，爲二國患焉。"可見《南史》用舊詞"微弱"替換了《宋

---

① 羅竹風主編：《漢語大詞典》（縮印本），上海：上海辭書出版社2009年版，第6606頁。
② 羅竹風主編：《漢語大詞典》（縮印本），上海：上海辭書出版社2009年版，第6703頁。

書》中的舊詞"寡弱"。

【寡弱】《漢語大詞典》釋爲"謂勢孤力小"。書證首引漢潘勗《册魏公九錫文》："當此之時，王師寡弱，天下寒心，莫有固志。"① 時代過晚，可補。

【微弱】《漢語大詞典》義項❶釋爲"猶衰弱"。書證首引漢董仲舒《春秋繁露·王道》："周衰，天子微弱，諸侯力政，大夫專國，士專邑，不能行度制法文之禮。"② 時代過晚，可補。

【慜然—憫然】

A. 高祖爲之慜然，慰譬曰："受命朝廷，不得擅留。感諸君戀本之意，今留第二兒，令文武賢才共鎮此境。"（《宋書·武三王·廬陵孝獻王義真列傳》，卷61）

B. 武帝爲之憫然，慰譬曰："受命朝廷，不得擅留。今留第二兒與文武才賢共鎮此境。"（《南史·武帝諸子·廬陵孝獻王義真列傳》，卷13）

按：《正字通·心部》："憫，俗慜字。"可知"慜—憫"是一組異體字，"慜然""憫然"是一組異形詞。

《説文·心部》："慜，痛也。"《正字通·心部》："慜，痛恤也，憐也。"《玉篇·心部》："慜，悲也。"《廣韻·軫韻》："慜，悲也，憐也。"《廣韻·仙韻》："然，語助，又如也。"可知"慜然""憫然"同義，均有"哀憐的樣子、憐憫的樣子"義，故可换用。

"慜然"，西漢時已見，如《説苑·復恩》："文侯慜然曰：'寡人受令矣！'自是以後，兵革不用。""憫然"，三國時已見，如杜恕《諫聽廉昭言事疏》："尚書令陳矯自奏不敢辭罰，亦不敢以處重爲恭，意至懇惻。臣竊憫然爲朝廷惜之！"可見《南史》用舊詞"憫然"替換了《宋書》中的舊詞"慜然"。

【憫然】《漢語大詞典》釋爲"哀憐貌"。書證首引《南齊書·曹

---

① 羅竹風主編：《漢語大詞典》（縮印本），上海：上海辭書出版社2009年版，第2116頁。
② 羅竹風主編：《漢語大詞典》（縮印本），上海：上海辭書出版社2009年版，第1890頁。

虎傳》:"若遂迷復,知進忘退,當金鉦戒路,雲旗北掃……兵交無遠,相爲憫然。"① 時代過晚,可補。

【如此—若此】

A. 公泝流遠伐,而以老母稚子委節下,若一毫不盡,豈容<u>如此</u>邪?(《宋書·劉穆之列傳》,卷42)

B. 公泝流遠伐,以老母弱子委節下,若一豪不盡,豈容<u>若此</u>。(《南史·劉穆之列傳》,卷15)

按:前文"若—如"條已論"若""如"同義,均有"像、如同"義,可以參看。《正字通·止部》:"此,彼之對。"可知"如此""若此"同義,均有"這樣"義,故可換用。

"如此""若此"均戰國時已見,如《韓非子·亡徵》:"君不肖而側室賢,太子輕而庶子伉,官吏弱而人民桀,如此則國躁,國躁者,可亡也。"《鄧析子·無厚》:"若此何往不復,何事不成!"可見《南史》用舊詞"若此"替換了《宋書》中的舊詞"如此"。

【如此】《漢語大詞典》釋爲"這樣"。書證首引《禮記·樂記》:"如此,則國之滅亡無日矣。"② 時代過晚,可補。

【若此】《漢語大詞典》義項❷釋爲"如此,這樣"。書證首引《韓詩外傳》卷六:"日月之明,徧照天下,而不能使盲者卒有見。今公之君若此也。"③ 時代過晚,可補。

---

① 羅竹風主編:《漢語大詞典》(縮印本),上海:上海辭書出版社2009年版,第4382頁。
② 羅竹風主編:《漢語大詞典》(縮印本),上海:上海辭書出版社2009年版,第2261頁。
③ 羅竹風主編:《漢語大詞典》(縮印本),上海:上海辭書出版社2009年版,第5442頁。

表2-3 末語素相同雙音節詞語統計表

詞類	序列號及詞語	具體語境及出處（本紀/列傳）
名詞（16）	（1）過失/乖失	爲多過失—爲多乖失（劉義符）
	（2）賄賂/財賂	多受賄賂—多受財賂（劉休若）
	（3）寇盜/劫盜	然而寇盜遠竄—而劫盜遠迸（趙伯符）
	（4）誠欵/忠款	表獻誠欵—表獻忠款（張邵）
	（5）中間/方間	此中間道甚多—此方間路甚多（張暢）
	（6）文學/才學	招聚文學之士—招聚才學之士（劉義慶）
	（7）賄貨/賫貨	廣營賄貨—廣營賫貨（褚淡之）
	（8）家財/資財	家財豐積—資財豐積（褚淡之）
	（9）綱領/統領	務存綱領—務在統領（謝方明）
	（10）智略/計略	果敢有智略—果勁有計略（王懿）
	（11）變亂/寇亂	變亂饑饉—寇亂年饑（張邵）
	（12）符瑞/祥瑞	每有符瑞—每有祥瑞（劉義恭）
	（13）宰相/輔相	宰相才也—輔相才也（王曇首）
	（14）徒眾/從眾	亦多徒眾—亦多從眾（謝靈運）
	（15）志氣/才氣	負其志氣—負其才氣（劉湛）
	（16）辭采/文采	辭采遒豔—文采遒豔（袁淑）
動詞（11）	（1）厝意/留意	不能厝意—不能留意（劉穆之）
	（2）致敬/展敬	至五陵致敬—至五陵展敬（袁湛）
	（3）側倒/傾倒	殆將側倒—殆於傾倒（江湛）
	（4）誑動/謹動	誑動羣蠻—謹動羣蠻（沈慶之）
	（5）隣亞/相亞	與太宗隣亞—與明帝相亞（劉休仁）
	（6）嗚咽/哽咽	悲感嗚咽—悲感哽咽（張敷）
	（7）謗毀/訶毀	莫不深相謗毀—莫不深相訶毀（荀伯子）
	（8）思慕/感慕	有思慕之色—有感慕之色（張敷）
	（9）諳憶/記憶	多所諳憶—多所記憶（沈攸之）
	（10）愛遇/嘉遇	甚被愛遇—甚被嘉遇（顏竣）
	（11）盼遇/眄遇①	爲上所盼遇者—爲上眄遇者（劉子鸞）
形容詞（8）	（1）頹然/欣然	頹然自得—欣然自得（顏延之）
	（2）寡弱/微弱	皇室寡弱—王室微弱（劉友）
	（3）灌然/潸然	興宗灌然流涕—興宗潸然流涕（蔡興宗）

---

① 《說文·目部》："盼，《詩》曰：美目盼兮。"朱駿聲通訓定聲："盼，叚借爲眄。"《說文·目部》："眄，目偏合也。"段注："眄爲目病。"《資治通鑑·宋紀十一》"凡爲上所眄遇者"胡三省注："眄，或作盼。"可知"盼—眄"是一組異體字，"盼遇—眄遇"是一組異形詞，因不便歸類，暫置於此。

續表

詞類	序列號及詞語	具體語境及出處（本紀/列傳）
	（4）美麗/端麗	姿顏美麗—姿顏端麗（劉義恭）
	（5）剛正/勤正	清謹剛正—清謹勤正（吉翰）
	（6）清約/儉約	居身清約—居身儉約（顔延之）
	（7）怪愕/駭愕	見者莫不怪愕—見者莫不駭愕（劉誕）
	（8）慜然/憫然①	爲之慜然—爲之憫然（劉義真）
代詞（1）	（1）如此/若此	豈容如此—豈容若此（劉穆之）

（三）首語素與末語素相同

首語素與末語素相同即在記錄相同的歷史史事時形成的異文中，《宋書》中的雙音節詞語的前一個語素與《南史》中的雙音節詞語的後一個語素相同。僅有3（3）條，其中動詞2（2）條，名詞1（1）條。例如：

【貢獻—朝貢】

A. 高麗國遣使貢獻。（《宋書·少帝本紀》，卷4）

B. 高麗國遣使朝貢。（《南史·少帝本紀》，卷1）

按：《說文·貝部》："貢，獻功也。"王筠句讀："貢、獻同義。"《玉篇·貝部》："貢，獻也。"《廣韻·送韻》："貢，獻也。"《字彙·貝部》："貢，獻也……下以稅供上謂之貢。"《說文·犬部》："獻，宗廟犬名羹獻。犬肥者以獻之。"段注："獻本祭祀奉犬牲之偁，引申之爲凡薦進之偁。"《玉篇·犬部》："獻，進也。"《廣韻·願韻》："獻，進也。"《字彙·犬部》："獻，進也。"《禮記·少儀》："賜人，若獻人。"鄭玄注："於尊者曰獻。"《周禮·天官·玉府》"凡王之獻金玉"鄭玄注："古者致物於人，尊之則曰獻。"趙翼《陔餘叢考》卷二十二："古時凡詣人皆曰朝。"《爾雅·釋言》："陪，朝也。"邢昺疏："臣見君曰朝。"可見"貢獻"屬於同義複用，"貢獻""朝貢"均有"進奉；

---

① "慜—憫"是一組異體字，"慜然—憫然"是一組異形詞，因不便歸類，暫置於此。

109

進貢"義,故可換用。

"貢獻",戰國時已見,如《國語·吴語》:"越國固貢獻之邑也,君王不以鞭箠使之,而辱軍士使寇令焉。""朝貢",東漢時已見,如《漢書·叙傳下》:"昭、宣承業,都護是立,總督城郭,三十有六,修奉朝貢,各以其職。"可見《南史》用舊詞"朝貢"替换了《宋書》中的舊詞"貢獻"。

【奔逐—追奔】

A. 龍符乘勝<u>奔逐</u>,後騎不及,賊數千騎圍繞攻之,龍符奮矟接戰,每一合輒殺數人,眾寡不敵,遂見害,時年三十三。(《宋書·孟龍符列傳》,卷47)

B. 乘勝<u>追奔</u>,被圍見害,追贈青州刺史,封臨沅縣男。(《南史·孟龍符列傳》卷17)

按:《穀梁傳·宣公十八年》"捐殯而奔其父之使者"范寧注:"奔,猶逐也。"《文選·王褒〈四子講德論〉》:"秋收則奔狐馳兔,獲刈則顛倒殪僕。"李周翰注:"奔、馳,皆追逐也。"《説文·辵部》:"逐,追也。"《玉篇·辵部》:"逐,追也。"《廣韻·屋韻》:"逐,追也。"《文選·張衡〈南都賦〉》:"於是羣士放逐,馳乎沙場。"李善注:"逐,馳逐也。"《説文·辵部》:"追,逐也。"《廣韻·脂韻》:"追,逐也。"《漢書·貨殖列傳》:"於是商通難得之貨,工作亡用之器,士設反道之行,以追時好而取世資。"顏師古注:"追,逐也。"可見"奔逐"屬於同義複用,與"追奔"同義,均有"追逐、追趕"義,故可換用。

"奔逐",南朝時已見,如上文所舉《宋書·孟龍符列傳》例。"追奔",東漢時已見,如《吴越春秋·勾踐伐吴外傳》:"越王追奔攻吴,兵入于江陽松陵,欲入胥門,來至六七里,望吴南城,見伍子胥頭巨若車輪,目若耀電,鬚髮四張,射於十里。"可見《南史》用舊詞"追奔"替换了《宋書》中的新詞"奔逐"。

【追奔】《漢語大詞典》義項❷釋爲"猶追趕;追逐奔跑"。書證首引唐韓愈《秋懷詩》之八:"卷卷落地葉,隨風走前軒,鳴聲若有意,顛倒相追奔。"① 時代過晚，可補。

【危難—艱危】

A. 及廢帝世，同經危難，太宗又資其權譎之力。(《宋書·始安王休仁列傳》，卷72)

B. 及廢帝世，同經艱危，明帝又資其權譎之力。(《南史·宋始安王休仁列傳》，卷14)

按：《吕氏春秋·本味》"犯威行苦"高誘注："危，難也。"《玉篇·佳部》："難，不易之稱。"《廣韻·寒韻》："難，艱也，不易稱也。"《爾雅·釋詁下》："艱，難也。"《廣韻·山韻》："艱，艱難。"《尚書·説命》："非知之艱，行之惟艱。"孔傳："言知之易，行之難。"可知"危難""艱危"屬於同義複用，均有"艱難"義，故可換用。

"危難"，戰國時已見，如《詩經·王風·君子于役》"序"："君子于役，刺平王也，君子行役無期度大夫思其危難以風焉。""艱危"，三國時已見，如曹丕《寡婦賦》："惟生民兮艱危，於孤寡兮常悲。"可見《南史》用舊詞"艱危"替換了《宋書》中的舊詞"危難"。

表2-4　首語素與末語素相同雙音節詞語統計表

詞類	序列號及詞語	具體語境及出處（本紀/列傳）
動詞（2）	（1）貢獻/朝貢	遣使貢獻—遣使朝貢（劉義符）
	（2）奔逐/追奔	乘勝奔逐—乘勝追奔（孟龍符）
名詞（1）	（1）危難/艱危	同經危難—同經艱危（劉休仁）

（四）末語素與首語素相同

末語素與首語素相同即在記錄相同的歷史史事時形成的異文中，《宋書》中的雙音節詞語的後一個語素與《南史》中的雙音節詞語的前一個語素相同。僅有6（6）條，其中動詞3（3）條，形容詞2（2）

---

① 羅竹風主編：《漢語大詞典》（縮印本），上海：上海辭書出版社2009年版，第6248頁。

條，名詞1（1）條。例如：

【殯斂—斂衃】

A. 高祖哭甚慟，厚加<u>殯斂</u>。（《宋書·武帝本紀上》，卷1）

B. 帝哭之甚慟，厚加<u>斂衃</u>。（《南史·武帝本紀》，卷1）

按：《説文·歺部》："殯，死在棺，將遷葬柩，賓遇之。"《玉篇·歹部》："殯，殯斂也。"《廣韻·震韻》："殯，殯殮。"《字彙·歹部》："殯，殯殮。"《説文·攴部》："斂，收也。"《玉篇·攴部》："斂，收也。"《廣韻·琰韻》："斂，收也。"《論衡·譏日》："斂，藏尸也。"《説文·血部》："衃，憂也。"段注："衃與心部恤音義皆同，古書多用衃字，後人多改爲恤。"王筠句讀："衃，與恤同。古多作衃，今多作恤。"朱駿聲通訓定聲："衃，叚借爲恤。"《字彙·卩部》："衃，與恤同。"《正字通·卩部》："衃，與恤通。"《玉篇·血部》："衃，憂也。"《説文·心部》："恤，憂也；收也。"朱駿聲通訓定聲："恤，叚借爲衃。"《玉篇·心部》："恤，憂也。"《廣韻·術韻》："恤，憂恤。"可見"殯斂""斂衃"同義，均有"殯殮；入殮和出殯"義，故可換用。

"殯斂"，戰國時已見，如《荀子·禮論》："殯斂之具，未有求也。""斂衃"，北朝時已見，如《魏書·崔辯列傳》："在州陷賊，斂恤亡存，爲賊所義。"可見《南史》用舊詞"斂衃"替換了《宋書》中的舊詞"殯斂"。

《漢語大詞典》未收"斂衃"。

【縱放—放蕩】

A. 與隱士王弘之、孔淳之等<u>縱放</u>爲娛，有終焉之志。（《宋書·謝靈運列傳》，卷67）

B. 與隱士王弘之、孔淳之等<u>放蕩</u>爲娛，有終焉之志。（《南史·謝靈運列傳》，卷19）

按：《玉篇·糸部》："縱，放也。"《廣韻·用韻》："縱，放縱也。"《左傳·宣公十六年》"獄之放紛"杜預注："放，縱也。"《孟子·滕文公下》："湯居亳，與葛爲鄰，葛伯放而不祀。"趙岐注："放縱無道，不祀先祖。"《莊子·天運》"吾子亦放風而動"成玄英疏：

"放,縱任也。"《文選·嵇康〈與山巨源絕交書〉》:"又讀《莊》《老》,重增其放。"李善注:"放,謂放蕩。"可見"縱放""放蕩"同義,均有"放縱、放任(不受約束)"義,故可換用。

"縱放""放蕩"均東漢時已見,如《楚辭·離騷》"縱欲而不忍"王逸章句:"縱,放也。言浞取羿妻而生澆,強梁多力,縱放其情,不忍其欲,以殺夏后相也。"《漢書·東方朔列傳》:"其言專商鞅、韓非之語也,指意放蕩,頗復詼諧,辭數萬言,終不見用。"可見《南史》用舊詞"放蕩"替換了《宋書》中的舊詞"縱放"。

【軍眾—眾力】

A. 玄謨<u>軍眾</u>亦盛,器械甚精,而玄謨專依所見,多行殺戮。(《宋書·王玄謨列傳》,卷76)

B. 玄謨之行也,<u>眾力</u>不少,器械精嚴,而專仗所見,多行殺戮。(《南史·王玄謨列傳》,卷16)

按:《廣韻·文韻》:"軍,軍旅也。"《周禮·地官·小司徒》:"五人爲伍,五伍爲兩,四兩爲卒,五卒爲旅,五旅爲師,五師爲軍。"鄭玄注:"伍、兩、卒、旅、師、軍,皆眾之名。"《正字通·車部》:"軍,軍旅也。"《玉篇·車部》:"軍,眾也。"《風俗通義·祀典》:"眾者,師也。"可見"軍眾""眾力"同義,均有"士卒;兵力"義,故可換用。

"軍眾",東漢時已見,如《漢書·景武昭宣元成功臣表》:"以小月氏王將軍眾千騎降,侯,七百六十戶。""眾力",西漢時已見,如《史記·殷本紀》:"夏王率止眾力,率奪夏國。"可見《南史》用舊詞"眾力"替換了《宋書》中的舊詞"軍眾"。

《漢語大詞典》未收"軍眾""眾力",但收有"軍衆""衆力"。[①]

[①] "軍衆",《漢語大詞典》釋爲"士卒"。書證引《百喻經·詐言馬死喻》:"軍衆既去,便欲還家,即截他人白馬尾來。"參見羅竹風主編:《漢語大詞典》(縮印本),上海:上海辭書出版社2009年版,第5815頁。"衆力",《漢語大詞典》義項❷釋爲"特指兵力"。書證引《南史·張暢傳》:"彭城衆力雖多,軍食不足。"《宋書·殷孝祖傳》:"時普天同逆……咸欲奔散。孝祖忽至,衆力不少,並儈楚壯士,人情於是大安。"參見羅竹風主編:《漢語大詞典》(縮印本),上海:上海辭書出版社2009年版,第5297頁。

表 2-5 末語素與首語素相同雙音節詞語統計表

詞類	序列號及詞語	具體語境及出處（本紀/列傳）
動詞（3）	（1）殯斂/斂殯	厚加殯斂—厚加斂殯（劉裕）
	（2）奔竄/竄走	仲德奔竄—仲德竄走（王懿）
	（3）知器/器遇	甚被知器—甚被器遇（謝述）
形容詞（2）	（1）奢豪/豪侈	性奢豪—性豪侈（謝靈運）
	（2）縱放/放蕩	縱放爲娛—放蕩爲娛（謝靈運）
名詞（1）	（1）軍眾/眾力	軍眾亦盛—眾力不少（王玄謨）

二、同素異序[①]

所謂同素異序[②]雙音詞，就是指兩個語素完全相同而字序截然相反的意義相同或相近的詞語。古代漢語和現代漢語中都存在着同素異序雙音詞，它是漢語裏比較常見的一種語言現象。這類詞出現得很早，先秦文獻裏已見用例。[③] 對這類詞的研究起步也比較早，陸以湉《冷廬雜識》卷四"倒句倒字"條指出："《漢書》……又多倒字，如妃后、子父、論議、失得、貴富、舊故、疑嫌、病利、病疾、併兼、悦喜、苦勤、懼震、柔寬、思心、候伺、激詭、諱忌、槀草之類是也。"[④] 目前學術界對同素異序雙音詞的研究已經取得了一些共識，如：（1）同素異序雙音詞屬於聯合式複合詞中的一種，構成複合詞的兩個語素的順序可以互相調換；（2）構成同素異序雙音詞的兩個語素的詞性大致相同；

[①] 此部分的大部分内容將於 2021 年 8 月刊登於《重慶廣播電視大學學報》，題目爲《〈宋書〉〈南史〉異文同素異序雙音詞研究》，作者肖麗容。

[②] 同素異序詞雖然共現，而且意義和用法在絕大多數情況下也是相同的，所以有觀點認爲它們是同一個詞。如程湘清：《〈論衡〉複音詞研究》，《漢語史專書複音詞研究》（增訂本），北京：商務印書館 2008 年版，第 132 頁。我們認爲詞語的構詞語素順序發生了變化，音節形式也相應地有了變化，就應該視作是不同的詞語了。

[③] 丁勉哉：《同素詞的結構形式和意義的關係》，《學術月刊》1957 年第 2 期，第 48 頁；伍宗文：《先秦漢語中字序對換的雙音詞》，《漢語史研究集刊》（第三輯），成都：巴蜀書社 2000 年版，第 85 頁。

[④] （清）陸以湉：《冷廬雜識》，《筆記小說大觀》，第 23 册，揚州：江蘇廣陵古籍刻印社 1983 年版，第 302 頁。

（3）構成同素異序雙音詞的兩個語素的意義相同或相近；（4）經過發展，同素異序雙音詞，有的長期并存，形成一組同義詞，有的則消失一個，袛保留一個，有的則完全消失，毫不保留等。

(一) 概況

《宋書》《南史》異文中的同素異序雙音詞共有 31（33）組，可以分爲詞性不變且詞義相同、詞性不同而詞義相同兩類。

1. 詞性不變且詞義相同

《宋書》《南史》異文中詞性不變且詞義相同的同素異序雙音詞共 29（31）組，其中名詞 13（15）組，動詞 13（13）組，形容詞 3（3）組。例如：

【名聲—聲名】

A. 君名聲遠聞，足使我知。（《宋書·張暢列傳》，卷46）

B. 君聲名遠聞，足使我知。（《南史·張暢列傳》，卷32）

按：《法言·重黎》："名者，謂令名也。"《字彙·口部》："名，聲稱也。"《正字通·口部》："名，聲稱也。"《字彙·耳部》："聲，聲譽。"《文選·趙至〈與嵇茂齊書〉》"聲名馳其右"李周翰注："聲名，令聞也。"可見"名聲""聲名"都是名詞，均有"名譽聲望"義，故可換用。

"名聲""聲名"均戰國時已見，如《呂氏春秋·先己》："故上失其道則邊侵於敵，內失其行，名聲墮於外。"《晏子春秋·諫下》："古之善爲人臣者，聲名歸之君，禍災歸之身，入則切磋其君之不善，出則高譽其君之德義，是以雖事惰君，能使垂衣裳，朝諸侯，不敢伐其功。"可見《南史》用舊詞"聲名"替換了《宋書》中的舊詞"名聲"。

【聲名】《漢語大詞典》義項❶釋爲"名聲"。書證首引《禮記·祭統》："銘者，論譔其先祖之有德善、功烈、勳勞、慶賞、聲名，列於天下，而酌之祭器。自成其名焉，以祀其先祖者也。"[①] 時代過晚，

[①] 羅竹風主編：《漢語大詞典》（縮印本），上海：上海辭書出版社 2009 年版，第 5015 頁。

可補。

【小大—大小】

A. 奉兄軌如父，家事小大，皆諮而後行，公禄賞賜，一皆入軌，有所資須，悉就典者請焉。(《宋書·蔡廓列傳》，卷57)

B. 奉兄軌如父，家事大小，皆諮而後行，公禄賞賜，一皆入軌，有所資須，悉就典者請焉。(《南史·蔡廓列傳》，卷29)

按：《説文·小部》："小，物之微也。"《玉篇·小部》："小，物之微也。"《字彙·小部》："小，微也。"《廣韻·小韻》："小，微也。"《字彙·大部》："大，小之對也。"《廣韻·泰韻》："大，小大也。"可見"小大""大小"都是名詞，均有"大的和小的，可泛指一切"義，故可換用。

"小大"，西周時已見，如《尚書·顧命》："柔遠能邇，安勸小大庶邦。""大小"，戰國時已見，如《墨子·備城門》："伐操之法，大小盡木斷之，以十尺爲斷，離而深狸堅築之，毋使可拔。"可見《南史》用舊詞"大小"替換了《宋書》中的舊詞"小大"。

【大小】《漢語大詞典》義項❶釋爲"大與小；大或小"。書證首引《禮記·月令》："〔孟冬之月〕審棺槨之薄厚，塋丘壟之大小。"① 時代過晚，可補。

【小大—大小】

A. 左右小大咸稽顙請救，然後得免。(《宋書·孝義·郭原平列傳》，卷91)

B. 左右大小咸稽顙請救，然後得免。(《南史·孝義上·郭原平列傳》，卷73)

按：《説文·小部》："小，物之微也。"《玉篇·小部》："小，物之微也。"《字彙·小部》："小，微也。"《廣韻·小韻》："小，微也。"《字彙·大部》："大，小之對也。"《廣韻·泰韻》："大，小大也。"可見"小大""大小"都是名詞，均有"年長的和年幼的"義，故可

---

① 羅竹風主編：《漢語大詞典》（縮印本），上海：上海辭書出版社2009年版，第1299頁。

換用。

"小大",西周時已見,如《詩經・小雅・楚茨》:"既醉既飽,小大稽首。"鄭玄箋:"小大,猶長幼也。""大小",戰國時已見,如《左傳・襄公三十一年》:"言君臣、上下、父子、兄弟、内外、大小皆有威儀也。"可見《南史》用舊詞"大小"替換了《宋書》中的舊詞"小大"。

【賢才—才賢】

A. 高祖爲之愍然,慰譬曰:"受命朝廷,不得擅留。感諸君戀本之意,今留第二兒,令文武賢才共鎮此境。"(《宋書・武三王・廬陵孝獻王義真列傳》,卷61)

B. 武帝爲之憫然,慰譬曰:"受命朝廷,不得擅留。今留第二兒與文武才賢共鎮此境。"(《南史・武帝諸子・廬陵孝獻王義真列傳》,卷13)

按:《説文・貝部》:"賢,多才也。"段注:"引申之,凡多皆曰賢。"《集韻・諄韻》:"賢,多才也。"《正字通・貝部》:"德行才能過人者曰賢。"《玉篇・才部》:"才,才能也。"《集韻・咍韻》:"才,能也。"《字彙・手部》:"才,才能。"可見"賢才""才賢"均是名詞,都有"才智出衆的人"義,故可换用。

"賢才",戰國時已見,如《論語・子路》:"仲弓爲季氏宰,問政。子曰:'先有司,赦小過,擧賢才。'"朱熹集注:"才,有能者。"劉寶楠正義:"賢才,謂才之賢者。""才賢",晋代已見,如王恭《讓太子詹事表》:"今皇儲始建,四方是式。總司之任,崇替所由。宜妙簡才賢,盡一時之勝,豈臣最庸所可叨忝。"可見《南史》用舊詞"才賢"替换了《宋書》中的舊詞"賢才"。

【父祖—祖父】

A. 靈運因父祖之資,生業甚厚。(《宋書・謝靈運列傳》,卷67)

B. 靈運因祖父之資,生業甚厚,奴僮既衆,義故門生數百,鑿山浚湖,功役無已。(《南史・謝靈運列傳》,卷19)

按:《説文・又部》:"父,矩也,家長率教者。"《釋名・釋親屬》:

"父,甫也,始生己者。"《玉篇·示部》:"祖,父之父也。"可見"父祖""祖父"同義,均有"父親和祖父,可泛指祖先"義,故可換用。

"父祖",戰國時已見,如《孔子家語·辯政》:"禁後世易耳,大王萬歲之後,起山陵于荊台之上,則子孫必不忍游于父祖之墓,以爲歡樂也。""祖父",南朝時已見,如《南齊書·徐伯珍列傳》:"徐伯珍〔字文楚〕,東陽太末人也。祖父竝郡掾史。"可見《南史》用舊詞"祖父"替換了《宋書》中的舊詞"父祖"。

【父祖】《漢語大詞典》釋爲"父親和祖父。泛指祖先"。書證首引《三國志·魏志·陳琳傳》:"卿昔爲本初移書,但可罪狀孤而已,惡惡止其身,何乃上及父祖邪?"[①] 時代過晚,可補。

【祖父】《漢語大詞典》義項❷釋爲"祖父與父親"。書證首引唐白行簡《李娃傳》:"生因投刺,謁於郵亭。父不敢認,見其祖父官諱,方大驚,命登階,撫背慟哭移時。"[②] 時代過晚,可補。

【愛賞—賞愛】

A. 天祚妙善針術,燾深加愛賞,或與同輿,常不離於側,封爲南安公。(《宋書·魯秀列傳》,卷74)

B. 以善針術,深被太武賞愛,封南安公,常置左右。(《南史·魯秀列傳》,卷40)

按:《字彙·心部》:"愛,慕也,憐也。"《説文·貝部》:"賞,賜有功也。"段注:"鍇曰:賞之言尚也,尚其功也。"可見"愛賞""賞愛"都是動詞,均有"賞識喜愛"義,故可換用。

"愛賞",戰國時已見,如《管子·七法》:"疏遠、卑賤、隱不知之人、不忘其勞,故有罪者不怨上,愛賞者無貪心,則列陳之士,皆輕其死而安難,以要上事,本兵之極也。""賞愛",南朝時已見,如《南齊書·柳世隆列傳》:"世隆少有風器,伯父元景,宋大明中爲尚書令,獨賞愛之,異於諸子。"可見《南史》用舊詞"賞愛"替換了《宋書》

---

① 羅竹風主編:《漢語大詞典》(縮印本),上海:上海辭書出版社2009年版,第3854頁。
② 羅竹風主編:《漢語大詞典》(縮印本),上海:上海辭書出版社2009年版,第4425頁。

中的舊詞"愛賞"。

【愛賞】《漢語大詞典》釋爲"喜愛讚賞"。書證首引《宋書·謝晦傳》："晦美風姿，善言笑，眉目分明，鬢髮如點漆。涉獵文義，朗贍多通。高祖深加愛賞，羣僚莫及。"① 時代過晚，可補。

【贈貺—貺贈】

A. 脩之治身清約，凡所贈貺，一無所受，有餉，或受之，而旋與佐吏賭之，終不入己，唯以撫納羣蠻爲務。(《宋書·朱脩之列傳》，卷76)

B. 脩之立身清約，百城貺贈，一無所受。(《南史·朱脩之列傳》，卷16)

按：《説文·貝部》："贈，玩好相送也。"段注："贈、送，疊韻。"《龍龕手鑑·貝部》："贈，送也，以物相遺送也。"《玉篇·貝部》："贈，以玩好相送也。"《廣韻·嶝韻》："贈，相送也。"《廣雅·釋詁四》："贈，送也。"《説文·貝部》："貺，賜也。"《玉篇·貝部》："貺，賜也。"《廣韻·漾韻》："貺，賜也，與也。"可見"贈貺""貺贈"屬於同義複用，都是動詞，均有"贈送、餽贈"義，故可换用。

"贈貺"，南朝時已見，如《世説新語·文學》："庾闡始作《揚都賦》，道温、庾雲：'温挺義之標，庾作民之望。方響則金聲，比德則玉亮。'庾公聞賦成，求看，兼贈貺之。闡更改'望'爲'俊'，以'亮'爲'潤'云。""貺贈"，如上文所舉《南史·朱脩之列傳》例。可見《南史》用新詞"貺贈"替换了《宋書》中的新詞"贈貺"。

【貺贈】《漢語大詞典》釋爲"餽贈"。書證僅引《南史·朱脩之傳》："立身清約，百城貺贈，一無所受。"② 孤證，可補，但我們利用《漢籍全文檢索系統》(第四版) 暫未見到其他用例。

【買糴—糴買】

A. 若家或無食，則虛中竟日，義不獨飽，要須日暮作畢，受直歸

---

① 羅竹風主編：《漢語大詞典》(縮印本)，上海：上海辭書出版社2009年版，第4336頁。
② 羅竹風主編：《漢語大詞典》(縮印本)，上海：上海辭書出版社2009年版，第5985頁。

家，於里中買糴，然後舉爨。(《宋書·孝義·郭原平列傳》，卷91)

B. 若家或無食，則虛中竟日，義不獨飽。須日暮作畢，受直歸家，於里糴買，然後舉爨。(《南史·孝義上·郭原平列傳》，卷73)

按：《説文·貝部》："買，市也。"段注："市者、買物之所。因之買物亦言市。"《字彙·貝部》："買，市也，售人之物也。"《正字通·貝部》："售人之物曰買。"《玉篇·貝部》："買，市買也。"《説文·入部》："糴，市穀也。"《玉篇·入部》："糴，入米也。"《廣韻·錫韻》："糴，市穀米。"《字彙·米部》："糴，買穀也。"可見"買糴""糴買"屬於同義複用，都是動詞，均有"購買"義，故可換用。

"買糴"，南朝時已見，如上文所舉《宋書·孝義·郭原平列傳》例。"糴買"，西漢時已見，如《韓詩外傳》："人得氣則生，失氣則死；其氣非金帛珠玉也，不可求於人也；非繒布五穀也，不可糴買而得也；在吾身耳，不可不慎也。"可見《南史》用舊詞"糴買"替換了《宋書》中的新詞"買糴"。

【買糴】《漢語大詞典》釋爲"謂買進糧食"。書證僅引《宋書·孝義傳·郭原平》："若家或無食，則虛中竟日，義不獨飽，要須日暮作畢，受直歸家，於里中買糴，然後舉爨。"[1]孤證，可補，如《續資治通鑑長編·神宗熙寧六年》："安石曰：'借與錢豈不能自買糴？'上曰：'無可糴買故也。'安石曰：'若私下散行糴買，尚患其無，即鄜延見草不支數月，卒然兵馬食盡，如何令轉運司買糴，此臣所以不敢不言。'"

《漢語大詞典》未收"糴買"。

【禮敬—敬禮】

A. 初，陳郡謝重，王胡之外孫，於諸舅禮敬多闕。(《宋書·袁湛列傳》，卷52)

B. 初，陳郡謝重，王胡之外孫也，於諸舅敬禮多闕。(《南史·袁湛列傳》，卷26)

---

[1] 羅竹風主編：《漢語大詞典》（縮印本），上海：上海辭書出版社2009年版，第5988頁。

按：《説文·示部》："禮，履也，所以事神致福也。"《墨子·經上》："禮，敬也。"《韓詩外傳》卷四："致愛恭謹謂之禮。"《史記·樂記》："禮者，殊事合敬者也。"《説文·苟部》："敬，肅也。"《廣韻·映韻》："敬，恭也，肅也。"《新書·道術》："接遇肅正謂之敬。"《漢書·五行志中之上》："内曰恭，外曰敬。"《玉篇·苟部》："敬，恭也……肅也。"《字彙·支部》："敬，恭也，肅也。"可見"禮敬""敬禮"都是動詞，均有"禮待尊敬"義，故可换用。

"禮敬""敬禮"均戰國時已見，如《孔叢子·雜訓》："孟子車尚幼，請見子思，子思見之，甚悦其志。命子上侍坐焉，禮敬子車甚崇，子上不願也。"《吕氏春秋·懷寵》："舉其秀士而封侯之，選其賢良而尊顯之，求其孤寡而振恤之，見其長老而敬禮之。"可見《南史》用舊詞"敬禮"替换了《宋書》中的舊詞"禮敬"。

【禮敬】《漢語大詞典》釋爲"以合於禮儀的舉動表示尊崇"。書證首引《後漢書·班超傳》："鄯善王廣奉超禮敬甚備。"① 時代過晚，可補。

【沈深—深沉】

A. 僧綽沈深有局度，不以才能高人。(《宋書·王僧綽列傳》，卷71)

B. 僧綽深沉有局度，不以才能高人。(《南史·王僧綽列傳》，卷22)

按：《玉篇·水部》："沉，同沈，俗。"《廣韻·侵韻》："沉，俗。"《字彙·水部》："沈，同沉。"《正字通·水部》："沉，俗沈字。"可知"沉—沈"是一組異體字。"沈深""深沉"都是形容詞，均有"沉著持重"義，故可换用。

"沈深"，西漢時已見，如《史記·刺客·荆軻列傳》："荆軻雖遊於酒人乎，然其爲人沈深好書；其所游諸侯，盡與其賢豪長者相結。""深沉"，東漢時已見，如《漢書·王嘉列傳》："相計謀深沉，譚頗知

---

① 羅竹風主編：《漢語大詞典》(縮印本)，上海：上海辭書出版社2009年版，第4475頁。

雅文,鳳經明行修,聖王有計功除過,臣竊爲朝廷惜此三人。"可見《南史》用舊詞"深沉"替換了《宋書》中的舊詞"沈深"。

2. 詞性不同而詞義相同

《宋書》《南史》異文中詞性不同而詞義相同的同素異序雙音詞共 2 (2) 組,全部爲形容詞—名詞。例如:

【節峻—峻節】

A. 江州刺史每相招請,續之不尚<u>節峻</u>,頗從之游。(《宋書·周續之列傳》,卷 93)

B. 江州刺史每相招請,續之不尚<u>峻節</u>,頗從之遊。(《南史·周續之列傳》,卷 75)

按:《廣韻·屑韻》:"節,操也。"《集韻·屑韻》:"節,操也。"《字彙·竹部》:"節,操也。"《説文·山部》:"峻,高也。"《小爾雅·廣詁》:"峻,高也。"李白《贈從孫義興宰銘》"峻節貫雲霄"王琦輯注:"峻節,高節也。"可見"節峻"是形容詞,"峻節"是名詞,均有"高尚的節操"義,故可換用。

"節峻""峻節"均南朝時已見,"節峻"如上文所舉《宋書·周續之列傳》例。"峻節"如《南齊書·高逸·杜京産列傳》:"會稽孔覬,清剛有峻節,一見而爲款交。"可見《南史》用舊詞"峻節"替換了《宋書》中的新詞"節峻"。

【節峻】《漢語大詞典》釋爲"猶峻節"。書證僅引《宋書·隱逸傳·周續之》:"江州刺史每相招請,續之不尚節峻,頗從之遊。"按,《南史·隱逸傳上·周續之》作"峻節"。① 孤證,可補,如明朱國禎《涌幢小品·陳同甫談兵》:"先生才高志忠,文雄節峻,原送入祀,庶修缺典。"

【年少—少年】

A. 鄉里<u>年少</u>,相率受學。(《宋書·沈道虔列傳》,卷 93)

B. 鄉里<u>少年</u>相率受學,道虔常無食以立學徒。(《南史·沈道虔列

---

① 羅竹風主編:《漢語大詞典》(縮印本),上海:上海辭書出版社 2009 年版,第 5225 頁。

傳》，卷75）

按：《説文·禾部》："年，穀孰也。"《玉篇·小部》："少，幼也。"《廣韻·笑韻》："少，幼少。"《孟子·萬章上》"人少則慕父母"趙岐注："人少，年少也。"可見"年少"是形容詞，"少年"是名詞，均有"青年男子"義，故可換用。

"年少"，東漢時已見，如樊儵《上言選舉》："郡國舉孝廉，率取年少能報恩者，耆宿大賢，多見廢棄。""少年"，戰國時已見，如《韓非子·内儲説上》："故子産死，游吉不肯嚴形，鄭少年相率爲盜，處於藿澤，將遂以爲鄭禍。"可見《南史》用舊詞"少年"替換了《宋書》中的舊詞"年少"。

【年少】《漢語大詞典》義項❷釋爲"猶少年"。書證首引《三國志·蜀志·先主傳》："好交結豪傑，年少爭附之。"① 時代過晚，可補。

（二）結構變化

《宋書》《南史》異文中同素異序雙音詞的内部序列變異方式全部爲AB/BA式，這也是同素異序詞最爲常見的結構形式。從字序變換前後同素異序詞的内部結構形式來看，就相對要複雜一些，主要有四種類型。

一是"聯合式—聯合式"，字序變換前後均爲聯合式，有27組：引接/接引、折倒/倒折、坐起/起坐、并兼/兼并、譬止/止譬、愛賞/賞愛、贈貺/貺贈、叛逃/逃叛、奔逃/逃奔、買糴/糴買、復興/興復、禮敬/敬禮；名聲/聲名、生平/平生、平生/生平、腹心/心腹、近遠/遠近、小大/大小、小大/大小、異同/同異、失得/得失、外内/内外、父祖/祖父；貧賤/賤貧、沈深/深沉、亂擾/擾亂、懼憂/憂懼。

二是"主謂式—偏正式"，字序變換前爲主謂式，字序變換後爲偏正式，有2組：節峻/峻節、年少/少年。

三是"偏正式—主謂式"，字序變換前爲偏正式，字序變換後爲主

---

① 羅竹風主編：《漢語大詞典》（縮印本），上海：上海辭書出版社2009年版，第275頁。

謂式，僅1組：賢才/才賢。

四是"偏正式—聯合式"，字序變換前爲偏正式，字序變換後爲聯合式，僅1組：鞞鼓/鼓鞞。

馬真認爲先秦時期的同素異序詞，意義和語法性質都是相同的，①《宋書》《南史》異文中的同素異序詞意義都是相同的，有少數同素異序詞的詞性和結構形式發生了變化，這就是不同於先秦漢語的發展趨勢。

(三) 在現代漢語中的遺留情況及原因分析

與現代漢語②相比，《宋書》《南史》異文中同素異序雙音詞的使用情況主要有三種類型：

一是詞形全部保留，有6組詞語全部在現代漢語中保留下來，它們是：奔逃/逃奔、名聲/聲名、生平/平生、平生/生平、腹心/心腹、年少/少年。這些詞語的意義基本沒有發生變化。

二是衹保留一個詞形，有15組詞語是衹保留了其中的一個詞形在現代漢語中繼續使用的，它們是：兼并、叛逃、復興、遠近、大小2③、異同、得失、内外、祖父、貧賤、深沉、擾亂、憂懼、敬禮。正如王力所說："在口語裏，同義詞達到了意義完全相等的地步是不能持久的。"④ 由於同素異序雙音詞在功能、語義上都完全一致，而根據語言交際的經濟原則，那麼必然會有一種形式成爲冗餘，所以有一種形式就逐漸被淘汰了。有些詞語的意義已經消失，如"大小"的"大的和小的，可泛指一切"義；有些詞語的意義已經發生了變化，如"祖父"不再指"祖父和父親"，而僅表示"父親的父親"；"擾亂"不再表示"混亂"，而是指"攪擾，使混亂或不安"。其他12個詞語的意義基本

---

① 馬真：《先秦複音詞初探》（續完），《北京大學學報》1981年第1期，第83頁。
② 中國社會科學院語言研究所詞典編輯室編：《現代漢語詞典》（第7版），北京：商務印書館2016年版。
③ 說明：在本書中，詞右的數字表示該詞在文中的出現次數。
④ 王力：《漢語史稿》（第三版），北京：中華書局2019年版，第474頁。

沒有發生變化。

三是詞形完全消失，還有10組詞語在《現代漢語詞典》中沒有被收錄，它們是：引接/接引、折倒/倒折、坐起/起坐、譬止/止譬、愛賞/賞愛、贈貺/貺贈、買糴/糴買、節峻/峻節、賢才/才賢、鞞鼓/鼓鞞。

一組同素異序雙音詞在使用和發展過程中某一個消失了或者極少使用了，其原因主要是聲調順序和意義差別。古代漢語聲調以平、上、去、入的次序爲調序，這也適用於以并列式爲主的同素異序雙音詞。漢語并列式雙音詞的字序問題，鄭奠、曹先擢、陳愛文和于平、敏春芳、万獻初、王雲路等①已經詳細討論過，此不贅述。經調查②，在《宋書》《南史》異文同素異序雙音詞的54個聯合式複合詞中，有"折倒、兼并、深沉、逃叛、興復、同異、貧賤、憂懼、心腹、止譬、賞愛、小大2、擾亂、禮敬、買糴、引接"17個詞語確實是按照平、上、去、入的順序組合的③，有"奔逃/逃奔、名聲/聲名、生平/平生、平生/生平、坐起/起坐、近遠/遠近、父祖/祖父、贈貺/貺贈、外內/內外、失得/得失"20個詞語確實是按照平平、上上、去去、入入的聲調順序排列

---

① 鄭奠：《古漢語中字序對換的雙音詞》，《中國語文》1964年第6期，第445-453頁；曹先擢：《并列式同素異序同義詞》，《中國語文》1979年第6期，第406-411、454頁；陳愛文、于平：《并列式雙音詞的字序》，《中國語文》1979年第2期，第101-105頁；敏春芳：《敦煌願文中的同素異序雙音詞》，《敦煌研究》2007年第3期，第107-111頁；万獻初：《現代漢語并列式雙音詞的優化構成》，《漢語學習》2004年第1期，第39-45頁；王雲路：《論四聲調序與複音詞的語素排列》，《漢語史研究集刊》（第十輯），成都：巴蜀書社2007年版，第497-519頁。

② 來源：上海師範大學語言研究所潘悟雲製作"《廣韻》查詢系統"。

③ 具體來說，按照"平上"順序組合的有"折倒、兼并、深沉"三個，按照"平去"順序組合的有"逃叛、興復、同異、貧賤、憂懼"五個，按照"平入"順序組合的有"心腹"一個，按照"上去"順序組合的有"止譬、賞愛、小大2、擾亂、禮敬"六個，按照"上入"順序組合的有"買糴"一個，按照"去入"順序組合的有"引接"一個。

的①，這兩類詞占 54 個聯合式複合詞總數的 68.5%②，這表明《宋書》《南史》異文中的聯合式同素異序雙音詞也遵循了古代漢語聲調平、上、去、入的排列順序。另外，意義差別對聯合式同素異序雙音詞字序所起的作用也不可忽略。人們在選擇字序時，習慣上是尊者在前、卑者在後；通指在前、專指在後；吉、正、好義的詞在前，凶、反、壞義的詞在後，等等，造成這種現象的原因主要在於漢民族的傳統觀念和文化心理等因素。③

（四）形成原因

關於同素異序雙音詞的形成原因，目前大致有以下幾種説法：（1）平仄押韻的需要產生了同素異序詞；（2）方言產生了同素異序詞④；（3）構詞之初語素的不穩定性產生了同素異序詞；（4）顛倒詞序構造新詞説⑤；（5）漢語詞序的靈活性及巧合⑥；（6）綜合因素。我們認爲同素異序雙音詞的形成原因應該是多方面的，其中占主導因素的應該是漢語詞序的靈活性和語素結合初期的隨意性及不穩定性⑦。

---

① 具體來説，按照"平平"順序組合的有"奔逃、逃奔、名聲、聲名、生平 2、平生 2"八個，按照"上上"順序組合的有"坐起、起坐、近遠、遠近、父祖、祖父"六個，按照"去去"順序組合的有"贈貺、貺贈、外內、內外"四個，按照"入入"順序組合的有"失得、得失"兩個。

② 具體説來，其他 17 個詞語的聲調排列順序爲："入去"的有"接引"一個，"上平"的有"倒折、并兼"兩個，"去上"的有"譬止、愛賞"兩個，"去平"的有"叛逃、復興、異同、賤貧、懼憂"五個，"入上"的有"糴買"一個，"入平"的有"腹心"一個，"去上"的有"大小 2、敬禮"三個，"上平"的有"沈深"一個，"去上"的有"亂擾"一個。

③ 程家樞、張雲徽：《并列式雙音複合名詞的字序規律新探》，《雲南教育學院學報》1989 年第 1 期，第 72－75 頁；黃建寧：《〈太平經〉中的同素異序詞》，《四川師範大學學報》2001 年第 1 期，第 65 頁；王雲路：《論四聲調序與複音詞的語素排列》，《漢語史研究集刊》（第十輯），成都：巴蜀書社 2007 年版，第 505－510 頁。

④ 曹先擢：《并列式同素異序同義詞》，《中國語文》1979 年第 6 期，第 409 頁。

⑤ 薄家富：《也談同素異序詞》，《天津師大學報》1996 年第 6 期，第 70 頁。

⑥ 馬顯彬：《同素異序詞成因質疑》，《湛江師範學院學報》2004 年第 5 期，第 79 頁。

⑦ 董志翹：《〈入唐求法巡禮行記〉詞彙研究》，北京：中國社會科學出版社 2000 年版，第 185 頁。

表 2-6　同素異序詞語統計表

詞類	序列號及詞語	具體語境及出處（本紀/列傳）
動詞（13）	（1）引接/接引	皆被引接—皆被接引（劉義康）
	（2）折倒/倒折	有二株先折倒—有二株先倒折（劉義恭）
	（3）坐起/起坐	坐起端方—起坐端方（王敬弘/王裕之）
	（4）并兼/兼并	權門并兼—權門兼并（劉裕）
	（5）譬止/止譬	每譬止之—每止譬之（張敷）
	（6）愛賞/賞愛	燾深加愛賞—深被太武賞愛（魯秀）
	（7）贈貺/貺贈	凡所贈貺—百城貺贈（朱脩之）
	（8）叛逃/逃叛	叛逃東歸—逃叛東歸（孔覬）
	（9）奔逃/逃奔	挺身奔逃—挺身逃奔（林邑國）
	（10）買糴/糴買	於里中買糴—於里糴買（郭原平）
	（11）復興/興復	復興皇室—興復皇室（傅亮）
	（12）懼憂/憂懼	内外莫不懼憂—内外莫不憂懼（阮佃夫）
	（13）禮敬/敬禮	於諸舅禮敬多闕—於諸舅敬禮多闕（袁湛）
名詞（13）	（1）名聲/聲名	名聲遠聞—聲名遠聞（張暢）
	（2）生平/平生	生平之舊—平生之舊（劉敬宣）
	（3）平生/生平	平生重此子—生平重此子（謝弘微）
	（4）腹心/心腹	委以腹心—委以心腹（劉道規）
	（5）近遠/遠近	近遠必至—遠近必至（劉義慶）
	（6）小大/大小	家事小大—家事大小（蔡廓）
		小大悉撰錄—大小悉撰錄（王韶之）
		朝政小大—朝政大小（王僧綽）
	（7）小大/大小	左右小大—左右大小（郭原平）
	（8）異同/同異	虛造異同—虛造同異（劉義康）
	（9）失得/得失	豫關失得者—預關得失者（劉湛）
	（10）外内/内外	任總外内—任總内外（顔竣）
	（11）賢才/才賢	文武賢才—文武才賢（劉義真）
	（12）父祖/祖父	因父祖之資—因祖父之資（謝靈運）
	（13）鞞鼓/鼓鞞	鞞鼓之聲—鼓鞞動天地（王玄謨）
形容詞（3）	（1）貧賤/賤貧	汝家本貧賤—汝家本賤貧（徐湛之）
	（2）沈深/深沉	沈深有局度—深沉有局度（王僧綽）
	（3）亂擾/擾亂	值巴蜀亂擾—遇巴、蜀擾亂（劉義季）
形容詞—名詞（2）	（1）節峻/峻節	不尚節峻—不尚峻節（周續之）
	（2）年少/少年	鄉里年少—鄉里少年（沈道虔）

三、語素完全不同

語素完全不同是指《宋書》《南史》在記錄相同的歷史史事時形成的異文中，使用的雙音節詞語沒有任何相同語素的情況。僅有 4（4）條，其中動詞 2（2）條，名詞 1（1）條，副詞 1（1）條。例如：

【蓄聚—畜取】

A. 坐在雍州營私蓄聚，贓貨二百四十五萬，下廷尉，免官，削爵土。（《宋書·張邵列傳》，卷 46）

B. 九年，坐在雍州營私畜取贓貨二百四十五萬，下廷尉，免官削爵土。（《南史·張邵列傳》，卷 32）

按：《說文·艸部》："蓄，積也。"《文選·班固〈典引〉》："蓄炎上之烈精，蘊孔佐之弘陳云爾。"李善注引蔡邕曰："蓄，聚也。"《玉篇·艸部》："蓄，蓄積也。"《漢書·谷永列傳》"畜眾多之災異"顏師古注："畜讀曰蓄。蓄，積聚也。"《漢書·趙充國列傳》"盧皆當畜食"顏師古注："畜讀曰蓄。蓄，聚積也。"《玉篇·乑部》："聚，積也。"《周易·乾卦》："君子學以聚之，問以辯之。"孔穎達正義："未在君位，姑且習學以畜其德。"《左傳·哀公十七年》："楚白公之亂，陳人恃其聚而侵楚。"杜預注："聚，積聚也。"可見"蓄聚"屬於同義複用，指"積聚、聚積"。徐灝《說文解字注箋》："畜、蓄，古通。"《說文通訓定聲·需部》："取，假借爲聚。"《漢書·五行志下之上》"内取茲謂禽"顏師古注："取，如《禮記》'聚麀'之聚。"《左傳·昭公二十年》："鄭國多盜，取人於萑苻之澤。"《經義述聞·春秋左傳下》："取，讀爲聚。"可見"畜取"與"蓄聚"同義，故可換用。

"蓄聚"，戰國時已見，如《國語·楚語下》："吾見令尹，令尹問蓄聚積實，如餓豺狼焉，殆必亡者也。""畜取"，如上文所舉《南史·張邵列傳》例。可見《南史》用新詞"畜取"替換了《宋書》中的舊詞"蓄聚"。

《漢語大詞典》未收"畜取"。

【頃之—須臾】

A. 兒去，<u>頃之</u>復來，攜食與之。(《宋書·王懿列傳》，卷46)

B. 仲德言飢，小兒去，<u>須臾</u>復來，得飯與之。(《南史·王懿列傳》，卷25)

按：《文選·任昉〈王文憲集序〉》"頃之解職"張銑注："頃之，言不久也。"洪邁《容齋三筆·瞬息須臾》："瞬息、須臾、頃刻，皆不久之辭，與釋氏'一彈指間'、'一刹那頃'之義通同，而釋書分別甚備……又《毗曇論》云：'一刹那者翻爲一念，一怛刹那翻爲一瞬，六十怛刹那爲一息，一息爲一羅婆，三十羅婆爲一摩睺羅，翻爲一須臾。'又《僧祇律》云：'二十念爲一瞬，二十瞬名一彈指，二十彈指名一羅預，二十羅預名一須臾，一日一夜有三十須臾。'"可見"頃之""須臾"同義，均有"片刻、一會兒"義，故可換用。

"頃之""須臾"均戰國時已見，如《戰國策·趙策一·晋畢陽之孫豫讓》："居頃之，襄子當出，豫讓伏所當過橋下。"《楚辭·哀郢》："羌靈魂之欲歸兮，何須臾而忘反。"可見《南史》用舊詞"須臾"替換了《宋書》中的舊詞"頃之"。

【頃之】《漢語大詞典》義項❷釋爲"片刻，一會兒"。書證首引《史記·廉頗藺相如列傳》："趙使還報王曰：'廉將軍雖老，尚善飯，然與臣坐，頃之三遺矢矣。'"[1] 時代過晚，可補。

表 2-7　語素完全不同詞語統計表

詞類	序列號及詞語	具體語境及出處（本紀/列傳）
動詞（2）	（1）賑賜/振卹	遣使巡慰賑賜—遣使巡慰振卹（劉義隆）
	（2）蓄聚/畜取	營私蓄聚—營私畜取（張邵）
名詞（1）	（1）京邑/都下	京邑大火—都下大火（劉義隆）
副詞（1）	（1）頃之/須臾	頃之復來—須臾復來（王懿）

---

[1] 羅竹風主編：《漢語大詞典》（縮印本），上海：上海辭書出版社2009年版，第7212頁。

第三節　單雙音節詞語的互相替換

單雙音節詞語的互相替換是指《宋書》《南史》在記錄相同的歷史史事時形成的異文中，一書使用單音節詞語一書使用雙音節詞語，形成單雙音節詞語互相替換的情況。雙音節詞語基本上能夠解釋它們的意義。共有184（198）條①，其中動詞99（107）條，名詞42（44）條，

---

① 其中有3（3）條異文中替換的詞語之間没有相同的語素，無法歸入下文的分類，暫附於此。

【於是—乃】

A. 至是參軍曹仲宗檢得之，道規悉焚不視，眾<u>於是</u>大安。（《宋書·宗室·臨川烈武王道規列傳》，卷51）

B. 道規一皆焚燒，眾<u>乃</u>大安。（《南史·宋宗室及諸王上·臨川烈武王道規列傳》，卷13）

按：《經傳釋詞》卷六："乃猶於是也。《書·堯典》曰：乃命羲和。是也。"可見"於是""乃"同義，故可换用。

"於是"，戰國時已見，如《莊子·秋水》："於是焉河伯欣然自喜，以天下之美爲盡在己。""乃"，西周時已見，如《尚書·堯典》："乃命羲和。"可見《南史》用舊詞"乃"替换了《宋書》中的舊詞"於是"。

【禮—接遇】

A. 仲德聞王愉在江南，是太原人，乃往依之，愉<u>禮</u>之甚薄，因至姑孰投桓玄。（《宋書·王懿列傳》，卷46）

B. 愉<u>接遇</u>甚薄，因至姑孰投桓玄。（《南史·王懿列傳》，卷25）

按：《墨子·經上》："禮，敬也。"《荀子·大略》："禮也者，貴者敬焉，老者孝焉，長者弟焉，幼者慈焉，賤者惠焉。"《韓詩外傳》卷四："致愛恭謹謂之禮。"《説文·手部》："接，交也。"段注："交者，交脛也。引申爲凡相接之偁。"《字彙·辵部》："遇，待也。"《正字通·辵部》："遇，待也。"可見"禮""接遇"同義，均有"禮遇、禮待、接待"義，故可换用。

"禮"，戰國時已見，如《孟子·滕文公上》："是故賢君必恭儉禮下，取於民有制。""接遇"，西漢時已見，如《史記·屈原列傳》："入則與王圖議國事，以出號令；出則接遇賓客，應對諸侯。"可見《南史》用舊詞"接遇"替换了《宋書》中的舊詞"禮"。

【彈—舉察】

A. 會瑀出爲益州，奪士人妻爲妾，宏使羊希<u>彈</u>之，瑀坐免官，瑀恨希切齒。（《宋書·羊希列傳》，卷54）

B. 會瑀出爲益州，奪士人妻爲妾，宏使希<u>舉察</u>之，瑀坐免官。（《南史·羊希列傳》，卷36）

按：《説文·弓部》："彈，行丸也。"段注："《左傳》：晉靈公從臺上彈人，而觀其避丸也。引申爲凡抨彈、糾彈之偁。"《字彙·弓部》："彈，劾也。"《廣韻·寒韻》："彈，糾也。"《資治通鑑·晉紀一》"當委監司隨而彈之"胡三省注："彈，劾也、抨也。"《字彙·宀部》："察，監也。"《正字通·宀部》："察，監也。"《廣韻·黠韻》："察，監察也。"可見"彈""舉察"同義，均有"抨彈、糾彈、彈劾，檢舉，查察"義，故可换用。

"彈""舉察"均東漢時已見，如《漢書·翟方進列傳》："如陳咸、朱博、蕭育、逢信、孫閎之屬，皆京師世家，以材能少歷牧守列卿，知名當世，而方進特立後起，十餘年間至宰相，據法以彈咸等，皆罷退之。"蔡邕《上封事陳政要七事》："或有抱罪懷瑕，與下同疾，綱網弛縱，莫相舉察，公府台閣，亦復默然。"可見《南史》用舊詞"舉察"替换了《宋書》中的舊詞"彈"。

形容詞39（43）條，副詞1（1）條，介詞1（1）條，連詞2（2）條。根據音節的替換情況，有單音節詞語替代雙音節詞語和雙音節詞語替代單音節詞語兩種形式。

一、單音節詞語替換雙音節詞語

單音節詞語替代雙音節詞語是指在記錄相同的歷史史事時形成的異文中，《宋書》使用雙音節詞語，《南史》使用單音節詞語，形成了單音節詞語對雙音節詞語的替換形式。共有153（167）條，根據單音節詞語與雙音節詞語相同語素的分布情況，又可以分爲單音節詞語與雙音節詞語的前一個語素相同和單音節詞語與雙音節詞語的後一個語素相同兩種形式。

（一）單音詞與雙音詞的前一個語素相同

單音詞與雙音詞的前一個語素相同，即在記錄相同的歷史史事時形成的異文中，《南史》中使用的單音節詞語與《宋書》中使用的雙音節詞語的前一個語素相同的情況。共有92（101）條，其中動詞51（55）條，名詞22（24）條，形容詞17（20）條，介詞1（1）條，副詞1（1）條。例如：

【愛好—愛】

A. 愛好文義，喜彈棊鼓琴，兼明算術。（《宋書·江湛列傳》，卷71）

B. 愛文義，善彈棊鼓琴，兼明算術。（《南史·江湛列傳》，卷36）

按：《詩經·大雅·烝民》"有物有則"鄭玄箋："其情有所法，謂喜怒哀樂好惡也。"孔穎達疏："愛即好也。"《集韻·號韻》："好，愛也。"《廣韻·號韻》："好，愛好也。"《玉篇·女部》："好，愛好也。"可見"愛好"屬於同義複用，與"愛"同義，均指"喜愛、喜好"，故可換用。

"愛好"，戰國時已見，如《鬼谷子·捭闔》："尊榮顯名，愛好財利，得意喜欲，爲陽曰始。""愛"，西周時已見，如《詩經·小雅·隰桑》:"心乎愛矣,遐不謂矣。中心藏之,何日忘之。"可見《南史》用舊詞"愛"替換了《宋書》中的舊詞"愛好"。

【愛好】《漢語大詞典》釋爲"喜愛,喜好"。書證首引漢劉向《列女傳·晉伯宗妻》:"盜憎主人,民愛其上,有愛好人者,必有憎妒人者。"① 時代過晚,可補。

【愛】《漢語大詞典》義項❸釋爲"喜歡,愛好"。書證首引《論語·顏淵》:"愛之欲其生,惡之欲其死。"② 時代過晚,可補。

【制持—制】

A. 初,晦與徐羨之、傅亮謀爲自全之計,晦據上流,而檀道濟鎮廣陵,各有强兵,以<u>制持</u>朝廷;羨之、亮於中秉權,可得持久。(《宋書·謝晦列傳》,卷44)

B. 初,晦與徐、傅謀爲自全計:晦據上流,檀鎮廣陵,各有强兵,足<u>制</u>朝廷;羨之、亮於中知權,可得持久。(《南史·謝晦列傳》,卷19)

按:《廣韻·祭韻》:"制,檢也。"《字彙·刀部》:"制,節也。"《淮南子·修務訓》:"夫馬之爲草駒之時,跳躍揚蹄翹尾而走,人不能制。"高誘注:"制,禁也。"可見"制"有"節制、挾制、控制"義。《日知錄·漢書注》(卷二十七):"楚元王傳:上數欲用向爲九卿,輒不爲王氏居位者及丞相御史所持,故終不遷。持者,挾制之義,而非挾助之解也。"可知"持"也有"挾制"義,"制持"屬於同義複用。"制持""制"同義,均有"節制、挾制、控制"義,故可換用。而且"制持朝廷""足制朝廷"都構成偶數音節,節奏更加和諧。

"制持",西漢時已見,如杜鄴《災異對》:"門,人之所由;樞,其要也。居人之所由,制持其要也。""制",戰國時已見,如《國語·晉語一》:"吾以子見天子,令子爲上卿,制晉國之政。"可見《南史》用舊詞"制"替換了《宋書》中的舊詞"制持"。

---

① 羅竹風主編:《漢語大詞典》(縮印本),上海:上海辭書出版社2009年版,第4335頁。
② 羅竹風主編:《漢語大詞典》(縮印本),上海:上海辭書出版社2009年版,第4334頁。

【制持】《漢語大詞典》釋爲"猶操持"。書證僅引漢應劭《風俗通·正失》:"如其聰明遠識,不忘數十年事,制持萬機,天資治理之材,恐文帝亦且不及孝宣皇帝。"① 孤證且時代過晚,可補。

【寡乏—寡】

A. 然寡乏風素,不爲時流所重。(《宋書·王准之列傳》,卷60)

B. 然寡風素,情悁急,不爲時流所重。(《南史·王准之列傳》,卷24)

按:《説文·宀部》:"寡,少也。"《論語·爲政》:"多聞闕疑問,慎言其餘,則寡尤;多見闕殆,慎行其餘,則寡悔。"邢昺疏:"寡,少也。"《廣韻·乏韻》:"乏,匱也。"可見"寡乏"屬於同義複用,"寡乏""寡"均有"缺少、匱乏"義,意義相同,故可換用。另外,"寡風素"與"情悁急"相對,音節數量相同,節奏更加和諧。

"寡乏",西漢時已見,如漢文帝劉恆《求言詔》:"將百官之奉養或費,無用之事或多與?何其民食之寡乏也!""寡",戰國時已見,如《周易·繫辭下》:"吉人之辭寡,躁人之辭多。"可見《南史》用舊詞"寡"替換了《宋書》中的舊詞"寡乏"。

【寡乏】《漢語大詞典》義項❶釋爲"缺少;不充足"。書證僅引《漢書·文帝紀》:"何以致此?將百官之奉養或費,無用之事或多與?何其民食之寡乏也!"② 孤證,可補。

【警備—警】

A. 晦領游軍爲警備,遷中領軍,侍中如故。(《宋書·謝晦列傳》,卷44)

B. 及帝受命,於石頭登壇,備法駕入宫,晦領遊軍爲警。(《南史·謝晦列傳》,卷19)

按:《説文·言部》:"警,戒也。"《字彙·言部》:"警,戒也。"《玉篇·言部》:"警,戒也。"《廣韻·梗韻》:"警,戒也。"《龍龕手

---

① 羅竹風主編:《漢語大詞典》(縮印本),上海:上海辭書出版社2009年版,第1019頁。
② 羅竹風主編:《漢語大詞典》(縮印本),上海:上海辭書出版社2009年版,第2116頁。

鑑・言部》:"警,戒慎也。"《集韻・梗韻》:"警,謂言戒。"《説文・人部》:"備,慎也。"《龍龕手鑑・人部》:"備,防也。"《廣韻・至韻》:"備,防也。"可見"警備"有"警戒防備"義,"警"有"警戒"義,二詞意義相同,故可換用。

"警備",東漢時已見,如《漢書・匈奴列傳上》:"時漢先得降者,聞其計,天子詔邊警備。""警",戰國時已見,如《左傳・昭公十三年》:"鮮虞人聞晉師之悉起也,而不警邊,且不脩備。"可見《南史》用舊詞"警"替換了《宋書》中的舊詞"警備"。

【採拾—采】

A. 每**採拾**景仁短長,或虛造異同以告湛。(《宋書・武二王・彭城王義康列傳》,卷68)

B. 每**采**景仁短長,或虛造同異以告湛,自是主相之勢分矣。(《南史・宋宗室及諸王上・彭城王義康列傳》,卷13)

按:《正字通・手部》:"採,同采。"《廣韻・海韻》:"採,取也。俗。"《字彙・采部》:"采,取也,俗作採。"《正字通・采部》:"采,俗作採。"可見"採—采"是一組異體字。

《玉篇・手部》:"採,採摘也。"《玉篇・木部》:"采,取也。"《廣韻・海韻》:"采,取也。"《説文・木部》:"采,捋取也。"《集韻・厚韻》:"采,捋取也。"《説文・手部》:"拾,掇也。"《玉篇・手部》:"拾,掇也。"《廣韻・緝韻》:"拾,收拾。"可見"採拾""采"同義,均有"採集;拾取"義,故可換用。

"採拾",東漢時已見,如東漢袁氏《答曹公夫人卞氏書》:"小兒疏細,謬蒙采拾,未有上報。""采",西周時已見,如《詩經・大雅・桑柔》:"菀彼桑柔,其下侯旬。捋采其劉,瘼此下民。"可見《南史》用舊詞"采"替換了《宋書》中的舊詞"採拾"。

【採拾】《漢語大詞典》義項❷釋爲"搜求;拾取;選取"。書證首引《晉書・謝尚傳》:"尚於是採拾樂人,並製石磬,以備太樂。"[①]時

[①] 羅竹風主編:《漢語大詞典》(縮印本),上海:上海辭書出版社2009年版,第3673頁。

代過晚，可補。

【采】《漢語大詞典》義項❸釋爲"採集；搜集"。書證首引南朝梁任昉《爲蕭揚州薦士表》："非取製於一狐，諒求味於兼采。"① 時代過晚，可補。

【妒忌—妬】

A. 湖熟令袁慆妻以妒忌賜死，使近臣虞通之撰《妒婦記》。（《宋書·后妃·孝武文穆王皇后列傳》附"偃子藻"，卷41）

B. 湖熟令袁慆妻以妬賜死，使近臣虞通之撰《妬婦記》。（《南史·王誕列傳》附"偃子藻"，卷23）

按：《玉篇·女部》："妬，同妒。"《廣韻·暮韻》："妬，同妒。"《集韻·莫韻》："妒，或作妬。"《類篇·女部》："妒，或作妬。"《干祿字書·去聲》："妬妒，上通下正。"《正字通·女部》："妬，同妒。"《説文解字義證·女部》："妒，俗作妬。"《資治通鑑·漢紀二十五》"排妒有功"胡三省注："妒，與妬同。"《龍龕手鑑·女部·去聲》："妬，俗。妬，通。妒，正。"《釋名·釋疾病》"乳癰曰妬"畢沅疏證："《説文》有'妒'無'妬'，經典多通用無別。"可知"妒—妬"是一組異體字。

《説文·女部》："妒，婦妒夫也。"《玉篇·女部》："妒，爭色也。"《廣韻·暮韻》："妒，妬忌。"《字彙·女部》："妒，妒忌。"《正字通·女部》："妒，《六書故》：'女忌同也。'又凡嫉忌者皆曰妒。"《説文·心部》："忌，憎惡也。"《字彙·心部》："忌，嫉也。"可見"妒""忌"渾言無別，析言有別。渾言時"妒忌"屬於同義複用，"妒忌""妬"意義相同，均有"妒忌、嫉妒"義，故可換用。

"妒忌""妬忌"，均戰國時已見，如《詩經·周南·螽斯》"序"："螽斯，后妃子孫眾多也。言若螽斯不妒忌，則子孫眾多也。"《詩經·召南·小星》"序"："夫人無妬忌之行。"鄭玄箋："以色曰妬，以行曰忌。""妬"，戰國時已見，如《左傳·襄公二十一年》："叔向之母妬叔

---

① 羅竹風主編：《漢語大詞典》（縮印本），上海：上海辭書出版社2009年版，第6469頁。

虎之母美而不使。"可見《南史》用舊詞"妬"替換了《宋書》中的舊詞"妒忌"。

【過失—過】

A. 大明末，新安王子鸞以母嬖有盛寵，太子在東宫多<u>過失</u>，上微有廢太子，立子鸞之意，從容頗言之。（《宋書·袁顗列傳》，卷84）

B. 時新安王子鸞以母嬖有盛寵，太子在東宫多<u>過</u>，上微有廢太子立子鸞之意，從容言之。（《南史·袁顗列傳》，卷26）

按：《説文·辵部》："過，度也。"段注："引申爲有過之過。"《廣雅·釋詁三》："過，誤也。"《廣韻·過韻》："過，誤也。"《周禮·地官·調人》："凡過而殺人者，以民成之。"鄭玄注："過，無本意也。"《字彙·辵部》："過，失誤也。無心之失，謂之過。"《廣韻·質韻》："失，錯也。"可見"過失"屬於同義複用，"過失""過"均有"錯誤；過失"義，意義相同，故可换用。

"過失""過"，均戰國時已見，如《管子·形勢》："臣下不易其則，故主無過失，子婦不易其則，故親養備具。"《尚書·大禹謨》："宥過無大，刑故無小。"可見《南史》用舊詞"過"替換了《宋書》中的舊詞"過失"。

【操立—操】

A. 蚤以<u>操立</u>志行見知。（《宋書·袁粲列傳》，卷89）

B. 早以<u>操</u>行見知，宋孝武即位，稍遷尚書吏部郎，太子右衛率，侍中。（《南史·袁粲列傳》，卷26）

按：《漢書·張湯列傳》："湯客田甲雖賈人，有賢操。"顏師古注："操謂所執持之志行也。"《廣韻·號韻》："操，志操。"《正字通·手部》："操，節操。"柳宗元《河間傳》"有賢操"蔣之翹輯注："操，節操也。"可見"操立""操"均有"節操、操守"義，意義相同，故可换用。而且"操立志行"與"操行"對照，構成偶數音節，節奏更加和諧。

"操立"，南朝時已見，如上文所引《宋書·袁粲列傳》例。"操"，戰國時已見，如《孟子·滕文公下》："充仲子之操，則蚓而後可者也。"可見《南史》用舊詞"操"替換了《宋書》中的新詞"操立"。

【操立】《漢語大詞典》釋爲"操守"。書證僅引《宋書·何尚之傳》:"尚之少時頗輕薄,好摴蒲,既長折節蹈道,以操立見稱。"① 孤證,可補。

【形像—形】

A. 嘗以此圖示征西將軍蔡興宗,興宗戲之,陽若不解畫者,指輻形像問曰:"此何人而在擧上?"(《宋書·宗室·長沙景王道憐列傳》② 附"義欣子輯",卷51)

B. 嘗以圖示征西將軍蔡興宗,興宗戲之,陽若不解畫者,指輻形問之曰:"此何人而在輿?"(《南史·宋宗室及諸王上·長沙景王道憐列傳》附"義欣子輯",卷13)

按:《説文·彡部》:"形,象形也。"段注:"象也。各本作象形也,今依《韻會》本正。'象'當作'像',謂像似可見者也。人部曰:'像、似也。''似,像也。'形容謂之形,因而形容之亦謂之形。"《字彙·彡部》:"形,容也,象也,狀也。"《正字通·彡部》:"形,容也,象也。"《廣韻·青韻》:"形,容也。"《正字通·人部》:"像,形象也。"《字彙·人部》:"像,形像也。"《説文·人部》:"像,象也。"《集韻·養韻》:"像,通作象。"可知"形像""形"均有"容貌、肖像"義,意義相同,故可換用。

"形像",東漢時已見,如《楚辭·離騷》:"説操築于傅巖兮,武丁用而不疑。"王逸章句:"武丁思想賢者,夢得聖人,以其形像求之,因得傅説,登以爲公,道用大興,爲殷高宗也。""形",戰國時已見,如《荀子·非相》:"故相形不如論心,論心不如擇術。"可見《南史》用舊詞"形"替換了《宋書》中的舊詞"形像"。

---

① 羅竹風主編:《漢語大詞典》(縮印本),上海:上海辭書出版社2009年版,第3768頁。
② 《宋書·宗室·長沙景王道憐列傳》"長沙景王道憐"校勘記:按嚴可均輯《全宋文》收錄《宋故散騎常侍護軍將軍臨澧侯劉使君墓誌》云:"曾祖宋孝皇帝。祖諱道鄰字道鄰,侍中、太傅、長沙景王。"是道憐本作道鄰。顏師古《匡謬正俗》亦云:"宋高祖弟道鄰,史牒誤爲憐字,讀者就而呼之,莫有知其本實。余家嘗得《宋高祖集》十卷,是宋元嘉時秘閣官書,所載道鄰字,始知道憐者是錯。"可以確認"道憐"當爲"道鄰"。

【短長—短】

A. 弘微口不言人短長，而曜好臧否人物，曜每言論，弘微常以它語亂之。(《宋書·謝弘微列傳》，卷58)

B. 口不言人短，見兄曜好臧否人物，每聞之，常亂以他語。(《南史·謝弘微列傳》，卷20)

按：《正字通·矢部》："短，不長也。又短人，侏儒國人四尺，陁移國三尺……又凡指人過失曰短。"可見"短"有"過失；缺點；短處"義，"短長"在此屬於偏義複詞，僅指"短"，"短長""短"同義，故可換用。

"短長"，東漢時已見，如《漢書·薛宣列傳》："始高陵令楊湛，櫟陽令謝遊皆貪猾不遜，持郡短長，前二千石數案不能竟。""短"，戰國時已見，如《鄧析子·轉辭》："夫人情發言欲勝，舉事欲成。故明者不以其短，疾人之長。"可見《南史》用舊詞"短"替換了《宋書》中的舊詞"短長"。

【短】《漢語大詞典》義項❸釋爲"缺點；過失"。書證首引《史記·張儀列傳論》："夫張儀之行事甚於蘇秦，然世惡蘇秦者，以其先死，而儀振暴其短以扶其説，成其衡道。"[1] 時代過晚，可補。

【肥壯—肥】

A. 遜肥壯不能騎馬，晦每待之，行不得速。(《宋書·謝晦列傳》，卷44)

B. 遜肥不能騎馬，晦每待不得速。(《南史·謝晦列傳》，卷19)

按：《説文·肉部》："肥，多肉也。"《字彙·肉部》："肥，瘦之反也。"《廣韻·微韻》："肥，肥腯。"可見"肥"有"肥胖"義，"肥壯"在此屬於偏義複詞，僅指"肥"，"肥壯""肥"同義，故可換用。

"肥壯"，南朝時已見，如《宋書·文九王·始安王休仁列傳》："休仁及太宗、山陽王休祐，形體並肥壯，帝乃以竹籠盛而稱之，太宗尤肥，號爲'豬王'，號休仁爲'殺王'，休祐爲'賊王'。""肥"，戰

---

[1] 羅竹風主編：《漢語大詞典》（縮印本），上海：上海辭書出版社2009年版，第4718頁。

國時已見，如《黄帝内經·靈樞譯解·衛氣失常》："人之肥瘦大小溫寒，有老壯少小，别之奈何？"可見《南史》用舊詞"肥"替换了《宋書》中的新詞"肥壯"。

【肥壯】《漢語大詞典》釋爲"肥大而壯實"。書證首引《南史·文學傳·高爽》："形體肥壯，腰帶十圍。"① 時代過晚，可補。

【肥】《漢語大詞典》義項❶釋爲"豐滿，肥胖"。書證首引《禮記·禮運》："四體既正，膚革充盈，人之肥也。"② 時代過晚，可補。

【促急—促】

A. 玄性<u>促急</u>，俄頃之間，騎詔續至。(《宋書·謝景仁列傳》，卷52)

B. 玄性<u>促</u>，俄頃間騎詔續至，帝屢求去，景仁不許。(《南史·謝裕列傳》，卷19)

按：《説文·人部》："促，迫也。"《字彙·人部》："促，迫也，速也。"《正字通·人部》："促，迫也。"《玉篇·人部》："促，速也，迫也。"《廣韻·燭韻》："促，速也……迫也。"《説文·心部》："急，褊也。"段注："褊者，衣小也。故凡窄陿謂之褊。釋言曰：褊，急也。"《字彙·心部》："急，褊也。"《玉篇·心部》："急，褊也。"《廣韻·緝韻》："急，褊也。"《正字通·心部》："急，褊迫也。"可見"促急"屬於同義複用，"促急""促"同義，均有"急躁；急"義，故可换用。

"促急"，東漢時已見，如《論衡·言毒》："太陽之地，人民促急。促急之人，口舌爲毒。""促"，西漢時已見，如《春秋繁露·考功名》："考試之法：大者緩，小者急；貴者舒，而賤者促。"可見《南史》用舊詞"促"替换了《宋書》中的舊詞"促急"。

【促】《漢語大詞典》義項❻釋爲"急；緊迫"。書證首引《南史·謝裕傳》："食未辦，而景仁爲玄所召，玄性促，俄頃間騎詔續至。"③ 時代過晚，可補。

---

① 羅竹風主編：《漢語大詞典》（縮印本），上海：上海辭書出版社2009年版，第3886頁。
② 羅竹風主編：《漢語大詞典》（縮印本），上海：上海辭書出版社2009年版，第3885頁。
③ 羅竹風主編：《漢語大詞典》（縮印本），上海：上海辭書出版社2009年版，第592頁。

【短小—短】

A. 敬弘形狀短小，而坐起端方，桓玄謂之"彈棊八勢"。（《宋書·王敬弘列傳》，卷66）

B. 敬弘形狀短而起坐端方，桓玄謂之"彈棊八勢"。（《南史·王裕之列傳》，卷24）

按：《廣韻·緩韻》："短，不長也。"《玉篇·矢部》："短，不長也。"《字彙·矢部》："短，不長也。"《正字通·矢部》："短，不長也。又短人，侏儒國人四尺，陁移國三尺……。"可見"短"有"身材矮小"義，與"短小"同義，故可換用。

"短小"，東漢前已見，如《山海經·海外南經》："周饒國在其東，其爲人短小，冠帶。"①"短"，戰國時已見，如《晏子春秋·内篇雜下九》："晏子使楚，以晏子短，楚人爲小門於大門之側而延晏子。"可見《南史》用舊詞"短"替換了《宋書》中的舊詞"短小"。

【短小】《漢語大詞典》義項❶釋爲"身材矮小"。書證首引《漢書·蔡義傳》："義爲丞相時年八十餘，短小無須眉。"②時代過晚，可補。

【急疾—急】

A. 時司馬庾深之行府事，休茂性急疾，欲自專，深之及主帥每禁之，常懷忿怒。（《宋書·文五王·海陵王休茂列傳》，卷79）

B. 時司馬庾深之行府州事，休茂性急欲自專，深之及主帥每禁之。（《南史·宋宗室及諸王下·海陵王休茂列傳》，卷14）

按：《漢書·地理志下》："沛楚之失，急疾顓己，地薄民貧，而山

---

① 關於《山海經》的成書年代，學術界目前主要有三種觀點：（1）成書于夏代之前，如漢劉歆（秀）（《上〈山海經〉表》）、段渝（《中國〈山海經〉學術討論會上的一些新觀點和爭議問題》，《大自然探索》1984年第4期，第173頁）等；（2）成書于戰國至西漢初年，如《四庫全書總目》、梁啓超（《古書真偽及其年代》，北京：中華書局1955年版，第30頁）、倉修良（《方志學通論》，濟南：齊魯書社1990年版，第9頁）、袁珂（《中國古代神話》，北京：中華書局1960年版，第21頁）等；（3）成書于夏代，20世紀90年代後，贊同此説者漸多，如徐顯之（《山海經探源》，武漢：武漢出版社1991年版，第238頁）認爲《山海經》"草創于禹益，成書于夏代，完善於春秋戰國之際，以後歷兩漢魏晉，又續有增益。"

② 羅竹風主編：《漢語大詞典》（縮印本），上海：上海辭書出版社2009年版，第4719頁。

陽好爲姦盜。"顏師古注:"急疾顓己,言性褊狹而自用。"可見"急疾"有"性褊狹"即"性情褊急"義。《說文·心部》:"急,褊也。"段注:"褊者,衣小也。故凡窄陿謂之褊。釋言曰:褊,急也。"《字彙·心部》:"急,褊也。"《玉篇·心部》:"急,褊也。"《廣韻·緝韻》:"急,褊也。"《正字通·心部》:"急,褊迫也。"《廣韻·緝韻》:"急,急疾。"可見"急"有"褊急;急躁"義,"急疾""急"同義,故可換用。

"急疾",東漢時已見,如應劭《風俗通·過譽·長沙太守汝南郅惲》:"汝南,楚之界也,其俗急疾有氣決。""急",戰國時已見,如《尚書·洪範》:"曰急,恒寒若。"孔穎達疏:"君行急躁,則常寒順之。"可見《南史》用舊詞"急"替換了《宋書》中的舊詞"急疾"。

【至于—至】

A. 是時亡命司馬黑石、盧江叛吏夏侯方進在西陽五水,誑動羣蠻,自淮、汝至于江沔,咸罹其患。(《宋書·沈慶之列傳》,卷77)

B. 是時亡命司馬黑石、盧江叛吏夏侯方進在西陽五水謹動羣蠻,自淮汝間至江沔,咸離其患,乃遣慶之督諸將討之,制江、豫、荊、雍並遣軍受慶之節度。(《南史·沈慶之列傳》,卷37)

按:《助字辨略》卷四:"《大學》:自天子以至於庶人。此至字,猶及也。"《莊子·人間世》:"所存乎己者未定,何暇至於暴人之所行。"王先謙集解:"至,猶遠及也。""于",助詞,無義。《古書疑義舉例·上下文同字異義》:"既伐于崇,作邑于豐。"俞樾按:"下于字乃語詞。"可見"至于""至"同義,均有"到;達到"義,故可換用。

"至于",西周時已見,如《尚書·多士》:"自成湯至于帝乙,罔不明德恤祀。""至",戰國時已見,如《晏子春秋·外篇》:"昔者秦繆公乘龍舟而理天下,以黃布裹烝棗,至東海而捐其布,破黃布,故水赤;烝棗,故華而不實。"可見《南史》用舊詞"至"替換了《宋書》中的舊詞"至于"。

【未嘗—未】

A. 廢帝既誅羣公，彌縱狂悖，常語左右曰："我即大位來，遂<u>未嘗</u>戒嚴，使人邑邑。"（《宋書·文九王·晉熙王昶列傳》，卷72）

B. 廢帝既誅羣公，彌縱狂惑，常語左右曰："我即大位來，遂<u>未</u>戒嚴，使人邑邑。"（《南史·宋宗室及諸王下·晉熙王昶列傳》，卷14）

按：《玉篇·未部》："未，猶不也。"《説文·旨部》"嘗"段注："嘗，引申凡經過者爲嘗，未經過曰未嘗。"玄應《一切經音義》卷二十四"未嘗"注："未嘗，未曾也。"慧琳《一切經音義》卷二十二引《慧苑音義》"未嘗"注："未嘗者，即未暫爲之。"可知"未嘗""未"同義，均有"不曾、未曾、尚未、從來沒有"義，故可換用。

"未嘗""未"，均戰國時已見，如《管子·樞言》："無善事而有善治者，自古及今，未嘗之有也。"《鶡冠子·博選》："德音者，所謂聲也，未聞音出而響過其聲者也。"可見《南史》用舊詞"未"替換了《宋書》中的舊詞"未嘗"。

表2-8　單音節詞與雙音節詞的前一個語素相同統計表

詞類	序列號及詞語	具體語境及出處（本紀/列傳）
動詞（51）	（1）誅除/誅	誅除逆黨—誅逆黨（劉裕）
	（2）總攝/總	總攝後事—總後事（劉裕）
	（3）退散/退	其眾退散—眾退（劉裕）
	（4）供給/供	供給洒掃—供洒掃（劉義隆）
	（5）追尋/追	不敢追尋—不敢追（劉昱）
	（6）攻圍/攻	攻圍郢城—攻郢城（劉準）
	（7）圍守/圍	爲有司所圍守—爲有司所圍（劉康祖）
	（8）順從/順	始者猶見順從—始猶見順（王貞風）
	（9）訪求/訪	訪求太子妃—訪太子妃（江簡珪）
	（10）愛好/愛	愛好賓遊—愛賓遊（劉穆之）
		愛好文義—愛文義（江湛）
	（11）制持/制	以制持朝廷—足制朝廷（謝晦）
	（12）斷絕/斷	水陸斷絕—水陸路斷（張邵）
	（13）劫盜/劫	專爲劫盜—專爲劫（朱齡石）
		緣路爲劫盜—緣路爲劫（謝靈運）

續表

詞類	序列號及詞語	具體語境及出處（本紀／列傳）
	（14）焚除／焚	焚除房廟—焚房廟（毛脩之）
	（15）焚燒／焚	焚燒府舍—焚府舍（臧質）
		焚燒倉庫—焚倉庫（孔覬）
	（16）歎息／歎	並驚惋歎息—並歎稱善（傅弘之）
		每歎息曰—每歎曰（王華）
	（17）會聚／會	會聚徒眾—會眾（劉簡之）
	（18）反叛／反	於廣陵反叛—據廣陵反（垣護之）
	（19）愛戀／愛	愛戀鄉里—愛鄉里（張興世）
	（20）侍慰／侍	侍慰太后—侍太后（劉道憐）
	（21）乞求／乞	乞求外鎮—乞外鎮（劉義慶）
	（22）乞求／求	恢之乞求奉辭—恢之求辭（王敬弘／王裕之）
	（23）潰散／潰	永眾於此潰散—永眾潰（張永）
	（24）逃亡／逃	竟無逃亡者—竟無逃者（謝方明）
	（25）寡乏／寡	寡乏風素—寡風素（王准之）
	（26）平定／平	及關中平定—及關中平（劉義真）
	（27）削弱／削	欲削弱王侯—欲削王侯（劉義恭）
	（28）逃竄／逃	隨沙門釋曇永逃竄—隨沙門釋曇冰逃（王華）
	（29）整理／整	整理祕閣書—整祕閣書（謝靈運）
	（30）逃散／逃	將士逃散盡—將士逃盡（劉義宣）
	（31）善於／善	熙先善於治病—熙先善療病（孔熙先）
	（32）愛友／愛	素相愛友—素相愛（劉休仁）
	（33）撫慰／撫	撫慰宣翊等—撫其諸子（劉休祐）
	（34）隱居／隱	隱居廬山—隱廬山（顏延之）
	（35）待接／待	待接甚厚—待之甚厚（顏延之）
	（36）賞愛／賞	爲太祖所賞愛—爲文帝所賞（顏延之）
	（37）勸獎／勸	勸獎義宣—勸義宣（臧質）
	（38）封閉／封	封閉府庫—封府庫（臧熹）
	（39）詰讓／詰	爲燾所詰讓—爲魏武所詰（魯秀）
	（40）發覺／發	事發覺—事發（王僧達）
	（41）知賞／知	爲世祖所知賞—爲孝武所知（吳喜）
	（42）宴集／宴	世祖因宴集，問劍所在—帝因宴問劍所在（謝莊）
	（43）違犯／違	莫敢違犯—莫敢違（蕭惠開）
	（44）徵辟／徵	屢被徵辟—屢徵不就（王素）
	（45）採拾／采	每採拾景仁短長—每采景仁短長（劉義康）
	（46）附協／附	頗相附協—頗相附（徐湛之）

續表

詞類	序列號及詞語	具體語境及出處（本紀/列傳）
	（47）警備/警	領游軍爲警備—領遊軍爲警（謝晦）
	（48）妒忌/妒	以妒忌賜死—以妒賜死（王藻）
	（49）寇盜/寇	共爲寇盜—共爲寇（豫州蠻）
	（50）收治/收	有司又奏依法收治—有司奏收之（謝靈運）
	（51）擬制/擬	擬制東城—擬東城（劉義恭）
名詞（22）	（1）將帥/將	遣諸將帥—遣諸將（劉裕）
	（2）才能/才	有幹用才能—有幹用才（劉裕）
		謹澀無才能—謹澀無才（劉休範）
	（3）盜賊/盜	聚黨爲盜賊—聚黨爲盜（劉道濟）
	（4）功勞/功	前後功勞—前後功（蒯恩）
	（5）形像/形	指韞形像問—指韞形問（劉韞）
	（6）識知/識	凡鄙無識知—凡鄙無識（劉義綦）
		凡鄙無識知—凡鄙無識（楊運長）
	（7）節度/節	違節度，失利—違節失利（羊希）
	（8）恩紀/恩	撫養有恩紀—撫養有恩（謝瞻）
	（9）才藻/才	有才藻學見—有才學（蔡興宗）
	（10）學見/學	有才藻學見—有才學（蔡興宗）
	（11）短長/短	口不言人短長—口不言人短（謝弘微）
	（12）源流/源	其源流起自敷也—其源起自敷也（張敷）
	（13）智度/智	有識局智度—有智局（王曇首）
	（14）意色/意	毅意色大惡—毅意大惡（鄭鮮之）
	（15）親戚/親	親戚故舊—親故（何尚之）
	（16）故舊/故	親戚故舊—親故（何尚之）
	（17）衣裳/衣	衣裳器物—衣物（謝靈運）
	（18）忌諱/忌	末年多忌諱—末年多忌（劉休仁）
	（19）過失/過	在東宮多過失—在東宮多過（袁顗）
	（20）操立/操	以操立志行見知—以操行見知（袁粲）
	（21）父母/父	父母死不殯—父死不殯（范叔孫）
	（22）疾病/疾	疾病徵還—以疾徵還（申恬）
形容詞（17）	（1）孝謹/孝	以孝謹稱—以孝聞（劉裕）
		以孝謹聞—以孝聞（徐湛之）
	（2）驚懼/驚	玄驚懼—玄驚（劉裕）
		驚懼。俯視船下—驚俯視船下（劉穆之）
		驚懼放仗歸降—驚放仗歸降（劉劭）
	（3）虛妄/虛	尚謂虛妄—尚謂虛（謝晦）

續表

詞類	序列號及詞語	具體語境及出處（本紀/列傳）
	（4）怖懼/怖	怖懼不得答—怖不得答（王球）
	（5）肥壯/肥	肥壯不能騎馬—肥不能騎馬（謝晦）
	（6）褊隘/褊	性偏險褊隘—性褊（劉榮祖）
	（7）饑饉/饑	變亂饑饉—寇亂年饑（張邵）
	（8）驕淫/驕	元顯驕淫縱肆—元顯驕肆（劉敬宣）
	（9）促急/促	玄性促急—玄性促（謝景仁/謝裕）
	（10）儉約/儉	爲性儉約—性儉（劉義恭）
	（11）短小/短	形狀短小—形狀短（王敬弘/王裕之）
	（12）貧約/貧	家甚貧約—家甚貧（江湛）
	（13）謙虛/謙	謙虛自退若此—謙退若此（王僧綽）
	（14）憂懼/憂	休若內甚憂懼—休若甚憂（劉休若）
	（15）急疾/急	休茂性急疾—休茂性急（劉休茂）
	（16）強盛/強	虜漸強盛—魏軍漸強（薛安都）
	（17）空虛/空	府庫爲之空虛—府庫爲空（劉道憐）
介詞（1）	（1）至于/至	自淮、汝至于江沔—自淮汝間至江沔（沈慶之）
副詞（1）	（1）未嘗/未	未嘗戒嚴—未戒嚴（劉昶）

（二）單音詞與雙音詞的後一個語素相同

單音詞與雙音詞的後一個語素相同，即在記錄相同的歷史史事時形成的異文中，《南史》中使用的單音節詞語與《宋書》中使用的雙音節詞語的後一個語素相同的情況。共有 61（66）條，其中動詞 32（36）條，形容詞 16（17）條，名詞 12（12）條，連詞 1（1）條。例如：

【收集—集】

A. 三年二月己丑朔，乙卯，高祖託以遊獵，與無忌等<u>收集</u>義徒。（《宋書·武帝本紀上》，卷1）

B. 三年二月乙卯，帝託遊獵，與無忌、詠之、憑之，毅從弟藩，憑之從子韶、祗、隆、道濟，昶族弟懷玉等，<u>集</u>義徒凡二十七人，願從者百餘人。（《南史·武帝本紀》，卷1）

按：《字彙·支部》：“收，聚也。”《說文·雥部》：“集，羣鳥在木上也。”段注：“引伸爲凡聚之偁。”《廣韻·緝韻》：“集，聚也。”

《字彙·隹部》："集，聚也。"可見"收集"屬於同義複用，與"集"同義，均有"聚集"義，故可換用。

"收集"，東漢時已見，如班固《奏記東平王蒼》："將軍宜詳唐、殷之舉，察伊、皋之薦，令遠近無偏，幽隱必達，期於總覽賢才，收集明智，爲國得人，以寧本朝。""集"，西周時已見，如《詩經·魯頌·泮水》："翩彼飛鴞，集于泮林。"可見《南史》用舊詞"集"替換了《宋書》中的舊詞"收集"。

【委任—任】

A. 初，劉湛伏誅，殷景仁卒，太祖委任沈演之、庾炳之、范曄等，後又有江湛、何瑀之，曄誅，炳之免，演之、瑀之並卒，至是江湛爲吏部尚書，與湛之並居權要，世謂之江、徐焉。(《宋書·徐湛之列傳》，卷71)

B. 初，劉湛伏誅，殷景仁卒，文帝任沈演之、庾仲文、范曄等，後又有江湛、何瑀之。(《南史·徐湛之列傳》，卷15)

按：《玉篇·人部》："任，委任也。"可見"委任""任"同義，故可換用。

"委任""任"均戰國時已見，如《鄧析子·轉辭》："不慎喜怒，誅賞從其意，而欲委任臣下，故亡國相繼，殺君不絕。"《韓非子·外儲説左上》："舉燭者，尚明也，尚明也者，舉賢而任之。"可見《南史》用舊詞"任"替換了《宋書》中的舊詞"委任"。

【委任】《漢語大詞典》義項❶釋爲"信任，信用"。書證首引《史記·張釋之馮唐列傳》："委任而責成功，故李牧乃得盡其智能。"①時代過晚，可補。

【反叛—叛】

A. 初，世祖嘗賜莊寶劍，莊以與豫州刺史魯爽送別。爽後反叛，世祖因宴集，問劍所在。(《宋書·謝莊列傳》，卷85)

---

① 羅竹風主編：《漢語大詞典》(縮印本)，上海：上海辭書出版社2009年版，第2283頁。

B. 初,孝武嘗賜莊寶劍,莊以與豫州刺史魯爽,後爽<u>叛</u>,帝因宴問劍所在。(《南史·謝莊列傳》,卷20)

按:《玉篇·半部》:"背邑曰叛。"《玉篇·半部》:"叛,背也。"《字彙·又部》:"叛,背叛。"《說文·又部》:"反,覆也。"朱駿聲通訓定聲:"反,叚借又爲叛。"《戰國策·齊策一·靖郭君善齊貌辨》"若是者信反"高誘注:"反,叛也。"《淮南子·詮言訓》"則約定而反無日"高誘注:"反,背叛也。"可見"反叛"屬於同義複用,與"叛"同義,均有"背叛、叛變"義,故可換用。

"反叛",東漢時已見,如《漢書·賈捐之列傳》:"自初爲郡至昭帝始元元年,二十餘年間,凡六反叛,至其五年,罷儋耳郡並屬珠崖。""叛",戰國時已見,如《周易·繫辭下》:"將叛者其辭慚,中心疑者其辭枝。"可見《南史》用舊詞"叛"替換了《宋書》中的舊詞"反叛"。

【詰讓—讓】

A. 多有過失,屢爲上所<u>詰讓</u>,憂懼,乃與劭共爲巫蠱。(《宋書·二凶·始興王濬列傳》,卷99)

B. 多有過失,屢爲上所<u>讓</u>,憂懼,乃與劭共爲巫蠱。(《南史·宋宗室及諸王下·始興王濬列傳》,卷14)

按:《廣雅·釋詁二》:"詰,讓也。"《廣韻·質韻》:"詰,責讓也。"《玉篇·言部》:"詰,譴也。"《字彙·言部》:"詰,責也。"《廣雅·釋詁一》:"詰,責也。"《說文·言部》:"讓,相責讓。"《廣韻·漾韻》:"讓,責讓。"《玉篇·言部》:"讓,責讓。"《小爾雅·廣義》:"詰責以辭謂之讓。"可見"詰讓"屬於同義複用,與"讓"同義,均有"責讓、譴責、責備、責問"義,故可換用。

"詰讓",晉代已見,如《三國志·魏書·王朗列傳》:"策以儒雅,詰讓而不害。""讓",戰國時已見,如《左傳·桓公八年》:"夏,楚子合諸侯于沈鹿,黃隨不會,使薳章讓黃。"可見《南史》用舊詞"讓"替換了《宋書》中的舊詞"詰讓"。

【呵罵—罵】

A. 華行遲，永呵罵云："奴子怠懈，行不及我！"（《宋書·王華列傳》，卷63）

B. 華行遲，曇冰罵曰："奴子怠懈，行不及我。"（《南史·王華列傳》，卷23）

按：《玉篇·口部》："呵，責也，與訶同。"《正字通·口部》："呵，音訶，責也。"《字彙·口部》："呵，音訶，與訶同，責也。"《說文·网部》："罵，詈也。"徐鍇繫傳："謂以惡言加网之也。"《釋名·釋言語》："罵，迫也。以惡言被迫人也。"《玉篇·网部》："罵，詈也。"《集韻·馬韻》："罵，罵詈。"《說文·网部》："詈，罵也。"《釋名·釋言語》："詈，歷也。以惡言相彌歷也。亦言離也，以此掛離之也。"《廣韻·寘韻》："詈，罵詈。"《玉篇·网部》："詈，罵詈。"慧琳《一切經音義》卷二十七："今解惡言及之曰罵，誹謗呪詛曰詈。"《字彙·言部》："詈，罵詈。正斥曰罵，旁及曰詈。"焦竑《俗書刊誤》卷十一《俗用雜字》："正斥曰罵，旁斥曰詈。"可見"呵罵""罵"同義，均有"責罵、斥責"義，故可換用。

"呵罵"，東漢時已見，如《楚辭·思美人》："信讒諛之溷濁兮，盛氣志而過之。"王逸章句："呵罵遷怒，妄誅戮也。""罵"，戰國時已見，如《左傳·昭公二十六年》："冉豎射陳武子，中手，失弓而罵。"可見《南史》用舊詞"罵"替換了《宋書》中的舊詞"呵罵"。

《漢語大詞典》未收"呵罵"，但收有"呵罵"。①

【相逢—逢】

A. 性好游獵，而山郡無事，僧達肆意馳騁，或三五日不歸，受辭訟多在獵所，民或相逢不識，問府君所在，僧達曰："近在後。"（《宋

---

① "呵罵"《漢語大詞典》釋為"斥罵"。書證引《三國志·魏志·武帝紀》"信力戰鬥死，僅而破之"南朝宋裴松之注："太祖見檄書，呵罵之。"《宋書·王華傳》："華行遲，永呵罵云：'奴子怠懈，行不及我。'以杖捶華數十。"清蒲松齡《聊齋志異·小翠》："公夫婦方以免官不快，聞之怒，交口呵罵。"參見羅竹風主編：《漢語大詞典》（縮印本），上海：上海辭書出版社2009年版，第1551頁。

書·王僧達列傳》，卷75）

B. 人或逢，不識，問府君所在。僧達且曰："在近。"（《南史·王僧達列傳》，卷21）

按：《説文·辵部》："逢，遇也。"《玉篇·辵部》："逢，遇也。"《素問·離合真邪論》"卒然逢之"王冰注："逢，謂逢遇。"《廣韻·鍾韻》："逢，值也。"《爾雅·釋詁下》："逢，見也。"郝懿行義疏："今人行而相值謂之逢見。"《論衡·卜筮》："卜曰逢，筮曰遇。"可知"相逢""逢"同義，均有"遇見、遇到"義，故可換用。

"相逢"，戰國時已見，如《黄帝内經·靈樞譯解·行針》："其氣與針相逢，奈何？""逢"，西周時已見，如《詩經·王風·兔爰》："有兔爰爰，雉離於罿。我生之初尚無庸，我生之後，逢此百凶。尚寐無聰。"可見《南史》用舊詞"逢"替換了《宋書》中的舊詞"相逢"。

【相逢】《漢語大詞典》釋爲"彼此遇見；會見"。書證首引漢張衡《西京賦》："跳丸劍之揮霍，走索上而相逢。"① 時代過晚，可補。

【顔面—面】

A. 劉胡，南陽涅陽人也，本名坳胡，以其顔面坳黑似胡，故以爲名。（《宋書·鄧琬列傳》，卷84）

B. 劉胡，南陽涅陽人也，本以面坳黑似胡，故名坳胡，及長單名胡焉。（《南史·鄧琬列傳》，卷40）

按：《説文·面部》："面，顔前也。"段注："顔者，兩眉之中間也。顔前者，謂自此而前則爲目、爲鼻、爲目下、爲頰之間，乃正鄉人者。"《文選·任昉〈爲范尚書讓吏部封侯第一表〉》"泥首在顔"吕向注："顔，面也。"《周易·革卦》："上六，君子豹變，小人革面。"孔穎達正義："小人革面者，小人處之但能變其顔面容色順上而已。"《正字通·面部》："面，顔面。"可知"顔面"屬於同義複用，與"面"同義，均有"面容"義，故可換用。

---

① 羅竹風主編：《漢語大詞典》（縮印本），上海：上海辭書出版社2009年版，第4554頁。

"顔面",西漢時已見,如《説苑》:"六曰國家昏亂,所爲不道,然而敢犯主之顔面,言君之過失,不辭其誅,身死國安,不悔所行,如此者直臣也,是爲六正也。""面",戰國時已見,如《左傳·僖公三十三年》:"狄人歸其元,面如生。"可見《南史》用舊詞"面"替换了《宋書》中的舊詞"顔面"。

【顔面】《漢語大詞典》義項❷釋爲"面容",書證僅引蕭紅《過夜》:"她的顔面和一片乾了的海蜇一樣。"①孤證且書證時代過晚,可補。

【賓客—客】

A. 高祖將謀興復,收集才力之士,嘗再造簡之,值有賓客。(《宋書·劉簡之列傳》,卷50)

B. 帝將謀興復,收集才力之士,嘗再造簡之,會有客。(《南史·劉簡之列傳》,卷17)

按:《説文·貝部》:"賓,所敬也。"《字彙·貝部》:"賓,客也。"《説文·宀部》:"客,寄也。"《廣韻·陌韻》:"客,賓客。"《玉篇·宀部》:"客,賓也。"《周禮·秋官·大行人》:"掌大賓之禮,及大客之儀。"賈公彦疏:"賓、客相對則別,散文則通。"可見"賓客""客"同義,故可换用。

"賓客""客"均西周時已見,如《詩經·小雅·吉日》:"發彼小豝,殪此大兕,以禦賓客,且以酌醴。"《周易·需卦》:"有不速之客三人來,敬之終吉。"《詩經·小雅·楚茨》:"爲賓爲客,獻酬交錯。"可見《南史》用舊詞"客"替换了《宋書》中的舊詞"賓客"。

【節儉—儉】

A. 上待后恩禮甚篤,袁氏貧薄,后每就上求錢帛以贍與之,上性節儉,所得不過三五萬、三五十匹。(《宋書·文元袁皇后列傳》,卷41)

B. 上性儉,所得不過五三萬、五三十匹。(《南史·文元袁皇后列

---

① 羅竹風主編:《漢語大詞典》(縮印本),上海:上海辭書出版社2009年版,第7260頁。

傳》，卷11）

按：《吕氏春秋·召類》："子罕之時，無所相侵，邊境四益，相平公、元公、景公以終其身，其爲仁且節與？"高誘注："節，儉也。"《説文·人部》："儉，約也。"段注："儉者，不敢放侈之意。"《字彙·人部》："儉，去奢從約謂之儉。"《篇海類編·人物類·人部》："儉，省節也。"《論語·八佾》："禮，與其奢也，寧儉。"皇侃疏："儉，儉約也。"可知"節儉"屬於同義複用，與"儉"同義，均有"節約、儉省"義，故可換用。

"節儉""儉"均戰國時已見，如《吕氏春秋·節喪》："侈靡者以爲榮，節儉者以爲陋，不以便死爲故，而徒以生者之誹譽爲務，此非慈親孝子之心也。"《管子·八觀》："入國邑，視宫室，觀車馬衣服，而侈儉之國可知也。"可見《南史》用舊詞"儉"替換了《宋書》中的舊詞"節儉"。

【困乏—乏】

A. 覬見之，僞喜，謂曰："我比困乏，得此甚要。"（《宋書·孔覬列傳》，卷84）

B. 覬見之僞喜，謂曰："我比乏，得此甚要。"（《南史·孔覬列傳》，卷27）

按：《玉篇·口部》："困，窮也，匱也。"《禮記·中庸》"事前定則不困"孔穎達疏："困，乏也。"玄應《一切經音義》卷二十一"匱乏"注："乏，少也。"玄應《一切經音義》卷二十二"匱乏"注："暫無名乏。"《廣韻·乏韻》："乏，匱也。"可見"困乏"屬於同義複用，與"乏"同義，均有"匱乏、缺少"義，故可換用。

"困乏""乏"均戰國時已見，如《六韜·龍韜·王翼》："通糧四人：主度飲食，備蓄積，通糧道，致五穀，命三軍不困乏。"《韓非子·解老》："畜生少則戎馬乏，士卒盡則軍危殆。"可見《南史》用舊詞"乏"替換了《宋書》中的舊詞"困乏"。

【困乏】《漢語大詞典》義項❶釋爲"貧困；匱乏"。書證首引

《漢書·元帝紀》："關東今年穀不登，民多困乏。"① 時代過晚，可補。

【忿怒—怒】

A. 湛愈忿怒。(《宋書·殷景仁列傳》，卷63)

B. 湛愈怒，義康納湛言，毀景仁於文帝，帝遇之益隆。(《南史·殷景仁列傳》，卷27)

按：《廣韻·問韻》："忿，怒也。"《玉篇·心部》："忿，怒也。"《說文·心部》："怒，恚也。"《廣韻·姥韻》："怒，恚也。"《字彙·心部》："怒，恚也，憤也。"可見"忿怒"屬於同義複用，與"怒"同義，均有"憤怒、氣憤"義，故可換用。

"忿怒"，戰國時已見，如《穀梁傳·宣公十五年》："矯王命以殺之，非忿怒相殺也，故曰以王命殺也。""怒"，西周時已見，如《詩經·邶風·柏舟》："薄言往愬，逢彼之怒。"孔穎達疏："反逢彼君之恚怒。"可見《南史》用舊詞"怒"替換了《宋書》中的舊詞"忿怒"。

【然而—而】

A. 文帝即位，累遷徐、兗二州刺史，爲政苛暴，吏人畏之若豺虎，然而寇盜遠竄，無敢犯境。(《宋書·趙伯符列傳》，卷46)

B. 爲政苛暴，吏人畏懼如與虎狼居，而劫盜遠迸，無敢入境。(《南史·趙伯符列傳》，卷18)

按：《廣韻·仙韻》："然，語助。"《說文·而部》："而，頰毛也。"《廣韻·之韻》："而，語助。"《玉篇·而部》："而，語助也。"《字彙·而部》："而，又抑又之辭。其爲人也孝弟而好犯上者鮮矣，是也。"《經傳釋詞》卷七："然而者，亦詞之轉也。"《經傳釋詞》卷七："然而者，詞之承上而轉者也。"《詞詮》卷十："而，轉折連詞，可譯爲然及今語之切。"可見在表示轉折意義時，"而"與"然而"相當，故可換用。

---

① 羅竹風主編：《漢語大詞典》（縮印本），上海：上海辭書出版社2009年版，第1705頁。

"然而""而"均戰國時已見,如《管子·國蓄》:"歲有凶穰,故穀有貴賤。令有緩急,故物有輕重。然而人君不能治,故使蓄賈遊市,乘民之不給,百倍其本。"《莊子·養生主》:"今臣之刀十九年矣,所解數千牛矣,而刀刃若新發於硎。"可見《南史》用舊詞"而"替換了《宋書》中的舊詞"然而"。

表2-9 單音節詞與雙音節詞的後一個語素相同統計表

詞類	序列號及詞語	具體語境及出處(本紀/列傳)
動詞(32)	(1) 摧破/破	屢摧破之—屢破之(劉裕)
		屢摧破之—屢破之(沈攸之)
	(2) 收集/集	收集義徒—集義徒(劉裕)
	(3) 重申/申	復重申前命—復申前令(劉裕)
	(4) 執送/送	執送姚泓—送泓(劉裕)
	(5) 監護/護	持節監護—持節護喪事(劉裕)
	(6) 擣碎/碎	命擣碎—命碎(劉裕)
	(7) 委任/任	大被委任—大被任(劉敬宣)
		太祖委任沈演之—文帝任沈演之(徐湛之)
	(8) 疾病/病	時毅疾病—毅時病(謝純)
		延孫疾病—延孫病(劉延孫)
	(9) 施行/行	每諮廓然後施行—每事諮廓然後行(蔡廓)
	(10) 鎮固/固	不足鎮固人心—不足固人心(劉義真)
	(11) 除召/召	每被除召—每被召(王敬弘/王裕之)
	(12) 徵辟/辟	不就徵辟—不就辟(孟顗)
	(13) 反叛/叛	爽後反叛—後爽叛(謝莊)
	(14) 畏憚/憚	百僚畏憚之—百僚憚之(蕭惠開)
	(15) 畏懼/懼	並畏懼不敢—並懼不敢(卜天生)
	(16) 責讓/讓	因責讓之—因讓之(薛安都)
	(17) 離叛/叛	無離叛者—無叛者(沈文秀)
	(18) 詰讓/讓	爲上所詰讓—爲上所讓(劉濬)
	(19) 建議/議	建議奉天子過江—議奉天子過江(虞丘進)
	(20) 委仗/仗	高祖甚委仗之—帝甚仗之(王誕)
	(21) 呵罵/罵	永呵罵云—曇冰罵曰(王華)
	(22) 乞求/求	乞求拜省—求拜省(鄭鮮之)
	(23) 親遇/遇	被親遇如此—被遇如此(鄭鮮之)
	(24) 毀傷/傷	言論毀傷之—言論傷之(謝靈運)

續表

詞類	序列號及詞語	具體語境及出處（本紀/列傳）
	（25）供養/養	爲義康所供養—爲義康所養（孔熙先）
	（26）與參/參	皆與參焉—皆參焉（王僧綽）
	（27）分散/散	人從悉分散—人從悉散（劉休祐）
	（28）奔散/散	獵徒並奔散—獵徒並散（臧熹）
		左右並奔散—左右並散（劉休範）
	（29）奔走/走	桓玄奔走—桓玄走（臧熹）
	（30）震動/動	震動天地—動天地（王玄謨）
	（31）相逢/逢	民或相逢不識—人或逢（王僧達）
	（32）寇盜/盜	出爲寇盜—出爲盜（劉道濟）
名詞（12）	（1）氣力/力	昕驍勇有氣力—昕驍勇有力（劉裕）
	（2）人才/才	人才儜劣—才劣（朱齡石）
	（3）賓客/客	值有賓客—會有客（劉簡之）
	（4）徒眾/眾	會聚徒眾—會眾（劉簡之）
	（5）器物/物	衣裳器物—衣物（謝靈運）
	（6）志行/行	以操立志行見知—以操行見知（袁粲）
	（7）德行/行	州里重其德行—州里重其行（劉凝之）
	（8）爲性/性	爲性儉約—性儉（劉義恭）
	（9）識局/局	有識局智度—有智局（王曇首）
	（10）惠澤/澤	惠澤被於西土—澤被西土（劉道產）
	（11）生命/命	特請其生命—特乞其命（劉義康）
	（12）顏面/面	以其顏面坳黑似胡—以面坳黑似胡（劉胡）
形容詞（16）	（1）卑小/小	句章城既卑小—句章城小（劉裕）
	（2）節儉/儉	上性節儉—上性儉（袁齊嬀）
	（3）自退/退	謙虛自退若此—謙退若此（王僧綽）
	（4）切直/直	不太傷切直—不傷直（王僧綽）
	（5）安悅/悅	遠近安悅焉—遠近悅焉（劉秀之）
	（6）震懼/懼	蝦震懼不時出—蝦懼，不時出（劉劭）
	（7）憂懼/懼	憂懼無復爲計—甚懼（劉裕）
		益憂懼—益懼（阮佃夫）
	（8）怪懼/懼	眾並怪懼—眾咸懼（劉裕）
	（9）恐懼/懼	皆恐懼—皆懼（劉休仁）
	（10）駭懼/懼	劭駭懼—劭懼（劉劭）
	（11）縱肆/肆	元顯淫縱肆—元顯驕肆（劉敬宣）
	（12）擾亂/亂	關中擾亂—關中亂（朱超石）
	（13）儜劣/劣	人才儜劣—才劣（朱齡石）

續表

詞類	序列號及詞語	具體語境及出處（本紀/列傳）
	（14）困乏/乏	我比困乏—我比乏（孔覬）
	（15）智巧/巧	本雖智巧—本雖巧（郭原平）
	（16）忿怒/怒	湛愈忿怒—湛愈怒（殷景仁）
連詞（1）	（1）然而/而	然而寇盜遠竄—而劫盜遠迸（趙伯符）

二、雙音節詞語替換單音節詞語

雙音節詞語替代單音節詞語是指在記錄相同的歷史史事時形成的異文中，《宋書》使用單音節詞語，《南史》使用雙音節詞語，形成了雙音節詞語對單音節詞語的替換形式。共有 28（28）條，根據雙音節詞語與單音節詞語相同語素的分布情況，又可以分爲雙音節詞語的前一個語素與單音節詞語相同和雙音節詞語的後一個語素與單音節詞語相同兩種形式。

（一）雙音詞的前一個語素與單音詞相同

雙音詞的前一個語素與單音詞相同，即在記錄相同的歷史史事時形成的異文中，《宋書》中使用的單音節詞語與《南史》中使用的雙音節詞語的前一個語素相同的情況。共有 17（17）條，其中動詞 8（8）條，形容詞 6（6）條，名詞 3（3）條。例如：

【隱—隱晦】

A. 鮮之爲人通率，在高祖坐，言無所隱，時人甚憚焉。（《宋書·鄭鮮之列傳》，卷64）

B. 鮮之爲人通率，在武帝坐，言無所隱晦，亦甚憚焉。（《南史·鄭鮮之列傳》，卷33）

按：《説文·𨸏部》：“隱，蔽也。”段注：“……故隱之訓曰蔽。”《廣韻·隱韻》：“隱，藏也。”《玉篇·阜部》：“隱，匿也。”《史記·楚世家》“願有進隱”裴駰集解：“隱，謂隱藏其意。”《字彙·日部》：“晦，不明也。”可見“隱”“隱晦”同義，均有“隱瞞、隱諱”義，故可換用。

"隱",戰國時已見,如《鶡冠子·著希》:"故人乖其誠,能士隱其實情,心雖不説,弗敢不譽。""隱晦",如上文所舉《南史·鄭鮮之列傳》例。可見《南史》用新詞"隱晦"替換了《宋書》中的舊詞"隱"。

【焚—焚燒】

A. 至是參軍曹仲宗檢得之,道規悉<u>焚</u>不視,眾於是大安。(《宋書·宗室·臨川烈武王道規列傳》,卷51)

B. 初,謙至枝江,江陵士庶皆與謙書,言城内虛實。道規一皆<u>焚燒</u>,眾乃大安。(《南史·宋宗室及諸王上·臨川烈武王道規列傳》,卷13)

按:《説文·火部》:"焚,燒田也。"《廣韻·文韻》:"焚,焚燒。"《玉篇·火部》:"焚,燒也。"《字彙·火部》:"焚,燒也。"《字彙·火部》:"燒,焚也。"可見"焚燒"屬於同義複用,與"焚"同義,均有"燒毁、燒掉"義,故可換用。

"焚",西周時已見,如《周易·旅卦》:"鳥焚其巢,旅人先笑後號咷。""焚燒",戰國時已見,如《荀子·富國》:"上以法取焉,而下以禮節用之,餘若丘山,不時焚燒,無所臧之。"可見《南史》用舊詞"焚燒"替換了《宋書》中的舊詞"焚"。

【置—置立】

A. 明二年,遷尚書吏部郎。時朝議欲依古制<u>置</u>王畿,揚州移治會稽,猶以星變故也。(《宋書·沈懷文列傳》,卷82)

B. 大明二年,遷尚書吏部郎,時朝議欲依古制<u>置立</u>王畿,揚州移居會稽,猶以星變故也。(《南史·沈懷文列傳》,卷34)

按:《説文·网部》:"置,赦也。"段注:"攴部曰:赦、置也。二字互訓。置之本義爲貰遣,轉之爲建立,所謂變則通也。"《廣韻·志韻》:"置,設也。"《玉篇·罒部》:"置,立也。"《吕氏春秋·蕩兵》"故立君"高誘注:"立,置也。"《周禮·天官·太宰》:"三曰廢置,以馭其吏。"孫詒讓正義:"《廣雅·釋詁》云:'置,立也。'鄭以此經廢置對文，廢爲退去其不能者，明置爲舉其賢者而置立之於位也。"《呂氏春秋·異用》："湯見祝網者置四面。"高誘注："置，設。"可見"置立"屬於同義複用，與"置"同義，均有"建立、設立、設置"義，故可換用。

"置""置立"均戰國時已見，如《鄧析子·轉辭》："堯置敢諫之鼓，舜立誹謗之木，湯有司直之人，武有戒慎之銘。"《墨子·尚同上》："天子立，以其力爲未足，又選擇天下之賢可者，置立之以爲三公。"可見《南史》用舊詞"置立"替換了《宋書》中的舊詞"置"。

【豐—豐富】

A. 靈符家本豐，產業甚廣，又於永興立墅，周回三十三里，水陸地二百六十五頃，含帶二山，又有果園九處。(《宋書·孔靈符列傳》，卷54)

B. 靈符家本豐富，產業甚廣，又於永興立墅，周回三十三里，水陸地二百六十五頃，含帶二山，又有果園九處。(《南史·孔靈符列傳》，卷27)

按：《字彙·豆部》："豐，多也，盛也。"《廣韻·東韻》："豐，多也……盛也。"《論語·顏淵》："富哉，言乎！"何晏集解："孔曰：富，盛也。"《玉篇·宀部》："富，豐於財。"《尚書·洪範》："五福：一曰壽，二曰富，三曰康寧，四曰攸好德，五曰終考命。"孔傳："富，財豐備。"孔穎達正義："二曰富，家豐財貨也。"《論語·學而》"富而無驕"邢昺疏："多財曰富。"可知"豐""豐富"同義，均有"財物充裕、財物豐厚"義，故可換用。

"豐"，西周時已見，如《詩經·周頌·豐年》："豐年多黍多稌，亦有高廩。""豐富"，西漢時已見，如《新書·大政下》："有道然後教也，有教然後政治也，政治然後民勸之，民勸之然後國豐富也。"可見《南史》用舊詞"豐富"替換了《宋書》中的舊詞"豐"。

【疲—疲困】

A. 胡人馬既疲，自度不免，因隨懷真入城，告渴，與之酒，胡飲酒畢，引佩刀自刺，不死，斬首送京邑。(《宋書·鄧琬列傳》，卷84)

B. 胡人馬既疲困，因隨懷直入城，告渴得酒，飲酒畢，引佩刀自刺不死，斬首送建鄴。(《南史·鄧琬列傳》，卷40)

按：《説文·疒部》："疲，勞也。"段注："經傳多假罷爲之。"《廣韻·支韻》："罷，倦也。"《廣韻·支韻》："疲，勞也，乏也。"《玉篇·疒部》："疲，乏也，勞也。"《龍龕手鑑·疒部》："疲，勞也，倦也。"《字彙·口部》："困，倦，劇力之也。"可見"疲""疲困"同義，均有"疲乏、疲倦、疲勞"義，故可换用。

"疲"，戰國時已見，如《鄧析子·無厚》："負重塗遠者，身疲而無功。""疲困"，三國時已見，如朱績《與諸葛融書》："昶遠來疲困，馬無所食，力屈而走，此天助也。"可見《南史》用舊詞"疲困"替换了《宋書》中的舊詞"疲"。

【言—言語】

A. 寡言有器質。(《宋書·柳元景列傳》，卷77)

B. 寡言語，有器質，荊州刺史謝晦聞其名，要之，未及往而晦敗。(《南史·柳元景列傳》，卷38)

按：《廣韻·元韻》："言，言語也。"《玉篇·言部》："言，言辭也。"《字彙·言部》："言，言語。"《玉篇·言部》："語，言語也。"可見"言語"屬於同義複用，與"言"同義，故可换用。

"言"，西周時已見，如《詩經·小雅·沔水》："民之訛言，寧莫之懲。""言語"，戰國時已見，如《鶡冠子·著希》："文禮之野，與禽獸同則，言語之暴，與蠻夷同謂。"可見《南史》用舊詞"言語"替换了《宋書》中的舊詞"言"。

【言】《漢語大詞典》義項❶釋爲"話；言語"。書證首引《書·盤庚上》："遲任有言曰：'人惟求舊，器非求舊，惟新。'"① 時代過晚，可補。

【言語】《漢語大詞典》義項❻釋爲"言辭；話"。書證首引《禮

---

① 羅竹風主編：《漢語大詞典》（縮印本），上海：上海辭書出版社2009年版，第6506頁。

記‧少儀》："毋身質言語。"孔穎達疏："凡言語有疑則稱疑，無得以身質成言語之疑者；其言既疑，若必成之，或有所誤也。"① 時代過晚，可補。

表 2-10　雙音節詞的前一個語素與單音節詞相同統計表

詞類	序列號及詞語	具體語境及出處（本紀/列傳）
動詞（8）	（1）隱/隱晦	言無所隱—言無所隱晦（鄭鮮之）
	（2）畏/畏懼	吏人畏之—吏人畏懼（趙伯符）
	（3）焚/焚燒	悉焚不視——皆焚燒（劉道規）
	（4）容/容接	彼若不相容—彼若不相容接（張敷）
	（5）推/推排	左右推之—左右推排之（江湛）
	（6）任/任遇	爲太祖所任—被任遇（王僧綽）
	（7）置/置立	依古制置王畿—依古制置立王畿（沈懷文）
	（8）知/知憐	爲從叔球所知—爲從叔球所知憐（王景文/王彧）
形容詞（6）	（1）拙/拙澀	性野拙—性野拙澀（趙倫之）
	（2）豐/豐富	家本豐—家本豐富（孔靈符）
	（3）殘/殘餘	燒石虎殘宮殿—燒石季龍殘餘宮殿（魯秀）
	（4）精/精嚴	器械甚精—器械精嚴（王玄謨）
	（5）肥/肥壯	宗靈秀體肥—宗靈秀軀體肥壯（王玄謨）
	（6）疲/疲困	胡人馬既疲—胡人馬既疲困（鄧琬）
名詞（3）	（1）政/政事	未親政—未親政事（王華）
	（2）情/情願	咸有富貴之情—咸有富貴情願（臧質）
	（3）言/言語	寡言—寡言語（柳元景）

（二）雙音詞的後一個語素與單音詞相同

雙音詞的後一個語素與單音詞相同，即在記錄相同的歷史史事時形成的異文中，《宋書》中使用的單音節詞語與《南史》中使用的雙音節詞語的後一個語素相同的情況。共有 11（11）條，其中動詞 6（6）條，名詞 5（5）條。例如：

---

① 羅竹風主編：《漢語大詞典》（縮印本），上海：上海辭書出版社 2009 年版，第 6510 頁。

【憚—畏憚】

A. 毅甚憚之，每還京，未嘗敢以羽儀人從入鎮之門。（《宋書·劉損列傳》，卷45）

B. 毅甚畏憚，每還京口，未嘗敢以羽儀入鎮之門。（《南史·劉損列傳》，卷17）

按：《玉篇·甴部》："畏，懼也。"《廣韻·未韻》："畏，畏懼。"《説文·心部》："憚，忌難也……一曰難也。"段注："憎惡而難之也……當作難之也。難讀去聲。今本奪之字。凡畏難曰憚。"《玉篇·心部》："憚，畏憚也。"《龍龕手鑑·心部》："憚，畏也。"《字彙·心部》："憚，畏也。"可見"憚""畏憚"同義，均有"畏懼"義，故可換用。

"憚"，西周時已見，如《詩經·大雅·雲漢》："旱既大甚，滌滌山川。旱魃爲虐，如惔如焚。我心憚暑，憂心如薰。""畏憚"，戰國時已見，如《孔叢子·答問》："然無治室之訓，禮教不立，妻不畏憚。"可見《南史》用舊詞"畏憚"替換了《宋書》中的舊詞"憚"。

【畏憚】《漢語大詞典》義項❶釋爲"畏懼"。書證首引《史記·田叔列傳》："三河太守皆内倚中貴人，與三公有親屬，無所畏憚。"①時代過晚，可補。

【救—營救】

A. 諸將請殺之，隊主張世救之得免。（《宋書·張暢列傳》，卷46）

B. 玄謨意甚不悦，諸將請殺之，隊主張世營救得免。（《南史·張暢列傳》，卷32）

按：《玉篇·攴部》："救，助也。"《廣韻·宥韻》："救，護也。"《詩經·邶風·谷風》："凡民有喪，匍匐救之。"孔穎達正義："救，謂營護凶事，若有賻贈也。"《漢書·蒯通列傳》："一日數戰，無尺寸之功，折北不救。"顏師古注："不救，謂無援助也。"可見"救""營救"均有"援助、救護"義，故可換用。

---

① 羅竹風主編：《漢語大詞典》（縮印本），上海：上海辭書出版社2009年版，第4623頁。

"救",西周時已見,如《詩經·邶風·谷風》:"凡民有喪,匍匐救之。""營救",晉代已見,如郗超《奉法要》:"凡眾生危難,皆當盡心營救,隨其水陸,各令得所。"可見《南史》用舊詞"營救"替換了《宋書》中的舊詞"救"。

【體—軀體】

A. 黃門侍郎宗靈秀<u>體</u>肥,拜起不便,每至集會,多所賜與,欲其瞻謝傾踣,以爲歡笑。(《宋書·王玄謨列傳》,卷76)

B. 黃門侍郎宗靈秀<u>軀體</u>肥壯,拜起艱難,每一集會,輒於坐賜靈秀器服飲食,前後相係,欲其占謝傾踣,以爲歡笑。(《南史·王玄謨列傳》,卷16)

按:《説文·身部》:"軀,體也。"段注:"體者十二屬之總名也。可區而別之,故曰軀。"徐鍇繫傳:"泛言曰身,舉四體曰軀,軀猶區域也。"《廣韻·薺韻》:"體,身也。"《玉篇·骨部》:"體,形體也。"《廣雅·釋親》:"體,身也。"可知"體""軀體"同義,均有"身體、形體"義,故可換用。而且"體肥""軀體肥壯"分別構成偶數音節,"軀體"的意義更加完足。

"體",戰國時已見,如《鶡冠子·著希》:"體雖安之,而弗敢處,然後禮生;心雖欲之,而弗敢信,然後義生。""軀體",東漢時已見,如戴良《失父零丁》:"我父軀體與眾異,脊背傴僂卷如戟,唇吻參差不相值,此其庶形何能備。"可見《南史》用舊詞"軀體"替換了《宋書》中的舊詞"體"。

【體】《漢語大詞典》義項❶釋爲"身體"。書證首引《禮記·大學》:"心廣體胖。"次引《孟子·梁惠王上》:"爲肥甘不足於口與?輕煖不足於體與?"①首例書證的時代過晚,可將兩例書證交換順序。

---

① 羅竹風主編:《漢語大詞典》(縮印本),上海:上海辭書出版社2009年版,第7290頁。

表 2-11　雙音節詞的後一個語素與單音節詞相同統計表

詞類	序列號及詞語	具體語境及出處（本紀/列傳）
動詞（6）	（1）圍/攻圍	爲虜所圍—被魏將安頡攻圍（朱脩之）
	（2）没/陷没	嗣之追奔，爲賊所没—嗣之追奔陷没（劉裕）
	（3）憚/畏憚	毅甚憚之—毅甚畏憚（劉損）
	（4）救/營救	救之得免—營救得免（張暢）
	（5）重/知重	高祖雅相重—武帝雅相知重（謝景仁/謝裕）
	（6）結/附結	結徐羨之—附結徐羨之（王韶之）
名詞（5）	（1）績/政績	所莅無績—所莅無政績（檀韶）
	（2）食/飲食	諸子食不過五醆盤—諸子飲食不過五醆盤（劉義恭）
	（3）制/形制	多改舊制—多改舊形制（謝靈運）
	（4）體/軀體	宗靈秀體肥—宗靈秀軀體肥壯（王玄謨）
	（5）下/部下	自下莫敢違犯—部下莫敢違（蕭惠開）

本章小結

　　本章主要對《宋書》《南史》異文中的詞彙差異進行了探究，主要有均用單音節詞語、均用雙音節詞語、單雙音節詞語的互相替換三種類型。前一種類型的差異主要是詞性的不同，分類比較簡單。均用雙音節詞語的又可以分爲部分語素相同、同素異序、語素完全不同三種類型，往下再分的差異也主要是詞性的不同。單雙音節詞語的互相替換的主要差異在於單音節詞語與雙音節詞語的前後哪一個語素相同，往下再分的差異也主要是詞性的不同。我們對本章抽取的 90 組詞語的歷史層次進行了統計，發現《南史》用舊詞替換《宋書》中的舊詞的有 79 組，《南史》用舊詞替換《宋書》中的新詞的有 6 組，《南史》用新詞替換《宋書》中的舊詞的有 3 組，《南史》用新詞替換《宋書》中的新詞的有 2 組，這樣一來，在這 90 組詞語中，《南史》偏嚮使用舊詞的竟多達 85 組，比例高達 94.44%。前文引用了洪誠先生"魏晋南北朝人修史書恰相反……就是寫當時的事實，也好用古語代今語"① 的觀點，但是因爲沒有對《南史》《北史》與南北朝史書中的異文詞語做窮盡性的歷史層次分析和數據統計，不知李延壽在編修《南史》《北史》時是否也喜歡用古語代替今語。至於它們的形成原因，或由於以古語解釋古語，如《南史》用舊詞替換《宋書》中的舊詞；或由於以今語解釋古語，如《南史》用新詞替換《宋書》中的舊詞；或由於以古語解釋今語，如《南史》用舊詞替換《宋書》中的新詞；或由於以今語解釋今語，如《南史》用新詞替換《宋書》中的新詞；或由於叙事角度不同，如"討""伐""征""侵""攻""襲""寇"和"没""俘""虜"等詞的替換；或由於是否是異形詞，如"愍然—憫然""盼遇—昐遇"等詞的替換；或由於意義更加圓足明顯，如《南史》用雙音節詞語替換《宋書》中的單音節詞語；或由於音節更加和諧，如《南史》用單音節詞語替換《宋書》中的雙音節詞語；或由於作者改編時有意增删，如單雙音節詞語之間的相互替換等。

---

① 洪誠：《關於漢語史材料運用的問題》，《洪誠文集·雒誦廬論文集》，南京：江蘇古籍出版社2000年版，第107頁。

第三章　異文與語法研究[①]

《宋書》《南史》異文中的語法差異共有 32（86）條，主要表現在句式不同和短語結構不同兩個方面。

第一節　句式不同

《宋書》《南史》異文中句式不同的語法差異有 21（67）條，主要有一般陳述句換用爲被動句、均用被動句但被動形式不同、被動句換用爲一般陳述句三種類型。

一、一般陳述句換用爲被動句

《宋書》《南史》異文中一般陳述句換用爲被動句共有 15 條，主要有一般陳述句變換爲"見 V"式被動句、一般陳述句變換爲"爲 $N_{施事}$ 所 V"式被動句、一般陳述句變換爲"爲 $N_{施事}$ V"式被動句、一般陳述句變換爲"被 V"式被動句、一般陳述句變換爲"被 $N_{施事}$ V"式被動句、一般陳述句變換爲"V 于 $N_{施事}$"式被動句、一般陳述句變換爲"遇 V"式被動句七種類型。[②]

[①] 本章的大部分內容已經公開發表，參見肖麗容：《〈宋書〉〈南史〉異文與語法研究》，《鄭州航空工業管理學院學報》2021 年第 1 期，第 72–81 頁。

[②] 説明：在本書中，"V"表示動詞，"$N_{施事}$"表示動作行爲的施動者。

（一）變換爲"見 V"式被動句

"見"字式被動句出現得比較晚，大約是在春秋戰國之交。① 《宋書》《南史》異文中一般陳述句變換爲"見 V"式被動句的共有 5 條。例如：

A. 事覺，廢帝自出討邁誅之。（《宋書·后妃·前廢帝何皇后列傳》附"瑀子邁"，卷 41）

B. 邁亦招聚同志，欲因行廢立，事覺見誅。（《南史·后妃上·前廢帝何皇后列傳》附"瑀子邁"，卷 11）

A. 玄謨性嚴，未嘗妄笑，時人言玄謨眉頭未曾伸，故帝以此戲之。（《宋書·王玄謨列傳》，卷 76）

B. 玄謨性嚴，未曾妄笑，時人言玄謨眉頭未曾申，故以此見戲。（《南史·王玄謨列傳》，卷 16）

以上 2 例分別由一般陳述句"誅之""戲之"變爲"見誅""見戲"的被動形式，被動動詞分別是單音節的"誅""戲"。

（二）變換爲"爲 N$_{施事}$所 V"式被動句

在漢語史的發展過程中，"爲"字式被動句的使用歷史最長。② 在這種被動結構中，介詞"爲"引進動作行爲的施動者，助詞"所"③作

---

① 唐鈺明、周錫馥：《論先秦漢語被動式的發展》，《中國語文》1985 年第 4 期，第 281－285 頁；也可參見唐鈺明：《著名中年語言學家自選集·唐鈺明卷》，合肥：安徽教育出版社 2002 年版，第 256－266 頁。

② 唐鈺明討論了"爲"字句的三個發展層次：春秋時期出現"爲"字式；戰國時期出現"爲 X 之 X"式（春秋已有一例）、"爲 X 見 X"式和"爲 X 所 V"式；漢魏六朝時期出現"爲所 X"式、"爲 X 之所 X"式（戰國已見一例）、"爲 X 所見 X"式、"爲 X 之所見 X"式。參見唐鈺明：《漢魏六朝被動式略論》，《中國語文》1987 年第 3 期，第 216－222 頁；也可參見唐鈺明：《著名中年語言學家自選集·唐鈺明卷》，合肥：安徽教育出版社 2002 年版，第 267－282 頁。

③ 洪誠根據"所"與其後的動詞之間可加否定副詞"不"等詞而認爲"所"是助詞，此處即采用他的觀點。參見洪誠：《論古漢語的被動式》，原載《南京大學學報》1958 年第 1 期，見洪誠：《洪誠文集·雒誦廬論文集》，南京：江蘇古籍出版社 2000 年版，第 130－131 頁。

爲被動句中外動詞的詞頭①，"爲""所"共同作爲被動句的標志，是發展比較完善的被動句式，也是"爲"字式被動句發展的必然結果，這種句式自戰國末期出現②，到漢代發展較快，在《史記》中就已經超過了"於"字式被動句，到魏晋南北朝時期成爲使用最爲廣泛的一種被動句式③，至唐代則被"被"字式所替代。④《宋書》《南史》異文中一般陳述句變換爲"爲N$_{施事}$所V"式被動句的僅有1條。即：

A. 起家爲太守徐佩之主簿，佩之被誅，暢馳出奔赴，制服盡哀，<u>時論美之</u>。(《宋書·張暢列傳》，卷46)

B. 起家爲太守徐佩之主簿，佩之被誅，暢馳出奔赴，制服盡哀，<u>爲論者所美</u>。(《南史·張暢列傳》，卷32)

上例由一般陳述句"時論美之"變爲"爲論者所美"的被動形式，被動動詞是單音節的"美"。

（三）變換爲"爲N$_{施事}$V"式被動句

在這種被動結構中，藉助介詞"爲"來引進動作行爲的施動者。這種句式與"爲V"式相比就前進了一步。它在春秋戰國之交出現⑤，到戰

---

① 王力認爲，在表示被動的情況下，"所"字失去了原來的代詞性，而成爲外動詞的詞頭。如："漢軍卻，爲楚所擠。"（《史記·項羽本紀》）這個結構沿用下來，成爲文言文被動式的正常格式。參見王力：《漢語史稿》（第三版），北京：中華書局2019年版，第411頁。

② 唐鈺明、周錫馥：《論先秦漢語被動式的發展》，《中國語文》1985年第4期，第284頁；也可參見唐鈺明：《著名中年語言學家自選集·唐鈺明卷》，合肥：安徽教育出版社2002年版，第263頁。同樣的觀點還可參見向熹：《簡明漢語史·下編》（修訂本），北京：商務印書館2010年版，第252頁。

③ 柳士鎮：《魏晋南北朝歷史語法》（修訂本），北京：商務印書館2019年版，第474頁。

④ 唐鈺明：《漢魏六朝被動式略論》，《中國語文》1987年第3期，第221頁；也可參見唐鈺明：《著名中年語言學家自選集·唐鈺明卷》，合肥：安徽教育出版社2002年版，第278頁。

⑤ 向熹：《簡明漢語史·下編》（修訂本），北京：商務印書館2010年版，第250頁。楊伯峻、何樂士：《古漢語語法及其發展》（修訂本），北京：語文出版社2001年版，第676頁。

國晚期的文獻中已占"爲"字式被動句的大多數。① 《宋書》《南史》異文中一般陳述句變換爲"爲 N_{施事} V"式被動句的僅有 2 條。例如：

A. 諸葛長民失期不得發，<u>刁逵執送之</u>，未至而玄敗。（《宋書·武帝本紀上》，卷 1）

B. 時諸葛長人失期，<u>爲刁逵執送</u>，未至而玄敗。（《南史·宋武帝本紀》，卷 1）

A. <u>妻弟謝晦薦達之</u>，入爲尚書左丞，出補臨川内史。（《宋書·荀伯子列傳》，卷 60）

B. 伯子<u>爲妻弟謝晦薦達</u>，爲尚書左丞，出補臨川内史。（《南史·荀伯子列傳》，卷 33）

以上 2 例分别由一般陳述句"刁逵執送之""妻弟謝晦薦達之"變爲"爲刁逵執送""爲妻弟謝晦薦達"的被動形式，被動動詞分别是雙音節的"執送""薦達"。

（四）變換爲"被 V"式被動句

"被"字的本義爲名詞"被子"，《説文·衣部》："被，寢衣，長一身有半。"② 後來引申爲動詞"覆蓋"，"施及"的意義又是從"覆蓋"的意義來的，"西被於流沙"（《尚書·禹貢》）、"光被四表"（《尚書·堯典》）、"澤被生民"（《荀子·臣道》）、"功被天下"（《荀子·賦篇》）等都是這個"被"字。這種意義的"被"字，一般是用於好事方面的。"被"字作爲動詞，還有"蒙受""遭受"的意義，這種意義雖然和"覆蓋"的意義同出一源，但是在詞義的應用上却大有分别。

---

① 唐鈺明、周錫馥：《論先秦漢語被動式的發展》，《中國語文》1985 年第 4 期，第 281－285 頁；也可參見唐鈺明：《著名中年語言學家自選集·唐鈺明卷》，合肥：安徽教育出版社 2002 年版，第 256－266 頁。該文就春秋戰國之交的典籍《左傳》《國語》《論語》《墨子》和戰國後期有代表性的典籍《孟子》《荀子》《莊子》《韓非子》《戰國策》進行統計，指出"爲"字式自始便有兩種格式，甲式是［爲+動詞］，乙式是［爲+施動者+動詞］。春秋戰國之交"爲"字被動式共 45 例，乙式占 17 例，尚屬少數；戰國後期"爲"字式 60 例中，乙式占 52 例，已是絶對優勢。同樣的觀點還可參見楊伯峻、何樂士：《古漢語語法及其發展》（修訂本），北京：語文出版社 2001 年版，第 676 頁。

② （東漢）許慎：《説文解字》，北京：中華書局 1963 年版，第 172 頁。

第一種意義是主動地覆蓋或施及某一事物，第二種意義是被動地蒙受或遭受某一事物。被動式的"被"字不是來自第一種意義，而是來自第二種意義。……助動詞"被"字的確是從這種表示"遭受"意義的動詞"被"字演變而來的。① 由此我們可以將"被"字的詞義演變總結爲：寢衣，被子——覆蓋——施及，加於……之上——蒙受、遭受——被（表示被動，介詞）。"被"字直接附於動詞之前，做助詞標志被動，不能引出施動者，是上古時期"被"字句的特點。② "被"字句大約萌芽於戰國末期……到了漢代，"被"字句就普遍應用了，但尚不能引進動作的施事者。③《宋書》《南史》異文中一般陳述句變換爲"被V"式被動句的有4條。例如：

A. 祗驚起，出門將處分，賊射之，傷股，乃入。（《宋書·檀祗列傳》，卷47）

B. 祗被射傷股，語左右曰："賊乘暗得入，欲掩我不備，但打五鼓懼之，曉必走矣。"（《南史·檀祗列傳》，卷15）

A. 明晨，越等並入，上撫接甚厚，越改領南濟陰太守，本官如故。（《宋書·宗越列傳》，卷83）

B. 明晨越等並入，被撫接甚厚。（《南史·宗越列傳》，卷40）

以上2例分別由一般陳述句"射之""上撫接"變爲"被射""被撫接"的被動形式，被動動詞一是單音節的"射"，一是雙音節的"撫接"。

（五）變換爲"被 $N_{施事}V$"式被動句

"被"既可以作爲助動詞放在動詞前，同時也可以作爲介詞引出動作的發出者，大約在東漢末年，開始出現"被"字引入主動者的例

---

① 王力：《漢語語法史》，北京：商務印書館2005年版，第283－284頁。
② 向熹：《簡明漢語史·下編》（修訂本），北京：商務印書館2010年版，第253頁。
③ 王力：《漢語史稿》（第三版），北京：中華書局2019年版，第411－412頁。相同的觀點還可參見柳士鎮：《魏晉南北朝歷史語法》（修訂本），北京：商務印書館2019年版，第480頁；向熹：《簡明漢語史·下編》（修訂本），北京：商務印書館2010年版，第252－253頁。

句，① 如蔡邕《被收時表》云："五月二十日，臣被尚書召問。"② 王力認爲"到了中古時期，被動式又有了新的發展。不僅"被"字句用得更普遍了，更重要的是：'被'字句也能插入關係語（施事者），它在一般口語裏逐漸代替了'爲……所'式。"③ "這一個發展階段——'被'字句帶關係語的階段——很重要，因爲它爲現代漢語被動式奠定了基礎，現代漢語的被動式絕大多數是帶關係語的。"④ 但一直到隋唐以前，這樣的例子都是不多見的，較多的用例在唐代及唐代以後的文獻中纔可以看到。⑤《宋書》《南史》異文中一般陳述句變換爲"被 $N_{施事}$ V"式被動句的僅有 1 條。即：

A. 天祚妙善針術，<u>燾深加愛賞</u>，或與同輿，常不離於側，封爲南安公。（《宋書·魯秀列傳》，卷 74）

B. 以善針術，<u>深被太武賞愛</u>，封南安公，常置左右。（《南史·魯秀列傳》，卷 40）

上例由一般陳述句"燾深加愛賞"變爲"深被太武賞愛"的被動形式，被動動詞"愛賞"與"賞愛"構成一組同素異序詞，意義并没有發生變化。

（六）變換爲"V 于 $N_{施事}$"式被動句

"于（於）"字式被動句可以説是最早出現的被動句式，⑥ 在上古漢

---

① 向熹：《簡明漢語史·下編》（修訂本），北京：商務印書館 2010 年版，第 536 頁。
② 朱冠明認爲該例句實際應當讀爲："今月十三日，臣被尚書召，問臣以大鴻臚劉邵前爲……邵不爲用致怨之狀。"參見朱冠明：《漢語語法史研究中的幾個例句辨析》，《中國語文》2013 年第 6 期，第 518 – 521 頁。
③ 王力：《漢語史稿》（第三版），北京：中華書局 2019 年版，第 412 頁。
④ 王力：《漢語史稿》（第三版），北京：中華書局 2019 年版，第 415 頁。
⑤ 黄錦君：《〈二程語録〉語法研究》，成都：四川大學出版社 2005 年版，第 167 頁。
⑥ 王力認爲"於"字句不是被動式，而唐鈺明則認爲"於"字句是被動式。此處采用唐鈺明的觀點。參見王力：《漢語語法史》，北京：商務印書館 2005 年版，第 273 頁；唐鈺明、周錫𩁹：《論先秦漢語被動式的發展》，《中國語文》1985 年第 4 期，第 281 – 285 頁；也可參見唐鈺明：《著名中年語言學家自選集·唐鈺明卷》，合肥：安徽教育出版社 2002 年版，第 256 – 266 頁。相同的觀點還可參見向熹：《簡明漢語史·下編》（修訂本），北京：商務印書館 2010 年版，第 250 頁。

語中就已經十分常見，到了中古時期，使用頻率已大大降低，不再是主要的被動句式。"（受事主語）V 于（於）N$_{施事}$"式是一種古老的被動句式，用介詞"于（於）"引進動作行爲的施動者，在西周金文中已有這種句式。① 例如：

鬲錫貝于王。（鬲尊）

此外，《尚書》《詩經》《周易》中也有一些例證。例如：

予小子新命于三王。（《尚書·金滕》）

憂心悄悄，愠于群小。（《詩經·邶風·柏舟》）

困于酒食。（《周易·困·九二》）

後來"于"字逐漸爲"於"字所取代，在《左傳》中僅約 10 例，到《史記》裏，"于"字被動句就極少見，幾乎衹保留在帝王的正式文告或者可能是司馬遷轉抄自其他記載史事的文字中。② 例如：

王姚嬖于莊王。（《左傳·莊公十九年》）

今乃幸以天年，得復供養于高廟。（《史記·孝文本紀》）

這種句式在《左傳》及先秦諸子古典文獻的各種被動句型中居於首位。例如：

郤克傷於矢，流血及屨。（《左傳·成公二年》）

禦人以口給，屢憎於人。（《論語·公冶長》）

勞心者治人，勞力者治於人；治於人者食人，治人者食於人。（《孟子·滕文公上》）

在《史記》等漢代文獻中，這類被動句也較多，但已經少於"爲"字句了。例如：

夫破人之與破於人也，臣人之與臣於人也，豈可同日而論哉！

---

① 唐鈺明、周錫䪖：《論先秦漢語被動式的發展》，《中國語文》1985 年第 4 期，第 281－285 頁；也可參見唐鈺明：《著名中年語言學家自選集·唐鈺明卷》，合肥：安徽教育出版社 2002 年版，第 256－266 頁。楊五銘：《西周金文被動句式簡論》，《古文字研究》（第七輯），北京：中華書局 1982 年版，第 309－317 頁；管燮初：《西周金文語法研究》，北京：商務印書館 1981 年版，第 60－64 頁。

② 楊伯峻、何樂士：《古漢語語法及其發展》（修訂本），北京：語文出版社 2001 年版，第 673 頁。

(《史記・蘇秦列傳》)

兵破於陳涉，地奪於劉氏。(《漢書・賈誼列傳》)

然則人君劫於臣，已失法也。(《論衡・非韓篇》)

在《世説新語》等魏晉時期的著作中，"爲"字句、"被"字句出現得更多，這類被動句式就祇占少數了。例如：

君性亮直，必不容於寇仇，何不用隨時之宜、而坐待其敝邪？(《世説新語・方正》)

《宋書》《南史》異文中一般陳述句變換爲"V 于 $N_{施事}$"式被動句的僅有 1 條。即：

A. 其後朱脩之没虜，亦爲燾所寵。(《宋書・毛脩之列傳》，卷48)

B. 後朱脩之俘于魏亦見寵，脩之問朱脩之，南國當權者爲誰，答云殷景仁。(《南史・毛脩之列傳》，卷16)

上例由一般陳述句"没虜"變爲"俘于魏"的被動形式。

(七) 變換爲"遇 V"式被動句

《宋書》《南史》異文中一般陳述句變換爲"遇 V"式被動句的僅有 1 條。即：

A. 七月戊子夜，帝殂於仁壽殿，時年十五。(《宋書・後廢帝本紀》，卷9)

B. 七月戊子夜，帝遇弒於仁壽殿，時年十五。(《南史・後廢帝本紀》，卷3)

上例由一般陳述句"殂"變爲"遇弒"的被動形式。

二、均用被動句，但被動形式不同

《宋書》《南史》異文均用被動句但被動形式不同的共有 34 條，主要有"爲 $N_{施事}$ 所 V"式被動句換用爲"爲所 V"式被動句、"爲 $N_{施事}$ 所 V"式被動句換用爲"爲 $N_{施事}$ V"式被動句、"爲 $N_{施事}$ 所 V"式被動句換用爲"被 V"式被動句、"爲 $N_{施事}$ 所 V"式被動句換用爲"被 $N_{施事}$ 所 V"式被動句、"爲 $N_{施事}$ 所 V"式被動句換用爲"被 $N_{施事}$ V"式被動句、"爲N_施事所V"式被動句換用爲"見V"式被動句、"爲N_施事之所（不）V"式被動句換用爲"爲N_施事所（不）V"式被動句、"爲N_施事所（不）V"式被動句換用爲"（不）爲N_施事所V"式被動句、"被V"式被動句換用爲"見V"式被動句、"被V"式被動句換用爲"被N_施事V"式被動句、"受V"式被動句換用爲"被V"式被動句十一種類型。

（一）"爲N_施事所V"式被動句換用爲"爲所V"式被動句

"爲所V"式被動句是"爲N_施事所V"式被動句在發展過程中產生的省略形式，省去了動作行爲的施動者，"爲""所"相連而成，同樣表示被動，最早見於《史記》[①]，例如"請以劍舞，因擊沛公於坐，殺之。不者，若屬皆且爲所虜。"[②]《宋書》《南史》異文中"爲N_施事所V"式被動句換用爲"爲所V"式被動句的僅有1條。即：

A. 及王僧達被誅，謂爲竣所讒構，臨死陳竣前後忿懟，每恨言不見從。（《宋書・顏竣列傳》，卷75）

B. 及王僧達被誅，謂爲所讒構，臨死陳竣前後忿懟，恨言不見從。（《南史・顏竣列傳》，卷34）

上例由"爲竣所讒構"式被動變成了"爲所讒構"式被動，被動動詞均是雙音節的"讒構"。

（二）"爲N_施事所V"式被動句換用爲"爲N_施事V"式被動句

《宋書》《南史》異文中"爲N_施事所V"式被動句換用爲"爲N_施事V"式被動句的有17條，是均用被動句式的主要表現形式。例如：

A. 事泄，元德爲玄所誅，仲德奔竄。（《宋書・王懿列傳》，卷46）

B. 事泄，元德爲玄誅，仲德竄走。（《南史・王懿列傳》，卷25）

---

① 唐鈺明：《漢魏六朝被動式略論》，《中國語文》1987年第3期，第217頁；也可參見唐鈺明：《著名中年語言學家自選集・唐鈺明卷》，合肥：安徽教育出版社2002年版，第269頁。

② "爲"字與"所"字之間承前省略了動作的施動者"沛公"或"之"。

A. 綜父述亦爲義康所遇，綜弟約又是義康女夫，故太祖使綜隨從南上，既爲熙先所獎説，亦有酬報之心。(《宋書・孔熙先列傳》，卷69)

B. 既爲熙先獎説，亦有酬報之心。(《南史・孔熙先列傳》，卷33)

A. 初雍州刺史魯宗之常慮不爲公所容，與休之相結，至是率其子竟陵太守軌會于江陵。(《宋書・武帝本紀中》，卷2)

B. 初，雍州刺史魯宗之負力好亂，且慮不爲帝容，常爲讖曰："魚登日，輔帝室。"(《南史・武帝本紀》，卷1)

以上3例分別由"爲玄所誅""爲熙先所獎説""爲公所容"式被動變成了"爲玄誅""爲熙先獎説""爲帝容"式被動，被動動詞分別是單音節的"誅"、雙音節的"獎説"、單音節的"容"。

(三)"爲N$_{施事}$所（不）V"式被動句换用爲"（不）爲N$_{施事}$所V"式被動句

《宋書》《南史》異文中"爲N$_{施事}$所（不）V"式被動句换用爲"（不）爲N$_{施事}$所V"式被動句的僅有1條。即：

A. 眼患風，爲世祖所不愛。(《宋書・孝武十四王・晉安王子勛列傳》，卷80)

B. 眼患風，不爲孝武所愛。(《南史・宋宗室及諸王下・晉安王子勛列傳》，卷14)

上例由"爲世祖所不愛"式被動變成了"不爲孝武所愛"式被動，被動動詞均是單音節的"愛"。

(四)"爲N$_{施事}$所V"式被動句换用爲"被V"式被動句

《宋書》《南史》異文中"爲N$_{施事}$所V"式被動句换用爲"被V"式被動句的有4條。例如：

A. 南平王鑠、建平王宏並爲上所愛，而鑠妃即湛妹，勸上立之。(《宋書・徐湛之列傳》，卷71)

B. 南平王鑠、建平王宏並被愛，而鑠妃即湛妹，湛勸上立之，徵鑠自壽陽入朝。(《南史・徐湛之列傳》，卷15)

A. 先是，父曇首與王華並爲太祖所任，華子嗣人才既劣，位遇亦

輕。(《宋書·王僧綽列傳》, 卷71)

B. 父曇首與王華並被任遇, 華子新建侯嗣, 才劣位遇亦輕。(《南史·王僧綽列傳》, 卷22)

以上2例分別由"爲上所愛""爲太祖所任"式被動變成了"被愛""被任遇"式被動, 被動動詞分別是單音節的"愛""任"和雙音節的"任遇"。

(五)"爲N$_{施事}$所V"式被動句換用爲"被N$_{施事}$所V"式被動句

向熹認爲:"被"字式產生以後, 受"爲……(之)所……"式的影響而出現了"被……(之)所……"式。① 吳金華認爲"被……所……"式被動句始見於漢末。② 而董志翹則認爲"被……所……"式被動句則萌芽于東晉初, 至六朝末略有增加, 到唐宋時就比較常見了。③ 唐鈺明認爲"被X所X"式完全屬於書面化的格式, 甚至在書面語中也從未占過優勢。④《宋書》《南史》異文中"爲N$_{施事}$所V"式被動句換用爲"被N$_{施事}$所V"式被動句的僅有1條。即:

A. 璡之字曜璠, 臨川內史, 爲司空竟陵王誕所遇, 誕敗坐誅。(《宋書·謝靈運列傳》, 卷67)

B. 璡之字曜璠, 爲臨川內史, 被司空竟陵王誕所遇, 誕敗坐誅。(《南史·謝靈運列傳》, 卷19)

---

① 向熹:《簡明漢語史·下編》(修訂本), 北京:商務印書館2010年版, 第539頁。同樣的觀點還可參見唐鈺明:《漢魏六朝被動式略論》,《中國語文》1987年第3期, 第220頁; 也可參見唐鈺明:《著名中年語言學家自選集·唐鈺明卷》, 合肥:安徽教育出版社2002年版, 第276頁。

② 吳金華:《古漢語被動句"爲……見"式補説》,《南京師範大學學報》1992年第4期, 第38頁。

③ 董志翹:《中世漢語"被"字句的發展和衍變》,《河南師範大學學報》1989年第1期, 第48頁。相同的觀點還可參見董志翹:《中古文獻語言論集》, 成都:巴蜀書社2000年版, 第334頁。楊伯峻、何樂士:《古漢語語法及其發展》(修訂本), 北京:語文出版社2001年版, 第687頁。

④ 唐鈺明:《唐至清的"被"字句》,《中國語文》1988年第6期, 第461頁; 也可參見唐鈺明:《著名中年語言學家自選集·唐鈺明卷》, 合肥:安徽教育出版社2002年版, 第288頁。

上例由"爲司空竟陵王誕所遇"式被動變成了"被司空竟陵王誕所遇"式被動，被動動詞沒有發生變化，均是單音節的"遇"。

（六）"爲N$_{施事}$所V"式被動句換用爲"被N$_{施事}$V"式被動句

《宋書》《南史》異文中"爲N$_{施事}$所V"式被動句換用爲"被N$_{施事}$V"式被動句的僅有1條。即：

A. 彦之自河南回，留脩之戍滑臺，爲虜所圍，數月糧盡，將士熏鼠食之，遂陷於虜。（《宋書·朱脩之列傳》，卷76）

B. 後隨右軍到彦之北侵，彦之自河南回，脩之留戍滑臺，被魏將安頡攻圍。（《南史·朱脩之列傳》，卷16）

上例由"爲虜所圍"式被動變成了"被魏將安頡攻圍"式被動，被動動詞由單音節的"圍"變成了雙音節的"攻圍"。

（七）"爲N$_{施事}$所V"式被動句換用爲"見V"式被動句

《宋書》《南史》異文中"爲N$_{施事}$所V"式被動句換用爲"見V"式被動句的有5條。例如：

A. 文秀既行，慶之果爲帝所殺。（《宋書·沈文秀列傳》，卷88）

B. 及行，慶之果見殺。（《南史·沈文秀列傳》，卷37）

A. 恬兄謨，與朱脩之守滑臺，爲虜所没，後得叛還。（《宋書·申恬列傳》，卷65）

B. 恬兄謨與朱脩之守滑臺。魏剋滑臺見虜。（《南史·申恬列傳》，卷70）

以上2例分别由"爲帝所殺""爲虜所没"式被動變成了"見殺""見虜"式被動，被動動詞分别是單音節的"殺""没""虜"。

（八）"爲N$_{施事}$之所（不）V"式被動句換用爲"爲N$_{施事}$所（不）V"式被動句

"爲……所……"式被動句中的"所"字有時還可以與"之"字或

"見"字連用，性質和意義與"爲……所……"式被動句相同。卞仁海論述了"爲…（之）所…"句式的淵源及其歷時演變，通過分析，他認爲"爲…（之）所…"判斷句式受到了"爲"字式被動句的排擠和吞噬，受到"爲"字被動式的類化而發展成爲"爲…（之）所…"式被動句。① "之"字②與"所"字連用，出現在"所"的位置上，其作

---

① 卞仁海：《"爲…（之）所…"句式的歷時流變》，《韓山師範學院學報》2003年第1期，第62頁。

② 關於"之"字的語法屬性，目前學術界還沒有一致的觀點，此處做一點總結性的工作。第一種是認爲"之"字與"所"字屬於同義複用，"之"字來源於"爲A之V"式被動句式的"之"，以唐鈺明爲代表。唐鈺明認爲"爲A之所V"式表示被動是表示被動的"爲A所V"式和"爲A之V"式的結合，"之""所"是同義複用，爲了強調。參見唐鈺明：《漢魏六朝被動式略論》，《中國語文》1987年第3期，第218頁；也可參見唐鈺明：《著名中年語言學家自選集·唐鈺明卷》，合肥：安徽教育出版社2002年版，第271頁。第二種是認爲"之"字沒有實在意義，但有調整句子音節節奏的作用。吳金華持這種觀點，他認爲："如果說，古老的'爲……所'式是以判斷句的形式表示被動意義，那麼，'爲……之所'式的'之'字當有兩種功用：A. 聯結名詞性偏正詞組。B. 調整句子的語音節奏。從'爲……之所'式的發展趨勢來看，其中'之'字在先秦時代似乎兼有A、B兩種功用；至於漢魏，它的功用近乎A弱B強式或單一的B式。"參見吳金華：《南北朝以前的"爲……之所"式》，原載《中國語文通訊》1985年第4期，第8—12頁；參見吳金華：《古文獻研究叢稿》，南京：江蘇教育出版社1995年版，第15頁。柳士鎮的看法與吳金華基本相同，也認爲"之"字的作用是調整音節，沒有實在的意義，不過在他看來，"之"字連結的是"偏正化主謂詞組"。此外，他還不同意唐鈺明《漢魏六朝被動式略論》的觀點，認爲"爲A之V"式表示被動意義比"爲A所V"式早，二者之間不大可能形成同義複用的關係。參見柳士鎮：《魏晉南北朝歷史語法》（修訂本），北京：商務印書館2019年版，第479頁。第三種是認爲"之"是連詞，以高列過爲代表。她認爲從這一句式的發展來源看，"爲A所V"式和"爲A之所V"式都是先表示判斷，後來才用作表示被動，這兩種功用在很長的一段時間内是同時存在的。如果認爲表示判斷的"爲A之所V"式的"之"字是連詞，那就沒有理由認爲表示被動的"爲A之所"式的"之"字却是"襯音成分"。參見高列過：《東漢佛經的"爲R之所V"被動式——對"爲R之所V式"的重新認識》，《語言研究》2002年特刊，第48—52頁。此外，唐鈺明、周錫馥還認爲"之"字的作用既不是用來"聯結名詞性的偏正詞組"，也不是用來"調整句子的語音節奏"，而是他們的《論先秦漢語被動式的發展》一文中所引證過的"'之'尤'所'也。"該文指出："爲X所X"式出現之前，曾有一種"爲X之X"式，這種句式無疑是"爲"字式的產物之一。參見唐鈺明：《漢魏六朝被動式略論》，《中國語文》1987年第3期，第217頁；也可參見唐鈺明：《著名中年語言學家自選集·唐鈺明卷》，合肥：安徽教育出版社2002年版，第270頁。

用大致相當於"所"。① 這種句式是在"爲……所……"式與"爲……之……"式的基礎上發展起來的,② 它在戰國末期就已經出現,③ 在西漢、東漢均有所見,而以南北朝時期爲最多,成爲一種相對凝固的格式。④《宋書》《南史》異文中"爲N$_{施事}$之所V"式被動句換用爲"爲N$_{施事}$所V"式被動句的僅有1條。即:

A. 但既克之後,<u>爲天地之所不容</u>,大禍亦旋至耳。(《宋書·袁淑列傳》,卷70)

B. 居不疑之地,何患不剋;但既剋之後,<u>爲天地所不容</u>,大禍亦旋至耳。(《南史·袁淑列傳》,卷26)

上例由"爲天地之所不容"式被動變成了"爲天地所不容"式被動,被動動詞均是單音節的"容"。

(九)"被V"式被動句換用爲"見V"式被動句

《宋書》《南史》異文中"被V"式被動句換用爲"見V"式被動

---

① 陸宗達認爲:"古漢語爲了加强重點,常常同義詞複用。"參見陸宗達:《訓詁簡論》,北京:北京出版社1980年版,第33頁。唐鈺明認爲"之"尤"所"也,那就可以把"之""所"複用來加强語氣。再結合吳金華的觀點,就可以説"之所=所"。參見唐鈺明:《漢魏六朝被動式略論》,《中國語文》1987年第3期,第218頁;也可參見唐鈺明:《著名中年語言學家自選集·唐鈺明卷》,合肥:安徽教育出版社2002年版,第271頁;吳金華:《所見=所》,《中國語文》1981年第5期,第391、396頁。

② 唐鈺明:《漢魏六朝被動式略論》,《中國語文》1987年第3期,第218頁;也可參見唐鈺明:《著名中年語言學家自選集·唐鈺明卷》,合肥:安徽教育出版社2002年版,第271頁。楊伯峻、何樂士:《古漢語語法及其發展》(修訂本),北京:語文出版社2001年版,第680頁。

③ 唐鈺明:《漢魏六朝被動式略論》,《中國語文》1987年第3期,第217頁;也可參見唐鈺明:《著名中年語言學家自選集·唐鈺明卷》,合肥:安徽教育出版社2002年版,第269頁。同樣的觀點還可參見向熹:《簡明漢語史·下編》(修訂本),北京:商務印書館2010年版,第253頁;楊伯峻、何樂士:《古漢語語法及其發展》(修訂本),北京:語文出版社2001年版,第680頁。

④ 王洪君:《南北朝時的另一種被動式》,《中國語文通訊》1984年第6期,第24-26頁。該文指出,"爲……之所"式在南北朝時期運用頗廣,一部《百喻經》不到一萬七千字,就有"爲……之所"式22例,"爲……所"式23例。同樣的觀點還可參見楊伯峻、何樂士:《古漢語語法及其發展》(修訂本),北京:語文出版社2001年版,第680頁;吳金華:《南北朝以前的"爲……之所"式》,原載《中國語文通訊》1985年第4期,第8-12頁;參見吳金華:《古文獻研究叢稿》,南京:江蘇教育出版社1995年版,第14-15頁。

句的僅有 1 條。即：

A. 又有徐卓者，復欲率南人竊發，事泄被誅。（《宋書·朱脩之列傳》，卷 76）

B. 又有徐卓者亦没魏，復欲率南人竊發，事泄見誅。（《南史·朱脩之列傳》，卷 16）

上例由"被誅"式被動變成了"見誅"式被動，被動動詞均是單音節的"誅"。

（十）"被 V"式被動句換用爲"被 N$_{施事}$V"式被動句

《宋書》《南史》異文中"被 N$_{施事}$V"式被動句換用爲"被 V"式被動句的僅有 1 條。即：

A. 文秀被圍三載，外無援軍，士卒爲之用命，無離叛者，日夜戰鬭，甲胄生蟣虱。（《宋書·沈文秀列傳》，卷 88）

B. 文秀善於撫禦，被魏圍三載無叛者。（《南史·沈文秀列傳》，卷 37）

上例由"被圍"式被動變成了"被魏圍"式被動，被動動詞均是單音節的"圍"。

（十一）"受 V"式被動句換用爲"被 V"式被動句

《宋書》《南史》異文中"受 V"式被動句換用爲"被 V"式被動句的僅有 1 條。即：

A. 時有一長鬼寄司馬文宣家，云受遣殺弘微，弘微疾增劇，輒豫告文宣。（《宋書·謝弘微列傳》，卷 58）

B. 時有一長鬼寄司馬文宣家，言被遣殺弘微。（《南史·謝弘微列傳》，卷 20）

上例由"受遣"式被動變成了"被遣"式被動，被動動詞均是單音節的"遣"。

三、被動句換用爲一般陳述句

《宋書》《南史》異文中被動句換用爲一般陳述句的有 18 條，主要有 "見 V" 式被動句、"爲 N_施事 所 V" 式被動句、"被 V" 式被動句換用爲一般陳述句三種類型。

（一）"見 V" 式被動句換用爲一般陳述句

《宋書》《南史》異文中 "見 V" 式被動句換用爲一般陳述句的有 4 條。例如：

A. 徐羨之將廢廬陵王義真，以告道濟，道濟意不同，屢陳不可，不見納。（《宋書·檀道濟列傳》，卷 43）

B. 徐羨之等謀廢立，諷道濟入朝，告以將廢廬陵王義真，道濟屢陳不可，竟不納。（《南史·檀道濟列傳》，卷 15）

A. 見殺於奉化門外，時年四十六。（《宋書·袁淑列傳》，卷 70）

B. 劭命左右殺之於奉化門外槐樹下。（《南史·袁淑列傳》，卷 26）

以上 2 例分別由 "見納""見殺" 式被動變成了 "納""殺之" 的一般陳述句，動詞分別是單音節的 "納""殺"。

（二）"爲 N_施事 所 V" 式被動句換用爲一般陳述句

《宋書》《南史》異文中 "爲 N_施事 所 V" 式被動句換用爲一般陳述句的有 10 條。例如：

A. 殷暴病卒，未大殮，口鼻流血，疑遐潛加毒害，爲有司所糾。（《宋書·宗室·長沙景王道憐列傳》附 "義宗子遐"，卷 51）

B. 彥節弟遐字彥道，爲嫡母殷暴亡，有司糾之，徙始安郡。（《南史·宋宗室及諸王上·長沙景王道憐列傳》附 "彥節弟遐"，卷 13）

A. 十一月癸未，虎牢城復　爲索虜所陷。（《宋書·文帝本紀》，卷 5）

B. 十一月癸未，又尅虎牢。（《南史·宋文帝本紀》，卷 2）

A. 德靈雅有姿色，爲義宗所愛寵，本會稽郡吏。（《宋書·長沙景

王道憐列傳》附"義融弟義宗",卷 51)

B. 德靈以姿色,故義宗愛寵之。(《南史·宋長沙景王道憐列傳》附"義融弟義宗",卷 13)

以上 3 例分別由"爲有司所糾""虎牢城復　爲索虜所陷""爲義宗所愛寵"式被動變成了"有司糾之""尅虎牢""義宗愛寵之"的一般陳述句,動詞分別是單音節的"糾""陷""尅"和雙音節的"愛寵"。

(三)"被 V"式被動句換用爲一般陳述句

《宋書》《南史》異文中"被 V"式被動句換用爲一般陳述句的有 4 條。例如:

A. 典籤夏寶期事休若無禮,繫獄,啓太宗殺之,慮不被許,啓未報,輒於獄行刑,信反果錮送,而寶期已死。(《宋書·巴陵哀王休若列傳》,卷 72)

B. 慮不許,啓未報,於獄行刑。(《南史·宋巴陵哀王休若列傳》,卷 14)

A. 素既屢被徵辟,聲譽甚高。(《宋書·王素列傳》,卷 93)

B. 宋孝建、大明、泰始中,屢徵不就,聲譽甚高。(《南史·王素列傳》,卷 24)

以上 2 例分別由"被許""被徵辟"式被動變成了"許""徵"的一般陳述句,動詞分別是"許"和"徵辟""徵"。

第二節　短語結構不同

《宋書》《南史》異文中短語結構不同的語法差異有 11(19)條,主要表現在有無介詞的中補結構、有無介詞的狀中結構、有無標志的定中結構、狀中結構換用中補結構、中補結構換用動賓結構、動賓結構換用主謂結構六個方面。

一、有無介詞的中補結構

《宋書》《南史》異文中的中補結構有無介詞"於""在"包括四種情況，共6條。

（一）—於

同是中補結構，《宋書》中無介詞"於"，《南史》中有介詞"於"，僅1條。即：

A. 三十年，世祖入伐元兇，<u>被囚侍中下省</u>，將見害者數矣，卒得無恙。(《宋書·前廢帝本紀》，卷7)

B. 三十年，孝武入伐，元兇<u>囚帝於侍中下省</u>，將加害者數矣，卒得無恙。(《南史·前廢帝本紀》，卷2)

同是中補結構，上例由"被囚侍中下省"變成了"囚帝於侍中下省"。

（二）於—

同是中補結構，《宋書》中有介詞"於"，《南史》中無介詞"於"，共3條。例如：

A. 太祖聞僧達蚤慧，<u>召見於德陽殿</u>，問其書學及家事，應對閑敏，上甚知之，妻以臨川王義慶女。(《宋書·王僧達列傳》，卷75)

B. 文帝聞僧達早慧，<u>召見德陽殿</u>，應對閑敏，上甚知之，妻以臨川王義慶女。(《南史·王僧達列傳》，卷21)

同是中補結構，上例由"召見於德陽殿"變成了"召見德陽殿"。

（三）—在

同是中補結構，《宋書》中無介詞"在"，《南史》中有介詞"在"，僅1條。即：

A. 時臺軍據<u>赭圻</u>，南賊<u>屯鵲尾</u>，相持久不決。(《宋書·張興世列傳》，卷50)

B. 南賊屯在鵲尾，既相持久不決，興世建議曰："賊據上流，兵張地勝，今以奇兵潛出其上，使其首尾周惶，進退疑沮，糧運艱礙，乃制勝之奇。"（《南史·張興世列傳》，卷25）

同是中補結構，上例由"屯鵲尾"變成了"屯在鵲尾"。

（四）在—

同是中補結構，《宋書》中有介詞"在"，《南史》中無介詞"在"，僅1條。即：

A. 頃之，太宗定大事。是夜，廢帝橫尸在太醫閤口，興宗謂尚書右僕射王景文曰："此雖凶悖，要是天下之主，宜使喪禮粗足。若直如此，四海必將乘人。"（《宋書·蔡興宗列傳》，卷57）

B. 當明帝起事之夜，廢帝橫屍太醫閤口。（《南史·蔡興宗列傳》，卷29）

同是中補結構，上例由"橫尸在太醫閤口"變成了"橫屍太醫閤口"。

二、有無介詞的狀中結構

《宋書》《南史》異文同是狀中結構，《宋書》中有介詞"於"，《南史》中無介詞"於"，僅1條。即：

A. 明年，疾病徵還，於道卒，時年六十九。（《宋書·申恬列傳》，卷65）

B. 後拜豫州刺史，以疾徵還，道卒。（《南史·申恬列傳》，卷70）

同是狀中結構，上例由"於道卒"變成了"道卒"。

三、有無標志的定中結構

《宋書》《南史》異文中的定中結構有無標志"之"包括兩種情況，共8條。

（一）之—一

同是定中結構，《宋書》中有標志"之"，《南史》中無標志"之"，共6條。例如：

A. 徐羨之等以<u>廢弒之罪</u>將見誅，弘既非首謀，弟曇首又爲上所親委，事將發，密使報弘。（《宋書·王弘列傳》，卷42）

B. 徐羨之等以<u>廢弒罪</u>，將及誅，弘以非首謀，且弟曇首又爲上所親委。（《南史·王弘列傳》，卷21）

同是定中結構，上例由"廢弒之罪"變成了"廢弒罪"。

（二）一—之

同是定中結構，《宋書》中無標志"之"，《南史》中有標志"之"，共2條。例如：

A. 興宗謂羨曰："公閉門絕客，以避<u>悠悠請託</u>耳，身非有求，何爲見拒。"（《宋書·蔡興宗列傳》，卷57）

B. 興宗謂羨曰："公閉門絕客，以避<u>悠悠之請謁</u>耳，身非有求，何爲見拒？"（《南史·蔡興宗列傳》，卷29）

同是定中結構，上例由"悠悠請託"變成了"悠悠之請謁"。

四、狀中結構換用中補結構

《宋書》《南史》異文中狀中結構換用中補結構包括兩種情況，共2條。

（一）以—以

狀中結構換用中補結構，介詞都是"以"，僅1條。即：

A. 弘微口不言人短長，而曜好臧否人物，曜每言論，弘微常<u>以它語亂之</u>。（《宋書·謝弘微列傳》，卷58）

B. 口不言人短，見兄曜好臧否人物，每聞之，常<u>亂以他語</u>。（《南史·謝弘微列傳》，卷20）

上例由 "以它語亂之" 的狀中結構換用爲 "亂以他語" 的中補結構。

(二) 於—於

狀中結構換用中補結構，介詞都是 "於"，僅1條。即：
A. 甲申，車駕<u>於白下閱武</u>。(《宋書・文帝本紀》，卷5)
B. 二月甲申，<u>閱武於白下</u>。(《南史・文帝本紀》，卷2)
上例由 "於白下閱武" 的狀中結構換用爲 "閱武於白下" 的中補結構。

五、中補結構換用動賓結構

《宋書》《南史》異文中中補結構換用動賓結構僅有1條。《宋書》中有介詞 "以"，即：
A. 嘗豫聽訟，上<u>問以疑獄</u>，敬弘不對。(《宋書・王敬弘列傳》，卷66)
B. 嘗豫聽訟，上<u>問疑獄</u>，敬弘不對。(《南史・王裕之列傳》，卷24)
上例由 "問以疑獄" 的中補結構換用爲 "問疑獄" 的動賓結構。

六、動賓結構換用主謂結構

《宋書》《南史》異文中動賓結構換用主謂結構僅有1條。《宋書》中有動詞 "有"，即：
A. 帝<u>有旅力</u>，善騎射，解音律。(《宋書・少帝本紀》，卷4)
B. 帝<u>膂力絕人</u>，善騎射，解音律。(《南史・少帝本紀》，卷1)
上例由 "有旅力" 的動賓結構換用爲 "膂力絕人" 的主謂結構。

表 3-1　語法差異統計表

類型	序列號及小類	具體語境及出處（本紀/列傳）
被動句｜被動句（11）	（1）爲N$_{施事}$所V/爲N$_{施事}$V	爲燾所信敬—爲魏太武帝信敬（毛脩之）
		爲佃夫所委信—爲佃夫委信（劉昱）
		爲世祖所狎侮—爲孝武狎侮（劉德願）
		爲有司所奏—爲有司奏（劉敬宣）
		爲玄所誅—爲玄誅（王懿）
		爲玄所擒—爲玄禽（劉敬宣）
		爲振所敗—爲振敗（劉道規）
		爲虜所追—爲魏軍追（張永）
		爲太祖所誅—爲文帝誅（杜驥）
		爲御史中丞傅隆所奏—爲禦史中丞傅隆奏（謝靈運）
		爲熙先所獎説—爲熙先獎説（孔熙先）
		爲上所盼遇—爲上眄遇（劉子鸞）
		爲百姓所疾—爲百姓疾（奚顯度）
		爲太宗所委信—爲明帝委信（楊運長）
		不爲公所容—不爲帝容（劉裕）
		不爲時所知—不爲時知（孔熙先）
		不爲諸兄所齒遇—不爲諸兄齒遇（劉休範）
	（2）爲N$_{施事}$所V/爲所V	爲竣所讒構—爲所讒構（顏竣）
	（3）爲N$_{施事}$之所（不）V/爲N$_{施事}$所（不）V	爲天地之所不容—爲天地所不容（袁淑）
	（4）爲N$_{施事}$所（不）V/（不）爲N$_{施事}$所V	爲世祖所不愛—不爲孝武所愛（劉子勛）
	（5）爲N$_{施事}$所V/被N$_{施事}$V	爲虜所圍—被魏將安頡攻圍（朱脩之）
	（6）爲N$_{施事}$所V/被N$_{施事}$所V	爲司空竟陵王誕所遇—被司空竟陵王誕所遇（謝靈運）
	（7）爲N$_{施事}$所V/被V	爲上所愛—被愛（徐湛之）
		爲太祖所任—被任遇（王僧綽）
		爲廢帝所害—被害（劉休仁）
		爲臺軍主謝承祖所錄—被錄（黃回）

續表

類型	序列號及小類	具體語境及出處（本紀/列傳）
	(8) 爲 N$_{施事}$所 V/見 V	爲壽所寵—見寵（毛脩之）
		爲元顯所寵—見寵（王誕）
		爲虜所没—見虜（申恬）
		慶之果爲帝所殺—慶之果見殺（沈文秀）
		爲陛下所容—見容（劉義康）
	(9) 被 V/見 V	事泄被誅—事泄見誅（朱脩之）
	(10) 被 V/被 N$_{施事}$V	被圍三載—被魏圍三載（沈文秀）
	(11) 受 V/被 V	云受遣殺弘微—言被遣殺弘微（謝弘微）
被動句—陳述句（3）	(1) 被 V/陳述句	被囚侍中下省—囚帝於侍中下省（劉子業）
		慮不被許—慮不許（劉休若）
		攸之亦被發—攸之亦行（沈攸之）
		屢被徵辟—屢徵不就（王素）
	(2) 見 V/陳述句	將見誅—將及誅（王弘）
		尋又見殺—尋殺之（劉義真）
		見殺於奉化門外—殺之於奉化門外（袁淑）
		不見納—竟不納（檀道濟）
	(3) 爲 N$_{施事}$所 V/陳述句	爲百姓所苦—百姓皆苦之（劉裕）
		爲賊所没—陷没（劉裕）
		金墉城爲索虜所陷—魏尅金墉城（劉義隆）
		虎牢城復爲索虜所陷—尅虎牢（劉義隆）
		滑臺爲索虜所陷—魏尅滑臺（劉義隆）
		爲義宗所愛寵—義宗愛寵之（劉義宗）
		爲有司所糾—有司糾之（劉遐）
		爲流矢所中—中流矢（沈攸之）
		爲流矢所中—中流矢（鄧琬）
		爲矢所中—中流矢（殷孝祖）

187

續表

類型	序列號及小類	具體語境及出處（本紀/列傳）
陳述句－被動句（7）	（1）陳述句/爲 $N_{施事}$ V	刁逵執送之—爲刁逵執送（劉裕）
		妻弟謝晦薦達之—爲妻弟謝晦薦達（荀伯子）
	（2）陳述句/爲 $N_{施事}$ 所 V	時論美之—爲論者所美（張暢）
	（3）陳述句/見 V	有罪伏誅—見誅（劉準）
		討邁誅之—事覺見誅（何邁）
		齊王遣誅之—至是亦見誅（劉遐）
		以此戲之—以此見戲（王玄謨）
		又不省—不見省（劉景素）
	（4）陳述句/被 V	殞帝於華林園—被殺於華林園（劉休仁）
		上撫接甚厚—被撫接甚厚（宗越）
		起義討斬之—與殷琰同逆被斬（卜天生）
		賊射之，傷股—祇被射傷股（檀祇）
	（5）陳述句/被 $N_{施事}$ V	燾深加愛賞—深被太武賞愛（魯秀）
	（6）陳述句/V 于 $N_{施事}$	朱脩之没虜—朱脩之俘于魏（毛脩之）
	（7）陳述句/遇 V	帝殞於仁壽殿—帝遇弒於仁壽殿（劉昱）
中補結構－中補結構（4）	（1）/於	被囚侍中下省—囚帝於侍中下省（劉子業）
	（2）於/	召見於德陽殿—召見德陽殿（王僧達）
		惠澤被於西土—澤被西土（劉道産）
		立屋於廬山頂—立室廬山頂（翟法賜）
	（3）/在	南賊屯鵲尾—南賊屯在鵲尾（張興世）
	（4）在/	横尸在太醫閣口—横屍太醫閣口（蔡興宗）
狀中結構－狀中結構（1）	（1）於/	於道卒—道卒（申恬）

續表

類型	序列號及小類	具體語境及出處（本紀/列傳）
定中結構 ∣ 定中結構 (2)	(1) 之/	廢弑之罪—廢弑罪（王弘）
		政事之官—政事官（范泰）
		閨門之內—閨門內（王曇首）
		不爲章句之學—不爲章句學（孔熙先）
		皆三吳富人之子—皆三吳富人子（徐湛之）
		咸有富貴之情—咸有富貴情願（臧質）
	(2) /之	避悠悠請託—避悠悠之請謁（蔡興宗）
		亦匈奴別種—蓋匈奴之別種也（芮芮/蠕蠕）
狀中結構 ∣ 中補結構 (2)	(1) 以/以	以它語亂之—亂以他語（謝弘微）
	(2) 於/於	於白下閱武—閱武於白下（劉義隆）
中補結構 ∣ 動賓結構 (1)	(1) 以/	問以疑獄—問疑獄（王敬弘/王裕之）
動賓結構 ∣ 主謂結構 (1)		有旅力—膂力絕人（劉義符）

本章小結

　　本章主要對《宋書》《南史》異文中的語法差異進行了探究，主要表現在句式不同和短語結構不同兩個方面。句式不同的主要涉及主動句換爲被動句、均用被動句但被動形式不同、被動句換爲主動句三種類型。短語結構不同的主要表現在有無介詞的中補結構、有無介詞的狀中結構、有無標志的定中結構、狀中結構換用中補結構、中補結構換用動賓結構、動賓結構換用主謂結構六個方面。至於它們的形成原因，或由於敘事角度不同，如主動句與被動句的相互轉化；或由於改編時有意增删，如介詞的有無、標志的有無；或由於意義更加明顯，如中補結構換用動賓結構；或由於音節更加和諧，如狀中結構換用中補結構、動賓結構換用主謂結構；或由於作者個人用語習慣，如不同形式被動句的轉化等。

結　語

　　因爲成書時代先後的原因，《宋書》與《南史》記載了很多相同的歷史史事，但作者也并非完全是在照抄照搬。本書主要對《宋書》《南史》在記載相同歷史史事的 518（763）條異文進行了探究，它們之間的差異主要表現在文字、詞彙和語法三個方面。總體來説，詞彙差異占絕大部分，這也表明在語言的三要素中詞彙的發展變化最快，在語言中留下的痕迹往往也是最爲明顯的，文字和語法的發展一般較爲穩定，突變較少。這些異文，意義往往相同、相近或相關，這不僅能在史書的校勘上提供幫助，另一方面也反映出語言的發展變化，具有校勘學和語言學的雙重價值。

　　緒論。首先在理清南朝時期官修史書存留情况的基礎上對史書語料的複雜性和史書語料的時代判定觀作了回顧和簡要分析，明確本書的史書語料年代觀及本書的語料選取原則和所用語料，已經達到了語言研治的基本要求，最後論述了所用語料的研究現狀，認爲可以繼續從語言角度進行研究。其次確定了本書的研究内容，肯定了研究意義，并確立了研究方法。

　　第一章，異文與文字研究。本章主要對《宋書》《南史》異文中的 93（230）條文字差異進行了探究，主要涉及異體字異文、古今字異文、通假字異文、避諱字異文和音譯差異字異文五種類型，分別有 17（20）條、10（11）條、19（33）條、46（164）條、1（2）條。值得一提的是，《宋書》《南史》異文中的避諱用字情况，主要有改字、省闕兩種方式。改字主要涉及"靖""裕""或""虎""晒（秉/炳）""淵""世""民""治（稚）"九字，省闕主要涉及"淵""民""治（稚）"三字。避諱的結果，往往導致人名、地名、官職名、書名以及其他各種專名的變易，甚至造成史實的改竄、古書的淆亂，所以我們在閱讀古書時必須留意避諱這種文化現象。至於它們的形成原因，或由於漢字形體的不同，如異體字異文；或由於漢字時代的先後不同，如古今字異文；或由於漢字讀音的相同相近，如通假字異文；或由於古代文化上的原因，如避諱字異文；或由於翻譯時的語音差異，如音譯差異字異文等。

　　第二章，異文與詞彙研究。本章主要對《宋書》《南史》異文中的393（447）條詞彙差異進行了探究，主要有均用單音節詞語、均用雙音節詞語、單雙音節詞語的互相替換三種類型，分別有92（130）條、117（119）條、184（198）條。均用單音節詞語的差異主要是詞性的不同，分類比較簡單，其中動詞有66（102）條、名詞有13（14）條、副詞有7（8）條、介詞有3（3）條、形容詞有2（2）條、助詞有1（1）條。均用雙音節詞語的又可以分為部分語素相同、同素異序、語素完全不同三種類型，分別有82（82）條、31（33）條、4（4）條，往下再分的差異也主要是詞性的不同。其中部分語素相同的雙音節詞語又可以分為首語素相同、末語素相同、首語素與末語素相同、末語素與首語素相同四種類型，分別有37（37）條、36（36）條、3（3）條、6（6）條。首語素相同的雙音節詞語中，動詞有6（6）條、形容詞有16（16）條、名詞有14（14）條、副詞有1（1）條。末語素相同的雙音節詞語中，動詞有11（11）條、形容詞有8（8）條、名詞有16（16）條、代詞有1（1）條。首語素與末語素相同的雙音節詞語中，動詞有2（2）條、名詞有1（1）條。末語素與首語素相同的雙音節詞語中，動詞有3（3）條、形容詞有2（2）條、名詞有1（1）條。同素異序雙音詞中，動詞有13（13）條、名詞有13（15）條、形容詞有3（3）條、形容詞─名詞有2（2）條。語素完全不同的雙音詞中，動詞有2（2）條、名詞有1（1）條、副詞有1（1）條。單雙音節詞語的互相替换的主要差异在於單音節詞語與雙音節詞語的前後哪一個語素相同，往下再分的差異也主要是詞性的不同。主要涉及單音節詞語替換雙音節詞語和雙音節詞語替換單音節詞語兩種類型，分別有153（167）條、28（28）條。單音詞與雙音詞的前一個語素相同的有92（101）條，其中動詞有51（55）條、名詞有22（24）條、形容詞有17（20）條、介詞有1（1）條、副詞有1（1）條。單音詞與雙音詞的後一個語素相同的有61（66）條，其中動詞有32（36）條、名詞有12（12）條、形容詞有16（17）條、連詞有1（1）條。雙音詞的前一個語素與單音詞相同的有17（17）條，其中動詞有8（8）條、形容詞有6（6）條、名詞有3（3）條。雙音詞的後一個語素與單音詞相同的有11（11）條，其中動詞有6（6）條、名詞有5（5）條。至於它們的形成原因，或由於以古語解釋古語，如《南史》用舊詞替換《宋書》中的舊詞；或由於以今語解釋古語，如《南史》用新詞替換《宋書》中的舊詞；或由於以古語解釋今語，如《南史》用舊詞替換《宋書》中的新詞；或由於以今語解釋今語，如《南史》用新詞替換《宋書》中的新詞；或由於叙事角度不同，如"討""伐""征""侵""攻""襲""寇"和"没""俘""虜"等詞的替換；或由於是否是異形詞，如"愍然—憫然""盼遇—眄遇"等詞的替換；或由於意義更加圓足明顯，如《南史》用雙音節詞語替換《宋書》中的單音節詞語；或由於音節更加和諧，如《南史》用單音節詞語替換《宋書》中的雙音節詞語；或由於作者改編時有意增删，如單雙音節詞語之間的相互替換等。

　　第三章，異文與語法研究。本章主要對《宋書》《南史》異文中的32（86）條語法差異進行了探究，主要表現在句式不同和短語結構不同兩個方面，分別有21（67）條、11（19）條。句式不同的主要涉及主動句换爲被動句、均用被動句但被動形式不同、被動句换爲主動句三種類型，分別有15條、34條、18條。短語結構不同的主要表現在有無介詞的中補結構、有無介詞的狀中結構、有無標志的定中結構、狀中結構换用中補結構、中補結構换用動賓結構、動賓結構换用主謂結構六個方面，分別有6條、1條、8條、2條、1條、1條。至於它們的形成原因，或由於叙事角度不同，如主動句與被動句的相互轉化；或由於改編時有意增删，如介詞的有無、標志的有無；或由於意義更加明顯，如中補結構換用動賓結構、主謂結構換用定中結構；或由於音節更加和諧，如狀中結構換用中補結構、動賓結構換用主謂結構；或由於作者個人用語習慣，如不同形式被動句的轉化等。

綜上所述，《南史》并不是作者在簡單删削與增補《宋書》的基礎上形成的，它們之間的語言也在發生變化。這樣的事實可與前文引用的柳士鎮先生比較《晋書》與《世説》語言的結論"從語言角度觀察，其中固然有一部分是全文實録，但大部分又經過了編纂者的改造。這種改造是在不變更《世説》原意的基礎上進行的，主要表現爲更换了部分詞彙，改易了一些造句方式，目的顯然是使改造後的文句能與《晋書》通書的語體風格協調一致"[1] 相印證，我們也可以説從語言角度觀察《南史》與《宋書》異文，其中固然有一部分是全文實録，但又經過了編纂者的改造。這種改造是在不變更《宋書》原意的基礎上進行的，主要表現爲更换了部分詞彙，改易了一些造句方式，目的顯然是使改造後的文句能與《南史》通書的語體風格協調一致。

另外，我們對第二章抽取進行分析的 90 組詞語的歷史層次進行了統計，發現《南史》用舊詞替换《宋書》中的舊詞的有 79 組，《南史》用舊詞替换《宋書》中的新詞的有 6 組，《南史》用新詞替换《宋書》中的舊詞的有 3 組，《南史》用新詞替换《宋書》中的新詞的有 2 組，這樣一來，在這 90 組詞語中，《南史》偏嚮使用舊詞的竟多達 85 組，比例高達 94.44%。前文引用了洪誠先生"魏晋南北朝人修史書恰相反……就是寫當時的事實，也好用古語代今語"[2] 的觀點，因爲没有對《南史》《北史》與南北朝史書中的異文詞語做窮盡性的歷史層次分析和數據統計，不知李延壽在編修《南史》《北史》時是否也喜歡用古語

---

[1] 柳士鎮：《〈世説新語〉〈晋書〉異文語言比較研究》，《中州學刊》1988 年第 6 期，第 99 頁。

[2] 洪誠：《關於漢語史材料運用的問題》，《洪誠文集·雒誦廬論文集》，南京：江蘇古籍出版社 2000 年版，第 107 頁。

代替今語，但是可以印證我們關於史書語料時代劃分的觀點，那就是史書中的材料大致可以分爲三類：第一類是史書作者引錄的詔令、奏疏、文章、制誥等大量文獻資料，因其有確鑿的年代可考，當然可以視爲它們所記載的時代的語料；第二類是書中所記載的屬於歷史人物的行爲與言論部分，既可能是當時情況的實錄，也可能是史書作者自己的語言，還可能是介於歷史人物所處時代與史書作者所處時代之間的語料；第三類是史書作者對歷史事件的叙述和評論，可以看作是史書作者所處時代的語料。

最後，希望本書對《宋書》《南史》異文的研究結果能爲漢語史研究、大型語文辭書編纂、史書語料的時代判定提供一些有參考價值的語言事實。

參考文獻

一、著述類

B

（漢）班固撰：《漢書》，（唐）顏師古注，北京：中華書局1962年版。

（漢）班固撰：《白虎通義》，北京：中國書店2018年版。

卞仁海編著：《漢字與避諱》，廣州：暨南大學出版社2015年版。

C

蔡鏡浩編著：《魏晉南北朝詞語例釋》，南京：江蘇古籍出版社1990年版。

倉修良著：《方志學通論》，濟南：齊魯書社1990年版。

車淑姬著：《〈韓非子〉詞彙研究》，成都：巴蜀書社2008年版。

陳東輝著：《漢語史史料學》，北京：中華書局2013年版。

陳居淵著：《〈易章句〉導讀》，濟南：齊魯書社2002年版。

（宋）陳彭年等撰：《宋本廣韻》，北京：中國書店1982年版。

（晉）陳壽撰：《三國志》，（南朝宋）裴松之注，北京：中華書局1975年版。

陳曦譯注：《孫子兵法》，北京：中華書局2011年版。

陳曦譯注：《六韜》，北京：中華書局2016年版。

陳秀蘭著：《魏晉南北朝文與漢文佛典語言比較研究》，北京：中華書局2008年版。

陳垣撰：《史諱舉例》，北京：中華書局2012年版。

程湘清著：《漢語史專書複音詞研究》（增訂本），北京：商務印書館2008年版。

崔冶譯注：《吳越春秋》，北京：中華書局2019年版。

D

（清）戴震撰：《方言疏證》，上海：上海古籍出版社2018年版。

鄧安生著：《蔡邕集編年校注》，石家莊：河北教育出版社2002年版。

（戰國）鄧析撰：《鄧析子》，上海：上海古籍出版社1990年版。

（宋）丁度等編：《集韻》（附索引），上海：上海古籍出版社1985年版。

丁福林著：《〈宋書〉校議》，上海：上海古籍出版社2002年版。

董志翹、蔡鏡浩著：《中古虛詞語法例釋》，長春：吉林教育出版社1994年版。

董志翹著：《〈入唐求法巡禮行記〉詞彙研究》，北京：中國社會科學出版社2000年版。

董志翹著：《中古文獻語言論集》，成都：巴蜀書社2000年版。

（漢）董仲舒著：《春秋繁露》，周桂鈿譯注，北京：中華書局2011年版。

（晉）杜預注，（唐）孔穎達等正義：《春秋左傳正義》，北京：中華書局2009年版。

段德森著：《簡明古漢語同義詞詞典》，太原：山西教育出版社1992年版。

（清）段玉裁注，（清）徐灝箋：《説文解字注箋》，臺北：廣文書局1973年版。

F

（晉）范寧注，（唐）楊士勛疏：《穀梁傳注疏》，北京：中華書局2009年版。

方向東譯注：《新書》，北京：中華書局2012年版。

方一新著：《東漢魏晉南北朝史書詞語箋釋》，合肥：黃山書社1997年版。

方一新著：《中古近代漢語詞彙學》，北京：商務印書館2010年版。

方一新、王雲路編著：《中古漢語讀本》（修訂本），上海：上海教育出版社2018年版。

房玄齡注，劉績增注：《管子》，上海：上海古籍出版社1990年版。

傅亞庶撰：《孔叢子校釋》，北京：中華書局2011年版。

G

高亨注：《詩經今注》，上海：上海古籍出版社2009年版。

高敏著：《南北史掇瑣》，鄭州：中州古籍出版社2003年版。

高敏：《魏晉南北朝史發微》，北京：中華書局2005年版。

高明著：《中古史書詞彙論稿》，天津：天津古籍出版社2008年版。

高小方、蔣來娣編著：《漢語史語料學》，北京：高等教育出版社2005年版。

高誘注：《戰國策》，上海：上海書店 1987 年版。

（漢）高誘注：《淮南子注》，上海：上海書店 1992 年版。

葛本儀主編：《實用中國語言學詞典》，青島：青島出版社 1992 年版。

（清）顧炎武著：《日知録集釋》，（清）黄汝成集釋，欒保群、吕宗力校點，上海：上海古籍出版社 2006 年版。

（梁）顧野王編撰：《原本玉篇殘卷》，北京：中華書局 1985 年版。

管錫華著：《〈史記〉單音詞研究》，成都：巴蜀書社 2000 年版。

管燮初著：《西周金文語法研究》，北京：商務印書館 1981 年版。

（清）桂馥撰：《説文解字義證》，北京：中華書局 1987 年版。

（晋）郭璞注，（宋）邢昺疏：《爾雅注疏》，上海：上海古籍出版社 2010 年版。

（清）郭慶藩撰，王孝魚點校：《莊子集釋》，北京：中華書局 2013 年版。

（晋）郭象注，（唐）成玄英疏：《莊子注疏》，北京：中華書局 2011 年版。

郭在貽著：《郭在貽語言文學論稿》，杭州：浙江古籍出版社 1992 年版。

H

漢語大詞典編纂處編：《漢語大詞典訂補》，上海：上海辭書出版社 2010 年版。

杭州大學古籍研究所、杭州大學中文系古漢語教研室編：《古典文獻與文化論叢》，北京：中華書局 1997 年版。

（清）郝懿行撰：《爾雅義疏》，上海：上海古籍出版社 1983 年版。

（三國魏）何晏集解，（宋）邢昺疏：《論語注疏》，北京：中華書局 2009 年版。

洪誠著．《洪誠文集·雒誦廬論文集》，南京：江蘇古籍出版社 2000 年版。

洪成玉、張桂珍著：《古漢語同義詞辨析》，杭州：浙江教育出版社 1987 年版。

（宋）洪邁撰：《容齋隨筆》，孔凡禮點校，北京：中華書局 2005 年版。

華陸綜注譯：《尉繚子注譯》，北京：中華書局 1979 年版。

（元）黄公紹、熊忠著：《古今韻會舉要》，甯忌浮整理，北京：中華書局 2000 年版。

黄懷信校注：《小爾雅校注》，西安：三秦出版社 1992 年版。

黄懷信著：《鶡冠子校注》，北京：中華書局 2014 年版。

黄金貴著：《古代文化詞義集類辨考》（新一版），北京：商務印書館 2016 年版。

黃錦君著：《〈二程語錄〉語法研究》，成都：四川大學出版社2005年版。

黃靈庚疏證：《楚辭章句疏證》（增訂本），上海：上海古籍出版社2018年版。

（梁）皇侃撰：《論語義疏》，高尚榘校點，北京：中華書局2013年版。

J

江藍生著：《魏晉南北朝小說詞語匯釋》，北京：語文出版社1988年版。

（明）焦竑撰：《易筌》，明萬曆四十年刊本。

焦循撰：《孟子正義》，北京：中華書局1987年版。

K

（漢）孔安國傳，（唐）孔穎達正義：《尚書正義》，上海：上海古籍出版社2008年版。

孔晁注：《逸周書》，上海：商務印書館1936年版。

L

（唐）李白著：《李太白全集》，（清）王琦注，北京：中華書局2015年版。

李賡芸撰：《炳燭編》，上海：商務印書館1937年版。

李麗著：《〈魏書〉〈北史〉異文語言比較研究》，成都：巴蜀書社2011年版。

（宋）李燾撰：《續資治通鑑長編》，北京：中華書局1979年版。

（唐）李延壽撰：《南史》，北京：中華書局1975年版。

李宗江著：《漢語常用詞演變研究》（第二版），上海：上海教育出版社2018年版。

（北魏）酈道元撰：《水經注》，長沙：岳麓書社1998年版。

梁啓超著：《古書真偽及其年代》，北京：中華書局1955年版。

劉百順著：《魏晉南北朝史書語詞札記》，西安：陝西師範大學出版社1993年版。

（清）劉寶楠著：《論語正義》，北京：中華書局1958年版。

劉傳鴻著：《兩唐書列傳部分詞彙比較研究》，成都：巴蜀書社2009年版。

（清）劉淇著：《助字辨略》，章錫琛校注，北京：中華書局1983年版。

（東漢）劉熙撰：《釋名疏證補》，（清）畢沅疏證，王先謙補，北京：中華書局2008年版。

（漢）劉向撰：《說苑校證》，向宗魯校證，北京：中華書局1987年版。

（漢）劉向集錄：《戰國策》，（南宋）姚宏、鮑彪等注，上海：上海古籍出版社2015年版。

（漢）劉向撰：《列女傳》，北京：文物出版社 2019 年版。

（後晉）劉昫等撰：《舊唐書》，北京：中華書局 1975 年版。

柳士鎮著：《魏晉南北朝歷史語法》（修訂本），北京：商務印書館 2019 年版。

（唐）柳宗元撰：《柳河東集》，（明）蔣之翹輯注，杭州：浙江大學出版社 2021 年版。

（唐）陸德明撰：《經典釋文》，北京：中華書局 1983 年版。

陸費逵、歐陽溥存等編：《中華大字典》，北京：中華書局 1978 年版。

（清）陸以湉：《冷廬雜識》，《筆記小說大觀》，第 23 册，揚州：江蘇廣陵古籍刻印社 1983 年版。

陸宗達著：《訓詁簡論》，北京：北京出版社 1980 年版。

陸宗達、王寧著：《訓詁方法論》，北京：中國社會科學出版社 1983 年版。

羅竹風主編：《漢語大詞典》（縮印本），上海：上海辭書出版社 2009 年版。

M

馬叙倫著：《説文解字六書疏證》，上海：上海書店 1985 年版。

馬宗霍著：《〈南史〉校證》，戴維校點，長沙：湖南教育出版社 2008 年版。

（漢）毛亨傳，（漢）鄭玄箋，（唐）孔穎達等正義：《毛詩正義》，北京：中華書局 2009 年版。

（明）梅膺祚撰，（清）吴任臣撰：《字彙　字彙補》，上海：上海辭書出版社 1991 年版。

O

（宋）歐陽修、宋祁撰：《新唐書》，北京：中華書局 1975 年版。

Q

（清）錢大昕著：《十駕齋養新録》，上海：上海書店 1983 年版。

（清）錢大昕著：《廿二史考異》，方詩銘、周殿傑校點，上海：上海古籍出版社 2014 年版。

（清）錢繹撰集：《方言箋疏》，李發舜、黄建中點校，北京：中華書局 1991 年版。

裘錫圭著：《文字學概要》（修訂本），北京：商務印書館 2013 年版。

屈守元箋疏：《韓詩外傳箋疏》，成都：巴蜀書社 1996 年版。

R

（清）阮元編：《經籍纂詁》，成都：成都古籍書店 1982 年版。

S

（清）邵瑛《說文解字群經正字》，上海：上海古籍出版社 2002 年版。

（梁）沈約撰：《宋書》，北京：中華書局 1974 年版。

（遼）釋行均著：《龍龕手鑑》，北京：中華書局 1985 年版。

司馬光等編：《類篇》，北京：中華書局 1984 年版。

（宋）司馬光編著：《資治通鑑》，（元）胡三省音注，上海：上海古籍出版社 1987 年版。

（漢）司馬遷撰：《史記》，（宋）裴駰集解，（唐）司馬貞索隱，（唐）張守節正義，北京：中華書局 1982 年版。

題（明）宋濂撰：《篇海類編》，（明）屠隆訂正，續修四庫全書本。

宋聞兵著：《〈宋書〉詞語研究》，北京：中華書局 2009 年版。

蘇傑著：《〈三國志〉異文研究》，濟南：齊魯書社 2006 年版。

孫武著：《孫子》，曹操等注，上海：上海古籍出版社 1990 年版。

（清）孫星衍撰：《尚書今古文注疏》，北京：中華書局 1986 年版。

（清）孫詒讓著：《墨子閒詁》，孫以楷點校，北京：中華書局 1986 年版。

（清）孫詒讓撰：《周禮正義》，北京：中華書局 2013 年版。

T

［日］太田辰夫著：《中國語歷史文法》（修訂譯本），蔣紹愚、徐昌華譯，北京：北京大學出版社 2003 年版。

唐鈺明著：《著名中年語言學家自選集·唐鈺明卷》，合肥：安徽教育出版社 2002 年版。

唐子恒點校：《晏子春秋》，南京：鳳凰出版社 2018 年版。

W

萬久富著：《〈宋書〉複音詞研究》，南京：鳳凰出版社 2006 年版。

汪榮寶撰：《法言義疏》，陳仲夫點校，北京：中華書局 1987 年版。

汪維輝著：《東漢—隋常用詞演變研究》（修訂本），北京：商務印書館 2017 年版。

（魏）王弼、（晉）韓康伯注，（唐）孔穎達疏，（唐）陸德明音義：《周易注疏》，上海：上海古籍出版社 1989 年版。

（唐）王冰注：《重廣補注黃帝內經素問》，北京：中醫古籍出版社 2015 年版。

（東漢）王充著：《論衡》，上海：上海人民出版社 1974 年版。

王鳳陽著：《古辭辨》（增訂本），北京：中華書局 2011 年版。

（漢）王符著：《潛夫論箋》，（清）汪繼培箋，彭鐸校正，北京：中華書局 1979 年版。

（宋）王觀國撰：《學林》，田瑞娟點校，北京：中華書局 1988 年版。

王國軒、王秀梅譯注：《孔子家語》，北京：中華書局 2011 年版。

王建編著：《史諱辭典》，上海：上海古籍出版社 2011 年版。

王力著：《漢語語法史》，北京：商務印書館 2005 年版。

王力主編：《古代漢語》（校訂重排本），北京：中華書局 2016 年版。

王力著：《漢語史稿》（第三版），北京：中華書局 2019 年版。

王利器校注：《風俗通義校注》，北京：中華書局 2010 年版。

（清）王念孫著：《廣雅疏證》，北京：中華書局 1983 年版。

王啟濤著：《魏晉南北朝語言學史論考》，成都：巴蜀書社 2001 年版。

王彤偉著：《〈三國志〉同義詞及其歷時演變研究》，成都：巴蜀書社 2010 年版。

（唐）王維撰：《王右丞集箋注》，（清）趙殿成箋注，上海：上海古籍出版社 1992 年版。

（清）王先謙集解，方勇校點：《莊子》，上海：上海古籍出版社 2013 年版。

（清）王先慎撰：《韓非子集解》，鍾哲點校，北京：中華書局 2003 年版。

王新華著：《避諱研究》，濟南：齊魯書社 2007 年版。

王彥坤著：《古籍異文研究》，廣州：廣東高等教育出版社 1993 年版。

王彥坤編著：《歷代避諱字彙典》，北京：中華書局 2009 年版。

（清）王引之著：《經傳釋詞》，北京：中華書局 1956 年版。

（清）王引之著：《經義述聞》，南京：鳳凰出版社 2000 年版。

（清）王筠撰：《説文解字句讀》，北京：中華書局 1988 年版。

王雲路、方一新著：《中古漢語語詞例釋》，長春：吉林教育出版社 1992 年版。

王雲路、方一新編：《中古漢語研究》，北京：商務印書館 2000 年版。

王雲路著：《中古漢語詞彙史》，北京：商務印書館 2010 年版。

王政白著：《古漢語同義詞辨析》，合肥：黃山書社 1992 年版。

王仲犖著：《魏晉南北朝史》，上海：上海人民出版社 2003 年版。

魏德勝著：《〈韓非子〉語言研究》，北京：北京語言學院出版社 1995 年版。

（北齊）魏收撰：《魏書》，北京：中華書局 1974 年版。

（清）吴昌瑩著：《經詞衍釋》，北京：中華書局1983年版。

吴金華著：《古文獻研究叢稿》，南京：江蘇教育出版社1995年版。

吴玉搢比輯：《別雅訂》，許瀚校勘，北京：中華書局1985年版。

X

夏征農、陳至立主編：《辭海》（第六版），上海：上海辭書出版社2009年版。

向熹著：《簡明漢語史》（修訂本），北京：商務印書館2010年版。

向熹著：《漢語避諱研究》，北京：商務印書館2016年版。

（梁）蕭統選編：《六臣注文選》，（唐）李善等注，杭州：浙江古籍出版社1999年版。

（梁）蕭子顯撰：《南齊書》，北京：中華書局1972年版。

徐復著：《後讀書雜志》，上海：上海古籍出版社1996年版。

（南唐）徐鍇撰：《説文解字繫傳》，北京：中華書局1987年版。

徐時儀校注：《〈一切經音義〉三種校本合刊》，上海：上海古籍出版社2008年版。

徐顯之著：《山海經探源》，武漢：武漢出版社1991年版。

許富宏譯注：《鬼谷子》，北京：中華書局2012年版。

（漢）許慎撰：《説文解字》，北京：中華書局1963年版。

（漢）許慎撰：《説文解字注》，（清）段玉裁注，上海：上海古籍出版社1981年版。

許維遹撰：《吕氏春秋集釋》，梁運華整理，北京：中華書局2010年版。

（戰國）荀況撰：《荀子》，（唐）楊倞注，耿芸標校，上海：上海古籍出版社1996年版。

Y

（清）嚴可均校輯：《全上古三代秦漢三國六朝文》，北京：中華書局1987年版。

顔洽茂著：《佛教語言闡釋——中古佛經詞彙研究》，杭州：杭州大學出版社1997年版。

顔元孫撰：《干禄字書》（及其他一種），北京：中華書局1985年版。

楊伯峻、何樂士著：《古漢語語法及其發展》（修訂本），北京：語文出版社2001年版。

楊樹達著：《詞詮》，北京：中華書局1978年版。

（漢）揚雄著：《揚雄集校注》，張震澤校注，上海：上海古籍出版社1993年版。

姚春鵬譯注：《黃帝內經》，北京：中華書局2010年版。

（唐）姚思廉撰：《陳書》，北京：中華書局1972年版。

（唐）姚思廉撰：《梁書》，北京：中華書局1973年版。

（漢）應劭撰：《風俗通義校注》，王利器校注，北京：中華書局2010年版。

余嘉錫撰：《世說新語箋疏》，周祖謨、余淑宜整理，北京：中華書局1983年版。

俞理明、顧滿林著：《東漢佛道文獻詞彙新質研究》，北京：商務印書館2013年版。

俞樾等著：《古書疑義舉例五種》，北京：中華書局1983年版。

（元）袁桷撰：《延祐四明志》，揚州：揚州譜志，2018年。

袁珂著：《中國古代神話》，北京：中華書局1960年版。

袁珂校注：《山海經校注》（增補修訂本），成都：巴蜀書社1996年。

袁英光主編：《南朝五史辭典》，濟南：山東教育出版社2005年版。

Z

張能甫著：《鄭玄注釋語言詞彙研究》，成都：巴蜀書社2000年版。

張舜徽著：《張舜徽集》第一輯《中國古代史籍校讀法》，武漢：華中師範大學出版社2004年版。

張巍著：《中古漢語同素逆序詞演變研究》，上海：上海古籍出版社2010年版。

張永言著：《語文學論集》（增訂本），上海：復旦大學出版社2015年版。

張涌泉、王雲路、方一新主編：《郭在貽文集》（全四卷），北京：中華書局2002年版。

張涌泉著：《漢語俗字研究》（增訂本），北京：商務印書館2010年版。

（清）張玉書、陳廷敬等纂：《康熙字典》（標點整理本），漢語大詞典編纂處整理，上海：漢語大詞典出版社2002年版。

（明）張自烈編：《正字通》，（清）廖文英補，北京：國際文化出版公司1996年版。

（漢）趙岐注，（宋）孫奭疏：《孟子注疏》，北京：中華書局2009年版。

（清）趙翼撰：《陔餘叢考》，上海：商務印書館1957年版。

真大成著：《中古史書校證》，北京：中華書局2013年版。

（漢）鄭玄注，（唐）賈公彥疏：《周禮注疏》，北京：中華書局1980年版。

（漢）鄭玄注，（唐）孔穎達等正義：《禮記正義》，北京：中華書局2009年版。

中國社會科學院語言研究所詞典編輯室編：《現代漢語詞典》（第7版），北京：商務印書館2016年版。

周俊勳著：《中古漢語詞彙研究綱要》，成都：巴蜀書社2009年版。

（宋）周密撰：《齊東野語》，張茂鵬點校，北京：中華書局1983年版。

周一良著：《魏晉南北朝史札記》（補訂本），北京：中華書局2015年版。

周祖謨著：《周祖謨語言學論文集》，北京：商務印書館2001年版。

周祖謨著：《周祖謨語言文史論集》，北京：學苑出版社2004年版。

（明）朱國禎：《涌幢小品》，《筆記小説大觀》，第13册，揚州：江蘇廣陵古籍刻印社1983年版。

（清）朱駿聲編著：《説文通訓定聲》，北京：中華書局1984年版。

朱慶之著：《佛典與中古漢語詞彙研究》，臺北：文津出版社1992年版。

（宋）朱熹撰：《四書章句集注》，北京：中華書局1983年版。

（宋）朱熹撰：《楚辭集注》，黄靈庚點校，上海：上海古籍出版社2015年版。

朱右曾著：《逸周書集訓校釋》，臺灣：商務印書館1971年版。

宗福邦、陳世鐃、蕭海波主編：《故訓匯纂》，北京：商務印書館2003年版。

（戰國）左丘明著：《國語》，（三國吴）韋昭注，胡文波校點，上海：上海古籍出版社2015年版。

二、論文類

卞仁海：《"爲…（之）所…"句式的歷時流變》，《韓山師範學院學報》2003年第1期，第60-65頁。

薄家富：《也談同素異序詞》，《天津師大學報》1996年第6期，第70-73頁。

曹先擢：《并列式同素異序同義詞》，《中國語文》1979年第6期，第406-411，454頁。

曹小雲：《〈唐律疏議〉同素異序雙音詞研究》，《安徽理工大學學報（社會科學版）》2009年第4期，第55-60頁。

車淑婭：《〈韓非子〉同素異序雙音詞研究》，《語言研究》2005年第1期，第113-118頁。

陳愛文、于平：《并列式雙音詞的字序》，《中國語文》1979年第2期，第101－105頁。

陳秀蘭：《敦煌變文與漢語常用詞演變研究》，《古漢語研究》2001年第3期，第50－53頁。

陳秀蘭：《從常用詞看魏晉南北朝文與漢文佛典語言的差異》，《古漢語研究》2004年第1期，第94－95頁。

程家樞、張雲徽：《并列式雙音複合名詞的字序規律新探》，《雲南教育學院學報（哲社版）》1989年第1期，第72－76頁。

丁勉哉：《同素詞的結構形式和意義的關係》，《學術月刊》1957年第2期，第48－54頁。

丁喜霞：《常用詞"疾病"的歷史來源考辨》，《洛陽師範學院學報》2006年第3期，第104－107頁。

董志翹：《中世漢語"被"字句的發展和衍變》，《河南師範大學學報（哲學社會科學版）》1989年第1期，第47－53頁。

段渝：《中國〈山海經〉學術討論會上的一些新觀點和爭議問題》，《大自然探索》1984年第4期，第173－174頁。

馮青：《〈世說新語〉與〈晉書〉異文詞彙研究》，廣西師範大學2007年碩士學位論文。

高華平：《〈魏書〉〈北史〉之〈韓麒麟傳〉附〈顯宗傳〉所引〈莊子〉文字考辨》，《古籍整理研究學刊》2002年第6期，第43－45頁。

高列過：《東漢佛經的"爲R之所V"被動式——對"爲R之所V"式的重新認識》，《語言研究》2002年特刊，第48－52頁。

高敏：《試論魏晉南北朝時期史學的興盛及其特徵和原因》，《史學史研究》1993年第3期，第55－61頁。

高明：《中古史書詞彙與語文詞典的編纂——以〈漢語大詞典〉書證爲中心》，《西藏民族學院學報（哲學社會科學版）》2007年第4期，第79－84頁。

高小方：《洪誠先生對於漢語史語料學的貢獻》，《南京社會科學》1999年第12期，第66－73頁。

郭在貽：《讀江藍生〈魏晉南北朝小説詞語匯釋〉》，《中國語文》1989年第3期，第227－231頁。

郭在貽遺作，張涌泉、黃征整理：《魏晉南北朝史書語詞瑣記》，《古漢語研究》1990年第3期,第15-22頁。

胡敕瑞:《中古漢語語料鑒別述要》,《漢語史學報》(第五輯),上海:上海教育出版社2005年版,第270-279頁。

胡繼明:《"疾"有"重病"義》,《古漢語研究》2002年第1期,第90頁。

胡繼明:《"疾"有"重病"義》,《漢字文化》2002年第1期,第34頁。

黃建寧:《〈太平經〉中的同素異序詞》,《四川師範大學學報(社會科學版)》2001年第1期,第62-66頁。

黃雲鶴:《〈魏書·本紀〉〈北史·魏本紀〉校記》,《古籍整理研究學刊》1992年第4期,第33-35頁。

李麗:《〈魏書〉〈北史〉相同史實部分用語比較研究》,《古漢語研究》2008年第3期,第89-94頁。

李麗:《〈魏書〉〈北史〉對讀札記》,《唐山師範學院學報》2010年第6期,第5-6頁。

劉百順:《也談〈晉書〉的語料時代》,《漢語史學報》(第九輯),上海:上海教育出版社2010年版,第243-260頁。

劉麗紅:《常用詞"見""視""觀""看"演變研究》,《華中師範大學研究生學報》2015年第3期,第83-89頁。

柳士鎮:《〈世說新語〉〈晉書〉異文語言比較研究》,《中州學刊》1988年第6期,第99-102,49頁。

馬顯彬:《同素異序詞成因質疑》,《湛江師範學院學報》2004年第5期,第77-79頁。

馬真:《先秦複音詞初探》,《北京大學學報(哲學社會科學版)》1980年第5期,第54-63頁。

馬真:《先秦複音詞初探》(續完),《北京大學學報(哲學社會科學版)》1981年第1期,第76-84頁。

敏春芳:《敦煌願文中的同素異序雙音詞》,《敦煌研究》2007年第3期,第107-111頁。

任連明、孫祥愉:《常用詞"逢、遇、碰"的歷時演變考察》,《渭南師範學院學報》2013年第11期,第101-105頁。

湯勤:《〈史記〉與〈戰國策〉語言比較研究》,華中科技大學2006年博士學位論文。

唐鈺明、周錫䪨：《論先秦漢語被動式的發展》，《中國語文》1985 年第 4 期，第 281－285 頁。

唐鈺明：《漢魏六朝被動式略論》，《中國語文》1987 年第 3 期，第 216－222 頁。

唐鈺明：《唐至清的"被"字句》，《中國語文》1988 年第 6 期，第 459－468 頁。

万獻初：《現代漢語并列式雙音詞的優化構成》，《漢語學習》2004 年第 1 期，第 39－45 頁。

汪維輝：《漢語"説類詞"的歷時演變與共時分布》，《中國語文》2003 年第 4 期，第 329－342 頁。

汪維輝、胡波：《漢語史研究中的語料使用問題——兼論系詞"是"發展成熟的時代》，《中國語文》2013 年第 4 期，第 359—370 頁。

王海平：《〈史記〉〈漢書〉異文研究》，暨南大學 2003 年碩士學位論文。

王洪君：《南北朝時的另一種被動式》，《中國語文通訊》1984 年第 6 期，第 24－26 頁。

王魁偉：《太田辰夫語料觀説略》，《日本研究》1994 年第 1 期，第 80－82，73 頁。

王魁偉：《讀太田辰夫〈中國語歷史文法·跋〉》，《中國語文》1995 年第 2 期，第 158－160 頁。

王魁偉：《關於語料問題的幾點思考》，《福州大學學報（哲學社會科學版）》2000 年第 3 期，第 83－84，93 頁。

王魁偉：《從〈漢語史稿〉看王力的語料觀》，《漢語史研究集刊》（第六輯），成都：巴蜀書社 2003 年版，第 1－7 頁。

王魁偉：《關於〈晋書〉的語料年代》，《漢語史學報》（第四輯），上海：上海教育出版社 2004 年版，第 192－295 頁。

王魁偉：《從〈漢語史通考〉看太田辰夫的語料觀》，《漢語史學報》（第十一輯），上海：上海教育出版社 2011 年版，第 289－293 頁。

王彤偉：《常用詞"疾"、"病"的歷時替代》，《北方論叢》2005 年第 2 期，第 48－51 頁。

王彤偉：《"疾"輕"病"重質疑》，《陝西理工學院學報》2005 年第 3 期，第 64－71 頁。

王雲路：《中古漢語詞彙研究綜述》，《古漢語研究》2003年第2期，第70-76頁。

王雲路：《論四聲調序與複音詞的語素排列》，《漢語史研究集刊》（第十輯），成都：巴蜀書社2007年版，第497-519頁。

王雲路、黃沚青：《本世紀以來（2000-2011）中古漢語詞彙研究綜論》，《浙江社會科學》2012年第10期，第113-118頁。

吴金華：《所見＝所》，《中國語文》1981年第5期，第391，396頁。

吴金華：《古漢語被動句"爲……見"式補説》，《南京師範大學學報》1992年第4期，第38頁。

伍宗文：《先秦漢語中字序對換的雙音詞》，《漢語史研究集刊》（第三輯），成都：巴蜀書社2000年版，第85-99頁。

肖麗容：《中古史書被動句研究》，四川師範大學2012年碩士學位論文。

肖麗容：《魏晉南北朝史書詞彙研究》，四川大學2016年博士學位論文。

肖麗容：《〈宋書〉〈南史〉異文與避諱文字研究》，《鄭州航空工業管理學院學報（社會科學版）》2020年第5期，第44-53頁。

肖麗容：《〈宋書〉〈南史〉異文與語法研究》，《鄭州航空工業管理學院學報（社會科學版）》2021年第1期，第72-81頁。

徐時儀：《也談"疾"與"病"》，《辭書研究》1999年第5期，第149-152頁。

楊五銘：《西周金文被動句式簡論》，《古文字研究》（第七輯），北京：中華書局1982年版，第309-317頁。

張宏玲：《〈史記〉與〈戰國策〉的異文研究》，内蒙古師範大學2016年碩士學位論文。

張徽：《〈宋書〉點校札記》，蘇州大學2006年碩士學位論文。

張徽：《〈宋書〉校釋》，蘇州大學2009年博士學位論文。

張能甫：《從〈舊唐書〉看史書語料在辭書編纂中的地位和價值》，《四川師範大學學報（社會科學版）》2003年第3期，第73-81頁。

張能甫：《關於現代漢語詞彙歷史層次研究的一些思考——以現代漢語詞語中的W字頭的詞或詞組爲例》，《西南科技大學學報（哲學社會科學版）》2012年第6期，第46-56頁。

張蔚虹：《近20年漢語常用詞演變研究的回顧與展望（1995年—2015年）》，

《廣東海洋大學學報》2016年第2期，第57－61頁。

張永言、汪維輝：《關於漢語詞彙史研究的一點思考》，《中國語文》1995年第6期，第401－413頁。

張雲濤：《〈左傳〉〈史記〉異文研究》，内蒙古師範大學2007年碩士學位論文。

趙振鐸：《論先秦兩漢漢語》，《古漢語研究》1994年第3期，第1－4，86頁。

真大成：《魏晋南北朝史書詞語論考》，南京大學2008年博士學位論文。

真大成：《説"趁"——基於晋唐間（5－10世紀）演變史的考察》，《中國語文》2015年第2期，第159－173頁。

鄭奠：《古漢語中字序對換的雙音詞》，《中國語文》1964年第6期，第445－453頁。

周典富：《〈宋書〉異文研究》，復旦大學2013年博士學位論文。

朱冠明：《漢語語法史研究中的幾個例句辨析》，《中國語文》2013年第6期，第518－521頁。

朱湘雲：《〈宋書〉與〈南史〉異文之字詞研究》，福建師範大學2002年碩士學位論文。

朱湘雲：《〈宋書〉與〈南史〉的同義詞對比研究》，《廈門教育學院學報》2003年第1期，第35－38頁。

朱湘雲：《〈宋書〉與〈南史〉異文避諱考》，《廈門教育學院學報》2004年第1期，第37－40頁。

朱湘雲：《標點本〈宋書〉與〈南史〉異文詞義辨析》，《福州大學學報（哲學社會科學版）》2007年第4期，第87－89頁。

三、其他類

國學大師：http://www.guoxuedashi.com/
上海師範大學語言研究所潘悟雲製作"《廣韻》查詢系統"
陝西師範大學歷史文化學院袁林、張宇等製作"《漢籍全文檢索系統》（第四版）"
漢典：https://www.zdic.net/

附　錄

附錄1　《宋書》《南史》異文目錄

	宋書（卷數）	其他（卷數）	南史（卷數）	其他（卷數）
劉裕	武帝1、2、3		武帝1	
劉義符	少帝4		少帝1	
劉義隆	文帝5		文帝2	
劉駿	孝武帝6		孝武帝2	
劉子業	前廢帝7		前廢帝2	
劉彧	明帝8		明帝3	
劉昱	後廢帝9		後廢帝3	
劉準	順帝10		順帝3	
趙安宗	孝穆趙皇后41		孝穆趙皇后11	
蕭文壽	孝懿蕭皇后41		孝懿蕭皇后11	
臧愛親	武敬臧皇后41		武敬臧皇后11	
張夫人（諱闕）	武帝張夫人41		武帝張夫人11	
司馬茂英	少帝司馬皇后41		少帝司馬皇后11	
胡道安	武帝胡婕妤41		文章胡太后11	
袁齊媯	文元袁皇后41		文元袁皇后11	

213

續表

	宋書（卷數）	其他（卷數）	南史（卷數）	其他（卷數）
路惠男	文帝路淑媛41	弟子瓊之41 休之41 茂之41	孝武昭路太后11	弟子瓊之11 休之11 茂之11
王憲嫄	孝武文穆王皇后41	父偃41 偃子藻41	孝武文穆王皇后11	王誕/兄子偃23 王誕/偃子藻23
何令婉	前廢帝何皇后41	父瑀41 瑀子邁41	前廢帝何皇后11	父瑀11 瑀子邁11
沈容姬	文帝沈婕妤41		明宣沈太后11	
王貞風	明恭王皇后41	明帝陳貴妃41	明恭王皇后11	後廢帝陳太妃11
江簡珪	後廢帝江皇后41		後廢帝江皇后11	
陳法容	明帝陳昭華41		順皇太妃11	
謝梵境	順帝謝皇后41		順謝皇后11	
劉穆之	劉穆之42	長子慮之42 慮之子邕42 穆之中子式之42 式之子瑀42	劉穆之15	長子慮之15 孫邕15 穆之子式之15 式之子瑀15
王弘	王弘42	子錫42	王弘21	子錫21
徐羨之	徐羨之43	兄子佩之43	徐羨之15	從子佩之15
傅亮	傅亮43	父瑗43 兄迪43	傅亮15	父瑗15 兄迪15
檀道濟	檀道濟43	薛肜①43 高進之43	檀道濟15	薛肜15 高進之15
謝晦	謝晦44		謝晦19	
王鎮惡	王鎮惡45		王鎮惡16	
檀韶	檀韶45		檀道濟/兄韶15	
向靖	向靖45	子柳45	向靖17	子柳17
劉懷慎	劉懷慎45	子德願45 榮祖45 懷慎弟懷默45 孫登子亮45 孫登弟道隆45	劉懷肅/懷敬弟懷慎17	懷慎子德願17 懷慎子榮祖17 懷慎弟懷默17 懷默孫亮17 懷默子道隆17

① 《宋書》校勘記："薛肜"《南史》作"薛肜"。

214

附録1　《宋書》《南史》異文目録

續表

	宋書（卷數）	其他（卷數）	南史（卷數）	其他（卷數）
劉粹	劉粹45	弟道濟45 族弟損45	劉粹17	弟道濟17 族弟損17
趙倫之	趙倫之46	子伯符46	趙倫之18	子伯符18
王懿	王懿46	兄元德46	王懿25	兄叡①25
張邵	張邵46	子敷46 兄子暢46 暢弟悅46 暢子淹46	張邵32	子敷32 兄子暢32 暢弟悅32 暢子淹32
劉懷肅	劉懷肅47	孫道存47 懷肅弟懷敬47 懷敬子真道47 孟懷玉47 弟龍符47	劉懷肅17	孫道存17 懷肅弟懷敬17 懷敬子真道17 孟懷玉17 弟龍符17
劉敬宣	劉敬宣47		劉敬宣17	
檀祇	檀祇47		檀道濟/韶弟祇15	
朱齡石	朱齡石48	父綽48 弟超石48	朱齡石16	父綽16 弟超石16
毛脩之	毛脩之48		毛脩之16	
傅弘之	傅弘之48		傅弘之16	
孫處	孫處49		孫處17	
蒯恩	蒯恩49		蒯恩17	
劉鍾	劉鍾49		劉鍾17	
虞丘進	虞丘進49		虞丘進17	
胡藩	胡藩50		胡藩17	
劉康祖	劉康祖50	伯父簡之50 謙之50 父虔之50	劉康祖17	伯父簡之17 簡之弟謙之17 父虔之17
垣護之	垣護之50	伯父遵50 父苗50	垣護之25	伯父遵25 父苗25

---

① 《宋書·王懿列傳》（卷四十六）："兄弟名犯晉宣、元二帝諱，並以字稱。叡字元德。"

續表

	宋書（卷數）	其他（卷數）	南史（卷數）	其他（卷數）
張興世	張興世 50		張興世 25	
劉道憐	長沙景王道憐 51	子義欣 51 義欣子瑾 51 韞 51 義欣弟義融 51 義融子覬 51 襲 51 義融弟義宗 51 義宗子秉 51 遐 51 義宗弟義賓 51 義賓弟義綦 51	長沙景王道憐 13	子義欣 13 義欣子瑾 13 義欣子韞 13 義欣弟義融 13 義融子覬 13 義融子襲 13 義融弟義宗 13 義宗子秉 13 彥節弟遐 13 義宗弟義賓 13 義賓弟義綦 13
劉道規	臨川烈武王道規 51	子義慶 51 鮑照 51	臨川烈武王道規 13	子義慶 13 鮑照 13
劉遵考	營浦侯遵考 51	從弟思考 51	營浦侯遵考 13	從弟思考 13
庾悦	庾悦 52		庾悦 35	
王誕	王誕 52		王誕 23	
謝景仁	謝景仁 52	弟純 52 述 52	謝裕① 19	弟純 19 弟述 19
袁湛	袁湛 52	弟豹 52	袁湛 26	弟豹 26
褚叔度	褚叔度 52	長兄秀之 52 秀之弟淡之 52 弟湛之 52	褚裕 28	兄秀之 28 弟淡之 28 秀之子湛之 28②
張茂度	張茂度 53	陸仲元 53 仲元弟子真 53 茂度子永 53	張裕 31	陸慧曉/伯父仲元 48 陸慧曉/父子真 48 茂度子永 31
庾登之	庾登之 53	弟炳之 53	庾悦/族弟登之 35	庾悦/登之弟仲文 35

---

① 説明：在本書中，名字加有方框的表示因爲避諱導致的《宋書》《南史》記載不一致。

② 《宋書》《南史》記録的親屬關係不一致。

續表

	宋書（卷數）	其他（卷數）	南史（卷數）	其他（卷數）
謝方明	謝方明 53	子惠連 53	謝方明 19	子惠連 19
江夷	江夷 53		江夷 36	
孔季恭	孔季恭 54	子靈符 54 靈符子淵之 54	孔靖 27	子靈符 27 靈符子深之 27
羊玄保	羊玄保 54	褚胤 54 玄保兄子希 54	羊玄保 36	褚胤 36 玄保兄子希 36
沈曇慶	沈曇慶 54		沈懷文/從兄曇慶 34	
臧燾	臧燾 55	傅僧祐 55	臧燾 18	傅僧祐 18
徐廣	徐廣 55		徐廣 33	
傅隆	傅隆 55		傅亮/族兄隆 15	
謝瞻	謝瞻 56	弟㬭 56	謝晦/兄瞻 19	謝晦/弟㬭 19
孔琳之	孔琳之 56	孫道存 56	孔琳之 27	覬弟道存 27
蔡廓	蔡廓 57	子興宗 57	蔡廓 29	子興宗 29
王惠	王惠 58		王惠 23	
謝弘微	謝弘微 58		謝弘微 20	
王球	王球 58		王惠/從弟球 23	
殷淳	殷淳 59	子孚 59 淳弟沖 59 淡 59	殷景仁/從祖弟淳 27	淳子孚 27 淳弟沖 27 沖弟淡 27
張暢	張暢 59	子淹 59 暢弟悦 59	張邵/兄子暢 32	暢子淹 32 暢弟悦 32
何偃	何偃 59		何尚之/子偃 30	
江智淵	江智淵 59		江夷/弟子智深 36	
范泰	范泰 60		范泰 33	
王准之	王准之 60		王准之 24	
王韶之	王韶之 60		王韶之 24	
荀伯子	荀伯子 60	子赤松 60 伯子族弟昶 60 昶子萬秋 60	荀伯子 33	子赤松 33 伯子族弟昶 33 昶子萬秋 33

續表

	宋書（卷數）	其他（卷數）	南史（卷數）	其他（卷數）
劉義真	廬陵孝獻王義真 61	王脩 61 段宏 61 義真嗣子紹 61 紹嗣子敬先 61	廬陵孝獻王義真 13	王脩 13 段宏 13 義真嗣子紹 13 紹嗣子敬先 13
劉義恭	江夏文獻王義恭 61		江夏文獻王義恭 13	
劉義季	衡陽文王義季 61		衡陽文王義季 13	
羊欣	羊欣 62	弟徽 62	羊欣 36	弟徽 36
張敷	張敷 62		張邵/子敷 32	
王微	王微 62		王弘/弟子微 21	
王華	王華 63	孔甯子 63	王華 23	孔甯子 23
王曇首	王曇首 63		王曇首 22	
殷景仁	殷景仁 63		殷景仁 27	
沈演之	沈演之 63	父叔任 63 江遼 63 演之子睦 63 勃 63 演之兄子暢之 63	沈演之 36	父叔任 36 江秉之/宗人遼之 36 演之子睦 36 演之子勃 36 海陵王休茂 14
鄭鮮之	鄭鮮之 64		鄭鮮之 33	
裴松之	裴松之 64	子駰	裴松之 33	子駰 33
何承天	何承天 64		何承天 33	
吉翰	吉翰 65		吉翰 70	
劉道產	劉道產 65		劉康祖/簡之子道產 17	
杜驥	杜驥 65	兄坦 65 子幼文 65	杜驥 70	兄坦 70 驥子幼文 70
申恬	申恬 65	兄子坦 65 坦子令孫 65 崔諲 65	申恬 70	從弟坦 70① 坦子令孫 70 崔祖思/祖諲 47

① 《宋書》《南史》記錄的親屬關係不一致。

續表

	宋書（卷數）	其他（卷數）	南史（卷數）	其他（卷數）
王敬弘	王敬弘66	子恢之66 瓚之66 昇之66 孫延之66	王裕之24	子恢之24 瓚之24 昇之24 孫延之24
何尚之	何尚之66	父叔度66 孟顗66	何尚之30	父叔度30 謝靈運/孟顗19
謝靈運	謝靈運67	荀雍67 羊璿之67 何長瑜67	謝靈運19	荀雍19 羊璿之19 何長瑜19
劉義康	彭城王義康68		彭城王義康13	
劉義宣	南郡王義宣68	子恢68 愷68	南郡王義宣13	子恢13 子愷13
劉湛	劉湛69		劉湛35	
范曄	范曄69	孔熙先69	范泰/子曄33	孔熙先33
袁淑	袁淑70		袁湛/豹子淑26	
徐湛之	徐湛之71	父逵之71 湯惠休71	徐羨之/逵之子湛之15	從子逵之15 湯惠休15
江湛	江湛71		江夷/子湛36	
王僧綽	王僧綽71		王曇首/子僧綽22	
劉鑠	南平穆王鑠72	子敬猷72 敬淵72 嗣子子產72 宣曜72 伯玉72	南平穆王鑠14	子敬猷14 敬深14 嗣子子產14 宣曜14 伯玉14
劉宏	建平宣簡王宏72	子景素72	建平宣簡王宏14	子景素14
劉昶	晉熙王昶72	嗣子燮72	晉熙王昶14	子燮14
劉休仁	始安王休仁72	子伯融72	建安王休仁14	子伯融14
劉休祐	晉平剌王休祐72		晉平剌王休祐14	
劉休業	鄱陽哀王休業72		鄱陽哀王休業14	
劉休倩	臨慶沖王休倩72		臨慶沖王休倩14	

續表

	宋書（卷數）	其他（卷數）	南史（卷數）	其他（卷數）
劉夷父	新野懷王夷父72		新野懷王夷父14	
劉休若	巴陵哀王休若72		巴陵哀王休若14	
顏延之	顏延之73	子測 奐	顏延之34	子測34 子奐34
臧質	臧質74	父熹	臧燾/燾子質18	燾弟熹18
魯爽	魯爽74	祖宗之74 父軌74 弟秀74	魯爽40	祖宗之40 父軌40 弟秀40
沈攸之	沈攸之74	臧寅 邊榮 程邕之	沈慶之/從子攸之37	從子攸之/臧寅37 從子攸之/邊榮37 從子攸之/程邕之37
王僧達	王僧達75		王弘/子僧達21	
顏竣	顏竣75		顏延之/子竣34	
朱脩之	朱脩之76		朱脩之16	
宗愨	宗愨76		宗愨37	
王玄謨	王玄謨76		王玄謨16	
柳元景	柳元景77	弟叔仁77 元景從兄怙77 元景從祖弟光世77	柳元景38	弟叔仁38 從父兄元怙38 從祖弟光世38
顏師伯	顏師伯77		顏延之/從子師伯34	
沈慶之	沈慶之77	子文叔77 僧榮子懷明77	沈慶37	長子文叔37 沈崇傃/父懷明78
蕭思話	蕭思話78	父源之78 甄法護78 子惠明78	蕭思話18	父源之18 甄法護18 子惠明18
劉延孫	劉延孫78		劉康祖/道產子延孫17	
劉誕	竟陵王誕79		竟陵王誕14	

續表

	宋書（卷數）	其他（卷數）	南史（卷數）	其他（卷數）
劉禕	廬江王禕79		廬江王禕14	
劉渾	武昌王渾79		武昌王渾14	
劉休茂	海陵王休茂79	庾深之79	海陵王休茂14	庾深之14
劉休範	桂陽王休範79		桂陽王休範14	
劉子尚	豫章王子尚80	山陰公主楚玉80	豫章王子尚14	楚玉14
劉子勛	晋安王子勛80		晋安王子勛14	
劉子房	松滋侯子房80		松滋侯子房14	
劉子頊	臨海王子頊80		臨海王子頊14	
劉子鸞	始平孝敬王子鸞80		始平孝敬王子鸞14	
劉子仁	永嘉王子仁80		永嘉王子仁14	
劉子真	始安王子真80		始安王子真14	
劉子元	邵陵王子元80		邵陵王子元14	
劉子羽	齊敬王子羽80		齊敬王子羽14	
劉子孟	淮南王子孟80		淮南王子孟14	
劉子雲	晋陵孝王子雲80		晋陵孝王子雲14	
劉子師	南海哀王子師80		南海哀王子師14	
劉子霄	淮陽思王子霄80		淮陽思王子霄14	
劉子嗣	東平王子嗣80		東平王子嗣14	
劉贊	武陵王贊80		武陵王贊14	
劉秀之	劉秀之81		劉穆之/從子秀之15	
顧琛	顧琛81	丘淵之81	顧琛35	丘深之35
顧覬之	顧覬之81	弟子愿81	顧覬之35	弟子愿35
周朗	周朗82	兄嶠82	周朗34	兄嶠34
沈懷文	沈懷文82	弟懷遠82	沈懷文34	弟懷遠34

續表

	宋書（卷數）	其他（卷數）	南史（卷數）	其他（卷數）
宗越	宗越 83	譚金 83 童太壹 83 武念 83 佼長生 83 蔡那 83 曹欣之 83	宗越 40	譚金 40 童太壹 40 武念 40 佼長生 40 蔡那 40 曹欣之 40
吳喜	吳喜 83		吳喜 40	
黃回	黃回 83	王宜興 83	黃回 40	王宜興 40
高道慶	高道慶 83		黃回/高道慶 40	
鄧琬	鄧琬 84	劉胡 84	鄧琬 40	劉胡 40
袁顗	袁顗 84		袁湛/淑兄子顗 26	
孔覬	孔覬 84		孔琳之/孫覬 27	
謝莊	謝莊 85		謝弘微/子莊 20	
王景文	王景文 85	伯父智 85 父僧朗 85 子絢 85 景文兄子蘊 85	王彧 23	伯父智 23 父僧朗 23 子絢 23 彧兄子蘊 23
殷孝祖	殷孝祖 86		殷孝祖 39	
劉勔	劉勔 86		劉勔 39	
蕭惠開	蕭惠開 87		蕭思話/子惠開 18	
殷琰	殷琰 87		殷孝祖/族子琰 39	
薛安都	薛安都 88	傅靈越 88	薛安都 40	傅靈越 40
沈文秀	沈文秀 88		沈慶之/子文季 37	
袁粲	袁粲 89		袁湛/顗從弟粲 26	
劉友	邵陵殤王友 90		邵陵殤王友 14	
劉翽	隨陽王翽 90		隨陽王翽 14	
劉嵩	新興王嵩 90		新興王嵩 14	
劉禧	始建王禧 90		始建王禧 14	
龔穎	龔穎 91		龔穎 73	

續表

	宋書（卷數）	其他（卷數）	南史（卷數）	其他（卷數）
劉瑜	劉瑜91		劉瑜73	
賈恩	賈恩91		賈恩73	
郭世道	郭世道①91	子原平91	郭世通73	子原平73
嚴世期	嚴世期91		嚴世期73	
吳逵	吳逵91		吳逵73	
潘綜	潘綜91		潘綜73	
張進之	張進之91	俞僉91	張進之73	俞僉73
王彭	王彭91		王彭73	
蔣恭	蔣恭91		蔣恭73	
徐耕	徐耕91	嚴成91 王道蓋91	徐耕73	嚴成73 王道蓋73
孫法宗	孫法宗91		孫法宗73	
范叔孫	范叔孫91	吳國夫91	范叔孫73	吳國夫73
卜天與	卜天與91	子伯宗91 伯興91 天與弟天生91	卜天與73	子伯宗73 伯興73 天與弟天生73
許昭先	許昭先91		許昭先73	
余齊民	余齊民91		余齊人73	
孫棘	孫棘91	徐元妻許氏91 奚慶思91	孫棘73	徐元妻許氏73 吳慶恩②73
何子平	何子平91		何子平73	
王鎮之	王鎮之92		王鎮之24	
杜慧度	杜慧度92	父瑗92 子弘文92	杜慧度70	父瑗70 子弘文70
徐豁	徐豁92		徐廣/兄子豁33	
陸徽	陸徽92		陸杲/祖徽48	
阮長之	阮長之92		阮長之70	

---

① 《宋書》校勘記：《南史》作"郭世通"。
② 《宋書》校勘記："奚慶思"《南史》作"吳慶恩"。

續表

	宋書（卷數）	其他（卷數）	南史（卷數）	其他（卷數）
江秉之	江秉之92	王歆之92 王悦92	江秉之36	阮長之/王歆之70 王悦24
戴顒	戴顒93	兄勃93	戴顒75	兄勃75
宗炳	宗炳93		宗少文75	
周續之	周續之93		周續之75	
王弘之	王弘之93	子曇生93	王鎮之/弟弘之24	弘之子曇生24
阮萬齡	阮萬齡93		王鎮之/阮萬齡24	
孔淳之	孔淳之93		孔淳之75	
劉凝之	劉凝之93		劉凝之75	
龔祈	龔祈93		龔祈75	
翟法賜	翟法賜93		翟法賜75	
陶潛	陶潛93		陶潛75	
宗彧之	宗彧之93		宗少文/從弟彧之75	
沈道虔	沈道虔93		沈道虔75	
郭希林	郭希林93		郭希林75	
雷次宗	雷次宗93		雷次宗75	
朱百年	朱百年93	姚吟93	朱百年75	姚吟75
王素	王素93	褚伯玉93	王准之/族子素24	褚伯玉75
關康之	關康之93		關康之75	
戴法興	戴法興94	巢尚之94	戴法興77	巢尚之77
戴明寶	戴明寶94	董元嗣94 奚顯度94	戴法興/戴明寶77	董元嗣77 奚顯度77
徐爰	徐爰94		徐爰77	
阮佃夫	阮佃夫94	孟次陽94 朱幼94 于天寶94 壽寂之94 姜產之94	阮佃夫77	孟次陽77 朱幼77 于天寶77 壽寂之77 姜產之77

續表

	宋書（卷數）	其他（卷數）	南史（卷數）	其他（卷數）
王道隆	王道隆94		阮佃夫/王道隆77	
楊運長	楊運長94		阮佃夫/楊運長77	
索虜	索虜95	陳憲95	託跋魏	陳憲14
芮芮	芮芮95		蠕蠕79	
槃槃	槃槃95		槃槃78	
鮮卑吐谷渾	鮮卑吐谷渾96		西戎/河南王79	
林邑國	林邑國97		林邑國78	
扶南國	扶南國97		扶南國78	
訶羅陀國	訶羅陀國97		訶羅陀國78	
呵羅單國	呵羅單國97		呵羅單國78	
媻皇國	媻皇國97		婆皇國78	
媻達國	媻達國97		婆達國78	
闍婆婆達國	闍婆婆達國97		闍婆達國78	
師子國	師子國97		師子國78	
天竺迦毗黎國	天竺迦毗黎國97	釋道生97 慧琳97 慧嚴97 慧議97 蘇摩黎國97 斤陁利國97 婆黎國97	天竺迦毗黎國78	釋道生78 慧琳78 慧嚴78 慧議78 蘇摩黎國78 斤陁利國78 婆利國78
高句驪國	高句驪國97		高句麗79	
百濟國	百濟國97		百濟79	
倭國	倭國97		倭國79	
荊雍州蠻	荊雍州蠻97		荊雍州蠻79	
豫州蠻	豫州蠻97		豫州蠻79	
劉劭	元兇劭99		元兇劭14	
劉濬	始興王濬99		始興王濬14	

續表

	宋書（卷數）	其他（卷數）	南史（卷數）	其他（卷數）
沈約	自序 100	沈約高祖警 100 警子穆夫 100 雲子弟田子 100 田子弟林子 100 邵弟璞 100 璞子約 100	沈約 57	高祖警 57 曾祖穆夫 57 伯祖田子 57 祖林子 57 父璞 57 沈約 57

附録2 《南齊書》《南史》異文目錄

	南齊書（卷數）	其他（卷數）	南史（卷數）	其他（卷數）
蕭道成	高帝1、2		高帝4	
蕭賾	武帝3		武帝4	
蕭昭業	鬱林王4		廢帝鬱林王5	
蕭昭文	海陵王5		廢帝海陵王5	
蕭鸞	明帝6		明帝5	
蕭寶卷	東昏侯7		廢帝東昏侯5	
蕭寶融	和帝8		和帝5	
陳道止	宣孝陳皇后20		宣孝陳皇后11	
劉智容	高昭劉皇后20		高昭劉皇后11	
裴惠昭	武穆裴皇后20	韓蘭英20	武穆裴皇后11	韓蘭英11
王寶明	文安王皇后20		文安王皇后11	
何婧英	鬱林王何妃20		鬱林王何妃11	
王韶明	海陵王王妃20		海陵王王妃11	
劉惠端	明敬劉皇后20		明敬劉皇后11	
褚令璩	東昏褚皇后20		東昏褚皇后11	
王蕣華	和帝王皇后20		和帝王皇后11	
蕭長懋	文惠太子21		文惠太子長懋44	
蕭嶷	豫章文獻王22	子子廉22 子操22 孫元琳22	豫章文獻王嶷42	子子廉42 子操42 孫元琳42
褚淵	褚淵23	子賁23 蓁23 弟澄23	褚裕之/湛之子 彥回28	彥回子賁28 蓁28 彥回弟澄28
王儉	王儉23	弟遜23	王曇首/孫儉22	孫遜22

續表

	南齊書（卷數）	其他（卷數）	南史（卷數）	其他（卷數）
柳世隆	柳世隆24		柳元景/弟子世隆38	
張瓌	張瓌24		張裕/永子瓌31	
垣崇祖	垣崇祖25		垣護之/弟子崇祖25	
張敬兒	張敬兒25		張敬兒45	
王敬則	王敬則26		王敬則45	
陳顯達	陳顯達26		陳顯達45	
劉懷珍	劉懷珍27	子靈哲27	劉懷珍49	子靈哲49
李安民	李安民27		李安人46	
王玄載	王玄載27	從子瞻27 瞻兄寬27 玄載弟玄邈27 族人文和27	王玄謨/從弟玄載16	從子瞻16 瞻兄寬16 弟玄邈16 族人文和25
崔祖思	崔祖思28	宗人文仲28	崔祖思47	宗人文仲47
劉善明	劉善明28	從弟僧副28	劉懷珍/族孫善明49	善明從弟僧副49
蘇侃	蘇侃28		蘇侃47	
垣榮祖	垣榮祖28	從父閬28 從弟歷生28	垣護之/崇祖從兄榮祖25	榮祖從父閬25 崇祖從弟歷生25
呂安國	呂安國29	全景文29	呂安國46	沈慶之/從子攸之37
周山圖	周山圖29		周山圖46	
周盤龍	周盤龍29	子奉叔29	周盤龍46	子奉叔46
王廣之	王廣之29		王廣之46	
薛淵	薛淵30		薛安都/從子深40	
戴僧靜	戴僧靜30		戴僧靜46	
桓康	桓康30	尹略30	桓康46	張興世25
焦度	焦度30		焦度46	

續表

	南齊書（卷數）	其他（卷數）	南史（卷數）	其他（卷數）
曹虎	曹虎 30		曹武 46	
江謐	江謐 31		江秉之/孫謐 36	
荀伯玉	荀伯玉 31		荀伯玉 47	
王琨	王琨 32		王華/從弟琨 23	
張岱	張岱 32		張裕/子岱 31	
褚炫	褚炫 32		褚裕之/彥回從弟炫 28	
何戢	何戢 32		何尚之/孫戢 30	
王延之	王延之 32	子倫之 32	王裕之/孫延之 24	延之子綸之 24
阮韜	阮韜 32		王裕之/孫延之/阮韜 24	
王僧虔	王僧虔 33	子寂 33	王曇首/僧綽弟僧虔 22	志弟寂 22
張緒	張緒 33		張裕/岱兄子緒 31	
虞玩之	虞玩之 34	孔逿 34 何憲 34	虞玩之 47	王諶/孔逿 49 王諶/何憲 49
劉休	劉休 34		劉休 47	
沈沖	沈沖 34		沈懷文/子沖 34	
庾杲之	庾杲之 34		庾杲之 49	
王諶	王諶 34		王諶 49	
蕭映	臨川獻王映 35	子子晋 35 子游 35	臨川獻王映 43	子子晋 43 子游 43
蕭晃	長沙威王晃 35		長沙威王晃 43	
蕭曄	武陵昭王曄 35		武陵昭王曄 43	
蕭暠	安成恭王暠 35		安成恭王暠 43	
蕭鏘	鄱陽王鏘 35		鄱陽王鏘 43	
蕭鑠	桂陽王鑠 35		桂陽王鑠 43	

229

續表

	南齊書（卷數）	其他（卷數）	南史（卷數）	其他（卷數）
蕭鑑	始興簡王鑑35		始興簡王鑑43	
蕭鋒	江夏王鋒35		江夏王鋒43	
蕭鋭	南平王鋭35		南平王鋭43	
蕭鏗	宜都王鏗35		宜都王鏗43	
蕭銶	晉熙王銶35		晉熙王銶43	
蕭鉉	河東王鉉35		河東王鉉43	
謝超宗	謝超宗36		謝靈運/孫超宗19	
劉祥	劉祥36	從兄彪36	劉穆之/式之孫祥15	邕子彪15
到撝	到撝37		到彦之/孫撝25	
劉悛	劉悛37		劉勔/子悛39	
虞悰	虞悰37		虞悰47	
胡諧之	胡諧之37		胡諧之47	
蕭景先	蕭景先38	子毅38	新吳侯景先41	子毅41
蕭赤斧	蕭赤斧38	子穎冑38	南豐伯赤斧41	子穎冑41
劉瓛	劉瓛39	弟璡39	劉瓛50	弟璡50
陸澄	陸澄39	王摛39	陸澄48	王諶/從叔摛49
蕭子良	竟陵文宣王子良40	子昭冑40	竟陵文宣王子良44	子昭冑44
蕭子卿	廬陵王子卿40		廬陵王子卿44	
蕭子響	魚復侯子響40		魚復侯子響44	
蕭子敬	安陸王子敬40		安陸王子敬44	
蕭子懋	晉安王子懋40		晉安王子懋44	
蕭子隆	隨郡王子隆40		隨郡王子隆44	
蕭子真	建安王子真40		建安王子真44	
蕭子明	西陽王子明40		西陽王子明44	
蕭子罕	南海王子罕40		南海王子罕44	

續表

	南齊書（卷數）	其他（卷數）	南史（卷數）	其他（卷數）
蕭子倫	巴陵王子倫 40		巴陵王子倫 44	
蕭子貞	邵陵王子貞 40		邵陵王子貞 44	
蕭子岳	臨賀王子岳 40		臨賀王子岳 44	
蕭子文	西陽王子文 40		西陽王子文 44	
蕭子峻	衡陽王子峻 40		衡陽王子峻 44	
蕭子琳	南康王子琳 40		南康王子琳 44	
蕭子建	湘東王子建 40		湘東王子建 44	
蕭子夏	南郡王子夏 40		南郡王子夏 44	
張融	張融 41		張邵/淹弟融 32	
周顒	周顒 41		周朗/族孫顒 34	
王晏	王晏 42	弟詡 42	王鎮之/弘之孫晏 24	晏弟詡 24
蕭諶	蕭諶 42	兄誕 42 弟誄 42	衡陽公諶 41	兄誕 41 弟誄 41
蕭坦之	蕭坦之 42		臨汝侯坦之 41	
江祏	江祏 42	弟祀 42 劉暄 42	江祏 47	弟祀 47 劉暄 47
江敩	江敩 43		江夷/曾孫敩 36	
何昌㝢	何昌㝢 43		何尚之/弟子昌㝢 30	
謝瀹	謝瀹 43		謝弘微/顥弟瀹 20	
王思遠	王思遠 43		王鎮之/晏從弟思遠 24	
徐孝嗣	徐孝嗣 44		徐羨之/湛之孫孝嗣 15	
沈文季	沈文季 44	兄子昭略 44 昭光 44	沈慶之/子文季 37	孫昭略 37 孫昭光 37
蕭道度	衡陽元王道度 45	子鈞 45 孫子珉 45	衡陽元王道度 41	繼子鈞 41 孫子珉 41

續表

	南齊書（卷數）	其他（卷數）	南史（卷數）	其他（卷數）
蕭道生	始安貞王道生 45	子遙光 45 遙欣 45 遙昌 45	始安貞王道生 41	始安王遙光 41 曲江公遙欣 41 曲江公遙欣/弟遙昌 41
蕭緬	安陸昭王緬 45	子寶晊 45	安陸昭王緬 41	子寶晊 41
王秀之	王秀之 46	宗人僧祐 46	王裕之/孫秀之 24	王弘遠子僧祐 21
王慈	王慈 46		王曇首/僧虔子慈 22	
蔡約	蔡約 46		蔡廓/孫約 29	
陸慧曉	陸慧曉 46	顧憲之 46	陸慧曉 48	顧覬之/孫憲之 35
蕭惠基	蕭惠基 46	弟惠休 46 惠朗 46	蕭思話/惠明弟惠基 18	惠基弟惠休 18 惠基弟惠朗 18
王融	王融 47		王弘/僧達孫融 21	
謝朓	謝朓 47		謝裕/緯子朓 19	
袁彖	袁彖 48		袁湛/顗弟子彖 26	
孔稚珪	孔稚珪 48		孔珪 49	
劉繪	劉繪 48	子瑱 48	劉勔/悛弟繪 39	繪弟瑱 39
王奐	王奐 49	女婿殷叡 49 奐從弟繢 49	王彧/兄子奐 23	殷鈞/父叡 60 王彧/子繢 23
張沖	張沖 49		張邵/孫沖 32	
蕭昭秀	巴陵王昭秀 50		巴陵王昭秀 44	
蕭昭粲	桂陽王昭粲 50		桂陽王昭粲 44	
蕭寶義	巴陵隱王寶義 50		巴陵隱王寶義 44	
蕭寶玄	江夏王寶玄 50		江夏王寶玄 44	
蕭寶源	廬陵王寶源 50		廬陵王寶源 44	
蕭寶貞	鄱陽王寶貞 50		鄱陽王寶貞 44	

續表

	南齊書（卷數）	其他（卷數）	南史（卷數）	其他（卷數）
蕭寶攸	邵陵王寶攸 50		邵陵王寶攸 44	
蕭寶嵩	晉熙王寶嵩 50		晉熙王寶嵩 44	
蕭寶貞	桂陽王寶貞 50		桂陽王寶貞 44	
崔慧景	崔慧景 51		崔慧景 45	
張欣泰	張欣泰 51		張興世/子欣泰 25	
丘靈鞠	丘靈鞠 52		丘靈鞠 72	
檀超	檀超 52		檀超 72	
卞彬	卞彬 52		卞彬 72	
丘巨源	丘巨源 52		丘巨源 72	
王智深	王智深 52		王智深 72	
陸厥	陸厥 52		陸慧曉/絳兄厥 48	
崔慰祖	崔慰祖 52		崔慰祖 72	
王逡之	王逡之 52	從弟珪之 52	王准之/從弟逡之 24	從弟珪之 24
祖沖之	祖沖之 52		祖沖之 72	
賈淵	賈淵 52		賈希鏡 72	
傅琰	傅琰 53		傅琰 70	
虞愿	虞愿 53		虞愿 70	
劉懷慰	劉懷慰 53		劉懷珍/從子懷慰 49	
裴昭明	裴昭明 53		裴松之/孫昭明 33	
沈憲	沈憲 53	丘仲起 53	沈演之/從子憲 36	丘仲起 36
李珪之	李珪之 53	毛惠素 53	李珪之 70	毛惠素 16
孔琇之	孔琇之 53		孔靖/靈符弟子琇之 27	

续表

	南齊書（卷數）	其他（卷數）	南史（卷數）	其他（卷數）
褚伯玉	褚伯玉54		褚伯玉75	
明僧紹	明僧紹54		明僧紹50	
顧歡	顧歡54	盧度54	顧歡75	盧度75
臧榮緒	臧榮緒54	關康之54	臧榮緒76	關康之75
何求	何求54	弟點54 胤54	何尚之/偃弟子求30	求弟點30 點弟胤30
劉虯	劉虯54		劉虯50	
庾易	庾易54		庾易50	
宗測	宗測54		宗少文/孫測75	
杜京産	杜京産54		杜京産75	
沈驎士	沈驎士54		沈驎士76	
吳苞	吳苞54		吳苞76	
徐伯珍	徐伯珍54		徐伯珍76	
崔懷慎	崔懷慎①55		崔懷順73	
公孫僧遠	公孫僧遠55		公孫僧遠73	
吳欣之	吳欣之55		吳欣之73	
韓係伯	韓係伯55		韓係伯73	
孫淡	孫淡55		孫淡73	
華寶	華寶55		華寶73	
韓靈敏	韓靈敏55		韓靈敏73	
封延伯	封延伯55		封延伯73	
吳達之	吳達之55		吳達之73	
王文殊	王文殊55		王文殊73	

---

① 張森楷校勘記云：《南史》作"崔懷順"，《魏書·崔宏傳》、《崔逞傳》同。蓋本作"懷順"，以子顯避梁武帝父諱，故《齊書》改作"懷慎"，非本名懷慎也。

續表

	南齊書（卷數）	其他（卷數）	南史（卷數）	其他（卷數）
朱謙之	朱謙之 55		朱異/叔父謙之 62	
蕭叡明	蕭叡明 55		蕭叡明 73	
樂頤	樂頤 55	弟預 55 解仲恭① 55	樂頤之 73	弟預 73 解叔謙 73②
江泌	江泌 55		江泌 73	
杜栖	杜栖 55		杜京産/子栖 75	
陸絳	陸絳 55		陸慧曉/閑子絳 48	
紀僧真	紀僧真 56	楊法持 56	紀僧真 77	楊法持 77
劉係宗	劉係宗 56		劉係宗 77	
茹法亮	茹法亮 56		茹法亮 77	
呂文顯	呂文顯 56		呂文顯 77	
呂文度	呂文度 56		茹法亮/呂文度 77	
蠻	蠻 58		諸蠻 79	
東夷	東夷 58	高麗國 58 加羅國 58 倭國 58	東夷 79	高麗國 79 新羅 79 倭國 79
南夷	南夷 58	林邑國 58 扶南國 58	海南諸國 78	林邑國 78 扶南國 78
芮芮虜	芮芮虜 59		北狄/蠕蠕 79	
河南	河南 59		西戎/河南 79	
羌	羌 59		西戎/宕昌國 79	

---

① 《宋書》校勘記：按《南史·孝義傳》作"解叔謙"，仲恭、叔謙當是昆季。
② 《南齊書》《南史》記錄的人物名字不一致。《南齊書·孝義·樂頤列傳》（卷五十五）"鴈門解仲恭"校勘記：按《南史·孝義傳》作"解叔謙"，仲恭、叔謙當是昆季。

附録3 《梁書》《南史》異文目録

	梁書（卷數）	其他（卷數）	南史（卷數）	其他（卷數）
蕭衍	武帝1、2、3		武帝6、7	
蕭綱	簡文帝4		簡文帝8	
蕭繹	元帝5		元帝8	
蕭方智	敬帝6		敬帝8	
張尚柔	太祖張皇后7	父穆之7	文獻張皇后12	父穆之12
郗徽	高祖郗皇后7		武德郗皇后12	
王靈賓	太宗王皇后7	父騫7	簡文王皇后12	王曇首/曾孫騫22
丁令光	高祖丁貴嬪7		武丁貴嬪12	
阮令嬴	高祖阮脩容7		文宣阮太后12	
徐昭佩	世祖徐妃7		元帝徐妃12	
蕭統	昭明太子統8		昭明太子統53	
蕭大器	哀太子大器8		哀太子大器54	
蕭方矩	愍懷太子方矩8		湣懷太子方矩54	
王茂	王茂9		王茂55	
曹景宗	曹景宗9		曹景宗55	
柳慶遠	柳慶遠9		柳元景/隆從弟慶遠38	
蕭穎達	蕭穎達10		南豐伯赤斧/子穎達41	
夏侯詳	夏侯詳10		夏侯詳55	
蔡道恭	蔡道恭10		蔡道恭55	
楊公則	楊公則10		楊公則55	
鄧元起	鄧元起10		鄧元起55	
張弘策	張弘策11	庾域11	張弘策56	庾域56

續表

	梁書（卷數）	其他（卷數）	南史（卷數）	其他（卷數）
鄭紹叔	鄭紹叔 11		鄭紹叔 56	
呂僧珍	呂僧珍 11		呂僧珍 56	
柳惔	柳惔 12	弟忱 12	柳元景/隆子惔 38	弟忱 38
席闡文	席闡文 12		席闡文 55	
韋叡	韋叡 12	子正 12 稜 12 黯 12	韋叡 58	放弟正 58 正弟稜 58 正弟黯 58
范雲	范雲 13		范雲 57	
沈約	沈約 13	子旋 13	沈約 57	子旋 57
江淹	江淹 14		江淹 59	
任昉	任昉 14		任昉 59	
謝朏	謝朏 15	弟子覽 15	謝弘微/子朏 20	子覽 20
王亮	王亮 16		王誕/從弟亮 23	
張稷	張稷 16		張裕/弟稷 31	
王瑩	王瑩 16		王誕/藻弟子瑩 23	
王珍國	王珍國 17		王廣之/子珍國 46	
馬仙琕	馬仙琕 17		袁湛/馬仙琕 26	
張齊	張齊 17		王廣之/張齊 46	
張惠紹	張惠紹 18		張惠紹 55	
馮道根	馮道根 18		馮道根 55	
康絢	康絢 18		康絢 55	
昌義之	昌義之 18		昌義之 55	
宗夬	宗夬 19		宗慤/從子夬 37	
劉坦	劉坦 19		劉虬/從弟坦 50	
樂藹	樂藹 19	子法才 19	樂藹 56	子法才 56
劉季連	劉季連 20		營浦侯遵考/弟子季連 13	

附錄3　《梁書》《南史》異文目錄

續表

	梁書（卷數）	其他（卷數）	南史（卷數）	其他（卷數）
陳伯之	陳伯之20	褚緭20	陳伯之61	褚緭61
王瞻	王瞻21		王弘/從孫瞻21	
王志	王志21		王曇首/慈弟志22	
王峻	王峻21		王裕之/秀之子峻24	
王暕	王暕21	子訓21	王曇首/騫弟暕22	暕子訓22
王泰	王泰21		王曇首/慈子泰22	
王份	王份21	子琳21 孫錫21 僉21	王彧/奐弟份23	份子琳23 琳子錫23 琳子僉23
張充	張充21		張裕/緒子充31	
柳惲	柳惲21	子偃21	柳元景/恢弟惲38	惲子偃38
蔡撙	蔡撙21		蔡廓/孫撙29	
江蒨	江蒨21		江夷/玄孫蒨36	
蕭宏	臨川王宏22		臨川靖惠王宏51	
蕭秀	安成王秀22	子機22 推22	安成康王秀52	子機52 推52
蕭偉	南平王偉22	子恭22 恭子静22	南平元襄王偉52	子恭52 恭子静52
蕭恢	鄱陽王恢22	子範22 範子嗣22	鄱陽忠烈王恢52	子範52 範子嗣52
蕭憺	始興王憺22		始興忠武王憺52	
蕭業	長沙嗣王業23	子孝儼23 業弟藻23	長沙宣武王懿/子業51	孫孝儼51 業弟藻51
蕭伯游	永陽嗣王伯游23		永陽昭王敷/子伯游51	

239

續表

	梁書（卷數）	其他（卷數）	南史（卷數）	其他（卷數）
蕭元簡	衡陽嗣王元簡 23		衡陽宣王暢/子元簡 51	
蕭象	桂陽嗣王象 23		桂陽簡王融/子象 51	
蕭景	蕭景 24	弟昌 24 昂 24 昱 24	吳平侯景 51	弟昌 51 昂 51 昱 51
周捨	周捨 25		周朗/顒子捨 34	
徐勉	徐勉 25	子悱 25	徐勉 60	子悱 60
范岫	范岫 26		范岫 60	
傅昭	傅昭 26	弟映 26	傅昭 60	弟映 60
蕭琛	蕭琛 26		蕭思話/惠開從子琛 18	
陸杲	陸杲 26	弟煦 26	陸杲 48	弟煦 48
陸倕	陸倕 27		陸慧曉/子倕 48	
到洽	到洽 27		到彥之/溉弟洽 25	
明山賓	明山賓 27		明僧紹/子山賓 50	
殷鈞	殷鈞 27		殷鈞 60	
陸襄	陸襄 27		陸慧曉/厥弟襄 48	
裴邃	裴邃 28	子之禮 28 兄子之高 28 之平 28 之橫 28	裴邃 58	子之禮 58 兄子之高 58 之平 58 之橫 58
夏侯亶	夏侯亶 28	弟夔 28 魚弘 28	夏侯詳/子亶 55	子夔 55 魚弘 55
韋放	韋放 28		韋叡/子放 58	
蕭續	南康王續 29	子會理 29 通理 29 乂理 29	南康簡王續 53	子會理 53 通理 53 乂理 53

續表

	梁書（卷數）	其他（卷數）	南史（卷數）	其他（卷數）
蕭續	廬陵王續 29		廬陵威王續 53	
蕭綸	邵陵王綸 29	子堅 29 確 29	邵陵王綸 53	子堅 53 確 53
裴子野	裴子野 30		裴松之/曾孫子野 33	
顧協	顧協 30		顧協 62	
徐摛	徐摛 30		徐摛 62	
鮑泉	鮑泉 30		鮑泉 62	
袁昂	袁昂 31	子君正 31	袁湛/顗子昂 26	昂子君正 26
陳慶之	陳慶之 32	子昕 32	陳慶之 61	子昕 61
蘭欽	蘭欽 32		蘭欽 61	
王僧孺	王僧孺 33		王僧孺 59	
張率	張率 33		張裕/瓌子率 31	
劉孝綽	劉孝綽 33	子諒 33	劉勔/繪子孝綽 39	孝綽子諒 39
王筠	王筠 33		王曇首/志弟子筠 22	
張緬	張緬 34	弟纘 34 綰 56	張弘策/子緬 56	張弘策/子纘 56 張弘策/子綰 56
蕭子恪	蕭子恪 35	子恪弟子範 35 子範子滂 35 確 35 子範弟子顯 35 子顯子愷 35 子顯弟子雲 35 子雲子特 35 子雲弟子暉 35	豫章文獻王嶷/嶷子子恪 42	子操弟子範 42 子範子滂 42 子範子確 42 子範弟子顯 42 子顯子愷 42 子顯弟子雲 42 子雲子特 42 子雲弟子暉 42
孔休源	孔休源 36		孔休源 60	
江革	江革 36	子從簡 36	江革 60	子從簡 60
謝舉	謝舉 37		謝弘微/覽弟舉 20	

續表

	梁書（卷數）	其他（卷數）	南史（卷數）	其他（卷數）
何敬容	何敬容37		何尚之/昌寓子敬容30	
朱异	朱异38		朱异62	
賀琛	賀琛38		賀瑒/弟子琛62	
王神念	王神念39	楊華39	王神念63	楊華63
羊侃	羊侃39	子鷃39	羊侃63	子鷃63
羊鴉仁	羊鴉仁39		羊鴉仁63	
司馬褧	司馬褧40		司馬褧62	
到溉	到溉40	孫藎40	到彦之/沆從兄溉25	鏡子藎25
劉顯	劉顯40		劉瓛/族子顯50	
劉之遴	劉之遴40	弟之亨40	劉虬/子之遴50	之遴弟之亨50
許懋	許懋40		許懋60	
王規	王規41	子褒41 劉毅41	王曇首/騫子規22	規子褒22 劉瓛/顯從弟毅50
王承	王承41		王曇首/暕子承22	
褚翔	褚翔41		褚裕之/向子翔28	
蕭介	蕭介41	從父兄洽41	蕭思話/惠休弟子介18	惠基子洽18
褚球	褚球41		褚裕之/玄孫球28	
劉孺	劉孺41	弟覽41 遵41	劉勔/孫孺39	孫覽39 孫遵39
劉潛	劉潛41	弟孝勝41 孝威41 孝先41	劉勔/孝綽弟潛39	孝綽弟孝勝39 孝綽弟孝威39 孝綽弟孝先39
殷芸	殷芸41		殷鈞/宗人芸60	

續表

	梁書（卷數）	其他（卷數）	南史（卷數）	其他（卷數）
蕭幾	蕭幾41		曲江公遙欣/子幾41	
臧盾	臧盾42	弟厥42	臧燾/未甄子盾18	未甄子厥18
傅岐	傅岐42		傅琰/翽子岐70	
韋粲	韋粲43		韋叡/放子粲58	
江子一	江子一43	弟子四43 子五43	江子一64	弟子四64 子五64
張嵊	張嵊43		張裕/稷子嵊31	
沈浚	沈浚43		沈演之/憲孫浚36	
柳敬禮	柳敬禮43	兄仲禮43	柳元景/津子敬禮38	津子仲禮38
蕭大心	尋陽王大心44		尋陽王大心54	
蕭大臨	南海王大臨44		南海王大臨54	
蕭大連	南郡王大連44		南郡王大連54	
蕭大春	安陸王大春44		安陸王大春54	
蕭大雅	瀏陽公大雅44		瀏陽公大雅54	
蕭大莊	新興王大莊44		新興王大莊54	
蕭大鈞	西陽王大鈞44		西陽王大鈞54	
蕭大威	武甯王大威44		武甯王大威54	
蕭大球	建平王大球44		建平王大球54	
蕭大昕	義安王大昕44		義安王大昕54	
蕭大摯	綏建王大摯44		綏建王大摯54	
蕭方等	忠壯世子方等44		忠壯世子方等54	
蕭方諸	貞惠世子方諸44		貞惠世子方諸54	
王僧辯	王僧辯45	子顗45	王神念/子僧辯63	僧辯子顗63
胡僧祐	胡僧祐46		胡僧祐64	

續表

	梁書（卷數）	其他（卷數）	南史（卷數）	其他（卷數）
徐文盛	徐文盛46		徐文盛64	
杜崱	杜崱46	兄岸46 弟幼安46 兄子龕46	杜崱64	兄岸64 弟幼安64 兄子龕64
陰子春	陰子春46		陰子春64	
滕曇恭	滕曇恭47	徐普濟47 宛陵女子47	滕曇恭74	徐普濟74 張景仁/宛陵女子74
沈崇傃	沈崇傃47		沈崇傃74	
荀匠	荀匠47		荀匠74	
庾黔婁	庾黔婁47		庾易/子黔婁50	
吉翂	吉翂47		吉翂74	
甄恬	甄恬47		甄恬74	
韓懷明	韓懷明47		韓懷明74	
劉曇凈	劉曇凈47①		劉慧斐/慧鏡子曇凈76	
何炯	何炯47		何尚之/胤從弟炯30	
庾沙彌	庾沙彌47		庾道愍/祖孫沙彌73	
江紑	江紑47		江夷/五世孫紑36	
劉霽	劉霽47		劉懷珍/懷慰子霽49	
褚脩	褚脩47		褚脩74	
謝藺	謝藺47		謝藺74	
伏曼容	伏曼容48		伏曼容71	
何佟之	何佟之48		何佟之71	
范縝	范縝48		范雲/從兄縝57	

① 《梁書》目録記載爲"劉曇靜"，正文記載爲"劉曇凈"。

附録3　《梁書》《南史》異文目録

續表

	梁書（卷數）	其他（卷數）	南史（卷數）	其他（卷數）
嚴植之	嚴植之48		嚴植之71	
賀瑒	賀瑒48	子革48	賀瑒62	子革62
司馬筠	司馬筠48		司馬筠71	
卞華	卞華48		卞華71	
崔靈恩	崔靈恩48		崔靈恩71	
孔僉	孔僉48		孔僉71	
盧廣	盧廣48		盧廣71	
沈峻	沈峻48	子文阿48 太史叔明48	沈峻71	子文阿71 太史叔明71
孔子袪	孔子袪48		孔子袪71	
皇侃	皇侃48		皇侃71	
到沆	到沆49		到彥之/撝子沆25	
丘遲	丘遲49		丘靈鞠/子遲72	
劉苞	劉苞49		劉勔/悛弟子苞39	
袁峻	袁峻49		袁峻72	
庾於陵	庾於陵49	弟肩吾49	庾易/子於陵50	庾易/子肩吾50
劉昭	劉昭49		劉昭72	
何遜	何遜49		何承天/曾孫遜33	
鍾嶸	鍾嶸49		鍾嶸72	
周興嗣	周興嗣49		周興嗣72	
吳均	吳均49		吳均72	
劉峻	劉峻50		劉懷珍/從父弟峻49	
劉沼	劉沼50		劉懷珍/劉沼49	
謝幾卿	謝幾卿50		謝靈運/曾孫幾卿19	

續表

	梁書（卷數）	其他（卷數）	南史（卷數）	其他（卷數）
劉勰	劉勰 50		劉勰 72	
王籍	王籍 50		王弘/僧祐子籍 21	
何思澄	何思澄 50	宗人子朗 50	何思澄 72	宗人子朗 72
劉杳	劉杳 50		劉懷珍/懷慰子杳 49	
謝微	謝微① 50		謝裕/玄孫微 19	
臧嚴	臧嚴 50		臧燾/凝之孫嚴 18	
伏挺	伏挺 50		伏曼容/暅子挺 71	
庾仲容	庾仲容 50		庾悦/仲文族孫仲容 35	
陸雲公	陸雲公 50		陸慧曉/襄兄子雲公 48	
任孝恭	任孝恭 50		任孝恭 72	
顏協	顏協 50		顏協 72	
何點	何點 51	弟胤 51	何尚之/求弟點 30	點弟胤 30
阮孝緒	阮孝緒 51		阮孝緒 76	
陶弘景	陶弘景 51		陶弘景 76	
諸葛璩	諸葛璩 51		諸葛璩 76	
沈顗	沈顗 51		沈演之/兄孫顗 36	
劉慧斐	劉慧斐 51		劉慧斐 76	
范元琰	范元琰 51		范元琰 76	
劉訏	劉訏 51		劉懷珍/從孫訏 49	
劉歊	劉歊 51		劉懷珍/懷慰子歊 49	
庾詵	庾詵 51	子曼倩 51	庾詵 76	子曼倩 76
張孝秀	張孝秀 51		張孝秀 76	
庾承先	庾承先 51		庾承先 76	

① 《宋書》校勘記：錢大昕《廿二史考異》："'徵'當爲'微'之訛。"按：《南史》作"微"。

續表

	梁書（卷數）	其他（卷數）	南史（卷數）	其他（卷數）
顧憲之	顧憲之 52		顧覬之/孫憲之 35	
陶季直	陶季直 52		陶季直 74	
蕭眎素	蕭眎素 52		蕭思話/惠明子眎素 18	
庾蓽	庾蓽 53		庾杲之/叔父蓽 49	
沈瑀	沈瑀 53		沈瑀 70	
范述曾	范述曾 53		范述曾 70	
丘仲孚	丘仲孚 53		丘靈鞠/從孫仲孚 72	
孫謙	孫謙 53	從子廉 53	孫謙 70	從子廉 70
伏暅	伏暅 53		伏曼容/子暅 71	
何遠	何遠 53		何遠 70	
林邑	林邑 54		林邑國 78	
扶南	扶南 54		扶南國 78	
盤盤	盤盤 54		盤盤國 78	
丹丹	丹丹 54		丹丹國 78	
干陁利	干陁利 54		干陁利國 78	
狼牙脩	狼牙脩 54		狼牙脩國 78	
婆利	婆利 54		婆利國 78	
中天竺	中天竺 54		中天竺國 78	
師子	師子 54		師子國 78	
高句驪	高句驪 54		高句麗 79	
百濟	百濟 54		百濟 79	
新羅	新羅 54		新羅 79	
倭	倭 54		倭 79	
文身	文身 54		文身 79	
大漢	大漢 54		大漢 79	
扶桑	扶桑 54		扶桑 79	

續表

	梁書（卷數）	其他（卷數）	南史（卷數）	其他（卷數）
河南	河南54		河南79	
高昌	高昌54		高昌79	
滑	滑54		滑國79	
周古柯	周古柯54		周古柯79	
呵跋檀	呵跋檀54		呵跋檀79	
胡蜜丹	胡蜜丹54		胡蜜丹79	
白題	白題54		白題79	
龜茲	龜茲54		龜茲79	
于闐	于闐54		于闐79	
渴盤陀	渴盤陀54		渴盤陀79	
末	末54		末79	
波斯	波斯54		波斯79	
宕昌	宕昌54		宕昌79	
鄧至	鄧至54		鄧至79	
武興	武興54		武興79	
芮芮	芮芮54		蠕蠕79	
蕭綜	豫章王綜55		豫章王綜53	
蕭紀	武陵王紀55		武陵王紀53	
蕭正德	臨賀王正德55		臨川靖惠王宏/子正德51	
蕭譽	河東王譽55		昭明太子統/次子譽53	
侯景	侯景56	王偉56	侯景80	王偉80

附錄 4　《陳書》《南史》異文目錄

	陳書（卷數）	其他（卷數）	南史（卷數）	其他（卷數）
陳霸先	高祖 1、2		陳高祖武皇帝 9	
陳蒨	世祖 3		世祖文皇帝 9	
陳伯宗	廢帝 4		廢帝 9	
陳頊	宣帝 5		高宗孝宣皇帝 10	
陳叔寶	後主 6		後主 10	
章要兒	高祖章皇后 7		陳武宣章皇后 12	
沈妙容	世祖沈皇后 7	兄欽 7	文沈皇后 12	兄欽 12
王少姬	廢帝王皇后 7		廢帝王皇后 12	
柳敬言	高宗柳皇后 7	弟盼 7 從弟莊 7	宣柳皇后 12	柳元景/偃子盼 38 從弟莊 7
沈婺華	後主沈皇后 7	張貴妃 7	後主沈皇后 12	張貴妃 12
杜僧明	杜僧明 8		杜僧明 66	
周文育	周文育 8	子寶安 8 孫瑒 8	周文育 66	子寶安 66 孫瑒 66
侯安都	侯安都 8	從弟曉 8	侯安都 66	從弟曉 66
侯瑱	侯瑱 9		侯瑱 66	
歐陽頠	歐陽頠 9	子紇 9	歐陽頠 66	子紇 66
吳明徹	吳明徹 9	裴子烈 9	吳明徹 66	裴子烈 66
周鐵虎	周鐵虎 10		周鐵武 67	
程靈洗	程靈洗 10	子文季 10	程靈洗 67	子文季 67
黃法氍	黃法氍 11		黃法氍 66	
淳于量	淳于量 11		淳于量 66	
章昭達	章昭達 11	子大寶 11	章昭達 66	子大寶 66
胡穎	胡穎 12		胡穎 67	
徐度	徐度 12	子敬成 12	徐度 67	子敬成 67

續表

	陳書（卷數）	其他（卷數）	南史（卷數）	其他（卷數）
杜稜	杜稜 12		杜稜 67	
沈恪	沈恪 12		沈恪 67	
徐世譜	徐世譜 13		徐世譜 67	
魯悉達	魯悉達 13		魯悉達 67	
周敷	周敷 13		周敷 67	
荀朗	荀朗 13	子法尚 13	荀朗 67	子法尚 67
周炅	周炅 13		周炅 67	
陳昌	衡陽獻王昌 14		衡陽獻王昌 65	
陳曇朗	南康愍王曇朗 14	子方泰 14 方慶 14 王勇 14 鄭萬頃 14	南康潛王曇朗 65	子方泰 65 方慶 65 王勇 65 鄭萬頃 65
陳擬	陳擬 15		永脩侯擬 65	
陳詳	陳詳 15		遂興侯詳 65	
陳慧紀	陳慧紀 15		陳慧紀 65	
趙知禮	趙知禮 16		趙知禮 68	
蔡景歷	蔡景歷 16		蔡景歷 68	
劉師知	劉師知 16		劉師知 68	
謝岐	謝岐 16		謝岐 68	
王沖	王沖 17		王弘/玄孫沖 21	
王通	王通 17	弟勱 17	王彧/斂弟通 23	通弟勱 23
袁敬	袁敬 17	兄子樞 17	袁湛/君正弟敬 26	君正子樞 26
沈眾	沈眾 18		沈約/孫眾 57	
袁泌	袁泌 18		袁湛/君正弟泌 26	
劉仲威	劉仲威 18	從弟廣德 18	劉虯/之遲子仲威 50	之亨子廣德 50
陸山才	陸山才 18		陸山才 68	
王質	王質 18		王彧/勱弟質 23	
韋載	韋載 18		韋叡/正子載 58	

續表

	陳書（卷數）	其他（卷數）	南史（卷數）	其他（卷數）
沈炯	沈炯 19		沈炯 69	
虞荔	虞荔 19	弟寄 19	虞荔 69	弟寄 69
馬樞	馬樞 19		馬樞 76	
到仲舉	到仲舉 20		到彥之/洽子仲舉 25	
韓子高	韓子高 20		韓子高 68	
華皎	華皎 20		華皎 68	
謝哲	謝哲 21		謝密/玄孫哲 20	
蕭乾	蕭乾 21		豫章文獻王嶷/子範子乾 42	
謝嘏	謝嘏 21		謝密/舉子嘏 20	
張種	張種 21	弟稜 21	張裕/稷從子種 31	種弟稜 31
王固	王固 21		王彧/琳子固 23	
孔奐	孔奐 21		孔靖/琇之曾孫奐 27	
蕭允	蕭允 21	弟引 21	蕭思話/介子允 18	允弟引 18
陸子隆	陸子隆 22	弟子才 22	陸子隆 67	弟子才 67
錢道戢	錢道戢 22		錢道戢 67	
駱牙	駱牙① 22		駱文牙 67	
沈君理	沈君理 23	叔邁 23 弟君高 23	沈君理 68	叔邁 68 弟君高 68
王瑒	王瑒 23	弟瑜 23	王弘/沖子瑒 21	瑒弟瑜 21
陸繕	陸繕 23	兄子見賢 23	陸慧曉/孫繕 48	陸慧曉/孫繕 48
周弘正	周弘正 24	弟弘直 24 弘直子確 24	周朗/捨弟子正 34	捨弟子弘直 34 弘直子確 34
袁憲	袁憲 24		袁湛/君正子憲 26	
裴忌	裴忌 25		裴邃/之高子忌 58	

---

① 《陳書》校勘記："駱牙"，《南史》作"駱文牙"。《陳書·世祖本紀》（卷三）"臨川太守駱文牙"校勘記：錢大昕《廿二史考異》云："本傳及陳寶應傳但稱'駱牙'。"

續表

	陳書（卷數）	其他（卷數）	南史（卷數）	其他（卷數）
孫瑒	孫瑒 25		孫瑒 67	
徐陵	徐陵 26	子儉 26 份 26 儀 26 弟孝克 26	徐摛/子陵 62	陵子儉 62 陵子份 62 陵子儀 62 陵弟孝克 62
江總	江總 27		江夷/六世孫總 36	
姚察	姚察 27		姚察 69	
陳伯茂	始興王伯茂 28		始興王伯茂 65	
陳伯山	鄱陽王伯山 28	子君範 28	鄱陽王伯山 65	長子君範 65
陳伯恭	晉安王伯恭 28		晉安王伯恭 65	
陳伯信	衡陽王伯信 28		衡陽獻王昌/子伯信 65	
陳伯仁	廬陵王伯仁 28		廬陵王伯仁 65	
陳伯義	江夏王伯義 28		江夏王伯義 65	
陳伯禮	武陵王伯禮 28		武陵王伯禮 65	
陳伯智	永陽王伯智 28		永陽王伯智 65	
陳伯謀	桂陽王伯謀 28		桂陽王伯謀 65	
陳叔英	豫章王叔英 28		豫章王叔英 65	
陳叔堅	長沙王叔堅 28		長沙王叔堅 65	
陳叔卿	建安王叔卿 28		建安王叔卿 65	
陳叔明	宜都王叔明 28		宜都王叔明 65	
陳叔獻	河東王叔獻 28		河東王叔獻 65	
陳叔齊	新蔡王叔齊 28		新蔡王叔齊 65	
陳叔文	晉熙王叔文 28		晉熙王叔文 65	
陳叔彪	淮南王叔彪 28		淮南王叔彪 65	
陳叔重	始興王叔重 28		始興王叔重 65	
陳叔儼	尋陽王叔儼 28		尋陽王叔儼 65	
陳叔慎	岳陽王叔慎 28		岳陽王叔慎 65	
陳叔達	義陽王叔達 28		義陽王叔達 65	

續表

	陳書（卷數）	其他（卷數）	南史（卷數）	其他（卷數）
陳叔雄	巴山王叔雄28		巴山王叔雄65	
陳叔虞	武昌王叔虞28		武昌王叔虞65	
陳叔平	湘東王叔平28		湘東王叔平65	
陳叔敖	臨賀王叔敖28		臨賀王叔敖65	
陳叔宣	陽山王叔宣28		陽山王叔宣65	
陳叔穆	西陽王叔穆28		西陽王叔穆65	
陳叔儉	南安王叔儉28		南安王叔儉65	
陳叔澄	南郡王叔澄28		南郡王叔澄65	
陳叔興	沅陵王叔興28		沅陵王叔興65	
陳叔韶	岳山王叔韶28		岳山王叔韶65	
陳叔純	新興王叔純28		新興王叔純65	
陳叔謨	巴東王叔謨28		巴東王叔謨65	
陳叔顯	臨江王叔顯28		臨江王叔顯65	
陳叔坦	新會王叔坦28		新會王叔坦65	
陳叔隆	新寧王叔隆28		新寧王叔隆65	
陳叔榮	新昌王叔榮28		新昌王叔榮65	
陳叔匡	太原王叔匡28		太原王叔匡65	
陳深	皇太子深28		太子深65	
陳胤	吳興王胤28		吳興王胤65	
陳嶷	南平王嶷28		南平王嶷65	
陳彥	永嘉王彥28		永嘉王彥65	
陳虔	南海王虔28		南海王虔65	
陳祗	信義王祗28		信義王祗65	
陳兢	邵陵王兢28		邵陵王兢65	
陳莊	會稽王莊28		會稽王莊65	
陳恮	東陽王恮28		東陽王恮65	
陳蕃	吳郡王蕃28		吳郡王蕃65	
陳恬	錢塘王恬28		錢塘王恬65	
宗元饒	宗元饒29		宗元饒68	

續表

	陳書（卷數）	其他（卷數）	南史（卷數）	其他（卷數）
司馬申	司馬申 29		司馬申 77	
毛喜	毛喜 29		毛喜 68	
蔡徵	蔡徵 29		蔡景歷/子徵 68	
蕭濟	蕭濟 30		顧野王/蕭濟 69	
陸瓊	陸瓊 30	子從典 30	陸慧曉/雲公子瓊 48	瓊子從典 48
顧野王	顧野王 30		顧野王 69	
傅縡	傅縡 30	章華 30	傅縡 69	章華 69
蕭摩訶	蕭摩訶 31		蕭摩訶 67	
任忠	任忠 31	沈客卿 31 施文慶 31	任忠 67	沈客卿 77 施文慶 77
樊毅	樊毅 31	弟猛 31	樊毅 67	弟猛 67
魯廣	魯廣達 31		魯悉達/弟廣達 67	
殷不害	殷不害 32	弟不佞 32	殷不害 74	弟不佞 74
謝貞	謝貞 32		謝藺/子貞 74	
司馬暠	司馬暠 32		司馬暠 74	
張昭	張昭 32		張昭 74	
沈文阿	沈文阿 33		沈峻/子文阿 71	
沈洙	沈洙 33		沈洙 71	
戚袞	戚袞 33		戚袞 71	
鄭灼	鄭灼 33	張崖 33 陸詡 33 沈德威 33 賀德基 33	鄭灼 71	張崖 71 陸翊 71 沈德威 71 賀德基 71
全緩	全緩 33		全緩 71	
張譏	張譏 33		張譏 71	
顧越	顧越 33		顧越 71	
沈不害	沈不害 33		沈不害 71	
王元規	王元規 33	陸慶 33	王元規 71	陸慶 71
杜之偉	杜之偉 34		杜之偉 72	

續表

	陳書（卷數）	其他（卷數）	南史（卷數）	其他（卷數）
顏晃	顏晃 34		顏晃 72	
江德藻	江德藻 34		江革/子德藻 60	
庾持	庾持 34		庾道愍/沙彌子持 73	
許亨	許亨 34		許懋/子亨 60	
褚玠	褚玠 34		褚裕之/蒙子玠 28	
岑之敬	岑之敬 34		岑之敬 72	
陸琰	陸琰 34	弟瑜 34 從兄玠 34 從弟琛 34	陸慧曉/瓊從父弟琰 48	琰弟瑜 48 瑜從兄玠 48 瑜從弟琛 48
何之元	何之元 34		何之元 72	
徐伯陽	徐伯陽 34		徐伯陽 72	
張正見	張正見 34		張正見 72	
蔡凝	蔡凝 34		蔡廓/曾孫凝 29	
阮卓	阮卓 34		阮卓 72	
熊曇朗	熊曇朗 35		熊曇朗 80	
周迪	周迪 35		周迪 80	
留異	留異 35		留異 80	
陳寶應	陳寶應 35		陳寶應 80	
陳叔陵	始興王叔陵 36		始興王叔陵 65	
陳伯固	新安王伯固 36		新安王伯固 65	

附録5 《南齊書》《南史》異文細目

表1-1 異體字、古今字、通假字統計表

類別	序列號及差異	具體語境及出處（本紀/列傳）
異體字	（1）髁/裸	居甞髁袒—常裸袒（蕭昭業）
異體字	（2）坑/阬	不避坑穽—不避阬穽（蕭寶卷）
異體字	（3）鄣/障	翳中帷帳及步鄣—翳中帷帳及步障（蕭寶卷）
異體字	（3）鄣/障	以袖鄣面—以袖障面（蕭子懋）
異體字	（4）牀/床	后牀帷陳設故舊—后床帷陳故（王寶明）
異體字	（4）牀/床	在大牀寢—在大床寢（王瞻）
異體字	（5）床/牀	鏡在床—鏡在牀（何婧英）
異體字	（5）床/牀	一夜虵還床下——夜蛇還牀下（虞愿）
古今字	（6）材/才	材貌非常—才貌非常（褚淵）
古今字	（7）債/責	負債至數十萬—負責數十萬（褚淵）
古今字	（8）擒/禽	州郡討不能擒—州郡討不能禽（李安民）
通假字	（9）以/已	臣輒以收治—臣輒已收之（王瞻）
古今字	（10）勵/厲	更自勤勵—更自勤厲（蘇侃）
異體字	（11）途/塗	兄子儉於中途得病—兄子儉中塗得病（王僧虔）
古今字	（12）座/坐	座遠—坐遠不聞緒言（張緒）
異體字	（13）飡/餐	爲之辨飡—爲之辨餐（張緒）
異體字	（14）他/佗	他族豈得乘其衰弊—佗族豈得乘其弊（蕭晃）
異體字	（15）曅/曄	啓曅得失—啓曄得失（蕭曅）
異體字	（16）妓/伎	愛妓陳玉珠—愛伎陳玉珠（到撝）
通假字	（17）脩/修①	儁脩治未畢—儁修未畢（劉儁）
通假字	（17）脩/修①	脩治舊山—修舊山（王秀之）
通假字	（17）脩/修①	脩治白下城—修白下城（劉係宗）
通假字	（18）渡/度	席卷欲南渡—席捲欲南度（蕭穎冑）
通假字	（19）賑/振	開私倉賑屬縣—開私倉振屬縣（蕭子良）
通假字	（20）按/案	按佛經宣旨—案佛經宣旨（蕭子良）
通假字	（21）華/花	優曇缽華—優曇缽花（蕭子良）
古今字	（22）御/禦	插御床四角—插禦床四角（蕭子良）
異體字	（23）櫄/標	輔國將軍徐世櫄—輔國將軍徐世標（崔慧景）

① 《集韻·尤韻》："修，通作脩。"

續表

類別	序列號及差異	具體語境及出處（本紀/列傳）
古今字	（24）反/返	法珍得反—法珍得返（張欣泰）
異體字	（25）槩/概	有風槩—有風概（陸厥）
異體字	（26）愿/願	愿徐去無異容—願徐去無異容（虞愿）
異體字	（27）虵/蛇	一夜虵還牀下——夜蛇還牀下（虞愿）
異體字	（28）沈/沉	決沈湖灌漑—決沉湖灌漑（劉懷慰）
古今字	（29）婚/昏	父爲〔之〕婚—父爲之昏（褚伯玉）
		掌婚冠儀—掌昏冠儀（杜栖）
異體字	（30）麤/粗	衣麤布衣—衣粗布（劉虯）
異體字	（31）咲/笑	測咲曰—測笑曰（宗測）
異體字	（32）賫/齎	遣天虎賫書與穎胄—遣天武齎書與穎胄（蕭穎胄）
異體字	（33）嘿/默	養身靜嘿—養身靜默（沈驎士）
異體字	（34）憨/慚	隣人憨愧—隣人慚愧（韓係伯）
異體字	（35）桁/航	直至朱雀桁—直至朱雀航（蕭道成）
異體字	（36）樗蒲/摴蒱	樗蒲官賭—摴蒱官賭（李安民）
異體字	（37）髣髴/彷彿	不得其髣髴—不得其彷彿（劉瓛）
		髣髴可識—彷彿可識（陸澄）

表 1-2 避諱用字統計表

避諱字	避諱方法	具體語境及出處（本紀/列傳）
順 （蕭順之）① （1）	（1）從/順	從帝欲避上—順帝欲避上（王敬則）
		從帝遜位—順帝遜位（王琨）
		從陽范縝—順陽范縝（劉瓛）
		天應民從—天應人順（王儉）
虎（李虎） （2）	（1）虎/武	虎威將軍—武威將軍（柳世隆）
		虎威之號—武威之號（柳世隆）
		曹虎字士威—曹武字士威（曹虎/曹武）
		以虎與戴僧静—使武與戴僧静（曹虎/曹武）
		虎領軍屯青溪—武領軍屯青溪（曹虎/曹武）
		帝疑虎—帝疑武（曹虎/曹武）

---

① 《南齊書·武帝本紀》（卷三）"從帝立"校勘記："從帝"各本作"順帝"。按錢大昕《廿二史考異》云：梁武帝父名順之，故子顯修史，多易爲"從"字，宋順帝亦作"從帝"，作"順帝"者，蓋後人所改。《南齊書·江斅列傳》（卷四十三）"從帝立"校勘記：按從帝即順帝，子顯避梁諱改，南監本、殿本已改爲"順帝"。

續表

避諱字	避諱方法	具體語境及出處（本紀/列傳）
		王天虎詣江陵—王天武詣江陵（蕭穎胄）
		遣天虎賫書與穎胄—遣天武齎書與穎胄（蕭穎胄）
		斬王天虎首—斬天武（蕭穎胄）
		鎮軍司馬曹虎—鎮軍司馬曹武（蕭遙光）
		隨曹虎西行—隨曹武西行（朱謙之）
		隱虎丘山—隱武丘山（何求）
	(2) 虎/猛獸	好射虎—好射猛獸（張敬兒）
昺（李昺）(1)	(1) 避名稱字	劉秉既不受任—劉彥節既不受任（褚淵）
		劉秉起兵之夕—劉彥節起兵之夕（蕭惠基）
		以秉是惠基妹夫—以彥節是惠基妹夫（蕭惠基）
淵（李淵）(3)	(1) 淵/深	太祖遣薛淵—高帝遣薛深（戴僧靜）
		奏彈淵子—奏彈深子（沈沖）
		在沈淵座—在沈深座（丘靈鞠）
	(2) 淵/泉	寶源字智淵—寶源字智泉（蕭寶源）
	(3) 避名稱字	護軍褚淵—護軍褚彥回（蕭道成）
		從兄淵謂人曰—從兄彥回謂人曰（褚炫）
		吏部郎褚淵—吏部郎褚彥回（何戢）
		褚淵在座—褚彥回曰（張緒）
		吏部尚書褚淵—吏部尚書褚彥回（張欣泰）
世（李世民）(2)	(1) 世/代	累世皇基—累代皇基（紀僧真）
	(2) 世/家	世傳譜學—家傳譜學（賈淵/賈希鏡）
民（李世民）(5)	(1) 民/人	民間金銀寶物—人間金銀寶物（蕭寶卷）
		棄郡逃民間—棄郡逃人間（張瓌）
		民間榜死人—人間榜死人（江謐）
		得民間所有—得人間所有（王僧虔）
		民間流言—人間流言（蕭道成）
		先逃民間—先逃人間（崔慧景）
		吏民送者數千人—吏人送者數千萬人（劉悛）
		吏民懷之—吏人懷之（蕭穎胄）
		吏民皆散—吏人皆散（吳欣之）
		移居民入城—移居人入城（蕭穎胄）
		安集居民—安集居人（劉懷慰）
		民情物望—人情物望（徐孝嗣）
		流民所歸—流人所歸（劉懷慰）

續表

避諱字	避諱方法	具體語境及出處（本紀/列傳）
		徵求民家—徵求人家（蕭寶卷）
		開民相告—開人相告（蕭嶷）
		聽民以米當口錢—聽人以米當口錢（蕭嶷）
		天應民從—天應人順（王儉）
		爲民患—爲人患（王敬則）
		民丁無士庶—人丁無士庶皆保塘役（王敬則）
		買牛給貧民—買牛給貧人（戴僧静）
		屬縣貧民—屬縣貧人（蕭子良）
		郡民王弼—郡人王弼（劉懷珍）
		郡民朱百年—郡人朱百年（蕭子良）
		郡民龔玄宣—郡人龔玄宣（裴昭明）
		民之大紀—人之大綱（虞玩之）
		蜀一民—蜀一人（蕭子良）
		以防民姦—以防人姦（劉悛）
		民懷其德—人懷其德（樂預）
		還復民伍—還復人伍（劉係宗）
		古之逸民—古之逸人（褚伯玉）
		融非治民才—融非御人才（張融）
		發民治橋—發人修橋（陸慧曉）
		民有餉其新米—人有餉其新米（劉懷慰）
		廣漢什邡民—廣漢什邡人（蕭鑑）
		廣陵民章起之二息—廣陵人（吴欣之）
		遣軍主房靈民—遣軍主房靈人（劉懷珍）
		謂靈民曰—謂靈人曰（劉懷珍）
		李安民皆增給軍儀—李安人皆增給軍儀（垣崇祖）
		李安民，蘭陵承人也—李安人，蘭陵承人也（李安民）
		安民具啓之—安人具啓之（謝超宗）
		父乘民，冀州刺史—父乘人，冀州刺史（劉懷慰）
		父庸民，國子助教—父庸人，國子助教（臧榮緒）
		後超民孫微—後超人孫微（張融）
	(2) 民/户	左民尚書—左户尚書（褚澄）
		左民尚書—左户尚書（蕭暠）
		左民尚書—左户尚書（劉悛）

續表

避諱字	避諱方法	具體語境及出處（本紀/列傳）
		左民尚書—左户尚書（孔琇之）
		左民尚書—左户尚書（虞悰）
	（3）民/政	不閑民事—不閑政事（焦度）
	（4）民/部下	不修民敬—不修部下敬（到撝）
	（5）缺"民"	梁土民思之—梁土思之（蕭道成）
治（李治）(19)	（1）治/療	召澄爲治—召澄爲療（褚澄）
		遇疾不治，尋而自差—不療之而差（陳顯達）
	（2）治/築	治新亭城壘—築新亭城壘（蕭道成）
	（3）治/修	宅盛治山池—宅盛修山池（劉悛）
		發民治橋—發人修橋（陸慧曉）
		撰治禮儀—撰修禮儀（劉繪）
	（4）治/臨	治天下十年—臨天下十年（蕭道成）
		令僧真治郡—令僧真臨郡（紀僧真）
		治事清刻—臨事清刻（毛惠素）
		治事以刻覈被知—臨事以刻覈被知（吕文顯）
	（5）治/定	使儉參治之—使儉參懷定之（王儉）
	（6）治/理	卿爲我臥治也—卿與我臥理之（劉善明）
		諸傅有《治縣譜》—諸傅有《理縣譜》（傅琰）①
	（7）治/教	政治苛刻—政教苛刻（江謐）
	（8）治/政	治亦深切—政亦深苛（江謐）
		國之治端—國之政端（虞玩之）
		善言治體—善談政體（劉休）
		治稱清嚴—政稱清嚴（孔琇之）
	（9）治/斷	我爲卿治之—我爲卿斷之（劉休）
	（10）治/御	融非治民才—融非御人才（張融）
		豈不可治—豈不可御（沈憲）
	（11）治/立	治身清肅—立身清肅（陸慧曉）
	（12）治/習	專心治業—專心習業（賈淵/賈希鏡）
	（13）治/事	不治生産—不事生業（虞愿）
		不治産業—不事産業（裴昭明）
	（14）治/案	付獄治罪—付獄案罪（裴昭明）
		付獄治罪—付獄案罪（孔琇之）

---

① 《齊東野語》卷四"避諱"條："《詩》、《書》則不諱。"參見（宋）周密撰：《齊東野語》，張茂鵬點校，北京：中華書局1983年版，第58頁。

續表

避諱字	避諱方法	具體語境及出處（本紀/列傳）
	（15）治/掌	何胤治禮—何胤掌禮（杜栖）
	（16）治/經	不堪治國—不堪經國（劉係宗）
	（17）治/修理	上在淮陰治城—上在淮陰修理城（紀僧真）
	（18）缺"治"	脩治廨宇—修廨宇（蕭嶷）
		俊脩治未畢—俊修未畢（劉俊）
		脩治舊山—修舊山（王秀之）
		脩治白下城—修白下城（劉係宗）
		修治城郭—修城郭（劉懷慰）
	（19）缺"稚"	使中丞孔稚珪—使中丞孔珪（王融）

表 2-1 均用單音節詞語統計表

類別	序列號及差異	具體語境及出處（本紀/列傳）
動詞（56）	（1）寇/攻	索兒寇淮陰—索兒攻淮陰（蕭道成）
		虜寇司州—魏軍攻司州（蕭鸞）
		寇壽春—攻壽春（垣崇祖）
		寇淮北—攻淮北（垣崇祖）
		虜寇壽春—魏攻壽春（李安民）
		虜寇淮陽—魏攻淮陽（周盤龍）
	（2）侵/攻	爲虜所侵—爲魏所攻（蕭鸞）
	（3）伐/攻	伐壽春—攻壽春（蕭寶卷）
	（4）伐/侵	世祖欲北伐—武帝欲北侵（王融）
	（5）侵/伐	連歲南侵—連歲南伐（孔稚珪）
	（6）討/侵	遣顯達北討—遣顯達北侵（陳顯達）
	（7）討/禦	張稷討之—張稷禦之（蕭鸞）
	（8）寇/逼	又寇司州—又逼司、雍二州（蕭鸞）
	（9）期/伺	期世祖出申—伺武帝出申（蕭道成）
	（10）薨/殂	汝陰王薨—汝陰王殂（蕭道成）
		戊辰，薨—巴陵王殂（蕭寶融）
	（11）窆/葬	窆武進泰安陵—葬於武進泰安陵（蕭道成）
	（12）變/易	移變風俗—移風易俗（蕭道成）
	（13）操/執	操弓楯—執弓楯（蕭昭業）
	（14）秉/執	秉燭正坐—執燭正坐（蕭道成）
		羣公秉政—羣臣執政（劉善明）

續表

類別	序列號及差異	具體語境及出處（本紀/列傳）
	（15）遣/命	遣平西將軍—命平西將軍（蕭寶卷）
		遣左右口啓上—命左右啓高帝（王瞻）
	（16）召/命	郡召主簿—郡命主簿（杜京産）
	（17）害/殺	害尚書令蕭懿—殺尚書蕭懿（蕭寶卷）
	（18）殺/害	爲太（祖）〔初〕所殺—被害（徐孝嗣）
	（19）斬/殺	懷珍斬弼以聞—懷珍殺之（劉懷珍）
	（20）爭/鬭	爭者—鬭者（蕭寶卷）
	（21）歸/嬪	歸太祖—竟嬪於上（劉智容）
	（22）獻/送	以虜所獻氈車賜嶷—賜以魏所送氈車（蕭嶷）
	（23）送/齎	送首詣梁王—齎其首詣梁武帝（劉繪）
	（24）遺/贈	遺君古物—贈君古人之服（孔稚珪）
	（25）遺/與	鋒遺書誚責—鋒與書詰責（蕭鋒）
	（26）與/遺	數相分與—數相分遺（虞悰）
	（27）餉/遺	有餉愿虵者—有遺愿蛇者（虞愿）
	（28）疾/病	豫章王感疾—豫章王感病（褚澄）
		世祖疾篤—武帝病篤（王融）
		及京産疾—及京産病（杜栖）
	（29）病/疾	遇病—遇疾（劉瓛）
	（30）從/隨	從太祖還都—隨高帝還都（荀伯玉）
	（31）比/况	蓋自比也—蓋自况也（王儉）
	（32）絶/乏	世不絶公也—世不乏公也（柳世隆）
	（33）詣/謁	詣太祖—謁高帝（王敬則）
	（34）知/解	臣若知書—臣若解書（王敬則）
	（35）瘳/愈	如言而疾瘳—如言而疾愈（劉靈哲）
	（36）拔/收	拔其母—收其母（王瞻）
	（37）卜/占	令伯玉卜—令伯玉占（荀伯玉）
	（38）嘉/重	上嘉伯玉盡心—高帝重伯玉盡心（荀伯玉）
	（39）嘉/喜	才識可嘉—才識可喜（袁彖）
	（40）言/談	善言治體—善談政體（劉休）
	（41）憲/惡	被憲者多結怨—被惡者多結怨（沈沖）
	（42）照/映	爲蟬冕所照—爲蟬冕所映（庾杲之）
	（43）忿/忌	帝深忿之—帝深忌之（江祐）
	（44）稱/善	當世稱其應對—當世善其對（沈文季）
	（45）逢/遇	逢大舫開—遇朱雀桁開（王融）

續表

類別	序列號及差異	具體語境及出處（本紀/列傳）
	（46）聽/許	不聽斂葬—不許斂葬（袁彖）
	（47）來/至	後北虜使來—後魏使至（劉繪）
	（48）慮/懼	常慮攸之舉事—常懼攸之舉事（王奐）
	（49）閉/關	閉門上仗—關門上仗（張欣泰）
	（50）逃/遁	從後門逃去—從後門遁去（何點）
	（51）供/養	以供母、伯—以養母及伯父（公孫僧遠）
	（52）板/聘	板爲功曹—聘爲功曹（王文殊）
	（53）吐/嘔	吐血數升—嘔血數升（杜栖）
	（54）乞/求	乞代死—求代死（陸絳）
	（55）仗/恃	仗才使酒—恃才使酒（謝超宗）
	（56）辨/辦	爲之辨飡—爲之辦餐（張緒）
名詞（14）	（1）衣/服	戎衣出門迎—戎服出門迎（蕭道成）
	（2）飡/飧	省飡減食—省飧減食（公孫僧遠）
	（3）官/宦	太祖雖從官—高帝雖從宦（陳道止）
		世祖始從官—齊武帝始從宦（虞悰）
		父官不通—父宦不通（王融）
	（4）眼/目	矢中左眼—矢中左目（陳顯達）
	（5）袠/卷	袠中所無者—卷中所無者（王僧虔）
	（6）道/路	道不拾遺—路不拾遺（王敬則）
	（7）狀/相	封侯狀也—封侯相也（李安民）
	（8）物/人	真健物也—真健人也（焦度）
	（9）邦/郡	大邦任重—大郡任重（張岱）
		此邦豐壤—此郡沃壤（王秀之）
		忝爲邦佐—忝爲郡佐（裴昭明）
	（10）紀/綱	民之大紀—人之大綱（虞玩之）
	（11）曉/旦	達曉不寐—達旦不寐（蕭惠基）
	（12）夕/夜	晨夕不罷哭—晨夜不罷哭（杜栖）
	（13）故/因	無故墮地—無因墮地（何婧英）
	（14）代/世①	非〔季〕代所行—非季世所行（褚淵）
形容詞（3）	（1）奇/異	多聚奇石—多聚異石（蕭長懋）
	（2）平/寧	事平—事寧（江謐）
	（3）豐/沃	此邦豐壤—此郡沃壤（王秀之）

① 《南史》不避"世"諱。

續表

類別	序列號及差異	具體語境及出處（本紀/列傳）
介詞（4）	（1）於/在	仲雄於御前鼓琴—仲雄在御前鼓琴（王敬則）
		於中華門答我—在中華門答我（劉悛）
	（2）緣/由	當緣劉家月旦故—當由劉家月旦故（王延之）
	（3）由/因	由我而死—因我而死（謝朓）
	（4）及/至	爰及鼎味—爰至鼎味（劉休）
代詞（1）	（1）是/此	至是稍多—至此稍多（柳世隆）

表2-2　首語素相同雙音節詞語統計表

類別	序列號及差異	具體語境及出處（本紀/列傳）
名詞（10）	（1）儒士/儒生	儒士雷次宗—儒生雷次宗（蕭道成）
	（2）明日/明旦	明日而遁死問至—明旦而遁死問至（蕭道成）
	（3）憂恐/憂懼	心懷憂恐—心懷憂懼（王敬則）
	（4）疑惑/疑貳	尚懷疑惑—尚懷疑貳（江謐）
	（5）朝野/朝廷	朝野致敬—朝廷致敬（虞玩之）
	（6）權勢/權威	權勢稍異—權威稍異（蕭鏘）
	（7）風形/風采	風形瓖潤—風采瓖潤（胡諧之）
	（8）識計/識具	諧之有識計—諧之有識具（胡諧之）
	（9）舉動/舉止	舉動閑詳—舉止閑詳（謝瀹）
	（10）學者/學士	從學者數十百人—從學士數十百人（沈驎士）
形容詞（7）	（1）嚴正/嚴整	嚴正有禮法—嚴整有軌度（劉智容）
	（2）豐潤/豐美	姿容豐潤—姿容豐美（蕭長懋）
	（3）憂危/憂疑	高、武子孫憂危—高、武子孫憂疑（蕭鉉）
	（4）深切/深苛	治亦深切—政亦深苛（江謐）
	（5）凶剽/凶愚	彪素凶剽—彪凶愚（王奐）
	（6）離壞/離沮	眾情離壞—人情離沮（崔慧景）
	（7）恬隱/恬靜	志性恬隱—志性恬靜（庾易）
動詞（8）	（1）委寄/委仗	深相委寄—深相委仗（褚淵）
	（2）貶匿/貶退	深自貶匿—深自貶退（陳顯達）
	（3）朽故/朽敗	車乘朽故—車乘朽敗（陳顯達）
	（4）陪位/陪列	琨陪位—百僚陪列（王琨）
	（5）輻協/輻湊	賓客輻協—賓客輻湊（虞玩之）
	（6）專勢/專權	專勢號令—專權號令（崔慧景）
	（7）愛納/愛重	深相愛納—深相愛重（張欣泰）
	（8）防制/防備	防制諸蕃—防備諸蕃（孔琇之）

表2-3　末語素相同雙音節詞語統計表

類別	序列號及差異	具體語境及出處（本紀/列傳）
動詞（10）	（1）著力/盡力	爲汝著力—爲汝盡力（蕭道成）
	（2）禪位/遜位	禪位梁王—遜位於梁（蕭寶融）
	（3）諮謀/議謀	多與諮謀—多與議謀（褚淵）
	（4）追送/進送	領百騎追送晃—領百騎進送晃（劉懷珍）
	（5）持平/居平	二王持平—二王居平（王延之）
	（6）誚責/詰責	鋒遺書誚責—鋒與書詰責（蕭鋒）
	（7）平行/正行	平行直視—正行直視（蕭鉉）
	（8）言詠/談詠	好言詠—好談詠（檀超）
	（9）僑居/寓居	僑居東海—寓居東海（封延伯）
	（10）集議/計議	召四貴集議—計議（蕭道成）
形容詞（3）	（1）重澀/訥澀	性重澀少言—性訥澀少言（蕭寶卷）
	（2）剛暴/酷暴	剛暴—宋廣州刺史王翼之子妾路氏酷暴（王敬則）
	（3）古慎/謹慎	性既古慎—謙恭謹慎（王琨）
名詞（5）	（1）兒姪/子姪	處兒姪之間—處子姪之間（王僧虔）
	（2）鄉來/由來	鄉來多不居憲臺—由來多不居憲臺（王僧虔）
	（3）閑解/開解	頗多閑解—頗多開解（張欣泰）
	（4）淵化/流化	膠東淵化—膠東流化（劉懷慰）
	（5）刑賞/誅賞	刑賞處分—誅賞處分（茹法亮）

表2-4　首語素與末語素相同雙音節詞語統計表

類別	序列號及差異	具體語境及出處（本紀/列傳）
動詞（1）	（1）敗沒/亡敗	相繼敗沒—相繼亡敗（蕭鸞）
名詞（1）	（1）權勢/威權	時權勢雖重—時威權雖重（王晏）
		權勢並在其門—威權並在其門（蕭遙欣）

表2-5　末語素與首語素相同雙音節詞語統計表

類別	序列號及差異	具體語境及出處（本紀/列傳）
形容詞（2）	（1）酷暴/暴虐	蒼梧酷暴—蒼梧暴虐（褚淵）
	（2）辯捷/捷速	文辭辯捷—文辭捷速（王融）

表 2-6　同素異序詞語統計表

類別	序列號及差異	具體語境及出處（本紀/列傳）
動詞（5）	（1）剖擊/擊剖	以相剖擊破碎之—以相擊剖破碎之（蕭昭業）
	（2）役築/築役	更番役築—更番築役（蕭長懋）
	（3）賞愛/愛賞	獨賞愛之—元景愛賞（柳世隆）
	（4）泣涕/涕泣	拜敬泣涕—拜敬涕泣（劉悛）
	（5）復報/報復	慮相復報—慮相報復（朱謙之）
形容詞（2）	（1）省約/約省	務在省約—務存約省（蕭嶷）
	（2）放縱/縱放	孔琳之書天然放縱—天然縱放（王僧虔）
名詞（2）	（1）土地/地土	不習土地—不習地土（王融）
	（2）平生/生平	吾平生之風調—吾生平之風調（張融）
形容詞—名詞（1）	（1）年少/少年	儉年少—儉少年（張緒）

表 2-7　語素完全不同詞語統計表

類別	序列號及差異	具體語境及出處（本紀/列傳）
動詞（5）	（1）巡行/觀省	巡行風俗—觀省風俗（蕭昭文）
	（2）起義/興兵	起義救援—興兵入援（蕭寶卷）
	（3）隱卹/顧問	親自隱卹—親自顧問（蕭緬）
	（4）決判/罰	就潘氏決判—就潘妃罰之（蕭寶卷）
	（5）忿疾/怨	深忿疾融—深怨融（王融）
名詞（1）	（1）禮法/軌度	嚴正有禮法—嚴整有軌度（劉智容）
形容詞（2）	（1）勳懃/勞	以勳懃封—以勞封（蕭諶）
	（2）淹厚/清靖	少而淹厚—少而清靖（何昌寓）

表 2-8　單音節詞與雙音節詞的前一個語素相同統計表

類別	序列號及差異	具體語境及出處（本紀/列傳）
名詞（2）	（1）婢/婢媵	數殺婢—殺婢媵（王敬則）
	（2）將/將領	舊將—舊將領（曹虎/曹武）
動詞（3）	（1）接/接對	接北使李道固—接對北使李道固（張融）
	（2）驅/驅曳	使人驅下殿—使人驅曳下殿（虞愿）
	（3）灌/灌植	三時營灌—三時營灌植（劉虬）
形容詞（2）	（1）勇/勇健	帝以其勇—帝以其勇健（崔慧景）
	（2）強/強濟	吏才強—吏才強濟（毛惠素）

表 2-9 單音節詞與雙音節詞的後一個語素相同統計表

類別	序列號及差異	具體語境及出處（本紀/列傳）
動詞（4）	（1）怒/怨怒	羣蠻怒—群蠻怨怒（蕭嶷）
	（2）問/詔問	上遣騎問疾—上遣騎詔問疾（蕭鑑）
	（3）付/委付	悉付之—悉委付之（蕭諶）
	（4）亂/喪亂	中朝亂—中朝喪亂（蕭道成）
名詞（2）	（1）物/人物	帳中物—帳中人物（王瞻）
	（2）病/疾病	四節臥病—四節臥疾病（劉虬）

表 2-10 雙音節詞的前一個語素與單音節詞相同統計表

類別	序列號及差異	具體語境及出處（本紀/列傳）
動詞（29）	（1）謀議/謀	與粲謀議—詣粲謀（蕭道成）
	（2）貴重/貴	以貴重之—以貴之（蕭昭業）
	（3）陳設/陳	后牀帷陳設故舊—后床帷陳故（王寶明）
	（4）藏匿/藏	皆藏匿之—皆藏之（蕭長懋）
	（5）附結/附	不自附結—不自附（垣崇祖）
	（6）勞接/勞	勞接諸軍主—勞諸軍主（李安民）
	（7）收治/收	臣輒以收治—臣輒已收之（王瞻）
	（8）圖畫/圖	使圖畫寬形—使圖寬形以上（王寬）
	（9）圍繞/圍	張左右翼圍繞之—張左右翼圍之（周盤龍）
	（10）敬重/敬	敬重緒—敬緒（張緒）
	（11）怨望/怨	撝頗怨望—撝頗怨（到撝）
	（12）參承/參	間日入參承—間日入參（蕭子良）
	（13）諫諍/諫	不敢諫諍—不敢諫（徐孝嗣）
	（14）收捕/收	收捕諸子—諸子見收（沈文季）
	（15）收殺/收	收殺攸之弟—收攸之弟（沈文季）
	（16）宴會/宴	宴會朝臣—宴朝臣（沈文季）
	（17）召見/召	先被召見—先被召（沈文季）
	（18）誅殺/誅	有所誅殺—有所誅（蕭遙光）
	（19）焚燒/焚	焚燒屋宇—焚屋宇（蕭遙光）
	（20）觀視/觀	遊幸輒觀視—遊幸輒觀（王融）
	（21）賞愛/賞	尤被賞愛—尤被賞（謝朓）
	（22）救解/救	救解之—救（劉繪）
	（23）疑懼/疑	朝廷疑懼—朝廷疑之（崔慧景）
	（24）隱遁/隱	遂隱遁不仕—遂隱不仕（顧歡）

續表

類別	序列號及差異	具體語境及出處（本紀/列傳）
	（25）講説/講	爲暉講説—爲暉講（杜京産）
	（26）奇憚/奇	甚奇憚之—甚奇之（王融）
	（27）駑駘/駑	乃駑駘之不若—乃駑不若（王融）
	（28）傲慢/傲	王瞻傲慢朝廷—王瞻傲朝廷（王瞻）
	（29）偷盗/偷	無敢復爲偷盗—無敢爲偷（傅琰）
名詞（9）	（1）福德/福	有福德生帝王家—有福生帝王家（蕭昭業）
	（2）過誤/過	婢使有過誤—婢使有過（陳道止）
	（3）故舊/故	后琳帷陳設故舊—后床帷陳故（王寶明）
	（4）事狀/事	破賊事狀—破賊事（劉懷珍）
	（5）兵衆/兵	王使君兵衆羸弱—王使君兵弱（王玄邈）
	（6）門户/門	以門户衰弱—以門衰（王琨）
	（7）才翰/才	愛其才翰—愛其才（謝超宗）
	（8）恩意/恩	待子姪有恩意—待子姪有恩（江祏）
	（9）赦令/赦	尋有赦令—尋有赦（陸厥）
形容詞（6）	（1）貧寠/貧	少時貧寠—少時貧（李安民）
	（2）羸訥/羸	形甚羸訥—形甚羸（周盤龍）
	（3）衰弱/衰	以門户衰弱—以門衰（王琨）
	（4）忿怒/忿	輒忿怒—輒忿（蕭子響）
	（5）險峻/險	性太險峻—性太險（周顒）
	（6）險進/險	諶性險進—諶性險（蕭諶）
副詞（2）	（1）親自/親	親自執勤—親執勤（陳道止）
	（2）各各/各①	各各共説之—各共説之（蕭遙光）

表 2-11　雙音節詞的後一個語素與單音節詞相同統計表

類別	序列號及差異	具體語境及出處（本紀/列傳）
名詞（6）	（1）款誠/誠	布款誠於太祖—布誠於帝（蕭道成）
	（2）義兵/兵	起義兵於襄陽—起兵於襄陽（蕭寶卷）
	（3）車駕/駕	車駕幸莊嚴寺—駕幸莊嚴寺（張緒）
		從車駕出新林—從駕出新林（張欣泰）
	（4）准則/則	不可以爲准則—不可爲則（張緒）

---

① "各各"屬於重疊詞，"各"與"各各"的前一個語素和後一個語素均相同，暫歸於此。

續表

類別	序列號及差異	具體語境及出處（本紀/列傳）
	（5）傷損/損	百姓無所傷損—百姓無所損（沈文季）
	（6）嗜欲/欲	寡嗜欲—寡欲（褚伯玉）
動詞（16）	（1）占視/視	遣御師占視—遣禦師往視（蕭昭文）
	（2）救援/援	起義救援—興兵入援（蕭寶卷）
	（3）沾濕/濕	爲雨所沾濕—爲雨所濕（蕭寶卷）
	（4）驚散/散	左右數百人皆驚散—左右百人皆散（張敬兒）
	（5）掩討/討	掩討平之—討平之（劉懷珍）
	（6）召問/問	宋文帝召問—宋文帝問（劉懷珍）
	（7）結事/事	獨結事太祖—獨事齊高帝（劉善明）
	（8）以爲/爲	不可以爲准則—不可爲則（張緒）
	（9）陳設/設	陳設其略—設奇略以疑之（蕭穎冑）
	（10）排抑/抑	爲澄所排抑—爲澄所抑（陸澄）
	（11）呵責/責	被上呵責—被責（王晏）
	（12）集會/會	集會子弟—會子弟（王思遠）
	（13）應對/對	當世稱其應對—當世善其對（沈文季）
	（14）嘉賞/賞	上甚（善）〔嘉〕賞之—上甚賞之（謝朓）
	（15）交通/通	密與虜交通—密與魏通（崔慧景）
	（16）引退/退	及虜引退—及魏軍退（張欣泰）
形容詞（6）	（1）羸疾/疾	以母年高羸疾—以母老疾（褚淵）
	（2）羸弱/弱	王使君兵眾羸弱—王使君兵眾弱（王玄邈）
	（3）衰弊/弊	乘其衰弊—乘其弊（蕭晃）
	（4）虛妄/妄	疑其虛妄—疑其妄（謝超宗）
	（5）遑懼/懼	撝遑懼—撝懼（到撝）
	（6）友善/善	與顧暠之友善—與顧暠之善（王思遠）

表3-1 語法差異統計表

類別	序列號及差異	具體語境及出處（本紀/列傳）
被動句—被動句（8）	（1）爲N$_{施事}$所V/爲N$_{施事}$V	爲有司所奏—爲有司奏（張瓌）
		爲有司所奏—爲有司奏（江謐）
		爲有司所奏—爲有司奏（王倫之）
		爲鬱林王所依信—爲鬱林依信（蕭鏘）
		爲省司所奏—爲有司奏（謝超宗）

續表

類別	序列號及差異	具體語境及出處（本紀/列傳）
		爲有司所舉—爲有司舉（到撝）
		爲有司所奏—爲有司奏（王繢）
	(2) 爲N$_{施事}$所V/爲所V	諸偷恐爲其所識—諸偷恐爲所識（王敬則）
	(3) 爲N$_{施事}$所V/被V	爲有司所奏—被奏（虞悰）
		爲太（祖）〔初〕所殺—被害（徐孝嗣）
	(4) 爲N$_{施事}$所V/遇V	慶之爲景和所殺—慶之遇害（沈文季）
	(5) 被V/見V	龢深被親寵—龢見寵（王琨）
		孝嗣被害—未幾見害（沈文季）
	(6) 見V/被V	深見知待—深被知待（蘇侃）
	(7) 被N$_{施事}$V/被V	被上呵責—被責（王晏）
	(8) 見V/遇V	見殺—遇誅（曹虎/曹武）
被動句 ｜ 陳述句 (4)	(1) 被V/陳述句	帝被廢—帝廢（何婧英）
		俱被誅—至是及誅（王晏）
	(2) 見V/陳述句	又見殺—乃誅之（劉喧）
		及江祏見誅—及江祏誅（徐孝嗣）
		遂并見殺—俱害之（陸絳）
	(3) 爲N$_{施事}$所V/陳述句	求母王氏爲父所害—害求母王氏（何求）
	(4) 爲N$_{施事}$V/陳述句	不樂爲武職驅使—不樂武職（張欣泰）
陳述句 ｜ 被動句 (4)	(1) 陳述句/爲N$_{施事}$所V	泰始中没虜—泰始中爲魏所獲（劉靈哲）
		世以此笑之—爲輕薄所笑（王琨）
		降曹虎軍—爲曹武所禽（蕭遥光）
		没虜—爲魏所獲（崔懷慎/崔懷順）
		丁零胡又南攻芮芮—爲丁零所破（芮芮虜）
	(2) 陳述句/見V	深加敬異—深見敬異（張緒）
		遂害鉉—乃見害（蕭鉉）
		收捕諸子—諸子見收（沈文季）

續表

類別	序列號及差異	具體語境及出處（本紀/列傳）
		殺之—遂見殺（沈昭光）
		東昏殞—及東昏見殺（劉繪）
		聞父陷沒—聞父見虜（崔懷慎/崔懷順）
		軍旅書翰皆委焉—軍旅書翰皆見委（王晏）
	(3) 陳述句/被V	徵爲黃門郎—被徵爲黃門郎（荀伯玉）
		敕接虜使—被敕接使（劉繪）
	(4) 陳述句/被N$_{施事}$V	二十七年沒虜—縣被魏剋（李安民）
		俱沒虜—俱被魏虜（戴僧静）
中補結構—中補結構（3）	(1) /於（于）	築宮丹陽—築宮於丹陽（蕭道成）
		窆武進泰安陵—葬於武進泰安陵（蕭道成）
		禪位梁王—遜位於梁（蕭寶融）
		歸太祖—竟嬪於上（劉智容）
		俱受學雷次宗—俱受學于雷次宗（蕭道度）
	(2) 於/	繫上於郡獄—繫上郡獄（蕭賾）
		斬之於籬側—斬之籬側（陳顯達）
		梟首於朱雀—梟首朱雀（陳顯達）
	(3) 在/	射雉在郊野—射雉郊野（袁彖）
狀中結構—狀中結構（4）	(1) 在/	一客在傍曰——客旁曰（王敬則）
	(2) 以/	密以問攘兵—密問攘兵（張敬兒）
	(3) /而	須臾滅—須臾而滅（到撝）
	(4) 於/	於中途得病—中塗得病（王僧虔）
定中結構—定中結構（3）	(1) 之/	此封侯之瑞也—此封侯瑞也（王敬則）
		自省無廊廟之才—自省無廊廟才（劉瓛）
	(2) /之	以撝功臣後—以撝功臣之後（到撝）
		桂陽難—桂陽之難（劉悛）

續表

類別	序列號及差異	具體語境及出處（本紀/列傳）
	（3）	急攻壘東—急攻東壘（蕭道成）
		直在內殿—直在殿內（江祏）
		常著皮小衣—常著小皮衣（虞愿）
狀中結構—主謂結構（1）		不骨肉相圖—骨肉不相圖（蕭晃）
狀中結構—中補結構（1）	（1）以/以	以嘉名錫之—錫以嘉名（張瓌）
		以虜所獻氍車賜嶷—賜以魏所送氍車（蕭嶷）
動賓結構—中補結構（1）	（1）/以	賜醫藥—賜以醫藥（蕭穎胄）
動賓結構—定中結構（1）		常慮子良有異志—常慮子良異志（蕭子良）
"所"字結構與否（1）	（1）/所	獻馬不稱—所送馬不稱（王融）
		晉、宋未有也—晉、宋所未有也（沈沖）

273

附録6 《梁書》《南史》異文細目

表1-1 異體字、古今字、通假字統計表

類別	序列號及差異	具體語境及出處（本紀/列傳）
通假字	(1) 罹/離	恐罹世患—恐離時患（蕭衍）
		久罹兵荒—久離兵荒（夏侯夔）
通假字	(2) 離/罹	盡室離禍—盡室罹禍（陸襄）
異體字	(3) 遍/徧	遍與州府書—徧與州府人書（蕭衍）
		遍覽經史—徧覽經史（徐摛）
異體字	(4) 徧/遍	每讀一徧—每讀一遍（任孝恭）
異體字	(5) 噪/譟	鼓噪攻之—鼓譟攻之（蕭衍）
古今字	(6) 怵/兊	理當怵懼—理當兊懼（蕭衍）
異體字	(7) 克/剋	鄧元起克成都—鄧元起剋成都（蕭衍）
		攻湘州不克—攻湘州，未剋（蕭繹）
		克之—剋之（昌義之）
		未克而遽卒—未剋而遽卒（夏侯夔）
		克之—剋之（夏侯夔）
		不克—後景攻王僧辯於巴陵不剋（鮑泉）
		望克定京師—望剋定建鄴（侯景）
古今字	(8) 擒/禽	擒魏濟陰王—禽魏濟陰王（蕭衍）
		擒穆弟超—禽穆弟超（韋放）
		乃爲景所擒—爲景所禽（陳昕）
		並擒之　並禽之（蘭欽）
		又爲陸法和所擒—又爲陸法和所禽（王僧辯）
		擒約送于江陵—禽約送江陵（胡僧祐）
		時任約被擒—時任約被禽（徐文盛）
		傍有人擒盜與之—旁人禽盜與之（何點）
異體字	(9) 采/採	濟于采石—濟採石（蕭衍）
異體字	(10) 採/采	入山採藥—入山采藥（陸襄）
		並皆搜採—並皆搜采（孔休源）
通假字	(11) 帥/率	帥眾入援—率眾入援（蕭衍）
		帥軍入援—率軍入援（蕭衍）
		帥眾分據南岸—率眾軍分據南岸（蕭衍）

續表

類別	序列號及差異	具體語境及出處（本紀/列傳）
		帥兵集南岸—率兵集南岸（蕭衍）
		帥江州之眾—率江北之眾（蕭衍）
		襄先已帥民吏—襄先已率人吏（陸襄）
通假字	（12）率/帥	率師援義陽—帥師援義陽（呂僧珍）
古今字	（13）鬚/須	鬚鬢如畫—須鬢如畫（蕭綱）
古今字	（14）沾/霑	沾濕盡爛—霑濕盡爛（蕭綱）
異體字	（15）詧/察	詧遁走—察遁走（蕭繹）
異體字	（16）勑/敕	太子奉勑—太子奉敕（蕭統）
		奉勑勸逼—奉敕勸逼（蕭統）
異體字	（17）勅/敕	勅賜諡文—敕賜諡曰文（范雲）
		勅莊攜胐從駕—敕莊攜胐從駕（謝朏）
		勅材官起府於舊宅—敕材官起府於舊宅（謝朏）
		勅讓諸王—敕讓諸王（蕭恭）
		降勅許之—降敕許之（陸襄）
		勅遣製《建陵寺刹下銘》—敕遣製《建陵寺刹下銘》（任孝恭）
異體字	（18）妓/伎	賜太樂女妓—賜太樂女伎（蕭統）
異體字	（19）岷/甿	四方岷庶—四方甿庶（蕭統）
異體字	（20）讌/宴	同讌御筵—同宴御筵（曹景宗）
		數讌見功臣—數宴見功臣（曹景宗）
		嘗侍讌—嘗侍宴（范雲）
		嘗侍讌—嘗侍宴（沈約）
		約嘗侍讌—約嘗侍宴（沈約）
		高祖讌於華光殿—帝宴華光殿（王亮）
		自非公讌—自非公宴（蕭藻）
		酣讌終辰—酣宴終辰（蕭恭）
		任昉侍讌—任昉侍宴（到洽）
		高祖讌華光殿—武帝宴華光殿（到沆）
		多預讌坐—多預宴坐（劉苞）
異體字	（21）宴/讌	每至侍宴—每侍讌（江革）
異體字	（22）醼/宴	醼語盡歡—宴語盡歡（謝朏）
		因醼席—因宴席（謝覽）
異體字	（23）沈/沉	不能沈默—不能沉默（曹景宗）
異體字	（24）沉/沈	性沉静—性沈静（阮孝緒）

續表

類別	序列號及差異	具體語境及出處（本紀/列傳）
異體字	(25) 槊/稍	多作大槊—多作大稍（蔡道恭）
古今字	(26) 反/返	去城數十里乃反—去城數十里而返（楊公則）
		馳驟往反—馳驟往返（蕭確）
		世祖反其首—元帝返其首（蕭譽）
古今字	(27) 返/反	過節皆返—過節皆反（王志）
		奉詔往返數首—奏詩往反六首（張率）
		依期而返—依期而反（何胤）
		果心驚而返—果心驚而反（阮孝緒）
異體字	(28) 惟/唯	惟弘策而已—唯弘策而已（張弘策）
		惟夬及傅昭以清正免—唯夬與傅昭以清正免（宗夬）
通假字	(29) 旨/指	獨悟其旨—獨悟其指（呂僧珍）
通假字	(30) 正/政	所苦與昔正同—所苦與昔政同（呂僧珍）
異體字	(31) 遑/惶	民心遑駭—人心惶駭（韋叡）
通假字	(32) 按/案	叡按行山川—叡案行山川（韋叡）
		若按圖牒—若案圖牒（樂藹）
古今字	(33) 影/景	影斜方出—景斜方出（沈約）
古今字	(34) 彩/采	夢有彩旗—夢有五色采旗（任昉）
異體字	(35) 遊/游	孝武帝遊姑孰—宋孝武帝游姑孰（謝朏）
通假字	(36) 蓄/畜	歷官無蓄聚—歷官無畜聚（張稷）
		家無蓄積—家無畜積（徐勉）
通假字	(37) 畜/蓄	雖累載所畜—雖累載所蓄（張緬）
古今字	(38) 俸/奉	俸祿皆頒之親故—奉祿皆頒之親故（張稷）
		常以所得俸中分與秀—常以所得奉中分秀（蕭秀）
		俸祿分贍親族—奉祿分贍親族（徐勉）
		俸秩出吏民者—奉秩出吏人者（孫謙）
		田秩俸錢—田秩奉錢（何遠）
通假字	(39) 脩/修①	吏事甚脩—吏事甚修（張齊）
		脩城隍—修城隍（馮道根）
		脩城未畢—修城未畢（馮道根）
		大脩城隍—大修城隍（康絢）
		脩身厲行—修身勵行（傅映）
		服食脩道法—服食修道法（陸襄）
		脩城隍—修城隍（陸襄）

---

① 《集韻·尤韻》："修，通作脩。"

續表

類別	序列號及差異	具體語境及出處（本紀/列傳）
		内行甚脩—内行甚修（沈顗）
		脩葺牆屋—修葺牆屋（何遠）
		更脩飾之—更修飾之（扶南）
異體字	（40）疏/疎	夬頗自疏—夬頗自疎（宗夬）
		朗目疏眉—朗目疎眉（陶弘景）
		眉目疏秀—眉目疎秀（侯景）
古今字	（41）廳/聽	於廳事前爲壇—於聽事前爲壇（陳伯之）
通假字	（42）已/以	長史已下—長史以下（陳伯之）
		晉宋已來—晉、宋以來（徐摛）
		宋、齊已來—宋、齊以來（陶弘景）
通假字	（43）以/已	峻爲侍中以後—峻爲侍中已後（王峻）
古今字	（44）債/責	舉債以斂葬—舉責以斂（王志）
異體字	（45）隴/壠	隴首秋雲飛—壠首秋雲飛（柳惲）
古今字	（46）婚/昏	求蒨女婚—求昏於蒨女（江蒨）
		婚冠吉凶—昏冠吉凶（徐勉）
		因指爲婚姻—因指爲昏姻（韋放）
		未成婚而協母亡—未成昏而協母亡（顧協）
		初婚三日—初昏三日（徐摛）
		欲絶婚宦—欲絶昏宦（何點）
		點雖婚—點雖昏（何點）
		及點後婚—及點後昏（何點）
		婚姻法—昏姻法（波斯）
古今字	（47）座/坐	座客滿筵—坐客滿筵（蕭恭）
		座者皆服—坐者皆悦服（蕭琛）
異體字	（48）床/牀	乃仰眠床上—乃仰眠牀上（蕭恭）
異體字	（49）牀/床	與母同牀寢—與母同床眠（宛陵女子）
異體字	（50）梁/樑	看屋梁而著書—看屋樑而著書（蕭恭）
古今字	（51）藩/蕃	藩屏而已—蕃屏而已（蕭恢）
		不守藩國—不守蕃國（蕭恢）
		休源累佐名藩—休源累佐名蕃（孔休源）
異體字	（52）苤/蒞	範作牧苤民—範作蒞人（蕭範）
通假字	（53）渡/度	渡漢水來降—度漢水來降（蕭景）
		景已渡江—景已度江（陳昕）
		賊已渡江—賊已度江（韋粲）
		遣船渡仲禮—遣船度仲禮（韋粲）

續表

類別	序列號及差異	具體語境及出處（本紀/列傳）
		侯景渡江—侯景度江（柳敬禮）
		渡淮赴武陵王義—宋元嘉末度淮（荀匠）
		虎皆渡往臨沮界—猛獸皆度往臨沮界（庾黔婁）
		伐木爲橋以渡之—伐木爲橋以度之（范元琰）
		遠亡渡江—遠遂亡度江（何遠）
		晉中宗初渡江—晉元帝初度江（扶南）
		先渡兵擊之—度兵擊之（侯景）
		萬餘人渡洲—萬餘人度州（侯景）
異體字	（54）洩/泄	未嘗漏洩—未嘗漏泄（徐勉）
古今字	（55）厲/勵	脩身厲行—修身勵行（傅映）
通假字	（56）常/嘗	岱常謂諸子—岱嘗謂諸子（陸倕）
		常夜侍御坐—嘗夜侍坐（陸雲公）
		常牧牛於山澗—嘗牧牛於山澗（林邑）
通假字	（57）嘗/常	嘗入山—常入山（陸襄）
異體字	（58）匹/疋	賜絹二十匹—賜絹二十疋（到洽）
		致馬二千匹—致馬二千疋（蘭欽）
		詔賜絹百匹—詔賜絹百疋（庾蓽）
		月支馬四匹報牻—月支馬四疋報牻（中天竺）
		布絹各萬匹—布絹各萬疋（侯景）
異體字	（59）隣/鄰	時隣郡豫章—時鄰郡豫章（陸襄）
		請結隣好—請結鄰好（蘭欽）
		與高祖隣居—與梁武帝鄰居（陰子春）
異體字	（60）鄰/隣	鄰里嗟異之—隣里嗟異之（阮孝緒）
古今字	（61）說/悦	領軍朱异不說—領軍朱异不悦（徐摛）
古今字	（62）悦/說	觀之甚悦—觀之甚說（蕭方等）
異體字	（63）期/朞	期月之中，風俗便改—朞月風俗便改（徐摛）
		紆侍疾將期月—紆侍疾將朞月（江紑）
		峻生期月—峻生朞月（劉峻）
異體字	（64）棋/碁	高祖性好棋—帝性好碁（陳慶之）
異體字	（65）棊/碁	雲公善弈棊—雲公善弈碁（陸雲公）
通假字	（66）詞/辭	皆直寫文詞—皆直寫文辭（王筠）
通假字	（67）賑/振	賑贍親屬—振遺親屬（張緬）
古今字	（68）殁/没	奄至殞殁—奄至隕没（孔休源）
通假字	（69）辨/辯	辨訟如神—辯訟如神（何敬容）

續表

類別	序列號及差異	具體語境及出處（本紀/列傳）
		厥辨斷精詳—辯斷精明（臧厥）
異體字	（70）礨/輿	賊復礨送莊嚴寺—賊復輿送莊嚴寺（賀琛）
古今字	（71）華/花	《楊白華歌辭》—《楊白花歌辭》（楊華）
異體字	（72）蒨/倩	韋粲字長蒨—粲字長倩（韋粲）
古今字	（73）溢/盆	至于溢城—至盆城（蕭大心）
古今字	（74）感/戚	不以爲感—不以爲戚（蕭方等）
古今字	（75）瞿/懼	僧辯瞿然—僧辯懼然（王僧辯）
通假字	（76）距/拒	據吳興以距之—據吳興以拒之（杜龕）
		與魏軍來距—與魏軍來拒（丘遲）
		亦不距也—亦不拒也（劉歊）
古今字	（77）痢/利	易泄痢—易泄利（庾黔婁）
古今字	（78）逾/愈	心逾憂苦—心愈憂苦（庾黔婁）
異體字	（79）鍼/針	或應鍼灸—或應針灸（庾沙彌）
通假字	（80）既/及	既長—及長（卞華）
異體字	（81）羣/群	命羣臣賦詩—命群臣賦詩（到沆）
通假字	（82）寤/悟	挺幼敏寤—幼敏悟（伏挺）
異體字	（83）汎/泛	常汎此舟—帝暇日常泛此舟（陸雲公）
古今字	（84）要/腰	要帶減半—腰帶減半（何點）
異體字	（85）杯/盃	遺點嵇叔夜酒杯—遺點嵇叔夜酒盃（何點）
異體字	（86）脱/悦	性通脱—性通悦（何點）
異體字	（87）婬/淫	薄暮遘荒婬—薄暮遘荒淫（何點）
通假字	（88）凋/彫	時承凋弊之後—時承彫弊之後（庾蓽）
異體字	（89）效/効	請劇職自效—請劇職自効（孫謙）
古今字	（90）絜/潔	在郡清絜—在郡清潔（伏暅）
通假字	（91）暱/昵	皆暱於齊太尉王儉—皆昵於齊太尉王儉（伏暅）
異體字	（92）佗/他	其佗事率多如此—其他事率多如此（何遠）
		轉賣與佗國—轉賣與他國（中天竺）
異體字	（93）躶/裸	俗本躶體—俗本裸（扶南）
		尚躶袒嬉戲於前—尚裸袒嬉戲於前（蕭綜）
異體字	（94）躶/倮	驅城内文武躶身而出—驅城内文武倮身而出（侯景）
古今字	（95）并/併	因舉兵攻并之—因舉兵攻併之（扶南）
異體字	（96）并/並	并錢一億萬—並錢一億萬（侯景）
異體字	（97）缽/鉢	以金缽盛水—以金鉢盛水（扶南）
		於缽内放光—於鉢内放光（扶南）

續表

類別	序列號及差異	具體語境及出處（本紀/列傳）
異體字	（98）槁/槀	積日香槁—積日香槀（中天竺）
通假字	（99）厐/龐	人民敦厐—人敦龐（中天竺）
異體字	（100）菓/果	瓜菓—瓜果（白題）
異體字	（101）迴/回	城周迴十餘里—城周回十餘里（渴盤陁）
		周迴三十二里—周回三十二里（波斯）
異體字	（102）馳/駝	多牛馬駱馳羊等—多牛馬駱駝羊等（渴盤陁）
異體字	（103）氀/氍	出好氀—出好氍（渴盤陁）
		著氀帽—著氍帽（末）
異體字	（104）珂/瑰	玫珂等—玫瑰等（波斯）
異體字	（105）阻/沮	人心離阻—人心離沮（侯景）
古今字	（106）屍/尸	交屍塞路—交尸塞路（侯景）
異體字	（107）覔/覓	今尋覔失所—今尋覓失所（扶南）
異體字	（108）領/悴	形骸枯領—形骸枯悴（臧盾）
通假字	（109）饑/飢	內外苦饑—內外苦飢（鄧元起）
通假字	（110）效/斅	舅欲效鄧晨乎—舅欲斅鄧晨乎（張弘策）
異體字	（111）霹靂/礔礰	拓弓弦作霹靂聲—拓弓弦作礔礰聲（曹景宗）
異體字	（112）崐崙/崑崙	源出崐崙—源出崑崙（中天竺）

表1-2 避諱用字統計表

避諱字	避諱方法	具體語境及出處（本紀/列傳）
虎（李虎）（4）	（1）虎/武	參軍王天虎—參軍王天武（蕭衍）
		高祖復令天虎—帝復令天武（蕭衍）
		近遣天虎往州府—近遣天武往州府（蕭衍）
		天虎口具—天武口具（蕭衍）
		及問天虎—及問天武（蕭衍）
		天虎是行事心膂—天武是行事心膂（蕭衍）
		與天虎共隱其事—與天武共隱其事（蕭衍）
		陳虎牙—陳武牙（蕭衍）
		留其子虎牙—留其子武牙（蕭衍）
		燒神虎門—燒神武門（蕭衍）
		神虎門—神武門（蕭方智）
		代曹虎爲雍州—代曹武監雍州事（張弘策）
		伯之子虎牙—伯之子武牙（陳伯之）

續表

避諱字	避諱方法	具體語境及出處（本紀/列傳）
		親付虎牙—親付武牙（陳伯之）
		虎牙封示伯之—武牙封示伯之（陳伯之）
		報虎牙兄弟—報武牙兄弟（陳伯之）
		虎牙等走盱眙—武牙等走盱眙（陳伯之）
		與子虎牙—與子武牙（陳伯之）
		虎牙爲魏人所殺—武牙爲魏人所殺（陳伯之）
		吳郡虎丘山—吳郡武丘山（何點）①
		居虎丘西寺—居武丘山西寺（何胤）
	(2) 虎/獸	燒神虎門—燒神獸門（王茂）
		燒神虎門—燒神獸門（張弘策）
		燒神虎門—夜燒神獸門（張惠紹）
		母爲猛虎所搏—母爲猛獸所取（宛陵女子）
	(3) 虎/猛獸	舊多虎暴—舊多猛獸爲暴（蕭象）
		女號叫挈虎—女啼號隨挈猛獸（宛陵女子）
		縣境多虎暴—縣境多猛獸暴（庾黔婁）
		虎皆渡往臨沮界—猛獸皆度往臨沮界（庾黔婁）
		郡多虎暴—郡多猛獸暴（孫謙）
		虎即害居民—猛獸即害居人（孫謙）
	(4) 虎/彪②	百姓謂之"臧虎"—百姓謂之臧彪（臧厥）
昞（李昞）(1)	(1) 避名稱字	祖炳—祖少文（宗央）
		時劉秉—時劉彦節（陶季直）
		秉素重季直—彦節素重季直（陶季直）
		俄而秉等伏誅—俄而彦節等敗（陶季直）
淵（李淵）(4)	(1) 淵/深	通直郎子淵—通直郎子深（劉季連）
		裴邃字淵明—裴邃字深明（裴邃）
	(2) 淵/泉	天淵池新製鯿魚舟—天泉池新製鯿魚舟（陸雲公）
	(3) 避名稱字	太宰褚淵素善之—太宰褚彦回素善之（劉季連）
		褚淵爲司徒—褚彦回爲司徒（王志）
		褚淵—褚彦回（何點）

---

① 《廿二史考異・梁書・何點傳》"亦隱居吳郡獸丘山"錢大昕按："'獸丘'即'虎丘'，避諱改。"參見（清）錢大昕著：《廿二史考異》，方詩銘、周殿傑校點，上海：上海古籍出版社2014年版，第452頁。

② 《南史・王曇首列傳》（卷二十二）"僧達跳下地作彪子"校勘記："彪子"，《通鑑》作"虎子"，此避唐諱改。

續表

避諱字	避諱方法	具體語境及出處（本紀/列傳）
		時褚淵爲尚書令—時褚彥回爲尚書令（陶季直）
		淵卒—彥回卒（陶季直）
		以淵有至行—以彥回有至行（陶季直）
		爲淵立碑—爲彥回立碑（陶季直）
		淵既世族—回既世族（何點）
	（4）缺"淵"	中護軍蕭淵藻—中護軍蕭藻（蕭衍）
		護軍將軍蕭淵藻—護軍將軍蕭藻（蕭衍）
		南豫州刺史蕭淵明—南豫州刺史蕭明（蕭衍）
		淵明敗績—明被俘執（蕭衍）
		南徐州刺史蕭淵藻甍—南徐州刺史蕭藻甍（蕭綱）
		貞陽侯蕭淵明—貞陽侯蕭明（蕭方智）
		納貞陽侯蕭淵明—納貞陽侯蕭明（蕭方智）
		貞陽侯淵明—貞陽侯蕭明（蕭方智）
		西昌侯蕭淵藻—西昌侯蕭藻（鄧元起）
		淵藻將至—蕭藻將至（鄧元起）
		淵藻入城—蕭藻入城（鄧元起）
		淵明彭城戰没—明被魏囚（夏侯夔）
		淵明在州有四妾—明在州有四妾（夏侯夔）
		淵明没魏—明被魏囚（夏侯夔）
		貞陽侯蕭淵明率衆—貞陽侯蕭明伐彭城（傅岐）
		淵明遣使還—明遣使還（傅岐）
		納貞陽侯淵明以爲梁嗣—納貞陽侯明以爲梁嗣（王僧辯）
		西昌侯蕭淵藻—西昌侯藻（謝幾卿）
		臨汝侯淵猷製《放生文》—臨汝侯猷製《放生文》（謝徵）
		泉陵侯淵朗—泉陵侯朗（何遠）
世（李世民）(3)	（1）世/代	承七世孫—晉譙王承七代孫（司馬筠）
		近世用人—近代用人（庾於陵）
		並行於世—並行於代（庾仲容）
	（2）世/家	世居襄陽—家居襄陽（吉翂）
	（3）缺"世"	前衡州刺史譚世遠—前衡州刺史譚遠（蕭方智）
民（李世民）(5)	（1）民/人	新附民長復除—新附人長復除（蕭衍）
		安成郡民劉敬躬—安成郡人劉敬躬（蕭衍）
		率吏民—率吏人（蕭繹）

283

續表

避諱字	避諱方法	具體語境及出處（本紀/列傳）
		宿預土民—宿預土人（蕭繹）
		三郡民丁—三郡人丁（蕭統）
		疆徼之民—疆徼之人（蕭統）
		爲吏民所安—爲吏人所安（王茂）
		民頗厭之—人頗厭之（曹景宗）
		民多流散—人多流散（楊公則）
		爲吏民所悅—爲吏人所悅（楊公則）
		山民始附—山人始附（鄧元起）
		民必不堪—人必不堪（鄧元起）
		率富民上軍資米—率富人上軍資米（鄧元起）
		民廢耕農—人廢耕農（鄧元起）
		勤恤民事—勸恤人事（鄧元起）
		招納流民，百姓安之—流人百姓安之（鄭紹叔）
		民心遑駭—人心惶駭（韋叡）
		民便曰吾君—人便曰吾君（沈約）
		武王不違民意—武王不違人意（沈約）
		民望所歸—人望所歸（江淹）
		民通辭訟者—人通辭訟者（任昉）
		朐山民殺琅邪太守—朐山人殺琅邪太守（馬仙琕）
		吏民親愛之—吏人親愛之（張惠紹）
		吏民安之—吏人安之（昌義之）
		郡民張倪—郡人張倪（王志）
		民吏懷之—人吏懷之（柳惲）
		民户流散—人户流散（蕭秀）
		魏懸瓠城民反—魏縣瓠城人反（蕭秀）
		頗敗民田—頗敗人田（蕭秀）
		郢州民相送出境—郢州人相送出境（蕭秀）
		四州民裂裳爲白帽—四州人裂裳爲白帽（蕭秀）
		視事親民—視事親人（蕭恢）
		當佐天子臨民—當佐天子臨人（蕭恢）
		範作牧莅民—範作牧莅人（蕭範）
		民甚安之—人甚安之（蕭憺）
		州民乃以免—洲人皆以免（蕭憺）
		吏民歸美—吏人歸美（蕭憺）

續表

避諱字	避諱方法	具體語境及出處（本紀/列傳）
		州民焦僧護—州人焦僧護（蕭藻）
		民吏稱之—人吏咸稱之（蕭藻）
		郡民鮮于琛—郡人鮮于琛（陸襄）
		襄先已帥民吏—襄先已率人吏（陸襄）
		民作歌曰—人作歌曰（陸襄）
		民又歌曰—人又歌曰（陸襄）
		民吏獲安—人吏獲安（裴邃）
		吏民圖其像—吏人圖其像（夏侯亶）
		頃之民户充復—頃之人户充復（夏侯亶）
		州民夏侯簡等—州人夏侯簡等（夏侯亶）
		爲吏民所稱—爲吏人所稱（韋放）
		民有爭者—人有爭者（裴子野）
		教民禮義—教人禮義（徐摛）
		州民李昇等—州人李昇等（陳慶之）
		吏民詣闕—吏人詣闕（蘭欽）
		民吏便之—人吏便之（張纘）
		民吏悦之—人吏悦之（蕭子雲）
		子雲逃民間—子雲逃人間（蕭子雲）
		甚得民譽—甚得人譽（孔休源）
		民安吏畏—人安吏畏（江革）
		民吏稱之—吏人稱之（何敬容）
		爲政勤恤民隱—爲政勤卹人隱（何敬容）
		吏民詣闕請樹碑—吏人詣闕請樹碑（何敬容）
		吏民悦之—吏人悦之（王承）
		吏民詣闕請之—吏人詣闕請之（褚翔）
		民俗便之—人俗便之（蕭介）
		爲吏民所稱—爲吏人所稱（劉孺）
		居民復業—居人復業（臧厥）
		縣民有因鬭相毆而死—縣人有因鬭相毆而死（傅岐）
		民無老小—人無老少（傅岐）
		静寇息民—静寇息人（傅岐）
		民吏稱之—人吏稱之（嚴植之）
		爲民吏所德—爲人吏所懷（賀革）

續表

避諱字	避諱方法	具體語境及出處（本紀/列傳）
		爲民吏所稱—爲人吏所稱（庾於陵）
		民不忍欺—人不忍欺（何胤）
		甚得民和—甚得人和（顧憲之）
		山民有病—山人有病（顧憲之）
		禁民樵採—禁人樵採（顧憲之）
		民多流散—人多流散（庾蓽）
		教民一丁種十五株桑—教人一丁種十五株桑（沈瑀）
		居民安業—居人安業（范述曾）
		吏民敬服—吏人敬服（丘仲孚）
		俸秩出吏民者—奉秩出吏人者（孫謙）
		吏民安之—吏人安之（孫謙）
		虎即害居民—猛獸即害居人（孫謙）
		郡民何貞秀等—郡人何貞秀等（伏暅）
		爲吏民所懷—爲吏人所懷（伏暅）
		民賦稅不登者—人賦稅不登者（伏暅）
		民甚稱之—人甚稱之（何遠）
		民居市里—人居市里（何遠）
		以錢買民井寒水—以錢買人井寒水（何遠）
		吏民多以細事—吏人多以細事（何遠）
		擇民尤窮者—擇人尤窮者（何遠）
		民不敢非，畏而惜之—人畏而惜之（何遠）
		因民之怨—因人之怨（林邑）
		殘害吏民—害吏人（林邑）
		在民間—在人間（扶南）
		民弱畏戰—人畏戰（中天竺）
		民種禾稻紵麻—人種禾、稻、紵、麻（倭）
		搖動民志—搖動人心（柳忱）
	(2) 民/户	入爲左民尚書—歷左户尚書（陸杲）
		爲左民尚書—爲左户尚書（到洽）
		徵爲左民尚書—徵爲左户尚書（王規）
		左民郎沈炯—左户郎沈炯（江子一）
		左民郎中王則—左户郎中王則（侯景）
	(3) 民/百姓	民曹嘉樂等—百姓曹樂等（蕭績）

續表

避諱字	避諱方法	具體語境及出處（本紀/列傳）
	（4）民/郡人	民李睍等—郡人李睍等四百二十人（陸襄）
	（5）缺"民"	爲民下所稱—爲下所稱（陸杲）
		還所略日南民户—還所略日南户（林邑）
		人民敦厖—人敦厖（中天竺）
		其國舊無人民—其國舊無人（師子）
治（李治）(18)	（1）治/療	自下意治之—自下意療之（蕭繹）
		治之不滅—療之不滅（丁令光）
		慧龍得治眼術—慧龍得療眼術（蕭恢）
		治差已久—療差已久（明山賓）
		載還治之—載還療之（嚴植之）
	（2）治/政	治有異績—政有異績（張穆之）
		治有異績—政有異績（夏侯詳）
		治迹稍損—政迹稍損（鄧元起）
		無治績—無政績（蕭機）
		憸厲精爲治—憸厲精爲政（蕭憺）
		爲治清静—爲政清静（徐摛）
		甚有治績—甚有政績（孔休源）
		方欲共康治道—方欲共康政道（孔休源）
		明練治體—明練政體（孔休源）
		爲治明肅—爲政明肅（江革）
		治爲天下第一—政爲天下第一（何敬容）
		皆著治績—皆著政績（王神念）
		治有異績—政有異績（庾黔婁）
		治爲天下第一—政爲天下第一（丘仲孚）
		治務安静—政務安静（伏暅）
		表言治狀—表言政狀（何遠）
	（3）治/事	昉不治生産—昉不事生産（任昉）
		不治産業—不事産業（蕭琛）
		素不治家産—素不事家産（沈顗）
	（4）治/理	居郡每不治—每不理（謝朏）
		閉閤臥治—閉閤臥理（殷鈞）
	（5）治/修	治丙丁部書抄—修丙丁部書抄（張率）
		有司舉裴治嘉禮—有舉裴修嘉禮（司馬裴）
		求通儒治五禮—求通儒修五禮（嚴植之）

續表

避諱字	避諱方法	具體語境及出處（本紀/列傳）
		有司舉治賓禮—有司舉修賓禮（賀瑒）
		不治產業—不修產業（庾詵）
		好治宮室—好修宮室（高句驪）
	(6) 治/居	纘治郡，省煩苛—居郡省煩苛（張纘）
		中分治諸邑—中分居諸邑（林邑）
	(7) 治/定	詔通儒治五禮—詔通儒定五禮（司馬褧）
	(8) 治/習	徧治鄭氏《禮》—徧習鄭氏《禮》（嚴植之）
		徧治《五經》—徧習《五經》（卞華）
	(9) 治/主	有司奏植之治凶禮—有司奏植之主凶禮（嚴植之）
	(10) 治/按	齋帥請治其罪—齋帥請按其罪（蕭秀）
	(11) 治/寧	境内大治—境内大寧（蕭恢）
		郡中大治—郡中大寧（陸襄）
	(12) 治/論	有詔勿治—有詔勿論（伏暅）
	(13) 治/臨	以孝治天下—以孝臨天下（荀匠）
		卿爲我臥治此郡—卿爲我臨此郡（徐摛）
	(14) 治/練	手自校治—手自校練（孔休源）
	(15) 缺"治"	冒雨賦丈尺築治之—冒雨賦丈尺築之（蕭憺）
		多被劾治—多被劾（江淹）
		掌治吉禮—掌吉禮（明山賓）
		案治黨與—案其黨與（陸襄）
		送莊嚴寺療治之—送莊嚴寺療之（賀琛）
		手疏治疽方—手疏疽方（周興嗣）
		尋爲治書侍御史—爲書侍御史（謝幾卿）
		遷治書侍御史—遷書侍御史（何思澄）
		被治劾—見劾（庾詵）
		甚有治理—甚有理（庾羣）
		治書侍御史虞矙—書侍御史虞矙（伏暅）
		乃治作大船—乃作大船（林邑）
		更繕治國内—更繕國内（扶南）
	(16) 稺/幼	劉孺字孝稺—子孺字季幼（劉孺）①
		顧諸弟稺藐—顧諸弟幼藐（吉翂）
		范稺家奴—范幼家奴（林邑）

---

① 《南史》校勘記："季幼"，《梁書》作"孝稺"。避唐諱，改"稺"作"幼"。"季""孝"形似，未知孰是。

續表

避諱字	避諱方法	具體語境及出處（本紀/列傳）
		范稚常使之商賈—范幼嘗使之商賈（林邑）
		謝稚—謝幼（林邑）
	(17) 避名稱字	魏壽陽守將長孫稚—魏壽陽守將長孫承業（裴邃）
		僞遁以引稚—僞遁以引承業（裴邃）
		稚等悉眾追之—承業等悉眾追之（裴邃）
		稚等奔走—承業奔走（裴邃）
		會稽孔稚珪—會稽孔德璋（何點）
		稚珪爲築室焉—德璋爲築室焉（何點）
	(18) 稚小/幼	並皆稚小—並幼（蕭幾）
其他（2）	(1) 避名稱字	李道固來使—李彪來使（蕭琛）①
		舉酒勸道固—舉酒勸彪（蕭琛）
		道固不受—彪不受（蕭琛）
		道固乃受琛酒—彪乃受琛酒（蕭琛）
	(2) 茂/秀	舉茂才—舉秀才（許懋）

表1-3 音譯差異字統計表

序列號及差異	具體語境及出處（本紀/列傳）
（1）芮芮/蠕蠕	芮芮、河南遣使獻方物—蠕蠕、河南國各遣使朝貢（蕭衍）
	芮芮國遣使獻方物—蠕蠕國遣使朝貢（蕭衍）
	芮芮國遣使獻方物—蠕蠕國並遣使朝貢（蕭衍）
	闞爽奔于芮芮—闞爽奔于蠕蠕（高昌）
	屬芮芮—屬蠕蠕（滑）
（2）蒲陶/蒲桃	蒲陶酒—蒲桃酒（高昌）
	蒲陶—蒲桃（高昌）
（3）琥珀/武魄②	亦有琥珀—亦有武魄（波斯）

---

① 《魏書·李彪列傳》（卷六十二）："李彪，字道固，頓丘衛國人，高祖賜名焉。"《梁書·武帝本紀上》（卷一）："高祖武皇帝諱衍，字叔達，小字練兒，南蘭陵中都里人，漢相國何之後也。何生鄭定侯延，延生侍中彪，彪生公府掾章……。"

② （宋）王觀國《學林》卷七："琥珀，又爲虎魄字，蓋假借用之。"《廣雅·釋地》："虎魄，珠也。"王念孫疏證："虎魄，一名江珠。"（清）吳玉搢《別雅》卷六："虎魄，琥珀也。"

表 2-1　均用單音節詞語統計表

類別	序列號及差異	具體語境及出處（本紀/列傳）
動詞（96）	（1）過/遇	人或過者—人或遇者（蕭衍）
	（2）寇/逼	寇雍州—逼雍州（蕭衍）
	（3）寇/攻	魏寇鍾離—魏人乘勝攻鍾離（蕭衍）
		寇秦郡—攻秦郡（蕭繹）
		率大眾來寇—來攻（蕭繹）
		魏寇司州—魏攻司州（曹景宗）
		魏托跋英寇鍾離—魏中山王英攻鍾離（曹景宗）
		寇東西晉壽—攻東、西晉壽（鄧元起）
		魏軍寇新野—魏軍攻新野（張弘策）
		元英寇北徐州—元英攻北徐州（韋叡）
		寇鍾離—攻鍾離（王珍國）
		魏將王足寇巴、蜀—魏將王足攻蜀（張齊）
		寇潺溝—攻潺溝（蕭景）
	（4）伐/侵	大舉北伐—大舉北侵（蕭衍）
		率眾北伐—率眾北侵（蕭衍）
		詔大舉北伐—詔大舉北侵（蕭衍）
		詔北伐眾班師—詔北侵眾軍班師（蕭衍）
		始議北伐—始議北侵（楊公則）
		大舉北伐—大舉北侵（呂僧珍）
		大舉北伐—大舉北侵（昌義之）
		大舉北伐—大舉北侵（蕭範）
		北伐渦陽—北侵渦陽（蕭藻）
		大軍將北伐—大軍北侵（裴邃）
		大舉北伐—大舉北侵（夏侯亶）
		王師北伐—大舉北侵（裴子野）
		王總戎北伐—王總戎北侵（徐摛）
		大舉北伐—大舉北侵（朱异）
		會大舉北伐—會大舉北侵（羊侃）
		陳慶之北伐—陳慶之北侵（王規）
		督眾軍北伐—督眾軍北侵（謝幾卿）
		臨川王宏北伐—臨川王宏北侵魏（丘遲）
		大舉北伐—大舉北侵（沈顗）
	（5）討/侵	隨元悅北討—隨悅北侵（蕭衍）
		大軍北討—大軍北侵（蕭統）

續表

類別	序列號及差異	具體語境及出處（本紀/列傳）
		臨川王宏率眾軍北討—臨川王宏北侵（陳伯之）
		督眾軍北討—督眾軍北侵（蕭會理）
	（6）伐/征	王師北伐—諸軍北征（蕭衍）
	（7）侵/攻	魏侵漢中—魏攻漢中（王茂）
		魏大舉南侵—魏軍南攻（呂僧珍）
	（8）伐/攻	自南道伐壽陽城—自南道攻壽陽（夏侯亶）
	（9）討/攻	劉神茂來討—劉神茂來攻（蕭大連）
	（10）襲/攻	襲陷湘州—攻陷湘州（蕭繹）
	（11）寇/伐	魏遣眾來寇—魏遣眾來伐（韋叡）
	（12）討/禦	受詔西討—受詔西禦（王茂）
	（13）送/傳	送首高祖—傳首于帝（蕭衍）
	（14）請/求	相繼請降—求降（蕭衍）
		表請樹碑頌德—表求樹碑頌德（陳慶之）
	（15）求/請	求諸元子弟—請元氏子弟（侯景）
	（16）乞/請	乞於城南立碑頌德—百姓請於城南立碑頌德（蕭恭）
	（17）乞/求	詣丞相府乞降—詣丞相府求降（蕭方智）
		方等乃乞征之—方等求征之（蕭方等）
		乞輸郢城—求輸郢城（王僧辯）
	（18）求/乞	襄固求還—襄固乞還（陸襄）
	（19）陷/剋	魏陷梁州—魏剋梁州（蕭衍）
		魏陷司州—魏剋司州（蕭衍）
	（20）陷/克	魏陷渦陽—東魏克渦陽（蕭衍）
	（21）陷/平	尉遲迴陷益州—尉遲迴平蜀（蕭繹）
	（22）沒/陷	臺城沒—臺城陷（柳敬禮）
	（23）寇/剋	西魏寇安陸—西魏剋安陸（蕭綱）
		西魏寇江陵—魏剋江陵（王顗）
	（24）築/修	築宿預堰—修宿預堰（蕭衍）
	（25）遣/命	遣太子舍人元貞—命太子舍人元貞（蕭衍）
	（26）覯/見	雖覯內豎小臣—雖見內豎小臣（蕭衍）
	（27）言/談	善言玄理—善談玄理（蕭綱）
	（28）在/居	在穆貴嬪憂—居穆貴嬪憂（蕭綱）
	（29）題/賦	雅好題詩—雅好賦詩（蕭綱）
	（30）害/戕	西魏害世祖—魏人戕帝（蕭繹）

291

續表

類別	序列號及差異	具體語境及出處（本紀/列傳）
	（31）害/殺	城内害東昏—城内殺東昏（王志）
	（32）産/生	是月産高祖—是月生武帝（張尚柔）
	（33）隨/依	隨流平進—依流平進（王騫）
	（34）命/令	岐即命脱械—岐即令脱械（傅岐）
		高祖命草其事—帝令草其事（沈約）
		命沈約、任昉等—令沈約、任昉等（劉孝綽）
		因命諷誦—因令諷誦（蕭大鈞）
		世祖又命僧辯—元帝令僧辯（王僧辯）
		命嶸作《瑞室頌》—令嶸作《瑞室頌》（鐘嶸）
		點命告有司—點令告有司（何點）
	（35）令/命	令即前進—命即前進（蕭大器）
		令軍主馬廣—命軍主馬廣（曹景宗）
		僧辯令之横—辯命之横（裴之横）
		始令闔門—始命闔門（鮑泉）
		令侃延斐同宴—命侃延斐同宴（羊侃）
		僧辯令衆將—僧辯命衆將（王僧辯）
	（36）令/使	高祖令僧珍—武帝使僧珍與（吕僧珍）
		皇太子浚詣景所—簡文使浚往景所（沈浚）
		高祖乃令綜都督衆軍—帝使綜都督衆軍（蕭綜）
	（37）使/詔	使慶之討焉—詔慶之討焉（陳慶之）
	（38）遣/敕	遣中書舍人顧協—敕中書舍人顧協（蕭統）
		於是遣何子朗—乃敕何子朗（何胤）
	（39）值/遇	值暴風卒起—遇暴風卒起（曹景宗）
		適值任昉在焉—遇任昉在焉（張率）
		值之遴在坐—遇之遴在坐（劉之遴）
		俄值一桑門問其故—俄遇一桑門問其故（滕曇恭）
		值濆涸—遇濆涸（丘仲孚）
	（40）值/過	值澗谷—過澗谷（韋叡）
	（41）值/逢	值充出獵—逢充獵（張充）
		累日不值—累日不逢（阮孝緒）
		值齊末兵荒—逢齊末兵荒（沈顗）
		值胡亂—逢胡亂（扶南）
	（42）值/會	值有獻白烏—會有獻白烏（范雲）

續表

類別	序列號及差異	具體語境及出處（本紀/列傳）
		值豫州獻栗—會豫州獻栗（沈約）
		值魏主請中山王元略—會魏帝請中山王元略（江革）
		值郢州陷没—會郢州陷没（陰子春）
	（43）擒/虜	擒五萬餘人—虜五萬餘人（曹景宗）
	（44）徙/移	徙席星下—移席星下（張弘策）
	（45）覩/觀	高祖覩海内方亂—帝觀海内方亂（張弘策）
	（46）覩/見	既覩此文—及見此文（劉孝綽）
	（47）入/往	先入清宫—先往清宫（張弘策）
	（48）宥/放	朕已宥其諸子—朕已放其諸子（柳忱）
	（49）寢/臥	嘗晝寢—嘗晝臥（任昉）
	（50）重/善	高祖深重之—帝深善之（王瑩）
	（51）卒/薨	暴疾卒—暴疾薨（王瑩）
	（52）卒/亡	言終而卒—言終而亡（庾詵）
	（53）除/遷	除都官尚書—遷都官尚書（王珍國）
	（54）遷/拜	俄遷侍中—後拜侍中（王訓）
	（55）除/徙	除屖陵令—徙屖陵令（庾黔婁）
	（56）附/歸	既爲物情所附—既爲物情所歸（張齊）
	（57）罹/被	寵舊多罹其禍—寵舊多被其災（宗夬）
	（58）飲/歃	伯之先飲—伯之先歃（陳伯之）
	（59）許/從	明帝許之—齊明帝從之（王瞻）
	（60）開/建	高祖霸府開—武帝霸府建（張充）
	（61）開/辟	開地五六千里—辟地五六千里（扶南）
	（62）近/邇	近小人—邇小人（蕭機）
	（63）持/將	但當持之以道德—但當將之以道德（周捨）
	（64）贈/貽	通之贈昭詩—通之貽昭詩（傅昭）
	（65）行/動	非禮不行—非禮不動（傅映）
	（66）達/至	從夜達旦—從夜至旦（陳慶之）
	（67）奉/居	奉職清忠—居職清忠（孔休源）
	（68）通/幸	魏胡太后逼通之—魏胡太后逼幸之（楊華）
	（69）獻/送	時魏人獻古器—魏人送古器（劉顯）
	（70）貢/獻	貢白鸚鵡—獻白鸚鵡（婆利）
	（71）曉/明	尤曉故事—尤明故事（許懋）
	（72）望/冀	望得解圍—冀得解圍（傅岐）

續表

類別	序列號及差異	具體語境及出處（本紀/列傳）
	（73）革/變	風俗大革—風俗大變（劉潛）
	（74）事/奉	孝儀事寡嫂甚謹—孝儀奉寡嫂甚謹（劉潛）
	（75）詣/往	皇太子令浚詣景所—簡文使浚往景所（沈浚）
	（76）擊/討	韋約等將軍擊之—令中兵參軍韋約討之（蕭大心）
	（77）資/藉	不資我力—不藉我力（蕭大臨）
	（78）畏/憚	僧辯畏之—僧辯憚之（王僧辯）
	（79）憐/矜	眾並憐之—眾並矜之（王僧辯）
	（80）没/入	没于西魏—入于魏（王顗）
	（81）陷/潰	城遂陷—城遂潰（胡僧祐）
	（82）寢/眠	與母同牀寢—與母同床眠（宛陵女子）
	（83）搏/取	母爲猛虎所搏—母爲猛獸所取（宛陵女子）
	（84）旌/榜	詔旌其門閭—詔榜其門閭（宛陵女子）
	（85）飯/食	每父母未飯—父未食（謝藺）
	（86）成/竟	既成—及竟（伏曼容）
	（87）差/愈	經年而黃氏差—經年而愈（嚴植之）
	（88）德/懷	爲民吏所德—爲人吏所懷（賀革）
	（89）陵/傲	恃勢陵瑀—恃勢傲瑀（沈瑀）
	（90）遣/選	乃遣子孫—乃選子孫（扶南）
	（91）如/似	狀如黿—狀似黿（扶南）
	（92）泯/滅	塔亦同泯—塔亦同滅（扶南）
	（93）守/屯	猶遣正德守朱雀航—屯朱雀航（蕭正德）
	（94）燒/焚	聚而燒之—聚而焚之（侯景）
	（95）祠/祀	輿駕親祠明堂—祀明堂（蕭衍）
	（96）疾/病	母疾篤—母病篤（褚翔）
名詞（33）	（1）頂/項	頂上隆起—項上隆起（蕭衍）
	（2）飧/餐	身營飧粥—身營餐粥（劉曇浄）
		便吐飧覆醢—便吐餐覆醢（阮孝緒）
	（3）息/子	以其息爲寧東將軍—以其子咸爲寧東將軍（蕭衍）
	（4）頰/頤	方頰豐下—方頤豐下（蕭綱）
	（5）師/軍	以納魏師—以納魏軍（蕭繹）
	（6）難/禍	及太清之難—及太清之禍（蕭繹）
	（7）禍/災	寵舊多罹其禍—舊寵多被其災（宗夬）

續表

類別	序列號及差異	具體語境及出處（本紀/列傳）
	（8）夜/夕	將産之夜—將産之夕（張尚柔）
	（9）使/命	並不受使—並不受命（劉季連）
	（10）詔/敕	違詔而進—違敕而進（曹景宗）
	（11）穀/米	京師穀貴—都下米貴（蕭統）
	（12）肉/脯	飢食其肉—飢食其脯（曹景宗）
	（13）疾/病	亮無疾色—亮無病色（王亮）
	（14）病/疾	因感病薨于任—因感疾薨于任（蕭績）
		是年自省移病—是年自省移疾（裴子野）
	（15）載/年	六載廬于墓側—六年廬於墓側（張稷）
	（16）信/使	遣信還都—遣使還（陳伯之）
	（17）位/職	雖居顯位—雖居顯職（徐勉）
	（18）勢/權	皆勢傾天下—皆權傾天下（傅昭）
	（19）昏/暮	日昏不反—日暮不反（傅映）
	（20）夕/夜	夕夢不祥—夜夢不祥（謝藺）
	（21）姻/昏	時有勢族請姻者—時有貴族請昏者（韋放）
	（22）功/勳	功高不賞—勳高不賞（陳慶之）
	（23）足/蹄	連臂蹋足歌之—連臂蹋蹄歌之（楊華）
	（24）辭/聲	辭甚悽惋—聲甚悽斷（楊華）
	（25）曉/旦	及曉疾遂愈—及旦，疾遂愈（褚翔）
		及曉—及旦（臧盾）
		及曉—及旦（侯景）
	（26）醢/醬	便吐飱覆醢—便吐餐覆醬（阮孝緒）
	（27）辜/罪	盜者始伏其辜—盜者始伏其罪（顧憲之）
	（28）志/意	遂行其志—遂行其意（沈瑀）
	（29）罪/訟	有罪者—有訟者（扶南）
	（30）淚/泣	莫不灑淚—莫不灑泣（侯景）
	（31）命/令	奉命不許—奉令不許（蕭譽）
	（32）文/辭	勉本欲爲哀文—勉本欲爲哀辭（劉孝綽）
	（33）代/世①	此萬代一時—此萬世一時（陳伯之）
		六代祖興—六世祖興（劉沼）
副詞（13）	（1）不/未	攻湘州不克—攻湘州，未剋（蕭繹）
		皆不之用—皆未之用（呂僧珍）

① 《南史》不避"世"諱。

續表

類別	序列號及差異	具體語境及出處（本紀/列傳）
	(2) 未/不	每戰未嘗騎馬—每戰不嘗騎馬（韋叡）
		其未能拔者—其不能拔者（王亮）
	(3) 不/弗	懿不聽—懿弗聽（蕭秀）
		亦不之誚也—亦弗之誚也（蕭秀）
		常如不及—常如弗及（蕭偉）
		高祖不許—帝弗許（蕭景）
		詔不許—詔弗許（徐勉）
		請託不行—請託弗行（孔休源）
		亦不之害也—亦弗之害（羊侃）
		京師不之覺—都下弗之覺（侯景）
	(4) 弗/不	亦弗辭多也—不辭多也（蕭秀）
		弗堪視事—不親視事（蕭績）
		弗爲通—不爲通（裴子野）
	(5) 將/方	天下將亂—天下方亂（柳慶遠）
	(6) 悉/皆	悉斷之—皆斷之（楊公則）
	(7) 常/恒	常思効用—恒思立効（陳慶之）
		常共居一齋—恒共居一齋（到溉）
		常鳴騶枉道—恒鳴騶枉道（到溉）
		常共討論書籍—恒共討論古籍（劉之遴）
		常與遊宴賦詩—恒與遊宴賦詩（劉孺）
		異於常泉—異於恒泉（江紑）
	(8) 恒/常	屈申如恒—屈申如常（陶弘景）
	(9) 屢/累	居職屢徙—居職累徙（韋粲）
	(10) 愈/彌	矜伐愈甚—矜伐彌甚（胡僧祐）
	(11) 稍/甚	此職稍輕—此職甚輕（何思澄）
	(12) 深/甚①	文度深銜之—文度甚銜之（顧憲之）
	(13) 勝/稱	不可勝計—不可稱計（曹景宗）
代詞（2）	(1) 莫/無	京師莫比—都下無比（沈約）
		莫不請焉—無不請焉（任昉）
	(2) 其/之	並供其母—並供之母（張緬）
連詞（2）	(1) 及/與	惟夬及傅昭以清正免—唯夬與傅昭以清正免（宗夬）
	(2) 與/共	與諸將連營而進—共諸將連營西進（陳慶之）

---

① 《孟子·滕文公上》"面深墨"趙岐注"深，甚也。"焦循正義："深、甚，音近相通。"《助字辨略》卷二："深，極也，甚也。"

續表

類別	序列號及差異	具體語境及出處（本紀/列傳）
介詞（2）	（1）於/在	嘗於御坐爲《李賦》—嘗在御坐爲《李賦》（劉孺）
	（2）因/由	因是敕禮官—由是敕禮官（司馬筠）
數詞（2）	（1）許/餘	向二千許首—向作二千餘首（張率）
	（2）餘/許	旅松百餘株—旅松百許株（庾沙彌）
形容詞（1）	（1）小/少	民無老小—人無老少（傅岐）

表 2-2 首語素相同雙音節詞語統計表

類別	序列號及差異	具體語境及出處（本紀/列傳）
動詞（19）	（1）襲破/襲殺	襲破韋粲營—襲殺韋粲（蕭衍）
	（2）攻陷/攻下	景攻陷廣陵—侯景攻下廣陵（蕭綱）
	（3）攻陷/攻剋	魏已攻陷兩晉壽—魏已攻剋兩晉壽（鄧元起）
	（4）攻陷/攻拔	攻陷大梁—攻拔大梁（陳慶之）
	（5）居喪/居憂	居喪無禮—居憂無禮（王茂）
	（6）謬忘/謬妄	醉後謬忘—酒後謬妄（曹景宗）
	（7）任守/任寄	任守隆重—任寄隆重（范雲）
	（8）應對/應答	雲應對如流—雲應答如流（范雲）
	（9）推信/推服	劉坦爲州人所推信—劉坦爲州人所推服（宗夬）
	（10）立行/立性	憚立行貞素—憚立性貞素（柳憚）
	（11）埋掩/埋瘞	遽命埋掩—恢下車遽命埋瘞（蕭恢）
	（12）修營/修葺	修營城壘—修葺城壘（蕭景）
	（13）修浚/修復	乃修浚城池—乃修復城池（蕭綸）
	（14）哀慟/哀動	哀慟左右—哀動左右（周捨）
	（15）收治/收劾	杲奏收治—杲奏收劾之（陸杲）
	（16）稱賞/稱美	並稱賞之—並稱美之（殷鈞）
	（17）稱賀/稱慶	百僚稱賀—百僚稱慶（王規）
	（18）襃稱/襃美①	湘東王發教襃稱之—湘東王繹發教襃美之（劉杳）
	（19）改構/改造	改構太極殿—改造太極殿畢（王規）

---

① "襃—褒"是一組異體字。《説文・衣部》："襃，衣博裾。"段注："引伸之爲凡大之偁。爲襃美。"《廣韻・豪韻》："襃，進揚美也。"《玉篇・衣部》："褒，揚美也。"《正字通・衣部》："褒，同襃。"《集韻・豪韻》："襃，或作褒。"《廣韻・豪韻》："褒，俗。"《類篇・衣部》將"襃、褒"列爲異體。

續表

類別	序列號及差異	具體語境及出處（本紀/列傳）
形容詞（11）	（1）輕豔/輕靡	傷於輕豔—傷於輕靡（蕭綱）
	（2）嚴政/嚴整	號爲嚴政—號爲嚴整（康絢）
	（3）清肅/清静	州内清肅—州内清静（蕭景）
	（4）乏用/乏困	家中嘗乏用—家中嘗乏困（明山賓）
	（5）妍美/妍靡	辭必妍美—辭必妍靡（王筠）
	（6）悽惋/悽斷	辭甚悽惋—聲甚悽斷（楊華）
	（7）驍果/驍勇	少驍果有膽力—少驍勇（羊鴉仁）
	（8）精詳/精明	厥辨斷精詳—辯斷精明（臧厥）
	（9）鄙俚/鄙野	文辭鄙俚—然文辭鄙野（胡僧祐）
	（10）廉白/廉潔	瑀廉白自守—瑀廉潔自守（沈瑀）
	（11）明和/明净	風景明和—風景明净（扶南）
名詞（17）	（1）姿貌/姿容	太子美姿貌—太子美姿容（蕭統）
	（2）容觀/容儀	潔白美容觀—潔白美容儀（王茂）
	（3）容貌/容觀	容貌甚偉—容觀甚偉（韋叡）
	（4）器重/器量	常慕周勃之器重—常慕周勃之器量（馮道根）
	（5）同學/同業	同學皆出觀—同業皆出觀（王瞻）
	（6）後世/後胤	豈可不及後世—豈可不及後胤（蕭秀）
	（7）歡樂/歡興	多有不好歡樂—多有不好歡興（蕭恭）
	（8）風表/風儀	美風表—美風儀（蕭恢）
	（9）部伍/部曲	尋棄其部伍—尋棄其部曲（張纘）
	（10）嗜好/嗜慾	寡嗜好—寡嗜慾（蕭子暉）
	（11）識具/識見	孔休源識具清通—孔休源識見清通（孔休源）
	（12）機謀/機密	异代掌機謀—异代掌機密（朱异）
	（13）朝野/朝廷	聞於朝野—聞於朝廷（蕭幾）
	（14）形體/形骸	形體枯領—形骸枯領（荀匠）
	（15）棺木/棺槨	棺木尤貴—棺槨尤貴（顧憲之）
	（16）商賈/商旅	自是商賈流通—自是商旅流通（范述曾）
	（17）威信/威恩	威信大著—威恩大著（孫謙）
副詞（1）	（1）遞相/遞互	遞相講述—遞互講述（蕭衍）

表 2-3　末語素相同雙音節詞語統計表

類別	序列號及差異	具體語境及出處（本紀/列傳）
動詞（6）	（1）弭服/讋服	誰不弭服—誰不讋服（蕭衍）
	（2）請和/通和	齊遣使請和—齊遣使通和（蕭方智）
	（3）湑溺/沈溺	頗有湑溺—頗有沈溺（曹景宗）
	（4）斂容/改容	份斂容對曰—份改容對曰（王份）
	（5）交好/愛好	深相交好—深相愛好（伏曼容）
	（6）稱薦/談薦	因大相稱薦—因大相談薦（周興嗣）
形容詞（7）	（1）敏睿/聰睿	幼而敏睿—幼而聰睿（蕭綱）
	（2）空乏/匱乏	公私空乏—公私匱乏（蕭憺）
	（3）窮乏/貧乏	親族之窮乏者—親族之貧乏者（徐勉）
	（4）朗悟/明悟	少而朗悟—少明悟（蕭琛）
	（5）傷感/哀感	莫不傷感—莫不哀感（蕭乂理）
	（6）雄偉/瓌偉	容貌雄偉—容貌瓌偉（楊華）
	（7）富麗/典麗	辭亦富麗—辭並典麗（臧嚴）
名詞（7）	（1）綿帛/絹帛	出主衣綿帛—出主衣絹帛（蕭統）
	（2）戰馬/戎馬	舟艦、戰馬—舟艦戎馬（鄭紹叔）
	（3）艨艦/船艦	裝爲艨艦—裝爲船艦（呂僧珍）
	（4）舉止/容止	善舉止—善容止（王峻）
		善舉止—善容止（臧盾）
	（5）太祖/曾祖	太祖是謝仁祖外孫—下官曾祖是謝仁祖外孫（王峻）
	（6）災怪/變怪	數有災怪—數有變怪（蕭綸）
	（7）圖籍/書籍	欲遍觀閣內圖籍—欲遍觀閣內書籍（張纘）

表 2-4　首語素與末語素相同雙音節詞語統計表

類別	序列號及差異	具體語境及出處（本紀/列傳）
名詞（2）	（1）聲樂/音聲	不畜聲樂—不畜音聲（蕭統）
	（2）女人/婦女	有女人夏氏—有婦女夏氏（蕭昱）
動詞（2）	（1）慟哭/哀慟	聞喪皆慟哭—聞喪皆哀慟（蕭統）
	（2）號叫/啼號	女號叫挈虎—女啼號隨挈猛獸（宛陵女子）
形容詞（2）	（1）烈亮/明烈	稷性烈亮—稷性明烈（張稷）
	（2）正直/貞正	咸以昭正直所致—咸以昭貞正所致（傅昭）

表 2-5　末語素與首語素相同雙音節詞語統計表

類別	序列號及差異	具體語境及出處（本紀/列傳）
動詞（3）	（1）位任/任寄	位任特隆—任寄特隆（蕭藻）
	（2）迎候/候接	自往迎候—自往候接（傅映）
	（3）陷覆/覆滅	及荊城陷覆—及荊州覆滅（王頍）
名詞（1）	（1）德器/器業	敦厚有德器—敦厚有器業（蕭景）

表 2-6　同素異序詞語統計表

類別	序列號及差異	具體語境及出處（本紀/列傳）
名詞（10）	（1）心腹/腹心	左右心腹—舟中腹心（蕭大器）
		以爲心腹—以爲腹心（張齊）
	（2）靖孝/孝靖	諡曰靖孝—諡曰孝靖（謝朏）
	（3）盜賊/賊盜	討捕盜賊—討捕賊盜（王珍國）
	（4）術學/學術	精意術學—秀精意學術（蕭秀）
	（5）賄貨/貨賄	因求賄貨—因求貨賄（陸襄）
	（6）誌銘/銘誌	立誌銘—立銘誌（袁昂）
	（7）祿俸/俸祿	所得祿俸不敢用—所得俸祿不敢用（張緬）
	（8）兒童/童兒	與兒童遊戲—與童兒遊戲（阮孝緒）
	（9）小大/大小	部伍小大皆取足焉—部伍大小皆取足焉（蕭憺）
	（10）中夜/夜中	每至中夜—每至夜中（扶南）
形容詞（6）	（1）怯懦/懦怯	性怯懦—性懦怯（楊公則）
	（2）麗靡/靡麗	不尚麗靡之詞—不尚靡麗（裴子野）
	（3）靜默/默靜	靜默自守—默靜自守（裴子野）
	（4）玄虛/虛玄	頗由祖尚玄虛—頗由祖尚虛玄（何敬容）
	（5）仁慈/慈仁	植之性仁慈—植之性慈仁（嚴植之）
	（6）净潔/潔净	衣服净潔—衣服潔净（百濟）
動詞（5）	（1）薦舉/舉薦	多所薦舉—多所舉薦（鄭紹叔）
	（2）譬抑/抑譬	每臨幸譬抑之—每臨幸抑譬之（蕭偉）
	（3）咎悔/悔咎	深自咎悔—深自悔咎（陸襄）
	（4）散潰/潰散	雄即散潰—雄即潰散（陳昕）
	（5）禮敬/敬禮	日加禮敬—日加敬禮（干陁利）
代詞（1）	（1）何如/如何	將欲何如—將欲如何（王僧辯）
副詞（1）	（1）終始/始終	終始營護—始終營護（陶季直）
連詞（1）	（1）乃至/至乃	乃至妻子不易衣裳—至乃妻子不易衣裳（張緬）

表 2-7　語素完全不同詞語統計表

類別	序列號及差異	具體語境及出處（本紀/列傳）
動詞（4）	（1）讓/誚責	召摛加讓—召摛將加誚責（徐摛）
	（2）薨殞/亡	及既薨殞—及亡（王僧辯）
	（3）寇沒/陷	侯景寇沒京師—侯景陷建鄴（蕭繹）
	（4）寇沒/攻陷	托跋宏寇沒南陽等—孝文攻陷南陽等五郡（馮道根）
名詞（2）	（1）鑰/門籥	悉斂諸鑰—悉斂諸門籥（柳慶遠）
	（2）民志/人心	搖動民志—搖動人心（柳忱）
副詞（1）	（1）未嘗/不曾	未嘗失色於人—不曾失色於人（庾黔婁）

表 2-8　單音節詞與雙音節詞的前一個語素相同統計表

類別	序列號及差異	具體語境及出處（本紀/列傳）
動詞（4）	（1）安/安置	安其部下—安置部下（傅岐）
	（2）聚/聚斂	又聚贓污甚多—又聚斂贓汙甚多（徐文盛）
	（3）贓/贓汙	又聚贓污甚多—又聚斂贓汙甚多（徐文盛）
	（4）鳴/鳴呼	有鷓鴣鳥鳴—常有鷓鴣鳥鳴呼（侯景）
名詞（3）	（1）船/船舶	燒齊船三千艘—燒齊船舶三千艘（蕭方智）
	（2）氣/氣息	猶有氣—猶有氣息（宛陵女子）
	（3）聘/娉財	下聘訖—下娉財訖（波斯）

表 2-9　單音節詞與雙音節詞的後一個語素相同統計表

類別	序列號及差異	具體語境及出處（本紀/列傳）
動詞（9）	（1）婚/結婚	安陸王緬又欲婚—安陸王緬又欲結婚（郗徽）
	（2）美/賞美	深爲高祖所美—深見賞美（柳惲）
	（3）露/暴露	露骸積骨—多暴露骸骨（蕭秀）
	（4）賞/親賞	深爲太宗所賞—深爲簡文所親賞（蕭推）
	（5）服/悅服	座者皆服—坐者皆悅服（蕭琛）
	（6）見/進見	每見高祖—每進見武帝（賀琛）
	（7）議/建議	裴所議多見施行—裴所建議（司馬裴）
	（8）劾/推劾	多被劾—多被推劾（庾仲容）
	（9）惡/疾惡	多爲俗士所惡—多爲俗士所疾惡（何遠）
形容詞（2）	（1）靜/沈靜	紆性靜—紆性沈靜（江紆）
	（2）慟/悲慟	母亦慟甚—母亦悲慟（劉苞）

續表

類別	序列號及差異	具體語境及出處（本紀/列傳）
名詞（2）	（1）艦/舸艦	出檀溪竹木裝艦—出檀溪竹木裝舸艦（蕭衍）
	（2）姻/昏姻	姻有六禮—昏姻有六禮（高昌）
代詞（1）	（1）此/如此	乃有此争—乃有如此争（王志）

表 2-10　雙音節詞的前一個語素與單音節詞相同統計表

類別	序列號及差異	具體語境及出處（本紀/列傳）
動詞（30）	（1）焚燒/焚	東昏悉焚燒門内—東昏悉焚門内（蕭衍）
	（2）至于/至	魏軍至于襄陽—魏軍至襄陽（蕭繹）
		高涣至于東關—高涣至東關（王僧辯）
		遂至于石頭—遂至石頭（杜龕）
	（3）推搢/推	公卿無所推搢—公卿無所推（曹景宗）
	（4）辟引/辟	所辟引皆州郡著姓—所辟皆州郡著姓（楊公則）
	（5）圖測/圖	弘策逆爲圖測—弘策預爲圖（張弘策）
	（6）繕修/繕	繕修兵器—繕兵積穀（鄭紹叔）
	（7）以爲/以	以爲巴硤未賓—忱以巴峽未賓（柳忱）
	（8）悸動/悸	心悸動—心悸因而有娠（任昉）
	（9）圖畫/圖	使工圖畫其像—使工圖其像（王亮）
	（10）逃叛/逃	逃叛以免—逃免（劉季連）
	（11）歃血/歃	次第歃血—次第歃（陳伯之）
	（12）斂葬/斂	舉債以斂葬—舉責以斂（王志）
	（13）脩身/修	便脩身改節—及明年便修改（張充）
	（14）改節/改	便脩身改節—及明年便修改（張充）
	（15）殯斂/殯	家貧無以殯斂—家貧無以殯（蕭偉）
	（16）逃匿/逃	自逃匿—孺才慚懼自逃（羊侃）
	（17）請求/請	侯景表請求和—景表請和（沈浚）
	（18）敗績/敗	鐵敗績—鐵敗乞降（蕭大心）
	（19）敗散/敗	遂敗散—遂敗（丘仲孚）
	（20）退敗/退	軍遂退敗—軍遂退（陰子春）
	（21）隨從/隨	恒隨從世祖—恒隨梁元帝（王顗）
	（22）器異/器	深爲瓛所器異—深爲瓛所器（司馬筠）
	（23）隱居/隱	亦隱居吴郡—亦隱吴郡（何點）
	（24）施與/施	好施與—好施（何點）
	（25）歎息/歎	勃歎息曰—勃歎曰（沈顗）

續表

類別	序列號及差異	具體語境及出處（本紀/列傳）
	（26）計畫/計	爲之計畫—乃結羣盜爲之計（丘仲孚）
	（27）躶體/裸①	俗本躶體—俗本裸（扶南）
	（28）齋戒/齋	先齋戒三日—先齋三日（扶南）
	（29）撫循/撫	能撫循士卒—能撫士卒（蕭譽）
	（30）逃竄/逃	遂將逃竄—遂將逃（侯景）
名詞（22）	（1）屍骸/屍	收其屍骸—收其屍（曹景宗）
	（2）兵器/兵	繕修兵器—繕兵積穀（鄭紹叔）
	（3）士子/士	爲士子所歸—爲士所歸（王亮）
	（4）船艦/船	棄船艦於鄴城—悉棄船於鄴城（馮道根）
	（5）形像/形	使圖其形像—使圖其形（馮道根）
	（6）績効/績	鄧繕事有績効—鄧繕在事有績（陳伯之）
	（7）叫聲/叫	伯之聞叫聲—伯之聞叫（陳伯之）
	（8）價直/價	收其價直—收其價（蕭秀）
	（9）文辭/文	善屬文辭—善屬文（蕭藻）
	（10）盜賊/盜	討陰陵盜賊—討平陰陵盜（裴之高）
	（11）意氣/意	意氣詳瞻—意甚詳瞻（蕭確）
	（12）賓客/賓	而好賓客交遊—而好賓遊（羊侃）
	（13）勳業/勳	且以僧辯勳業隆重—且以僧辯勳重（王僧辯）
	（14）求索/求	高祖每有求索—帝每有求（陰子春）
	（15）意志/意	二人意志相得—二人意相得（謝幾卿）
	（16）兄弟/兄	事母兄弟孝友—事母兄孝友（沈顗）
	（17）香氣/香	皆聞有非常香氣—皆聞非常香（張孝秀）
	（18）權勢/權	以齊高帝權勢日盛—以齊高帝權盛（陶季直）
	（19）花卉/花	植花卉於冢側—植花於冢側（何點）
	（20）氣色/氣	見長干里有異氣色—見長干里有異氣（扶南）
	（21）土地/土	土地饒沃—土饒沃（中天竺）
	（22）人人/人②	人人無所困乏—人無困乏（張齊）

---

① "躶—裸"是一組異體字。《玉篇·身部》："躶，赤體也。亦作裸。"《廣韻·果韻》："裸，赤體。"慧琳《一切經音義》卷一百："裸形，魯國反。赤體無衣曰裸，或從人作倮，亦從身作躶。"《正字通·衣部》："裸，本字。《説文》：'袒也。'通作果，俗作躶。"慧琳《一切經音義》卷五十四"倮形"條："華卦反。顧野王云：'脱衣露袒也。'古今正字或爲裸或作躶。從人果聲。"

② "人人"屬於重疊詞，"人"與"人人"的前一個語素和後一個語素均相同，暫歸於此。

續表

類別	序列號及差異	具體語境及出處（本紀/列傳）
形容詞（9）	（1）友善/友	與樂安任昉友善—與樂安任昉友（陸倕）
		由此與昉友善—由此與昉友（張率）
	（2）悲泣/悲	又悲泣不自勝—又悲不自勝（蕭義理）
	（3）嚴酷/嚴	然爲政嚴酷—然政嚴（臧厥）
	（4）哀慕/哀	便哀慕毀領—便哀毀有若成人（蕭大昕）
	（5）毀領/毀	便哀慕毀領—便哀毀有若成人（蕭大昕）
	（6）毀瘠/毀	因毀瘠成疾—因毀成疾（劉曇净）
	（7）儉率/儉	務從儉率—從儉（劉苞）
	（8）高尚/高	爲詩有高尚之言—爲詩有高言（何點）
	（9）艱難/艱	公私行侣以爲艱難—公私行侣以爲艱（沈瑀）
副詞（3）	（1）可以/可	無可以斂者—無可斂（蕭統）
	（2）俄而/俄	俄而中流矢卒—俄中流矢卒（胡僧祐）
	（3）忽然/忽	黔婁忽然心驚—黔婁忽心驚（庾黔婁）
介詞（1）	（1）至于/至	自魏至于江陵—自魏至江陵（蕭繹）
		自疾至于薨—自疾至薨（蕭宏）
		至于驃騎洲—至驃騎洲（蕭綸）
		自發銍縣至于洛陽—自發銍縣至洛陽（陳慶之）
		至於朝臣之中—至朝臣之中（蕭子恪）
		至于溢城—至盆城（蕭大心）
連詞（1）	（1）然而/然	然而幹國家—然幹國家（韋叡）

表 2-11　雙音節詞的後一個語素與單音節詞相同統計表

類別	序列號及差異	具體語境及出處（本紀/列傳）
動詞（29）	（1）猜懼/懼	陳伯之猶猜懼—陳伯之猶懼（蕭衍）
	（2）攻破/破	攻破衡州刺史—破衡州刺史（蕭繹）
	（3）辭讓/讓	詳累辭讓—詳累讓（夏侯詳）
	（4）禮接/接	禮接如布衣時—接之如布衣（張弘策）
	（5）納用/用	皆見納用—皆見用（韋叡）
	（6）遺惜/惜	無所遺惜—無所惜（韋叡）
	（7）知重/重	稷甚相知重—甚見重（張齊）
	（8）引見/見	武帝引見藹—齊武帝見藹（樂藹）
	（9）擢用/用	魏人欲擢用之—魏人欲用之（褚緭）
	（10）諷誦/誦	讀書過目便能諷誦—讀書過口便誦（江蒨）

續表

類別	序列號及差異	具體語境及出處（本紀/列傳）
	（11）歎服/服	衆尤歎服之—衆尤服之（周捨）
	（12）繕寫/寫	褚洵等繕寫，以給後宮—等寫給後宮（張率）
	（13）戒喻/喻	高祖遣戒喻之—武帝每遣喻之（張緬）
	（14）稱賞/賞	甚見稱賞—甚見賞（蕭子暉）
		爲約稱賞—爲約所賞（謝舉）
	（15）珍覆/覆	胡賊珍覆中夏—胡賊遂覆中夏（何敬容）
	（16）歎賞/賞	高祖深歎賞之—帝深賞之（楊華）
	（17）陳列/列	陳列女樂—列女樂（羊侃）
	（18）交遊/遊	而好賓客交遊—而好賓遊（羊侃）
	（19）詢訪/訪	必先詢訪於介—必先訪介（蕭介）
	（20）贍給/給	送糧仗贍給之—送糧仗給之（韋粲）
	（21）斫殺/殺	兄拔佩刀，便可斫殺—兄便可殺（柳敬禮）
	（22）兇懼/懼	軍中兇懼—軍中懼（徐文盛）
	（23）啓求/求	遂啓求出家—遂求出家（劉勰）
	（24）推劾/劾	當被推劾—因事納賄被劾（伏挺）
	（25）屠滅/滅	文復屠滅之—文復滅之（林邑）
	（26）殘害/害	殘害吏民—害人（林邑）
	（27）虧損/損	慮虧損金色—慮損金色（扶南）
	（28）逃奔/奔	遂逃奔于魏—頃之奔魏（蕭正德）
	（29）討捕/捕	窮山野討捕—窮山野捕（侯景）
形容詞（12）	（1）沈隱/隱	性沈隱—性隱（王茂）
	（2）狹陋/陋	宅巷狹陋—宅巷陋（鄭紹叔）
	（3）友善/善	與東海王僧孺友善—與東海王僧孺善（韋正）
		少相友善—少相善（陰子春）
		皆與友善—皆與善（到沆）
	（4）迅急/急	溝水迅急—溝水急（馮道根）
	（5）感慟/慟	每言輒感慟—每言輒慟（傅映）
	（6）強盛/盛	元帝聞其強盛—元帝聞其盛（蕭綸）
	（7）精強/強	兵既精強—兵強城固（陳慶之）
	（8）險固/固	城又險固—兵強城固（陳慶之）
	（9）嚴忌/忌	世祖性嚴忌—元帝性忌（王僧辯）
	（10）隆重/重	且以僧辯勳業隆重—且以僧辯勳重（王僧辯）
	（11）譬如/如	生譬如一樹花—生如樹花同發（范縝）
	（12）焦爛/爛	手即焦爛—手即爛（扶南）

續表

類別	序列號及差異	具體語境及出處（本紀/列傳）
名詞（10）	（1）謀策/策	叡多建謀策—叡多建策（韋叡）
	（2）賓客/客	坐上賓客—坐上客恒有數十（任昉）
		聚賓客數百—聚客赴南克州（蕭乂理）
	（3）縣令/令	爲剡縣令—以貧求爲剡令（張稷）
	（4）部下/下	爲部下所懷—爲下所懷（馮道根）
	（5）顏色/色	經日顏色不變—經日色不變（蕭綸）
	（6）容貌/貌	亦不簡其容貌—亦不簡貌（徐摛）
	（7）風化/化	厥下車，宣風化—厥下車宣化（臧厥）
	（8）恩榮/榮	吾荷國恩榮—吾荷國榮（韋粲）
	（9）長短/短	不論人長短—不論人短（到沆）偏義複詞
	（10）識鑒/鑒	有人倫識鑒—有人倫鑒（何點）

表 3-1　語法差異統計表

類別	序列號及差異	具體語境及出處（本紀/列傳）
被動句—被動句（9）	（1）爲 N$_{施事}$所 V/爲 N$_{施事}$V	反爲蠻所困—反爲蠻困（馮道根）
		爲有司所奏—爲有司奏（蕭藻）
		爲邊人所悅服—爲邊人悅服（夏侯亶）
		舊宅先爲賊所焚—舊宅先爲賊焚（王筠）
		爲有司所奏—爲有司奏（賀琛）
		反爲賊所敗—反爲賊敗（羊鴉仁）
		遂爲有司所奏免—遂爲有司奏免（劉之遴）
		反爲譽所敗死—反爲譽敗死（蕭譽）
	（2）爲 N$_{施事}$V/爲 N$_{施事}$所 V	爲有司奏—爲有司所奏（王茂）
		爲約稱賞—爲約所賞（謝舉）
	（3）爲 N$_{施事}$所 V/見 V	深爲高祖所美—深見賞美（柳惲）
		遂爲景所害—遂見害（陳昕）
	（4）爲 N$_{施事}$所 V/遇 V	爲妖賊所害—及弘策遇害（張緬）
		太子與世祖同爲魏人所害—遇害（蕭方矩）
	（5）爲所 V/見 V	深爲所禮—深見禮（傅昭）
	（6）被 V/爲 N$_{施事}$V	在郡被訟—爲有司奏（王筠）
	（7）被 V/被 N$_{施事}$V	雅被賞狎—雅被子良賞狎（柳惲）

續表

類別	序列號及差異	具體語境及出處（本紀/列傳）
	（8）被V/見V	被治劾—見劾（庾詵）
	（9）所V/見V	濬深所友愛—深見友愛（柳惲）
被動句｜陳述句（5）	（1）被V/陳述句	登此山輒被代—刺史登此山輒代（夏侯詳）
		免於雍州被誅—免誅後（王份）
		必被詔賦詩—必詔惲賦詩（柳惲）
	（2）見V/陳述句	以器局見稱—以器局稱（顏協）
	（3）爲$N_{施事}$所V/陳述句	義陽爲魏所陷—義陽入魏（鄭紹叔）
		爲賊所害—賊覺殺之（蕭確）
		在職清白，爲朝廷所稱—在職以清白稱（蕭介）
		爲神茂所敗—嵊軍敗（張嵊）
	（4）爲所V/陳述句	遂追會理，因爲所獲—遂追獲之（蕭乂理）
	（5）V於$N_{施事}$/陳述句	與仲禮俱見於景—與兄仲禮俱見景（柳敬禮）
陳述句｜被動句（5）	（1）陳述句/爲$N_{施事}$所V	蜀土翕然稱之—爲蜀土所稱（鄧元起）
	（2）陳述句/見V	軍敗，死—見殺（蕭綱）
		遇兵死—見殺（蕭繹）
		率多升擢—多見升擢（任昉）
		稷甚相知重—甚見重（張齊）
		不納—不見納（羊侃）
		將收之—將見收（丘仲孚）
		不剋 譽攻之又見敗（蕭譽）
	（3）陳述句/被V	淵明敗績—明被俘執（蕭衍）
		弟諶誅—弟諶被誅（鄭紹叔）
		引顯爲佐—被引爲佐（劉顯）
	（4）陳述句/被$N_{施事}$V	濬深引納焉—深被始興王濬引納（張穆之）
		淵明彭城戰没—明被魏囚（夏侯夔）
		淵明没魏—明被魏囚（夏侯夔）
		深愛接之—深被昭明太子愛接（劉緼）
	（5）陳述句/V於$N_{施事}$	頗疑高祖—頗疑於帝（鄭紹叔）

續表

類別	序列號及差異	具體語境及出處（本紀/列傳）
中補結構—中補結構（3）	（1）/於（于）	送首高祖—傳首于帝（蕭衍）
		鎮渦陽—鎮於渦陽（蕭衍）
		引見玉衡殿—後引見於玉衡殿（張率）
		卒官—卒於官（蕭洽）
		兵敗陷魏—兵敗，囚於魏（傅岐）
	（2）於（于）/	山車見于臨城縣—山車見臨城縣（蕭衍）
		豫章王綜奔于魏—豫章王綜奔魏（蕭衍）
		濟于采石—濟採石（蕭衍）
		次于張公洲—次張公洲（蕭衍）
		附于魏—附東魏（蕭衍）
		以鄴州附于齊—以鄴州附齊（蕭方智）
		入于京師—入建鄴（蕭方智）
		入于石頭—入石頭（蕭方智）
		奔于江西—奔江西（蕭方智）
		居于顯陽殿—居顯陽殿（丁令光）
		伯之奔于魏—伯之奔魏（王茂）
		軍次于沔口—軍次沔口（楊公則）
		兔子肅奔于魏—其子肅奔魏（王份）
		頓于張公洲—頓張公洲（裴之高）
		遣僧辯歸于竟陵—遣歸竟陵（王僧辯）
		僧辯次于姑孰—僧辯次姑孰（王僧辯）
		常處于石頭城—常處石頭城（王僧辯）
		擒約送于江陵—禽約送江陵（胡僧祐）
		幼安遂降于景—幼安降景（杜幼安）
		居于土臺山—居土臺山（庾承先）
		鎮于彭城—權鎮彭城（蕭綜）
		紀次于西陵—紀次西陵（蕭紀）
		遂逃奔于魏—頃之奔魏（蕭正德）
		泉進軍于橘洲—泉進軍橘洲（蕭譽）
		斬粲首徇于城下—斬粲首徇城下（侯景）
		斬于階側—斬之階側（蕭藻）
		自吳松江降於侯瑱—自吳松江降侯瑱（王僧辯）
		傳其首於江陵—傳首江陵（蕭繹）

續表

類別	序列號及差異	具體語境及出處（本紀/列傳）
		避吏隱於長安南山—避吏隱長安南山（韋叡）
		柴燎於南郊—柴燎南郊（范雲）
		高祖讌於華光殿—帝宴華光殿（王亮）
		徙頓於八公山—徙頓八公山（康絢）
		堰起於徐州界—堰起徐州界（康絢）
		言之於高祖—言之武帝（周捨）
		常插燭於板牀—常插燭板牀（傅昭）
		以州叛入於魏—以州入魏（裴邃）
		并王緯送於京師—并王緯送建鄴（韋放）
		書之於壁—書之壁（王筠）
		卒於郡—卒郡（王承）
		隨父宿直於廷尉—隨父宿直廷尉府（臧盾）
		啼號之聲，聞於數十里—號哭聞數十里（傅岐）
		卒於官—卒官（荀匠）
		使於魏—使魏（謝藺）
		言之於高祖—言之武帝（陸雲公）
		祖之於征虜亭—祖之征虜亭（陶弘景）
		居於東林寺—居東林寺（劉慧斐）
		東入於海—東入海（扶南）
	（3）以/	逃叛以免—逃免（劉季連）
定中結構—定中結構（2）	（1）之/	盡沒漢東之地—盡有漢東地（蕭綱）
		所坐之席—所坐席（蕭綱）
		爲布衣之交—爲布衣交（蕭繹）
		供養經案之側—供養經案側（丁令光）
		吾家之千里駒—吾家千里駒（王茂）
		夜中之言—夜中言（張弘策）
		卿之鄉望—卿鄉望（韋叡）
		並當時之驍將—並爲當時驍將（張惠紹）
		未爲社稷之臣—未爲社稷臣（馮道根）
		自親喪之後—自親喪後（范岫）
		汝家之陽元也—汝家陽元也（陸倕）

續表

類別	序列號及差異	具體語境及出處（本紀/列傳）
		稱爲儀注之學—稱爲儀注學（許懋）
		郡之西亭有古樹—郡西亭有古樹（褚翔）
		此兒吾家之明珠也—此吾家明珠也（劉孺）
		乃聖上之威德—乃聖上威德（王僧辯）
		爲詩有高尚之言—爲詩有高言（何點）
	(2) /之	即伯之子—即伯之之子（蕭衍）
		即之遴舅—即之遴之舅（劉之遴）
		侯景亂—侯景之亂（胡僧祐）
狀中結構－狀中結構（3）	(1) 於/	使於南苑設宴—使南苑設宴（王錫）
		景於渦陽退敗—景渦陽退敗（何敬容）
	(2) 以/	憑淮以自固—憑淮自固（蕭衍）
		密以白高祖—密白帝（鄭紹叔）
	(3) 而/	后幼而明慧—后幼明慧（郗徽）
		未發而卒—未發卒（張齊）
		誤而覆之—誤覆之（蕭秀）
		連榻而坐—連榻坐（蕭憺）
		少而朗悟—少明悟（蕭琛）
		摛幼而好學—摛幼好學（徐摛）
		幼而隨從高祖—幼隨從梁武帝（陳慶之）
		豈疑而得全—豈疑得全（蕭子恪）
		官以人而清—官以人清（庾於陵）
		從城而出—從城出（蕭譽）
		發背薨—發背而薨（蕭範）
連謂結構－連謂結構（1）	(1) /而	墮馬死—墮馬而死（褚緭）
		感氣卒—感氣而卒（謝藺）
主謂結構－主謂結構（1）	(1) 之/	羣帥之用命—羣帥用命（王僧辯）

續表

類別	序列號及差異	具體語境及出處（本紀/列傳）
動賓結構｜主謂結構（1）		及生后—及后生（郗徽）
主謂結構｜動賓結構（1）		覺耳後風生—覺耳後生風（曹景宗）
		後又目有疾—後有目疾（蕭恢）
主謂結構｜定中結構（1）		嘗有雀三足—嘗有三足雀（夏侯詳）
"所"字結構與否（2）	（1）所/	官所無者—官無者（任昉）
		人人無所困乏—人無困乏（張齊）
		發摘無所遺—發摘無遺（蕭恢）
		四方所饋—四方饋遺（朱異）
		敬禮死亦無所恨—雖死無恨（柳敬禮）
		五穀隨人所種—五穀隨人種（師子）
	（2）/所	不敢復有指斥—不敢有所指斥（賀琛）
		衣衾無改—衣衾無所改（韓懷明）
		生平得奉禄—生平所得奉禄（范述曾）
狀中結構｜中補結構（1）		於交阯竊位號—竊號於交阯（蕭衍）
中補結構｜狀中結構（1）		因疏食終身—因終身疏食（江子一）
中補結構｜動賓結構（2）	（1）於（于）/	有赤光照于室內—有赤光照室（郗徽）
		殆興於吾州矣—殆興吾州矣（韋叡）
		必先詢訪於介—必先訪介（蕭介）
		書卷不離於手—書卷不離手（臧嚴）
	（2）以/	賜以鍾磬之樂—賜鍾磬之樂（王茂）

续表

類別	序列號及差異	具體語境及出處（本紀／列傳）
動賓結構 ｜ 中補結構 （1）	（1）／於	求蒨女婚—求昏於蒨女（江蒨）
聯合結構 ｜ 聯合結構 （1）	（1）而／	有威而無恩—有威無恩（江淹）

附錄7 《陳書》《南史》異文細目

表1-1 異體字、古今字、通假字統計表

類別	序列號及差異	具體語境及出處（本紀/列傳）
古今字	（1）擒/禽	擒遷仕—禽遷仕（陳霸先）
		生擒炅、協—禽炅、協（侯安都）
		爲侯安都所敗，擒炅送都—爲侯安都所禽（荀法尚）
		爲皎所擒—爲皎禽（周迪）
		并擒異送都—并禽異送都（留異）
異體字	（2）閒/間	三百里閒—三百里間（陳霸先）
		好遊冢墓閒—好游冢墓間（陳叔陵）
		至於草閒—至於草間（陳伯固）
異體字	（3）耀/曜	五采鮮耀—五采鮮曜（陳霸先）
通假字	（4）湓/盆	次湓城—次盆城（陳霸先）
		發湓城—發盆城（陳霸先）
		鎮于湓城—鎮盆城（王質）
		出鎮湓城—出鎮盆口（周迪）
		襲華皎於湓城—襲華皎於盆城（周迪）
古今字	（5）竝/並	竝如故—並如故（陳霸先）
		竝賜死—並賜死（陳霸先）
		竝如故—並如故（陳霸先）
		竝遣使來聘—並遣使來聘（陳蒨）
		竝給棺槨—並給棺槨（陳蒨）
		南北道竝進—南北道並進（陳叔寶）
		色竝紅白—色並紅白（章要兒）
		竝雄豪任俠—並豪俠（杜僧明）
		竝爲西軍所獲—並爲西軍所獲（侯瑱）
		竝隸焉—並隸焉（侯瑱）
		竝依信還之—並依信還之（歐陽頠）
		竝不得渡—並不得度（吳明徹）
		竝放還北—並放還北（黃法氍）
		竝見恩寵—並見恩寵（杜稜）
		竝釋之—並釋之（荀朗）

續表

類別	序列號及差異	具體語境及出處（本紀/列傳）
		竝爲景所囚—並爲景囚（陳昌）
		竝知禮所製—並知禮所製（趙知禮）
		妻子竝不之官—妻子並不之官（孔奐）
		竝醼於王第—並宴於王第（陳伯山）
		竝見執—並見執（樊猛）
		竝爲守宰—並爲守宰（陳君範）
		竝東宮舊臣—並東宮舊臣（陳叔堅）
		竝慙懼拜伏—並愧懼拜伏（陳叔文）
		竝不願此婚—並不願此昏（熊曇朗）
		竝不至—並不至（周迪）
		竝加官賞—並加官賞（周迪）
		竝共藏匿—並藏匿（周迪）
		衆竝患之—衆並患之（留異）
		羽初竝扇惑—羽初並扇惑（陳寶應）
		竝即逼納—並即逼納（陳叔陵）
		竝即逼納—並即逼納（陳叔陵）
		竝入侍疾—並入侍疾（陳叔陵）
異體字	（6）并/並	并復其家—並復其家（陳蒨）
		并賜鐵炭—並賜鐵炭（毛喜）
		并遣使助玠搜括—並遣使助玠搜括（褚玠）
		并骸骨肘脛—並骸骨肘脛（陳叔陵）
異體字	（7）併/並	併力將襲南康—並力將襲南康（杜僧明）
通假字	（8）渡/度	渡據姑熟—度據姑孰（陳霸先）
		竝不得渡—並不得度（吳明徹）
通假字	（9）熟/孰	渡據姑熟—度據姑孰（陳霸先）
		鎮于姑熟—鎮姑孰（侯瑱）
通假字	（10）已/以	殊死已下—殊死以下（陳蒨）
		王公已下—王公以下（陳伯山）
異體字	（11）煑/煮	立煑海鹽賦—立煮海鹽賦（陳蒨）
古今字	（12）返/反	尋返—尋反（陳頊）
異體字	（13）佗/他	走避佗室—走他室（陳頊）
通假字	（14）技/伎	無技能—無伎能（沈欽）
異體字	（15）慾/欲	寡嗜慾—寡嗜欲（沈妙容）
異體字	（16）彊/强	聰敏彊記—聰敏强記（沈妙容）

續表

類別	序列號及差異	具體語境及出處（本紀/列傳）
		外有彊寇—外有強寇（蔡景歷）
		以彊兵來迎—以強兵來迎（熊曇朗）
異體字	（17）皃/貌	形皃眇小—形貌眇小（杜僧明）
古今字	（18）留/遛	逗留不進—逗遛不進（杜僧明）
異體字	（19）勑/敕	勑於廣州賜死—敕於廣州賜死（杜僧明）
		別勑成梁、陳二代史—別敕成梁、陳二史（姚察）
		勑喜撰軍制—敕喜撰軍制（毛喜）
		勑治五禮—敕修五禮（沈不害）
		手勑慰勞—手敕慰勞（褚玠）
異體字	（20）製/制	請製名字—請制名字（周文育）
異體字	（21）讌/宴	乘舟而讌—乘舟而宴（周文育）
		侍讌酒酣—侍宴酒酣（侯安都）
異體字	（22）醼/宴	與諸將醼—與諸將宴（侯安都）
		至是侍醼—侍宴酒酣（章昭達）
		立醼於王第—並宴於王第（陳伯山）
		冠婚饗醼之事—冠昏饗宴（陳伯山）
		移醼於弘範宮—移宴弘範宮（蔡凝）
異體字	（23）克/剋	克之—剋之（周文育）
		弗能克—弗能剋（侯瑱）
		所嚮克捷—所嚮剋捷（蔡景歷）
異體字	（24）賷/齎	賷示曇朗—齎示曇朗（周文育）
古今字	（25）座/坐	曇朗害之於座—曇朗害之於坐（周文育）
異體字	（26）遊/游	驕蹇遊逸—驕蹇游逸（周寶安）
		與世祖遊—與陳文帝游（章昭達）
		好遊冢墓間—好游冢墓間（陳叔陵）
異體字	（27）遍/徧	遍問朝宰—徧問朝宰（歐陽頠）
		遍於天下—徧於天下（陳君範）
		遍觀經史—徧觀經史（顧野王）
		遍知《五經》—徧通《五經》（陸慶）
		魯廣達字遍覽—廣達字徧覽（魯廣達）
異體字	（28）嘆/歎	莫不嘆伏—莫不歎伏（歐陽頠）
古今字	（29）燋/焦	苗稼燋枯—苗稼焦枯（吳明徹）
異體字	（30）隣/鄰	隣里饑餒—鄰里飢餒（吳明徹）
		爲隣境所憚—爲鄰境所憚（孫瑒）

《宋書》《南史》異文語言比較研究

續表

類別	序列號及差異	具體語境及出處（本紀/列傳）
		隣里皆驚異之—鄰里皆驚異之（徐孝克）
通假字	（31）饑/飢	隣里饑餒—鄰里飢餒（吳明徹）
通假字	（32）脩/修①	脩治攻具—修攻具（吳明徹）
		脩治器械—修飾器械（沈君理）
		脩建庠序—修建庠序（袁憲）
		使脩器甲—使修器甲（毛喜）
		脩立好學—修立好學（沈不害）
異體字	（33）効/效	効犬馬之用—效犬馬之用（章昭達）
通假字	（34）常/嘗	未常解帶—未嘗解帶（杜稜）
		高宗常謂凝曰—宣帝嘗謂凝曰（蔡凝）
通假字	（35）鋒/蜂	所在鋒起—所在蜂起（魯悉達）
異體字	（36）燉/敦	燉煌二郡—敦煌二郡（荀法尚）
異體字	（37）麤/粗	少麤獷—少粗獷（陳方泰）
異體字	（38）按/案	令有司按問—令有司案問（蔡景歷）
通假字	（39）豫/預	恐景歷豫—恐景歷預（蔡景歷）
通假字	（40）凋/彫	郡中凋弊—郡中彫弊（王勘）
異體字	（41）爲/吝	性爲嗇—性吝嗇（沈眾）
異體字	（42）鷲/鶖	白鷲一雙—白鶖一雙（馬樞）
異體字	（43）妳/嬭	妳媼恒來往禁中—嬭媼恒往來禁中（王固）
異體字	（44）舡/船	以單舡臨郡—以單船臨郡（孔奐）
異體字	（45）氎/氀	餉衣一襲，氎被一具—餉以衣氀一具（孔奐）
異體字	（46）縉/搢	衣冠縉紳—衣冠搢紳（孔奐）
異體字	（47）曅/曄	宋朝范曅—宋朝范曄（孔奐）
通假字	（48）正/政	正可南行—政可南行（蕭引）
		正坐念佛—政坐念佛（徐孝克）
異體字	（49）他/佗	每有他怒—每佗怒（王瑜）
古今字	（50）彩/采	愛其神彩—愛其神采（袁憲）
異體字	（51）慙/慚	收大慙—收大慚（徐陵）
		季卿慙恥—季卿慚恥（陳叔陵）
通假字	（52）詞/辭	皆陵詞也—皆陵辭也（徐陵）
古今字	（53）悌/弟	性孝悌—性孝弟（徐份）
古今字	（54）婚/昏	冠婚饗醮之事—冠昏饗宴（陳伯山）
		竝不願此婚—並不願此昏（熊曇朗）

① 《集韻·尤韻》："修，通作脩。"

316

附錄7 《陳書》《南史》異文細目

續表

類別	序列號及差異	具體語境及出處（本紀/列傳）
古今字	(55) 俸/奉	不受俸秩—不受奉秩（毛喜）
異體字	(56) 嘿/默	精記嘿識—精記默識（顧野王）
異體字	(57) 洩/泄	坐漏洩禁中語—坐漏泄禁中語（陸琛）
異體字	(58) 襟/衿	襟懷信實—衿懷信實（周迪）
異體字	(59) 恥/耻	季卿慙恥—季卿慙耻（陳叔陵）
異體字	(60) 轝/輿	或乘眠轝—或乘眠輿（陳伯固）

表1-2 避諱用字統計表

避諱字	避諱方法	具體語境及出處（本紀/列傳）
虎（李虎）① (2)	(1) 虎/武	護軍將軍周鐵虎—護軍將軍周鐵武（陳蒨）
		周鐵虎—周鐵武（周鐵虎/周鐵武）
	(2) 缺"虎"	韓擒虎趨橫江—韓擒趨橫江（陳叔寶）
		韓擒虎又陷南豫州—韓擒又陷南豫州（陳叔寶）
		韓擒虎率眾—韓擒率眾（陳叔寶）
		出降於擒虎—出降擒（陳叔寶）
		仍引擒虎—仍引擒（陳叔寶）
		隋將韓擒虎—隋將韓擒（陳深）
		韓擒虎自新林進軍—韓擒自新林進軍（任忠）
		韓擒虎之濟江—韓擒之濟江（樊猛）
		擒虎進軍—擒進軍（樊猛）
淵（李淵） (1)	(1) 缺"淵"	貞陽侯蕭淵明—貞陽侯明（徐陵）
		淵明往復致書—明往復致書（徐陵）
		及淵明之入—及明入（徐陵）
		貞陽侯深明—貞陽侯明（陳霸先）②
世（李世民） (3)	(1) 世/代	世有懿德—代有懿德（孔奐）
		行于世—行于代（周弘正）

---

① 《南史》也有不避"虎"諱的，例如：

A. 己亥，高祖率宗室王侯及朝臣將帥，於大司馬門外白獸闕下刑牲告天，以齊人背約，發言慷慨，涕泗交流，同盟皆莫能仰視，士卒觀者益奮。（《陳書·高祖本紀上》，卷1）

B. 己亥，帝率宗室王侯及朝臣，於大司馬門外白虎闕下，刑牲告天，以齊人背約，發言慷慨，涕泗交流，士卒觀者益奮。（《南史·陳高祖武皇帝本紀》，卷9）

② 《陳書·高祖本紀上》（卷一）："四年五月，齊送貞陽侯深明還主社稷，王僧辯納之，即位，改元曰天成，以晉安王為皇太子。"校勘記："深明"即"淵明"，此避唐高祖諱改，後同。

續表

避諱字	避諱方法	具體語境及出處（本紀/列傳）
	（2）世/時	世祖、高宗之世—文、宣之時（徐陵）
	（3）缺"世"	爲世通儒—爲通儒（謝岐）
民（李世民）（4）	（1）民/人	燒民家—燒人家（陳叔寶）
		寶安字安民—寶安字安人（周寶安）
		（使）〔吏〕民詣闕—吏人詣闕（侯安都）
		甚得民和—甚得人和（魯悉達）
		穀陽士民—穀陽土人（周炅）
		往民閒—往人間（陳方泰）
		甚得民和—甚得人和（陳方慶）
		吏民表請立碑—吏人表請立碑（鄭萬頃）
		吏民便安之—吏人便安之（王勱）
		未親民務—未親人務（蕭允）
		遺愛在民—遺愛在人（蕭引）
		甚得民和—甚得人和（陸子隆）
		吏民詣都—吏人詣闕（陸子隆）
		甚得民和—甚得人和（沈君高）
		甚得民和—甚得人和（裴忌）
		民吏便之—人吏安之（毛喜）
		吏民便之—吏人便之（魯廣達）
		縣民張次的—縣人張次的（褚玠）
		所出軍民—所出軍人（褚玠）
		縣民陳信家富—縣人陳信家富（褚玠）
		吏民股慄—吏人股慄（褚玠）
		甚得民和—甚得人和（徐伯陽）
		村民斬之—村人斬之（熊曇朗）
		説民間細事—説人間細事（陳叔陵）
		民間少妻—人間少妻（陳叔陵）
	（2）民/戶	左民侍郎—左戶侍郎（蔡景歷）
		左民侍郎—左戶侍郎（沈炯）
		左民尚書—左戶尚書（張種）
		左民郎沈炯—左戶郎沈炯（孔奐）
		左民尚書—左戶尚書（沈君理）
		左民尚書—左戶尚書（周弘正）
		左民尚書—左戶尚書（孫瑒）
		尚書左民郎—尚書左戶郎（司馬申）

續表

避諱字	避諱方法	具體語境及出處（本紀/列傳）
		左民尚書—左户尚書（蔡徵）
		左民尚書—左户尚書（沈君理）
		尚書民部—尚書户部（蔡徵）
	（3）民/政	不修民事—不修政事（陳方泰）
	（4）民/百姓	還民—還百姓（陳頊）
		民有未周—百姓未周（孔奐）
治（李治）(13)	（1）治/事	不治生產—不事生產（陳霸先）
	（2）治/城	秣陵故治—秣陵故城（陳霸先）
	（3）治/刊	治定律令—刊定律令（陳霸先）
	（4）治/營	須治梓宫—須營梓宫（蔡景歷）
	（5）治/政	達治體—達於政體（孔奐）
		甚有治績—有政績（徐份）
	（6）治/通	治《三禮》—通《三禮》（沈文阿）
		治《三禮》—通《三禮》（沈洙）
		緩治《周易》—緩通《周易》（全緩）
		不害治經術—不害通經術（沈不害）
	（7）治/修	勑治五禮—敕修五禮（沈不害）
	（8）治/療	遘疾不治—遘疾不療（魯廣達）
	（9）治/主	但治郡事—但主郡事（陳寶應）
	（10）治/飾	脩治器械—修飾器械（沈君理）
	（11）治/居	治于公安—居公安（陸子隆）
	（12）缺"治"	脩治攻具—修攻具（吳明徹）
		修治城隍—修城隍（毛喜）
		窮治其事—窮其事（傅縡）
		著治《五禮儀》—著《五禮儀》（沈不害）
		亦徵攝案治之—亦徵攝案之（陳叔陵）
	（13）稚/幼	勿以童稚相期—勿以童幼期之（袁憲）

表2-1 均用單音節詞語統計表

類別	序列號及差異	具體語境及出處（本紀/列傳）
動詞（31）	（1）祠/祭	祠蔣帝廟—祭蔣帝廟（陳霸先）
		祠蔣帝廟—祭蔣帝廟（陳霸先）
	（2）薨/殂	江陰王薨—江陰王殂（陳霸先）

續表

類別	序列號及差異	具體語境及出處（本紀/列傳）
	（3）死/殂	蕭巋死—梁明帝殂（陳叔寶）
	（4）命/遣	命將軍劉澄—遣將軍劉澄（陳蒨）
	（5）覺/發	安國事覺—安國事發（沈妙容）
	（6）病/患	後主病瘡—後主患創（柳敬言）
	（7）逼/令	逼進饘粥—令進粥（司馬暠）
	（8）令/命	令左右發掘—命左右發掘（陳叔陵）
	（9）請/求	尋而請和—尋求和（侯安都）
		表請歸養—表求歸養（沈炯）
		請立碑—求立碑（陸子隆）
	（10）值/遇	值琳將尹炅—遇琳將尹炅（侯安都）
		值梁室喪亂—遇梁室喪亂（姚察）
	（11）值/逢	值輿駕幸玄武觀—逢輿駕幸玄武觀（蔡景歷）
		值亂亡失—逢亂亡失（戚袞）
	（12）寇/攻	寇巴、湘—攻巴、湘（侯瑱）
		西魏來寇荊州—西魏攻荊州（徐世譜）
	（13）寇/征	寇江外—征江外（魯廣達）
	（14）伐/征	朝議北伐—朝議北征（吳明徹）
	（15）伐/侵	詔明徹進軍北伐—詔明徹北侵（吳明徹）
		大舉北伐—大舉北侵（黃法氍）
		朝議北伐—朝議北侵（徐陵）
		吳明徹北伐—吳明徹北侵（蔡景歷）
		議北伐—議北侵（毛喜）
	（16）討/侵	明徹北討—明徹北侵（程文季）
		北討敗績—北侵敗績（陳慧紀）
	（17）討/征	眾軍討之—眾軍征之（章昭達）
	（18）平/征	高祖平侯景—武帝征侯景（趙知禮）
	（19）板/授	板征北府中記室參軍—授征北府中記室參軍（蔡景歷）
	（20）還/歸	尋而逃還—尋亦逃歸（沈眾）
	（21）解/免	不過解職—不過免職（蕭引）
	（22）善/工	於五言七言尤善—尤工五言七言（江總）
	（23）傷/溺	然傷於浮豔—溺於浮靡（江總）
	（24）滅/亡	陳滅入隋—陳亡入隋（姚察）
	（25）丁/遭	及丁所生母憂—及遭所生憂（陳伯山）

續表

類別	序列號及差異	具體語境及出處（本紀/列傳）
	（26）虜/禽	虜叔慎—禽叔慎（陳叔慎）
	（27）乞/與	當乞一小郡—當與一小郡（毛喜）
	（28）好/善	又好丹青—又善丹青（顧野王）
	（29）好/尚	不好豔靡—不尚淫靡（褚玠）
	（30）迮/遏	迮肥水—遏肥水（吳明徹）
	（31）知/通	遍知《五經》—徧通《五經》（陸慶）
名詞（18）	（1）師/軍	衆師凱歸—衆軍凱歸（陳霸先）
	（2）軍/師	以應（我）〔義〕軍—以應義師（侯瑱）
	（3）兵/師	寶應遣兵助之—寶應遣師助之（陳寶應）
	（4）命/敕	假以後主之命—假後主之敕（柳敬言）
	（5）事/業	以織席爲事—以織席爲業（張貴妃）
	（6）代/葉	盧公累代—盧公累葉（杜僧明）
	（7）名/威	名振南土—威振南土（歐陽頠）
	（8）名/事	以討賊爲名—以討賊爲事（周敷）
	（9）世/務	有當世才—有當務才（劉師知）
	（10）字/文	《千字詩》—《千文詩》（沈衆）
	（11）勢/權	李、蔡之勢—李、蔡之權（蕭引）
		於是勢傾朝廷—權傾朝廷（陳叔堅）
	（12）都/闕	吏民詣都—吏人詣闕（陸子隆）
	（13）第/宅	頻幸其第—頻幸其宅（孫瑒）
	（14）晝/日	晝夜不息—日夜不息（徐份）
	（15）夜/夕	日夜陰持其短—日夕陰持其短（陳叔堅）
	（16）途/道	軍旅在途—軍旅在道（陳深）
	（17）疾/病	知其無疾—知其無病（毛喜）
	（18）病/疾	謝病不視事—謝疾不視事（陸瓊）
代詞（3）	（1）之/此	與鄉家共之—與鄉里共此（吳明徹）
	（2）其/之	爲其誌銘—爲之銘誌（孫瑒）
	（3）此/是	如此者三日—如是者三日（徐份）
副詞（3）	（1）未/不	昌未得還—昌不得還（陳昌）
	（2）竝/皆	例竝授官—例皆授官（蕭允）
	（3）皆/並	皆伏誅—並伏誅（留異）
介詞（2）	（1）由/自	由錢塘江而上—自錢唐江上（侯安都）
	（2）及/迄	自夏及冬—自夏迄冬（侯瑱）
量詞（1）	（1）斗/升	如數斗—如數升（陳叔寶）

《宋書》《南史》異文語言比較研究

表2-2 首語素相同雙音節詞語統計表

類別	序列號及差異	具體語境及出處（本紀/列傳）
名詞（9）	（1）兵勢/兵力	分賊兵勢—分賊兵力（陳霸先）
	（2）鄉家/鄉里	與鄉家共之—與鄉里共此（吳明徹）
	（3）水勢/水力	水勢漸微—水力微（吳明徹）
	（4）器局/器度	方正有器局—方正有器度（蕭引）
	（5）筆勢/筆趣	筆勢翩翩—筆趣翩翩（蕭引）
	（6）風猋/風鑒	早有風猋—早有風鑒（司馬申）
	（7）聲勢/聲位	聲勢熏灼—聲位熏灼（蔡徵）
	（8）風神/風氣	風神韶亮—風氣韶亮（陸琰）
	（9）政教/政令	政教嚴明—政令嚴明（周迪）
動詞（7）	（1）號泣/號哭	每之田中，號泣—每之田中號哭（吳明徹）
	（2）交遊/交接	無所交遊—無所交接（沈炯）
	（3）撫養/撫接	善於撫養—善於撫接（華皎）
	（4）修建/修立	修建城郭—修立城郭（陸子隆）
	（5）抗禦/抗拒	抗禦王琳之功—抗拒王琳有功（熊曇朗）
	（6）關治/關涉	多關治省閣—多關涉省閣（陳叔陵）
	（7）悅伏/悅服①	莫不悅伏—莫不悅服（孔奐）
形容詞（8）	（1）寬大/寬容	少寬大—少寬容（陳項）
	（2）驕橫/驕慢	日益驕橫—日益驕慢（侯安都）
	（3）姦訛/姦詭	前後姦訛—前後姦詭（蔡景歷）
	（4）清潔/清素	居處清潔—居處清素（王固）
	（5）充牣/充足	器械充牣—器械充足（蕭引）
	（6）浮蠱/浮靡	然傷於浮蠱—溺於浮靡（江總）
	（7）和弱/和柔	舉止和弱—舉止和柔（陳叔明）
	（8）顯貴/顯達	超致顯貴—超致顯達（周敷）

---

① "伏—服"是一組異體字。《方言》卷八："蝙蝠，自關而東謂之服翼。"錢繹箋疏："伏，與服同。"《説文·舟部》朱駿聲通訓定聲："服，叚借爲伏。"《爾雅·釋鳥》："蝙蝠，服翼。"郝懿行義疏："本草作伏翼，伏服古字通也。"《文選·陸機〈吳王郎中時從梁陳作〉》"誰謂伏事淺"李善注："服與伏同，古字通。"可知"悅伏—悅服"是一組異形詞，暫歸於此。

表 2-3 末語素相同雙音節詞語統計表

類別	序列號及差異	具體語境及出處（本紀/列傳）
形容詞（2）	（1）憨懼/愧懼	竝憨懼拜伏—竝愧懼拜伏（陳叔文）
	（2）豔靡/淫靡	不好豔靡—不尚淫靡（褚玠）
動詞（2）	（1）逃散/奔散	百僚逃散—百僚奔散（陳深）
	（2）治理/緝理	官曹治理—官曹緝理（陳伯恭）
名詞（1）	（1）墳典/經典	博綜墳典—博綜經典（沈不害）

表 2-4 首語素與末語素相同雙音節詞語統計表

類別	序列號及差異	具體語境及出處（本紀/列傳）
動詞（1）	（1）馳騁/驅馳	樂馳騁—樂驅馳（周寶安）
形容詞（1）	（1）毀瘠/哀毀	毀瘠甚至—哀毀甚至（歐陽頠）
名詞（2）	（1）辭采/文辭	篤學有辭采—篤學有文辭（江總）
	（2）野外/田野	出遊野外—出遊田野（陳伯固）

表 2-5 末語素與首語素相同雙音節詞語統計表

類別	序列號及差異	具體語境及出處（本紀/列傳）
名詞（3）	（1）方將/將來	此人方將遠大—此人將來遠大（陳霸先）
	（2）土豪/豪士	交州土豪—交州豪士（杜僧明）
	（3）勢位/位望	勢位隆重—位望隆重（何之元）

表 2-6 同素異序詞語統計表

類別	序列號及差異	具體語境及出處（本紀/列傳）
名詞（6）	（1）生死/死生	當生死以之—當死生以之（陳霸先）
	（2）才賢/賢才	招禮才賢—招禮賢才（魯悉達）
	（3）羽毛/毛羽	假其羽毛—假其毛羽（蕭引）
	（4）言語/語言	訥於言語—訥於語言（周迪）
	（5）疵瑕/瑕疵	陰求疵瑕—陰求瑕疵（陳伯固）
	（6）小大/大小	政無小大—政無大小（陳叔堅）
動詞（4）	（1）撫勞/勞撫	躬自撫勞—躬自勞撫（黃法𣰰）
	（2）鑒識/識鑒	鑒識人物—識鑒人物（孔奐）
	（3）誌銘/銘誌	爲其誌銘—爲之銘誌（孫瑒）

续表

類別	序列號及差異	具體語境及出處（本紀/列傳）
	（4）失亡/亡失	遇亂失亡—遇亂亡失（許亨）
形容詞（2）	（1）敢勇/勇敢	尤敢勇—尤勇敢（徐世譜）
	（2）素儉/儉素	居處素儉—居處儉素（孔奐）
代詞（1）	（1）何如/如何	卿意何如—卿意如何（蔡凝）

表2-7 語素完全不同詞語統計表

類別	序列號及差異	具體語境及出處（本紀/列傳）
動詞（2）	（1）攻陷/平	西魏攻陷江陵—及魏平江陵（陳霸先）
	（2）緝治/修	緝治中書廨宇—修中書廨宇（蔡凝）
形容詞（1）	（1）奢豪/侈	頗失於奢豪—頗失於侈（孫瑒）

表2-8 單音節詞與雙音節詞的前一個語素相同統計表

類別	序列號及差異	具體語境及出處（本紀/列傳）
動詞（2）	（1）委/委任	多以委之—深見委任（華皎）
	（2）器/器重	高祖器之—深見器重（沈君理）

表2-9 單音節詞與雙音節詞的後一個語素相同統計表

類別	序列號及差異	具體語境及出處（本紀/列傳）
動詞（2）	（1）讓/辭讓	世祖固讓—帝辭讓（陳蒨）
	（2）見/望見	及見眾軍—望見眾軍（蕭摩訶）
形容詞（1）	（1）貴/富貴	不久當貴—不久當富貴（章昭達）

表2-10 雙音節詞的前一個語素與單音節詞相同統計表

類別	序列號及差異	具體語境及出處（本紀/列傳）
名詞（5）	（1）舟艦/舟	燒賊舟艦—燒賊舟（陳霸先）
	（2）卿士/卿	羣公卿士固請—公卿固請（陳蒨）
	（3）賓客/賓	並爲之賓客—並爲之賓（侯安都）
	（4）才用/才	重其才用—重其才（沈炯）
	（5）財物/財	有財物散之親友—有財散之親友（孫瑒）

續表

類別	序列號及差異	具體語境及出處（本紀/列傳）
形容詞（4）	（1）驚駭/驚	便驚駭—便驚（陳頊）
	（2）憂憤/憂	以憂憤遘疾—以憂遘疾（吳明徹）
	（3）卑俯/卑	莫不卑俯屈折—朝士莫不卑屈（孔奐）
	（4）屈折/屈	莫不卑俯屈折—朝士莫不卑屈（孔奐）
動詞（17）	（1）巡行/巡	巡行州郡—巡州郡（陳頊）
	（2）省理/省	省理冤屈—省冤屈（陳頊）
	（3）警戒/警	上下相警戒—以上下相警（陳頊）
	（4）敗績/敗	安都等敗績—安都等敗（侯安都）
		神茂敗績—神茂敗（留異）
	（5）平定/平	平定蠹南諸郡—平蠹南諸郡（侯瑱）
	（6）虜掠/虜	虜掠瑱軍府—虜瑱軍府（侯瑱）
	（7）據有/據	據有嶺南反—據嶺南反（章昭達）
	（8）捍衛/捍	親率其黨捍衛—親率其黨，捍送至豫章（周敷）
	（9）收合/收	收合餘衆—收餘衆（周敷）
		收合徒衆—收徒衆（沈炯）
	（10）撫慰/撫	撫慰朗—撫朗（荀朗）
	（11）論述/論	論述軍事—論軍事（趙知禮）
	（12）參預/參	引岐參預機密—引參機密（謝岐）
	（13）推重/推	其爲時所推重如此—其爲所推如此（張種）
	（14）招合/招	招合士衆—招士衆（陳叔慎）
	（15）簡選/簡	宜簡選人馬—宜簡人馬（毛喜）
	（16）屬於/屬	本屬於迪—本屬迪（周迪）
	（17）至于/至	至于弇口—至弇口（侯安都）
		至于柵口—至柵口（侯瑱）
介詞（1）	（1）全于/全	自京師全于荆州—自建鄴全至荆州（陳叔寶）
		自新林至于石子岡—自新林至石子岡（陳叔寶）

《宋書》《南史》異文語言比較研究

表 2-11　雙音節詞的後一個語素與單音節詞相同統計表

類別	序列號及差異	具體語境及出處（本紀/列傳）
名詞（5）	（1）容貌/貌	圖高祖容貌—圖帝貌（陳霸先）
	（2）女婿/壻①	僧辯女婿—僧辯壻（陳蒨）
	（3）徒眾/眾	周續合徒眾—周續合眾（周敷）
	（4）語言/言	訥於語言—訥於言（蕭摩訶）
	（5）雅性/性	雅性輕率—性輕率（陳伯固）
形容詞（6）	（1）雄豪/豪	立雄豪任俠—並豪俠（杜僧明）
	（2）任俠/俠	立雄豪任俠—並豪俠（杜僧明）
	（3）擾亂/亂	嶺南擾亂—嶺南亂（歐陽頠）
	（4）惶懼/懼	景和惶懼—景和懼（吳明徹）
	（5）惶恐/恐	甚惶恐—甚恐（吳明徹）
	（6）暴橫/橫	日益暴橫—日益橫（陳叔陵）
動詞（9）	（1）攻圍/圍	攻圍靈洗—圍靈洗（程靈洗）
	（2）寵愛/愛	甚寵愛之—甚愛之（韓子高）
	（3）崇信/信	崇信佛法—信佛法（王固）
	（4）畏憚/憚	在位皆畏憚之—在位皆憚（蕭引）
	（5）糾劾/劾	爲儉所糾劾—爲儉所劾（徐儉）
	（6）相接/接	郡與豐州相接—郡與豐州接（毛喜）
	（7）曉喻/喻	每曉喻之—每喻之（司馬喦）
	（8）合成/成	扇惑合成其事—扇惑成其事（陳寶應）
	（9）譴責/責	譴責御史中丞—責御史中丞（陳叔陵）

表 3-1　語法差異統計表

類別	序列號及差異	具體語境及出處（本紀/列傳）
被動句 ｜ 被動句（6）	（1）爲N_{施事}所V/爲N_{施事}V	爲當時所推服—爲當時推服（陳霸先）
		爲有司所劾—爲有司劾（柳盼）
		爲琳所囚—爲琳囚（侯安都）

---

① "婿—壻"是一組異體字。《爾雅·釋親》："女子子之夫爲壻。"《説文·士部》："壻，夫也。從士，胥聲。《詩》曰：'女也不爽，士貳其行。'士者，夫也。讀與細同。婿，壻或從女。"《字彙·士部》："壻，女之夫曰壻……俗作婿字。"《玉篇·士部》："爾雅云女子之夫爲壻，或作婿。"《廣韻·霽韻》："壻，女夫。"《字彙·女部》："婿，俗壻字。"《正字通·女部》："婿，俗壻字。"《玉篇·女部》："婿，夫婿，與壻同。"

續表

類別	序列號及差異	具體語境及出處（本紀/列傳）
		爲鄉里所畏伏—爲鄉里畏伏（程靈洗）
		爲邊吏所執—爲邊吏執（程文季）
		爲有司所奏—爲有司奏（淳于量）
		爲當世所知—爲時知（杜稜）
		立爲景所囚—並爲景囚（陳昌）
		爲有司所奏—爲有司奏（陳方泰）
		爲秦王軍所拒—爲隋秦王俊拒（陳慧紀）
		爲有司所奏—爲有司奏（張種）
		爲皎所擒—爲皎禽（周迪）
	（2）爲N_{施事}所V/爲所V	其爲時所推重如此—其爲所推如此（張種）
	（3）爲N_{施事}所V/被N_{施事}V	爲始興王所傷—被始興王傷（毛喜）
		爲景所誅—被景誅（留異）
	（4）爲N_{施事}所V/被V	爲高宗所誅—被誅（沈妙容）
		爲宇文化及所害—被殺（沈婺華）
		爲西魏所虜—被虜（沈炯）
	（5）爲N_{施事}所V/見V	深爲高祖所賞—深見賞（程文季）
		爲西魏所虜—見虜（沈眾）
	（6）見V/被V	事泄見執—事泄被執（蔡景歷）
被動句—陳述句（1）	（1）爲N_{施事}所V/陳述句	子仙爲王僧辯所敗—子仙敗（沈炯）
		爲後主所抑—後主抑（孔奐）
		爲通人所欽抱如此—深相欽抱（江總）
陳述句—被動句（3）	（1）陳述句/見V	魏人甚禮之—甚見禮遇（沈炯）
		多以委之—深見委任（華皎）
		高祖器之—深見器重（沈君理）
		陷于周—見因于周（裴忌）
		異亦知朝廷終討於己—異知終見討（留異）
	（2）陳述句/被V	恐魏人愛其文才而留之—恐以文才被留（沈炯）
	（3）陳述句/V于N_{施事}	悉委叔堅決之—悉決于叔堅（陳叔堅）

續表

類別	序列號及差異	具體語境及出處（本紀／列傳）
中補結構—中補結構（2）	（1）／于	祔葬萬安陵—祔葬于萬安陵（陳頊）
		遷關右—遷于長安（陳叔寶）
	（2）于（於）／	有龍見于水濱—有龍見水濱（陳霸先）
		奔于齊—奔齊（陳霸先）
		奔于齊—奔齊（陳蒨）
		鎮于姑熟—鎮姑孰（侯瑱）
		鎮于夏首—鎮夏首（侯瑱）
		奔于廬山—奔廬山（侯安都）
		出于永康—出永康（侯安都）
		屯于西昌—屯西昌（黃法氍）
		鎮于巴山—鎮巴山（黃法氍）
		鎮于南皖—鎮南皖（蔡景歷）
		聞于外—聞外（蔡景歷）
		鎮于溢城—鎮盆城（王質）
		會于白茅灣—會白茅灣（沈炯）
		尋聘于西魏—尋聘魏（王固）
		嘗聘于西魏—嘗聘魏（王固）
		又使于齊—又使齊（徐陵）
		僧（坦）〔垣〕入于長安—僧垣入長安（姚察）
		斬之于漢口—斬之漢口（陳叔慎）
		入于隋—入隋（阮卓）
		竄于山穴中—竄山穴中（周迪）
		奔于陳寶應—奔陳寶應（留異）
		斬于建康市—斬建康市（留異）
		斬于建康市—斬建康市（陳寶應）
		叔陵留于穰城—叔陵留穰城（陳叔陵）
		會於武昌—會武昌（侯安都）
		敗於巴陵—敗巴陵（侯瑱）
		離於左右—離左右（韓子高）
		宴於昆明池—宴昆明池（王固）
		使於齊—使齊（王瑜）

續表

類別	序列號及差異	具體語境及出處（本紀/列傳）
		避地於匡俗山—避地匡俗山（張正見）
		移醮於弘範宮—移宴弘範宮（蔡凝）
定中結構 ｜ 定中結構 (2)	(1) 之/	新失淮南之地—新失淮南地（柳敬言）
		権酤之科—権酤科（陳蒨）
		文武之士—文武士（侯安都）
		有匡濟之才—有匡濟才（歐陽頠）
		因結君臣之分—因結君臣分（章昭達）
		以應接之功—以應接功（陳慧紀）
		因宴饗之際—因宴饗際（王固）
		有自得之志—有自得志（陳叔文）
		數日之中—數日中（陳叔慎）
		平侯景之功—平侯景功（蕭濟）
		破熊曇朗之功—破熊曇朗功（周迪）
		以應接之功—以應接功（留異）
	(2) /之	昭烈王長子—昭烈王之長子（陳蒨）
動賓結構 ｜ 動賓結構（1）		弗之許也—弗許之（徐孝克）
中補結構 ｜ 動賓結構（2）	(1) 以/	假以後主之命—假後主之敕（柳敬言）
	(2) 于（於）/	應于王琳—應王琳（陳蒨）
		依于陳寶應—依陳寶應（周迪）
		出降於擒虎—出降擒（陳叔寶）
動賓結構 ｜ 中補結構（1）	(1) /於	達治體—達於政體（孔奐）
主謂結構 ｜ 主謂結構（1）	(1) 之/	牙母之卒也—文牙母卒（駱牙/駱文牙）
		及淵明之入—及明入（徐陵）

續表

類別	序列號及差異	具體語境及出處（本紀/列傳）
狀中結構 ｜ 狀中結構（2）	（1）而/	由錢塘江而上—自錢唐江上（侯安都）
		排閣而入—排閣入（陳深）
		怪而問其故—怪問其故（徐陵）
		疎而忌之—疎忌之（陳叔堅）
		發疾而卒—發疾卒（徐伯陽）
		遘疾而卒—遘疾卒（阮卓）
	（2）/而	惶懼遁走—懼而遁走（吳明徹）
"所"字結構與否（2）	（1）所/	每所巡幸—每巡幸（沈婺華）
		深所鍾愛—深鍾愛沖（王沖）
	（2）/所	是願也—是所願也（杜僧明）

後 記

2014年春季學期開學後不久，經與導師商量確定了博士論文題目"魏晉南北朝史書詞彙研究"，隨即開始着手搜集資料、研讀語料、完成文獻綜述，進而確定了研究内容和研究框架，在實際寫作過程中又不斷地加以調整，最終選取了記録魏晉南北朝歷史并成書於魏晉南北朝時期内的四部史書——《三國志》《宋書》《南齊書》《魏書》作爲研究語料，對其中的異文詞語、人物品評用語、親屬稱謂、外族詞語進行研究。因爲《史記》與《漢書》，《後漢書》與《三國志》，《宋書》《南齊書》《梁書》《陳書》《魏書》《北齊書》《周書》《隋書》與《南史》《北史》，《舊唐書》與《新唐書》等都能用來校讀（張舜徽著：《張舜徽集》第一輯《中國古代史籍校讀法》，武漢：華中師範大學出版社2004年版，第388頁），博士論文第一章的題目就擬定爲"魏晉南北朝史書異文詞語研究"，又因爲《魏書》與《北史》的異文語言研究已有《〈魏書〉〈北史〉異文語言比較研究》（李麗著，巴蜀書社，2011年）作專門論述，所以博士論文第一章論及的魏晉南北朝史書實際僅指《三國志》《宋書》和《南齊書》，暫時就《三國志》與《後漢書》、《宋書》與《南史》、《南齊書》與《南史》異文詞語上的差異展開討論。但在實際寫作過程中，我們也一并找出了《三國志》與《後漢書》、《宋書》與《南史》、《南齊書》與《南史》記載相同史事時的文獻差異而且詳細分析了它們之間在文字和語法上的不同。同時，爲了便於快速地找出同一傳紀在記載相同歷史史事時的差異，我們以《三國志》

《宋書》《南齊書》中的傳紀爲基礎，對照《後漢書》和《南史》編製了"《三國志》《後漢書》異文索引""《宋書》《南史》異文索引""《南齊書》《南史》異文索引"。至於《魏書》與《北史》中的異文情況，雖然沒做研究，但也同樣編製了索引，便於對照閱讀。

博士論文於2016年11月通過答辯，順利畢業。在2017年春季的就業等待過程中，出於對南朝史書異文語言研究的整體考慮，我又自覺完成了《梁書》與《南史》、《陳書》與《南史》的對讀，進而找出了《宋書》《南齊書》《梁書》《陳書》與《南史》之間的文獻語言差異。

2017年秋季起，我供職於重慶文理學院文化與傳媒學院，當年年底成功申報了重慶市教委人文社會科學研究規劃項目"《宋書》《南史》異文語言比較研究"（18SKGH123），可以説這個項目是博士期間研究工作的繼續。由於工作和生活的原因，實際的系統研究是從2020年陸續展開的，所以這項工作持續了七年有餘。在研究中我們發現，南朝史書之間的異文語言情況大同小異，沒有必要進行全面的南朝史書異文語言比較研究，綜合考量《宋書》《南齊書》《梁書》《陳書》的語料價值與異文語言情況，決定以《宋書》《南史》異文語言比較研究作爲解剖對象，藉以從側面展現南朝史書的異文語言情況，因此將本書命名爲《〈宋書〉〈南史〉異文語言比較研究》。

本書從文字、詞彙、語法三方面分析了《宋書》與《南史》之間的異文語言情況，并列表統計以便全面窮盡展現。與此同時，爲了便於快速地找出同一傳紀在記載相同歷史史事時的差異，我們以《宋書》中的傳紀爲基礎，對照《南史》編製了"《宋書》《南史》異文目錄"，詳見本書附錄1。另外，對沒有進行深入研究的《南齊書》《南史》異文語言比較研究、《梁書》《南史》異文語言比較研究、《陳書》《南史》異文語言比較研究，我們參照《宋書》《南史》異文語言比較研究的情況編製了異文目錄、列表分類統計了異文語言情況，詳見本書附錄2"《南齊書》《南史》異文目錄"、附錄3"《梁書》《南史》異文目錄"、附錄4"《陳書》《南史》異文目錄"、附錄5"《南齊書》《南史》異文細目"、附錄6"《梁書》《南史》異文細目"、附錄7"《陳書》

後記

《南史》異文細目",可以參看。

博士論文的寫作得到導師譚偉教授的悉心指導,教育部第三方平台五位盲審專家和答辯委員會提出了許多中肯的修改意見,碩士導師黃建寧先生一直關心我的學習、工作和生活,本書寫作過程中遇到的一些疑難問題得到相關人士的鼎力相助,在此一并感謝,祝願大家身體健康、一生平安。

衷心感謝巴蜀書社張照華、沈澤如、王楠等老師在本書編輯過程中的辛苦付出,專業知識和敬業精神讓人欽佩。同時,感謝巴蜀書社且志宇同學的牽綫搭橋和在本書校對過程中給予的答疑解惑。

雙親含辛茹苦養育了我,是我生活和工作的重要精神支柱,唯願你們能够健康長壽!同時,也把這本不成熟的小書獻給一直關心、愛護我的其他親人和朋友們,祝願大家事事順心如意。

限於學力,紕漏謬誤,定所難免,企盼前輩、同行批評指正!

任重道遠,唯有努力前行!

肖麗容

2020 年 7 月初稿於四川仁壽

2021 年 6 月改定於重慶永川